中国法学会研究会支持计划
最高人民法院审判理论研究会主持

中国法院类案检索与
裁判规则专项研究

# 互联网纠纷案件
# 裁判规则（一）

曹士兵　主编

法律出版社
LAW PRESS·CHINA

**最高人民法院审判理论研究会**
**类案同判专项研究首席专家组组长**
**曹士兵**

**首席专家组成员**（以姓氏笔画为序）：

丁文严　王　锐　王保森　牛　凯　代秋影　包献荣
李玉萍　李　明　杨　奕　吴光荣　沈红雨　宋建宝
张勇健　陈　敏　范明志　胡田野　钟　莉　曹守晔
韩德强

---

## 互联网纠纷案件裁判规则（一）

**主　编**：曹士兵
**副主编**：盛勇强
**专家组**（以姓氏笔画为序）：
代秋影　任启明　刘晓春　陈　萌　郑立军
顾　全

# 中国法院类案检索与裁判规则专项研究说明

最高人民法院《五五改革纲要》提出“完善类案和新类型案件强制检索报告工作机制”，周强首席大法官提出法官办案应当进行案件检索。为配合司法体制综合配套改革，落实周强首席大法官的指示要求，循序推进人民法院类案同判工作，中国应用法学研究所组织了最高人民法院审判理论研究会及其下设16个专业委员会的力量，开展中国法院类案检索与裁判规则专项研究，并循序推出类案检索和裁判规则研究成果。

最高人民法院审判理论研究会及其分会的研究力量主要有最高人民法院法官和地方各级人民法院法官、国家法官学院和大专院校专家教授、国家部委与相关行业的专业人士，这些研究力量具有广泛的代表性，构成了专项研究力量的主体。与此同时，为体现法为公器，应当为全社会所认识，并利用优秀的社会专业人士贡献智力力量，专项研究中也有律师、企业法务参加，为专项研究提供经验与智慧，并参与和见证法律适用的过程。以上研究力量按照专业特长组成若干研究团队开展专项研究，坚持同行同专业同平台研究的基本原则。

专项研究团队借助大数据检索平台，形成同类案件大数据报告，为使用者提供同类案件裁判全景；从检索到的海量类案中，挑选可索引的、优秀的例案，为使用者提供法律适用参考，增加裁判信心，提高裁判公信；从例案中提炼出同类案件的裁判规则，分析裁判规则提要，提供给使用者参考。从司法改革追求的目标看，此项工作能够帮助法官从浩如烟海的同类案件中便捷找到裁判思路清晰、裁判法理透彻的好判决（即例案），帮助法官直接参考从这些好判决中提炼、固化的裁判规则。如此，方能帮助法官在繁忙工作中实现类案同判。法院类案检索与裁判规则专项研究，致力于统一法律适用，实现法院依法独立行使审判权与法官依法独立行使裁判权的统一。这也正是应用法学研究的应有之义。

专项研究的成果体现为电子数据和出版物(每年视法律适用的发展增减),内容庞大,需要大量优秀专业人力长期投入。有关法院裁判案件与裁判内容检索的人工智能并不复杂,算法也比较简单,关键在于“人工”,在于要组织投入大量优秀的“人工”建设优质的检索内容。专项研究团队中的专家学者将自己宝贵的时间、智力投入到“人工”建设优质内容的工作中,不仅仅需要为统一我国法律适用、提升裁判公信力作出贡献的情怀,还需要强烈的历史感、责任感,具备科学的体系思维和强大的理性能力。此次专项研究持续得越久,越能向社会传达更加成熟的司法理性,社会也越能感受到蕴含在优质司法中的理性力量。

愿我们砥砺前行。

曹士兵

二〇一九年五月十六日

# 前　　言

当前，互联网产业已经成为中国经济发展的重要动力和活力来源，大数据、人工智能、移动支付等互联网新兴技术的出现，新经济、新业态、新模式的产生和迭代，都给传统的法律制度带来了挑战。在此背景下，人民法院作出的司法裁判，在确立互联网行业准则、规范互联网行业竞争秩序、保护消费者合法权益、促进数字经济健康发展、推动互联网领域立法修改与完善等方面均发挥了重要作用。作为《互联网纠纷案件裁判规则（一）》一书编写组，笔者团队旨在依托人工智能案例大数据平台，利用大数据分析工具，提炼出互联网领域纠纷案件类案裁判指引，挖掘案例所蕴含的法治价值，向行业专家和广大读者提出编写组认为有典型意义的互联网领域裁判案例，为推进互联网纠纷类案同判，最终实现法律适用统一，贡献绵薄之力。

在编写本书的过程中，大数据将互联网纠纷案件的裁判规则更为全面、直观地展现在笔者面前，令笔者惊喜于互联网技术运用于海量司法案例数据研究的强大魅力，更进一步深切地感受到我国法院世界领先的审判水平。需要特别指出的是，虽然编写组依托的是业内较为专业、全面的案例数据库，但由于本次是将大数据分析全面用于互联网纠纷案例研究的首次尝试，经验尚有欠缺，囿于时间、技术、检索条件等因素的限制，在相关案例和裁判规则的精细化分析、类型化处理等方面，或也留有诸多遗憾。

在编写本书之前，编写组多次研究讨论了互联网领域热点、难点纠纷，确定了规则提取和案例研究的方向。在编写本书的过程中，编写组检索查阅了海量裁判文书，通过认真研读、深入探讨，精心挑选了说理水平、法律效果和社会效果俱佳的案例，该等案例或是前期法院已经输出的典型案例，或是社会关注度高、行业和社会影响较好的热点案例，并提炼出了 20 个相关裁判规则，以期让法官们从繁重的案例检索工作中减轻工作量，为同类案件的裁判思路提供一些参考。当然,互联网纠纷天然就有着新颖性、多元化的特点,囿于时间和篇幅有限,很多优秀的规则和案例此次未来得及纳入本书中,编写组后续也会持续努力。同时,本书也旨在为互联网纠纷案例的大数据分析抛砖引玉,希望未来诸位同仁一起加入“类案同判”的工作中来,研究出更好的分析工具,推出更多更好的案例研究成果。

本书专家组成员陈萌、代秋影、顾全、刘晓春、任启明、郗立军均参与了大数据报告研究和规则的提炼、撰写及编校,特此说明。

**曹士兵**

# 凡　例

## 一、法律法规

1.《中华人民共和国反不正当竞争法》(1993 年 9 月 2 日发布,1993 年 12 月 1 日起施行, 2017 年 11 月 4 日修订、2019 年 4 月 23 日修正),以下简称《反不正当竞争法》

2.《中华人民共和国侵权责任法》(2009 年 12 月 26 日发布,2010 年 7 月 1 日起施行),以下简称《侵权责任法》

3.《中华人民共和国著作权法》(1990 年 9 月 7 日发布,1991 年 6 月 1 日起施行,2001 年 10 月 27 日第一次修正、2010 年 2 月 26 日第二次修正),以下简称《著作权法》

4.《中华人民共和国商标法》(1982 年 8 月 23 日发布,1983 年 3 月 1 日起施行,1993 年 2 月 22 日第一次修正、2001 年 10 月 27 日第二次修正、2013 年 8 月 30 日第三次修正、2019 年 4 月 23 日第四次修正),以下简称《商标法》

5.《中华人民共和国合同法》(1999 年 3 月 15 日发布,1999 年 10 月 1 日起施行),以下简称《合同法》

6.《中华人民共和国电子商务法》(2018 年 8 月 31 日发布,2019 年 1 月 1 日起施行),以下简称《电子商务法》

7.《中华人民共和国消费者权益保护法》(1993 年 10 月 31 日发布,1994 年 1 月 1 日起施行,2009 年 8 月 27 日第一次修正、2013 年 10 月 25 日第二次修正),以下简称《消费者权益保护法》

8.《中华人民共和国食品安全法》(2009 年 2 月 28 日发布,2009 年 6 月 1 日起施行,2015 年 4 月 24 日修订、2018 年 12 月 29 日修正),以下简称《食品安全法》

9.《中华人民共和国广告法》(1994 年 10 月 27 日发布,1995 年 2 月 1 日起施行,2015 年 4 月 24 日修订、2018 年 10 月 26 日修正),以下简称《广告法》

10.《中华人民共和国民法总则》(2017 年 3 月 15 日发布,2017 年 10 月 1 日起施行),以下简称《民法总则》

11.《中华人民共和国民法通则》(1986 年 4 月 12 日发布,1987 年 1 月 1 日起施行,2009 年 8 月 27 日修正),以下简称《民法通则》

12.《中华人民共和国反垄断法》(2007 年 8 月 30 日发布,2008 年 8 月 1 日起施行),以下简称《反垄断法》

13.《中华人民共和国保险法》(1995 年 6 月 30 日发布,1995 年 10 月 1 日起施行,2002 年 10 月 28 日第一次修正、2009 年 2 月 28 日修订、2014 年 8 月 31 日第二次修正、2015 年 4 月 24 日第三次修正),以下简称《保险法》

14.《中华人民共和国民事诉讼法》(1991 年 4 月 9 日发布,1991 年 4 月 9 日起施行,2007 年 10 月 28 日第一次修正、2012 年 8 月 31 日第二次修正、2017 年 6 月 27 日第三次修正),以下简称《民事诉讼法》

15.《中华人民共和国著作权法实施条例》(2002 年 8 月 2 日发布,2002 年 9 月 15 日起施行,2011 年 1 月 8 日第一次修订、2013 年 1 月 30 日第二次修订),以下简称《著作权法实施条例》

## 二、司法解释及司法文件

1. 最高人民法院《关于审理不正当竞争民事案件应用法律若干问题的解释》(法释〔2007〕2 号,2007 年 2 月 1 日起施行),以下简称《不正当竞争案件司法解释》

2. 最高人民法院《关于审理侵害信息网络传播权民事纠纷案件适用法律若干问题的规定》(法释〔2012〕20 号,2013 年 1 月 1 日起施行),以下简称《信息网络传播权民事纠纷案件司法解释》

3. 最高人民法院《关于适用〈中华人民共和国合同法〉若干问题的解释(二)》(法释〔2009〕5 号,2009 年 5 月 13 日起施行),以下简称《合同法司法解释二》

4. 最高人民法院《关于审理利用信息网络侵害人身权益民事纠纷案件适用法律若干问题的规定》(法释〔2014〕11 号,2014 年 10 月 10 日起施行),以下简称《信息网络侵害人身权益案件的规定》

5. 最高人民法院《关于贯彻执行〈中华人民共和国民法通则〉若干问题的意见(试行)》(1988 年 4 月 2 日起施行,部分失效),以下简称《民通意见》

6. 最高人民法院《关于适用〈中华人民共和国民事诉讼法〉的解释》(法释

〔2015〕5 号,2015 年 2 月 4 起施行),以下简称《民事诉讼法司法解释》

7. 新闻出版总署(已变更)办公厅《关于印发〈关于严防虚假新闻报道的若干规定〉的通知》(新出政发〔2011〕14 号,2011 年 10 月 14 日起施行)以下简称《严防虚假新闻报道若干规定的通知》

8. 最高人民法院《关于审理食品药品纠纷案件适用法律若干问题的规定》(法释〔2013〕28 号,2014 年 3 月 15 日起施行),以下简称《食品药品纠纷案件的规定》

# 目　　录

# 互联网纠纷案件裁判规则第 1 条：
## 对互联网环境下未类型化的竞争行为可以适用《反不正当竞争法》第2条

〔**规则描述**〕：对未规定在《反不正当竞争法》第二章中竞争行为的正当性的审查，可以适用《反不正当竞争法》第 2 条。在衡量时需要确定：(1) 互联网领域的市场参与者是否属于经营者，竞争行为是否在经营活动中做出；(2) 对于互联网领域的市场竞争行为，根据该行为是否违背了互联网行业公认的商业道德，以及基本的诚信原则，判断相关竞争行为是否具有不正当性；(3) 是否损害经营者的合法权益。

### 一、类案检索大数据报告

时间：2019 年 3 月 25 日之前，案例来源：Alpha 案例库，案件数量：254 件，数据采集时间：2019 年 3 月 25 日。本次检索获取 2019 年 3 月 25 日前共 254 篇裁判文书。整体情况如图 1－1 所示，从案件年份分布情况可以看出当前条件下案例数量的变化趋势。

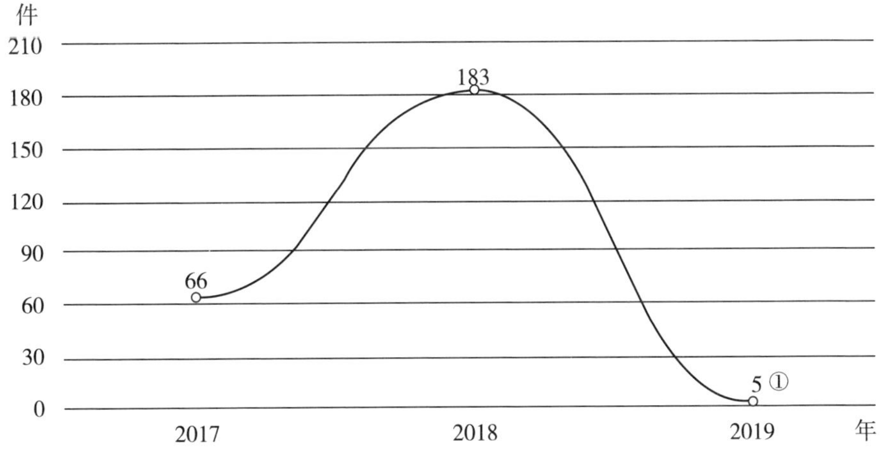


**图 1－1　案件年份分布情况**

① 编者注：2019 年仅含 2019 年 1 月 1 日截至数据采集日的数据，下同。

如图1－2所示,从案件主要地域分布情况来看,当前案例主要集中在广东省、北京市、上海市、浙江省,分别约占比31.8%、18.6%、12.8%、12.8%。其中,广东省的案件量最多,达到77件。

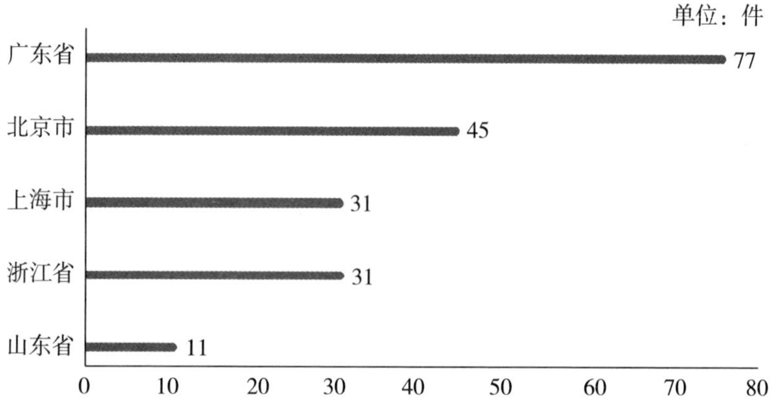


**图1－2　案件主要地域分布情况**

如图1－3所示,从案件案由分类情况可以看出,当前的案由分布由多至少分别是其他不正当竞争纠纷、仿冒纠纷、虚假宣传纠纷、商业诋毁纠纷、侵害商业秘密纠纷。

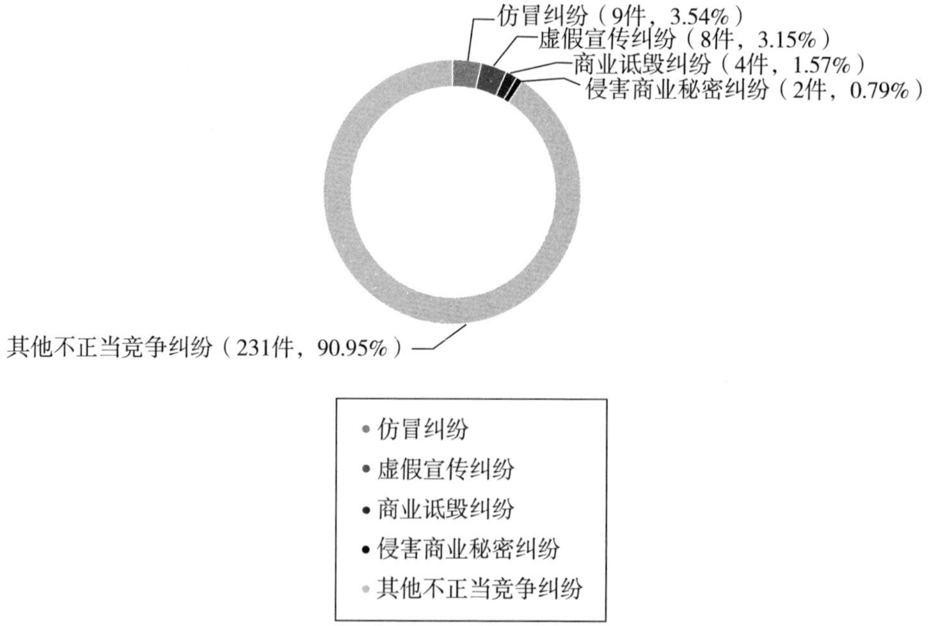


**图1－3　案件案由分类情况**

如图 1 -4 所示，从案件审理程序分类统计可以看出，一审案件有 126 件，占比约为 49.61%；二审案件有 125 件，占比约为 49.21%；再审案件有 2 件，占比约为 0.79%；其他案件有 1 件，占比约为 0.39%。

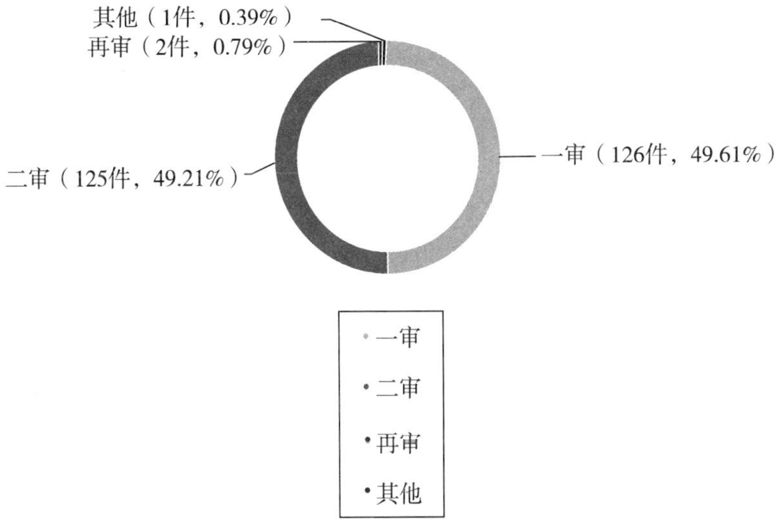


**图 1 -4　案件审理程序分类**

如图 1 -5 所示，从案件一审裁判情况可以看出，当前条件下全部/部分支持的有 112 件，占比约为 88.89%；全部驳回的有 11 件，占比约为 8.73%；其他的有 2 件，占比约为 1.59%；驳回起诉的有 1 件，占比约为 0.79%。

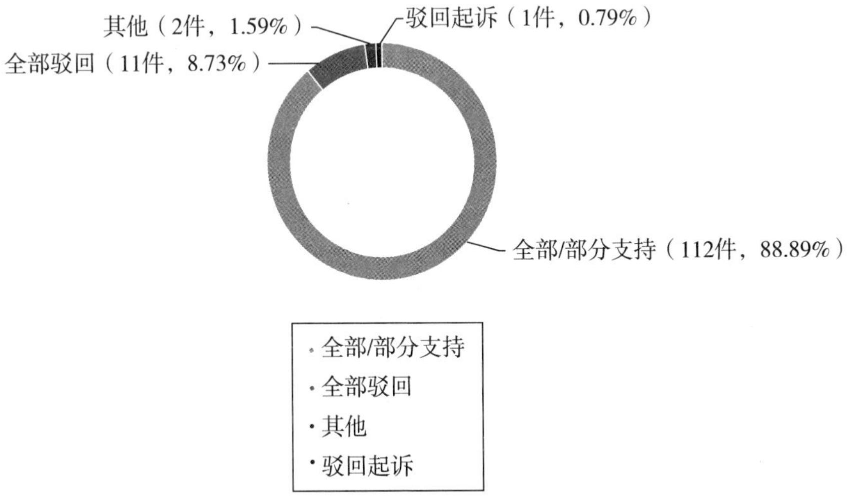


**图 1 -5　案件一审裁判结果**

如图 1 -6 所示,从案件二审裁判情况可以看出,当前条件下维持原判的有 88 件,占比约为 70.4%;改判的有 37 件,占比约为 29.6%。

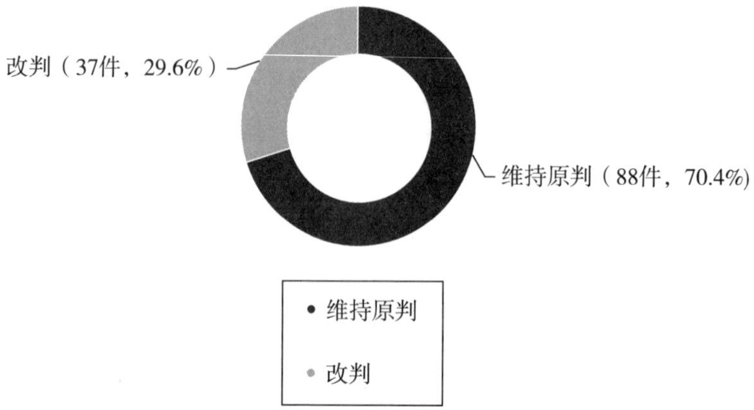


**图 1 -6 案件二审裁判结果**

## 二、可供参考例案

### 例案一 北京百度网讯科技有限公司与青岛奥商网络技术有限公司等不正当竞争纠纷(最高人民法院指导案例 45 号)

**【法院】**

山东省高级人民法院

**【案号】**

(2010)鲁民三终字第 5 -2 号

**【当事人】**

原告:北京百度网讯科技有限公司

法定代表人:梁某某,该公司总经理

被告:青岛奥商网络技术有限公司

法定代表人:关某,该公司经理

被告:中国联合网络通信有限公司青岛市分公司

代表人:刘某某,该公司总经理

被告:中国联合网络通信有限公司山东省分公司

代表人:霍某某,该公司总经理

第三人：青岛鹏飞国际航空旅游服务有限公司

法定代表人：李某某，该公司总经理

**【基本案情】**

北京百度网讯科技有限公司（以下简称百度公司）经营范围为互联网信息服务业务，核准经营网址为 www. baidu. com 的百度网站，主要向网络用户提供互联网信息搜索服务。青岛奥商网络技术有限公司（以下简称奥商网络公司）经营范围包括网络工程建设、网络技术应用服务、计算机软件设计开发等，其网站为 www. og. com. cn。该公司在上述网站“企业概况”中称其拥有 4 个网站：中国奥商网（www. og. com. cn）、讴歌网络营销伴侣（www. og. net. cn）、青岛电话实名网（www. 0532114. org）、半岛人才网（www. job17. com）。该公司在其网站介绍其“网络直通车”业务时称：无须安装任何插件，广告网页强制出现。在介绍“搜索通”产品表现形式时，以图文方式列举了下列步骤：第一步在搜索引擎对话框中输入关键词；第二步优先出现网络直通车广告位（5 秒钟展现）；第三步同时点击上面广告位直接进入宣传网站新窗口；第四步 5 秒后原窗口自动展示第一步请求的搜索结果。该网站还以其他形式介绍了上述服务。中国联合网络通信有限公司青岛市分公司（以下简称联通青岛公司）的经营范围包括因特网接入服务和信息服务等，青岛信息港（域名为 qd. sd. cn）为其所有的网站。“电话实名”系联通青岛公司与奥商网络公司共同合作的一项语音搜索业务，网址为 www. 0532114. org 的“114 电话实名语音搜索”网站表明该网站版权所有人为联通青岛公司，独家注册中心为奥商网络公司。中国联合网络通信有限公司山东省分公司（以下简称联通山东公司）经营范围包括因特网接入服务和信息服务业务。其网站（www. sdcnc. cn）显示，联通青岛公司是其下属分公司。青岛鹏飞国际航空旅游服务有限公司（以下简称鹏飞航空公司）经营范围包括航空机票销售代理等。

2009 年 4 月 14 日，百度公司发现通过山东省青岛市网通接入互联网，登录百度网站（www. baidu. com），在该网站显示对话框中输入“鹏飞航空”，点击“百度一下”，弹出显示有“打折机票抢先拿就打 114”的页面，迅速点击该页面，打开了显示地址为 http://air. qd. sd. cn/的页面；输入“青岛人才网”，点击“百度一下”，弹出显示有“找好工作到半岛人才网 www. job17. com”的页面，迅速点击该页面中显示的“马上点击”，打开了显示地址为 http://www. job17. com/的页面；输入“电话实名”，点击“百度一下”，弹出显示有“查信息打 114，语音搜索更好用”的页面，随后该页面转至相应的“电话实名”搜索结果页面。百度公司委托代理人利用公证处的计算机对登录百度搜索等网站操作过程予以公证,公证书记载了前述内容。经专家论证,所链接的网站(http://air. qd. sd. cn/)与联通山东公司的下属网站青岛信息港(www. qd. sd. cn)具有相同域名(qd. sd. cn),网站 air. qd. sd. cn 是联通山东公司下属网站——青岛站点所属。

**【案件争点】**

利用搜索引擎诱导用户点击访问的行为是否构成不正当竞争。

**【裁判要旨】**

《反不正当竞争法》(1993 年)[①]第 5 条至第 15 条,对不正当竞争行为进行了列举式规定,对于没有在具体条文中列举的行为,只有按照公认的商业道德和普遍认识能够认定违反该法第 2 条原则性规定时,才可以认定为不正当竞争行为。判断经营者的行为构成不正当竞争,应当考虑以下方面:一是行为实施者是《反不正当竞争法》意义上的经营者;二是经营者从事商业活动时,没有遵循自愿、平等、公平、诚实信用原则,违反了《反不正当竞争法》规定和公认的商业道德;三是经营者的不正当竞争行为损害正当经营者的合法权益。

1. 互联网接入服务经营者与搜索服务经营者之间是否存在竞争关系

根据《反不正当竞争法》(1993 年)第 2 条有关经营者的规定,经营者的确定并不要求原、被告属同一行业或服务类别,只要是从事商品经营或者营利性服务的市场主体,就可成为经营者。联通青岛公司、奥商网络公司与百度公司均属于从事互联网业务的市场主体,属于《反不正当竞争法》意义上的经营者。虽然联通青岛公司是互联网接入服务经营者,百度公司是搜索服务经营者,服务类别上不完全相同,但是联通青岛公司实施的在百度搜索结果出现之前弹出广告的商业行为,与百度公司的付费搜索模式存在竞争关系。

2. 搜索引擎诱导检索是否属于不正当竞争行为

在市场竞争中存在商业联系的经营者,违反诚信原则和公认商业道德,不正当地妨碍了其他经营者正当经营,并损害其他经营者合法权益的,可以依照《反不正当竞争法》(1993 年)第 2 条的原则性规定,认定为不正当竞争。尽管在互联网上发布广告、进行商业活动与传统商业模式有较大差异,但是从事互联网业务的经营者仍应当通过诚信经营、公平竞争来获得竞争优势,不能未经他人许可,利用他人

---

① 说明:书中提及具体法律法规时,若案例当时适用版本非现行版本,将当时适用版本年份括注于该法律法规名称之后,若无括注,则表示适用的是截至本书出版时现行版本。下同。

的服务行为或市场份额来进行商业运作并从中获利。联通青岛公司与奥商网络公司实施的行为，是利用了百度网站搜索引擎在我国互联网用户中被广泛使用的优势，利用技术手段，让使用联通青岛公司提供互联网接入服务的网络用户，在登录百度网站进行关键词搜索时，在正常搜索结果显示前强行弹出奥商公司发布的与搜索的关键词及内容有紧密关系的广告页面。这种行为诱使本可能通过百度公司搜索结果检索相应信息的网络用户点击该广告页面，影响了百度公司向网络用户提供付费搜索服务与推广服务，属于利用百度公司提供的搜索服务来为自己牟利。该行为既没有征得百度公司同意，又违背了使用其互联网接入服务用户的意志，容易导致上网用户误以为弹出的广告页面系百度公司所为，会使上网用户对百度公司提供服务的评价降低，对百度公司的商业信誉产生不利影响，损害了百度公司的合法权益，同时也违背了诚实信用和公认的商业道德，已构成不正当竞争。

## 例案二　飞狐信息技术（天津）有限公司、北京搜狐互联网信息服务有限公司与杭州硕文软件有限公司不正当竞争纠纷

**【法院】**

浙江省杭州市中级人民法院

**【案号】**

（2018）浙 01 民终 232 号

**【当事人】**

上诉人（原审被告）：杭州硕文软件有限公司

法定代表人：R，该公司董事长

被上诉人（原审原告）：飞狐信息技术（天津）有限公司

法定代表人：李某，该公司董事长

被上诉人（原审原告）：北京搜狐互联网信息服务有限公司

法定代表人：张某某，该公司董事长

**【基本案情】**

飞狐信息技术（天津）有限公司（以下简称飞狐公司）和北京搜狐互联网信息服务有限公司（以下简称搜狐公司）是“搜狐视频 HD”App 的共同运营方，使用该软件观看视频时会插入贴片广告（15 秒）。

杭州硕文软件有限公司（以下简称硕文公司）开发的乐网软件能够拦截包括搜

狐视频在内的主流视频软件的广告。其屏蔽广告的工作原理具体为:在用户安装乐网软件运行之后,乐网软件通过该手机建立安全专用的虚拟网络,来达到屏蔽广告和保护隐私的目的,相当于在内容服务器和用户终端之间加了一个网络过滤器,从服务器传输到移动终端的信息先要经过乐网软件,并由乐网软件进行分析和识别。取决于用户的设置,乐网软件可以识别输入的流量数据是恶意代码还是广告,并进行相应的处理(包括屏蔽,这取决于用户选择和设置),如果是正常的数据流量,乐网软件就放行。

**【案件争点】**

1. 飞狐公司、搜狐公司与硕文公司之间是否有竞争关系。

2. 飞狐公司、搜狐公司就“免费视频+广告”商业模式是否享受《反不正当竞争法》保护的法益。

3. 硕文公司开发并提供乐网软件行为是否具有正当性,该行为是否构成不正当竞争。

**【裁判要旨】**

1. 竞争关系的认定

互联网环境中产品和服务之间的界限并非泾渭分明,传统的行业界限已经变得模糊,将提供同类商品或服务的经营者视为具有竞争关系已经不能满足维护互联网经济正当竞争秩序的需要,不具有直接替代可能性的经营者之间也会发生直接的竞争关系。因此,《反不正当竞争法》调整的竞争关系的判断应当重点考量竞争行为的性质及后果,即应当根据具体行为属性、商业利益上是否存在此消彼长等方面,而非从经营者的主营业务或所处行业出发来界定经营性和竞争性。如果经营者的行为对其他经营者的利益造成损害,且同时基于这一行为获得现实或潜在的客户群体、商业交易机会等经济利益,形成此消彼长的市场份额,则可以认定二者具有竞争关系。本案中,两原告面向的群体是观看搜狐视频的用户,而乐网软件主要功能之一是屏蔽(拦截)搜狐视频等视频网站视频前的贴片广告。可见,此种情形下,使用乐网软件的用户与两原告用户群体具有高度一致性,双方服务的对象均为对网络视频具有一定需求的网络用户。同时,飞狐公司、搜狐公司因向搜狐视频用户播放广告而获取广告收益,硕文公司因吸引与观看搜狐视频相重合的用户使用乐网软件而获得利益。虽然硕文公司在庭审中陈述乐网软件不产生任何收益,但是互联网经济是“眼球经济”“注意力经济”,互联网服务运营者在市场立足、获取市场竞争优势的关键在于锁定用户的深度与广度,用户数量、市场占有率等是互联网企业谋求商业利益的重要基石，硕文公司的行为已经影响了飞狐公司、搜狐公司的正常经营活动，事实上已经扩张了乐网软件的市场，故二者具有《反不正当竞争法》规制的竞争关系。

虽然当前司法实践中一般会将是否具有竞争关系作为认定构成不正当竞争的考量因素之一，但事实上，我国《反不正当竞争法》并未将"竞争关系"作为构成不正当竞争的必要条件，更不是适用《反不正当竞争法》的条件之一。新修订的《反不正当竞争法》（2017 年）第 2 条明确将不正当竞争行为修改为"经营者在生产经营活动中，违反本法规定，扰乱市场竞争秩序，损害其他经营者或者消费者的合法权益"。这表明《反不正当竞争法》中的不正当竞争行为既可以损害特定竞争者，也可以损害消费者。因此，判断一项行为是否构成不正当竞争，并不以损害特定竞争者且其相互之间具有竞争关系为必要，而应根据其是否违反竞争原则或者其他具体法律标准而进行认定。

2.《反不正当竞争法》保护的法益

《反不正当竞争法》旨在维护合法有序的社会竞争秩序，经营者在经营活动中的行为如符合法律规定，基于合法的经营行为获得的合法权益应受《反不正当竞争法》保护。本案中，飞狐公司、搜狐公司为获得视频版权必然会付出相应成本，其最终目的也是获取利润。飞狐公司、搜狐公司向用户提供免费视频的同时在视频片头播放一定时间的广告（包括本案乐网软件屏蔽或拦截的广告），据此收取的广告费用既是其经营收入的重要来源，也是其弥补经营成本的重要组成部分。飞狐公司、搜狐公司采取的这种商业模式并不违反《反不正当竞争法》的原则精神和禁止性规定。在该种商业模式下，广告与视频节目的结合使网站经营者、互联网用户与广告主之间各取所需，形成有序的利益分配和循环。该商业模式业已成为当前视频网站常见的商业模式之一，并获得了市场普遍接受。因此，飞狐公司、搜狐公司据此获得的商业利益应当受到法律的保护，属于具有可诉性的利益。

当然，商业模式本身作为市场经济条件下自由竞争的产物，并不是《反不正当竞争法》所保护的客体，《反不正当竞争法》要保护的是蕴含在该商业模式背后的经营者的合法经营利益。固然互联网经济中新旧商业模式的更替是自由竞争的必然，变换广告方式、更加迎合用户所需求的模式也是发展趋势，但这并不能赋予在自由竞争中侵犯他人合法权益的正当性。在本案中，飞狐公司、搜狐公司通过运营"免费视频 + 广告"的商业模式以实现盈利需求，获得的是合法经营利益，应当受到《反不正当竞争法》的保护。如果视频行业长期免费经营，注定缺乏资金购买或创作优质视频,经营者缺乏合理回报的情况下,进而经营难以维系,受损的终将是互联网视频文化产业。相应地,如果消费者习惯于享受没有资金支持的免费视频,将会导致视频质量越来越差,或者最终没有优质视频可看,甚至无法获得免费视频观看,最终实际损害的是普通消费者利益。

3. 行为正当性

经营者在经营活动中应当遵循自愿、公平、等价有偿、诚实信用的原则,反映在市场交易和竞争中,经营者应当遵循公平和诚实信用的原则,遵守公认的商业道德。互联网环境下,网络经营者应当通过诚信经营、公平竞争来获得竞争优势,尊重他人的经营模式和正当利益,不得利用技术手段妨碍、破坏其他经营者合法提供的网络产品或者服务正常运行。本案中,如前所述,飞狐公司、搜狐公司提供的涉案"免费视频+广告"商业模式,既未违反法律规定,又属于互联网行业惯常的经营方式,由此形成的商业利益受到《反不正当竞争法》保护。硕文公司作为互联网经营竞争者,理应尊重他人合法权益,在商业活动中避免利用技术手段妨碍他人正常经营活动。然而,硕文公司仍研发并提供具有屏蔽(拦截)视频贴片广告的涉案乐网软件,并明确宣传该软件"能拦截主流视频App的视频广告,优酷、腾讯、乐视、搜狐等"。这表明硕文公司知道或应当知道其用户安装涉案软件后势必会屏蔽(拦截)搜狐视频贴片广告,最终导致飞狐公司、搜狐公司广告投放的预期效果以及广告收益受到了实际损害,从而降低飞狐公司、搜狐公司对潜在广告投放商的吸引力。硕文公司主观上具有通过乐网软件拦截搜狐视频广告的故意,客观上损害了本应属于飞狐公司、搜狐公司基于其商业模式所应享有的市场关注和商业利益,破坏了飞狐公司、搜狐公司正常的经营活动。该行为违反了诚实信用原则和公认的商业道德,属于《反不正当竞争法》(2017年)第2条规定的不正当竞争行为。

## 例案三 上海载和网络科技有限公司、载信软件(上海)有限公司与浙江天猫网络有限公司不正当竞争纠纷

**【法院】**

上海知识产权法院

**【案号】**

(2017)沪73民终197号

**【当事人】**

上诉人(原审被告)：上海载和网络科技有限公司

法定代表人：陈某，该公司经理

上诉人(原审被告)：载信软件(上海)有限公司

法定代表人：吕某，该公司执行董事

被上诉人(原审原告)：浙江天猫网络有限公司

法定代表人：张某，该公司董事长兼总经理

**【基本案情】**

浙江天猫网络有限公司(以下简称天猫公司)系天猫购物平台的经营者，上海载和网络科技有限公司(以下简称载和公司)运营有帮5买网站，载和公司委托载信软件(上海)有限公司(以下简称载信公司)开发了帮5淘购物助手，网络用户可在帮5买网站及其他第三方平台下载该购物助手。帮5淘购物助手主要功能包括为用户提供网购方面的全网搜索、比价、包邮、价格优惠等。本案被控行为主要表现为用户安装运行帮5淘购物助手软件后，出现的以下两种情形：一是在天猫平台页面顶部地址栏下方插入横幅，该横幅上有相应的帮5买网站广告促销标识、搜索框等内容，该横幅可经过点击而收缩；二是在天猫商城中具体的商品信息页面中插入“帮5买　扫一扫　立减1元”图标和“现金立减”等按钮，点击该些按钮则跳转至帮5买网站的宝贝详情页，用户在帮5买网站上下订单购买该商品，购物款交付至帮5买网站，然后帮5买网站代替用户向天猫商户购买商品，再由天猫商城商户向网络用户发货。天猫公司认为载和公司、载信公司运营帮5淘购物助手的行为违反诚信原则和商业道德，对其经营造成巨大损失，构成不正当竞争，诉请法院判令两被告立即停止不正当竞争行为，消除影响，并赔偿其经济损失1000万元及合理费用15万元。

**【案件争点】**

被控行为是否构成不正当竞争。

**【裁判要旨】**

1. 当事人间是否具有竞争关系

上诉人认为其软件运行不需要依附于天猫商城，即便天猫商城关闭亦不影响其购物插件的正常运行。对此，法院认为，竞争关系的判断并不能作如此狭义的理解。首先，依据《反不正当竞争法》(1993年)第2条第2款规定，本法所称的不正当竞争，是指经营者违反本法规定，损害其他经营者合法权益，扰乱社会经济秩序的行为。因此,《反不正当竞争法》的规范对象是竞争行为,立法并未将竞争关系尤其是同业竞争关系的存在,作为认定某一行为是否构成不正当竞争行为的前提。其次,随着经济发展和商业模式的创新,服务分工日益细化,竞争的本质是对经营资源和商业机会的争夺,这种争夺不仅存在于从事完全相同服务具有直接替代关系的经营者之间,在具有相互交叉、依存以及其他关联关系的经营者之间同样如此。因此,对于竞争关系应作广义理解,否则将不适当地压缩《反不正当竞争法》的适用空间。本案上诉人所运营的帮5淘软件主要功能是提供比价和帮购服务,虽然该软件并不特定依赖于天猫平台,但其提供的服务是在包括天猫网站以及其他购物网站的基础上进行的,两者的经营行为具有很强的关联关系,足以说明两者具有《反不正当竞争法》意义上的竞争关系。

2. 被上诉人的利益是否遭受损失

两上诉人认为,被控行为并没有破坏天猫商城网站的用户黏性,也不存在争夺流量入口和降低天猫平台流量的情形,没有对被上诉人的利益造成损害。对此,法院认为,从涉案软件的运行过程来看,消费者使用涉案软件享受比价和帮购服务时,仍然需要跳转至天猫商城,并没有证据显示其网站总体流量有所减少。但就消费者的流量起始入口而言,将会产生一定的变化。正如一审法院所言,原先选择在天猫商城平台直接购物的用户改为选择在帮5买网站获得购物服务。就电子商务网站而言,流量入口具有很高经济价值,网站流量中用户直接登录网站平台所产生的流量与从其他渠道所导入的流量各自所占的比例,可以在一定程度上说明其网站的经济价值。除此之外,上诉人帮购软件的运行,最终与天猫商城商户直接进行交易的是载和公司而非消费者,这意味着天猫公司将无法掌握有关消费者的消费过程中所产生的数据信息,而这些数据信息对于电子商务类网站无疑具有巨大的商业价值。

3. 被控行为是否违背诚实信用原则和公认的商业道德

本案被控的不正当竞争行为主要表现为,上诉人的软件在安装运行后会在天猫平台页面中插入横幅、二维码、搜索框及图标等内容,并向消费者提供帮购、同类商品及活动推荐、垂直搜索、一站收藏及价格走势服务。上述未经被上诉人同意在其网站上插入信息的行为,实际上是对被上诉人的网站运行进行了某种程度的干扰,这种干扰行为是否违背诚实信用原则和公认的商业道德,是判断该行为是否构成不正当竞争的关键。在《反不正当竞争法》意义上,诚实信用原则更多地体现为公认的商业道德。就市场竞争中的干扰行为而言,其是否违背公认的商业道德,需要将该行为放置在《反不正当竞争法》促进竞争、鼓励创新，实现竞争公平与自由的立法目的下进行判断，防止脱离竞争法的目标进行泛道德化评判。

本案被控行为主要表现为涉案软件运行后，大致出现的以下两种情形：一是在天猫平台页面顶部地址栏下方插入横幅，该横幅上有相应的广告促销标识、搜索框等内容；二是在具体的商品信息页面中插入相关图标和按钮，点击该些按钮则跳转至帮5买网站的宝贝详情页。一般认为，判断上述行为是否违背公认的商业道德，应考虑以下几个方面的因素：

第一，上诉人的行为是否对被上诉人的正常经营造成过度妨碍。市场竞争是对资源和交易机会的争夺，尤其在互联网这样一个竞争充分，且各种产品往往具有一定互相依附、关联的市场领域，要求经营者之间固守自己的领域提升业绩而不进行干扰是不切实际的，正如对抗性比赛中不可避免的合理冲撞一样，竞争者在市场竞争中也需要容忍适度的干扰。更为重要的是，创新更多地来自经营者技术或商业模式之间激烈的撞击，而非各自在自己“地盘”上互不干扰的和平共处。本案中，就插入横幅的行为而言，该横幅宽度有限且位于页面顶部而非页面中心，同时并未遮挡被上诉人网站页面中的内容，加之该横幅可以进行收缩，插入横幅行为总体上并未实质性地影响被上诉人网站内容的展示，未对被上诉人正营经营活动的开展造成过度妨碍。但就在具体商品详情页面插入相应标识和按钮而言，该些标识和按钮系直接嵌入被上诉人网站页面的显著位置，与被上诉人网站内容形成一体，且通过插入的按钮引导消费者至其网站进行交易，用户对此无法选择关闭，该行为已严重破坏上诉人网站页面的完整性，使得被上诉人无法按照自己的意愿在自己网站上正常展示信息，已属于过度妨碍被上诉人正常经营的行为。

第二，上诉人的行为是否具有正面的市场效应。互联网领域很多所谓的干扰行为，在技术上往往有一定的创新之处，既可能给其他经营者的利益造成损害，但同时也会对消费者带来福利或提升公共利益的保障水平。《反不正当竞争法》所要保护的法益具有多元性，除了要保障经营者的合法权益之外，还蕴含着通过规制不正当竞争行为保护消费者利益乃至公共利益，在其行为是否违反商业道德的判断上，还需从更广阔的市场环境、更多的利益主体去看待。就涉案软件所提供的帮购、比价等服务而言，一方面，其能够方便消费者在购物时进行价格比较，作出最优的交易决定，也能通过帮购服务使消费者以更低的价格购买到产品，具有提升消费者利益的积极效应。另一方面，涉案软件运行后在被上诉人网站中心位置页面中插入图标和按钮,并引导消费者至其网站交易的行为,足以使相关消费者对提供服务的主体产生混淆,或认为两者网站具有特定的关联关系,在客观上存在误导消费者的情形。虽然涉案软件在用户安装前作出了一定的告知,但这些告知内容并未有效消除相关公众所产生的混淆。

第三,综合考量各方当事人及消费者利益,以及被控行为对市场竞争秩序所产生的影响。如前所述,就两上诉人提供的比价、帮购等服务本身而言,既可能给消费者带来一定福利,但同时也会产生误导消费者的情形,并且,可以提升消费者利益的行为并不能当然被排除在不正当竞争行为之外,仍要就被控行为的正面效果与对被干扰者所造成的损害进行衡量。首先,上诉人在页面中插入相应标识和按钮,并引导消费者至其网站完成交易的行为已属过度妨碍被上诉人正常经营的行为,且该行为会产生误导消费者的可能,其对被上诉人所造成的损害与其欲实现的正面效应显然不符合比例原则。并且,上诉人提供比价、帮购等服务并非必须要通过该手段来实现,从利益平衡的角度,上诉人应当通过更为适当的方式开展相应的服务。其次,上诉人在页面中插入横幅的行为,并未对被上诉人的正常经营造成过度妨碍,但由于该行为是在涉案软件安装后所产生的,本案所有被控行为的表现形式是一个整体,而被上诉人在本案中主张停止使用涉案软件,从有利于判决执行的角度,一审法院对被控行为未作区分亦有合理之处。

从对市场竞争秩序的影响来看,互联网环境下的比价、帮购等服务的开展是在相关电子商务网站的基础上进行的,没有电子商务网站的存在,有关的比价、帮购等服务便无从谈起。在某种程度上,电子商务网站整体的经营状况与比价、帮购等服务的开展是一种正相关的关系,只有在保证电子商务行业整体的正常经营和蓬勃发展的情况下,相关的比价、帮购等服务产业才能持续发展。本案中,虽然两上诉人的行为会给消费者带来一定的福利,但其过度妨碍被上诉人网站正常经营不仅有损被上诉人的利益,长此以往也会给电子商务网站的商业投入和创新带来负面影响,进而破坏电子商务和比价、帮购等服务共存的生态,消费者也难以获得长期持续的利益,有损公平竞争的市场秩序。

## 三、裁判规则提要

### (一)法律适用

1.《反不正当竞争法》第2条可作为一般条款在司法审判中直接适用

我国的《反不正当竞争法》主要系行为规制法(规制不正当竞争行为),而非设权法（赋予经营者免于不正当竞争行为侵犯的权利）。其主要的立法宗旨和功能在于对不正当竞争行为进行规制，从而引导市场竞争主体通过公平竞争，最终建立公平、健康的市场竞争秩序。由于《反不正当竞争法》的这一功能和宗旨，其所规制的不正当竞争行为不应局限于该法相关条款中所列举的具体类型，而应当扩展到有违该法宗旨的其他不正当竞争行为。从审判实践的客观需要来说，在市场经营活动过程中，随着社会经济的发展及科技的进步，当事人的不正当竞争行为不断更新，立法机关在制定法律时只能就当前和可预见的一定期间内的行为作出规定，而不可能事事作出预先规定。因此，《反不正当竞争法》第 2 条并非仅仅是宣示性条款，其实际上可以在司法审判中直接适用，就一些非典型性的、该法所列举的具体情形所不能涵盖的、违背了诚实信用原则的其他情形进行规制。

2. 第 2 条的适用以法律对涉案竞争行为未作出特别规定为前提

现行《反不正当竞争法》第二章第 6 条至第 12 条，对不正当竞争行为进行了列举式规定。为了避免架空其他条款中所规定的具体不正当竞争情形的适用，从而不能实现第 2 条规定与其他条款的规定相互结合、相互补充，最大限度打击不正当竞争行为，保护消费者利益的立法目的。《反不正当竞争法》第 2 条的适用以法律对涉案竞争行为未作出特别规定为前提。[①]

### （二）主体方面

1.《反不正当竞争法》的经营者已经扩大到市场参与者

《反不正当竞争法》是旨在禁止以违反商业道德等不正当手段从事市场竞争行为，维护公平竞争秩序的法，是从行为的角度进行的立法，具有行为法属性。其重在根据行为特征及其对竞争秩序（保护客体）的损害，规定和认定其行为的合法性，即规定行为特征、行为后果、因果关系。行为法的属性决定了《反不正当竞争法》以行为为主要调整对象，并不过分强求主体的身份。因此，在《反不正当竞争法》2017 年修订的过程中，有许多学者、专家主张不限定不正当竞争行为的主体，而应包括一切市场交易活动的参与者，这样有利于在更广泛的范围内适用《反不正当竞争法》。考虑到中文语言文字及表述习惯，条文中仍然使用了“经营者”概念，但是在定义中删除了对营利性的要求，用非法人组织的表述替代了其他经济组织的表述，实际上扩大了经营者的内涵，可以涵盖各类生产经营或市场交易活动的参加者。

---

① 北京知识产权法院（2017）京 73 民终 25 号民事判决书。

也就是说,主体不再是竞争法适用与否的主要抗辩理由,只要行为构成市场经济活动,原则上就要受到《反不正当竞争法》的规制。①

2. 竞争关系非不正当竞争行为的必要构成要件

虽然当前司法实践中一般会将是否具有竞争关系作为认定构成不正当竞争的考量因素之一,但事实上,我国《反不正当竞争法》并未将"竞争关系"作为构成不正当竞争的必要条件,更不是适用《反不正当竞争法》的条件之一。《反不正当竞争法》第2条将不正当竞争行为明确为"经营者在生产经营活动中,违反本法规定,扰乱市场竞争秩序,损害其他经营者或者消费者的合法权益"。这表明《反不正当竞争法》中的不正当竞争行为既可以损害特定竞争者,也可以损害消费者。因此,判断一项行为是否构成不正当竞争,并不以损害特定竞争者且其相互之间具有竞争关系为必要,而应根据其是否违反竞争原则或者其他具体法律标准而进行认定。②

3. 竞争关系应作广义理解

随着经济发展和商业模式的创新,服务分工日益细化,竞争的本质是对经营资源和商业机会的争夺,这种争夺不仅存在于从事完全相同服务具有直接替代关系的经营者之间,在具有相互交叉、依存以及其他关联关系的经营者之间同样如此。因此,对于竞争关系应作广义理解,否则将不适当地压缩《反不正当竞争法》的适用空间。③

在互联网环境中,产品和服务之间的界限并非泾渭分明,传统的行业界限已经变得模糊,将提供同类商品或服务的经营者视为具有竞争关系已经不能满足维护互联网经济正当竞争秩序的需要,不具有直接替代可能性的经营者之间也会发生直接的竞争关系,因此,《反不正当竞争法》调整的竞争关系的判断应当重点考量竞争行为的性质及后果,即应当根据具体行为属性、商业利益上是否存在此消彼长等方面,而非经营者的主营业务或所处行业出发来界定经营性和竞争性。如果经营者的行为对其他经营者的利益造成损害,且同时基于这一行为获得现实或潜在的客户群体、商业交易机会等经济利益,形成此消彼长的市场份额,则可以认定二者

① 参见国家市场监督管理总局反垄断与反不正当竞争执法局:《〈反不正当竞争法〉理解与适用》,中国工商出版社2018年版,第2~3、19页。

② 杭州铁路运输法院(2017)浙8601民初928号民事判决书;浙江省杭州市中级人民法院(2018)浙01民终232号民事判决书。

③ 上海知识产权法院(2017)沪73民终198号民事判决书。

具有竞争关系。[①]

## （三）行为方面

1. 被诉行为违反诚实信用原则和公认的商业道德而具有不正当性

经营者在市场竞争中，总是追求利益最大化，其结果必然是优胜者获得交易机会而获益，失败者丧失机会而受损，优胜劣汰是市场竞争行为的应有之义，因此，是否争夺了其他经营者的商业机会，并非判断正当性的决定因素。但若违反市场经济竞争原则而具有不正当性，则为《反不正当竞争法》所禁止，根据该法第2条所确定的市场经济竞争原则，需要审查涉案行为是否有违自愿、平等、公平、诚实信用的原则或公认的商业道德。[②]

诚实信用原则是市场经济活动中道德规则的法律化，它要求人们在从事民事活动时，讲究信用，恪守诺言，诚实不欺，用善意的方式取得权利和履行义务，在不损害他人利益和社会利益的前提下追求自身的利益。在规范市场竞争的《反不正当竞争法》中，诚实信用原则更多的是以公认的商业道德的形式体现出来的。[③]

2. 公认的商业道德是指特定行业的经营者普遍认同的、符合消费者利益和社会公共利益的经营规范和道德准则

《反不正当竞争法》语境下公认的商业道德的评判标准，不能简单等同于社会日常生活中所讲的个人道德或者社会公德，而应当以特定商业领域普遍认同和接受的行为标准作为评判尺度。公认的商业道德，应当具有普遍性、公认性和抽象性，在个案的判断中结合特定商业领域的情形予以具体化。同时，对公认的商业道德的认定，还应当符合《反不正当竞争法》第1条所规定的立法目的，既要“鼓励和保护公平竞争，制止不正当竞争行为”，又要“保护经营者和消费者的合法权益”。换言之，公认的商业道德应当是特定行业的经营者普遍认同的、符合消费者利益和社会公共利益的经营规范和道德准则。

对于互联网领域的市场竞争行为，判断其是否具有不正当性的标准应当是该行为是否违背了互联网行业公认的商业道德。对互联网行业公认的商业道德进行认定时，一般综合考虑特定行业惯例、从业规范或者自律公约以及被诉行为的表现形式、造成的后果以及行为人的主观状态等因素。其中，相关的法律、法规或规范

---

① 杭州铁路运输法院（2017）浙8601民初665号民事判决书。

② 上海市徐汇区人民法院（2017）沪0104民初18960号民事判决书。

③ 北京市高级人民法院（2017）京民终5号民事判决书。

性文件可以作为商业道德确认的最为直接依据。

值得注意的是,行业惯例仅仅是商业道德认定的一个因素。在被诉行为符合行业惯例的情况下,还需要审查该做法是否符合消费者利益和社会公共利益,对于有悖于消费者利益和社会公共利益的做法,难以因其具有普遍性而获得正当性。[①]

3. 公认的商业道德标准尚未形成的情况下,以社会总福利水平作为判断标准

互联网领域很多所谓的干扰行为,在技术上往往有一定的创新之处,既可能给其他经营者的利益造成损害,但同时也会对消费者带来福利或提升公共利益的保障水平。《反不正当竞争法》所要保护的法益具有多元性,除了要保障经营者的合法权益之外,还蕴含着通过规制不正当竞争行为保护消费者利益乃至公共利益,在其行为是否违反商业道德的判断上,还需从更广阔的市场环境、更多的利益主体去看待。[②] 在"腾讯与星辉不正当竞争纠纷案"中,法院认为应当站在社会总福利水平的角度来观察行为的正当性,符合公认商业道德的竞争行为通常应有利于社会总福利,且反不正当竞争法中所考虑的社会公共利益(或社会总福利)既包括消费者利益,亦包括经营者利益,应当结合相关数据,衡量被诉行为对长期的社会总福利水平的影响程度。[③]

### (四)社会效果

2017 年《反不正当竞争法》修订时,第 2 条删除诸多具有迷惑性的表述,重申《反不正当竞争法》的行为规制法属性,凸显其立法宗旨和功能在于对不正当竞争行为进行规制,以商业道德为形式标准,以社会总福利为实质标准,对市场竞争行为进行规制。有助于引导市场竞争主体通过公平竞争,最终建立公平、健康的市场竞争秩序,营造诚信经营的商业环境。2019 年对《反不正当竞争法》进行修正时,保留和沿用了该条规定。

## 四、辅助信息

**高频词条:**

**《反不正当竞争法》**

**第 2 条** 经营者在生产经营活动中,应当遵循自愿、平等、公平、诚信的原则,

① 北京市高级人民法院(2017)京民终 5 号民事判决书。
② 上海知识产权法院(2017)沪 73 民终 198 号民事判决书。
③ 北京知识产权法院(2018)京 73 民终 558 号民事判决书。

遵守法律和商业道德。

本法所称的不正当竞争行为，是指经营者在生产经营活动中，违反本法规定，扰乱市场竞争秩序，损害其他经营者或者消费者的合法权益的行为。

本法所称的经营者，是指从事商品生产、经营或者提供服务（以下所称商品包括服务）的自然人、法人和非法人组织。

**第 6 条** 经营者不得实施下列混淆行为，引人误认为是他人商品或者与他人存在特定联系：

（一）擅自使用与他人有一定影响的商品名称、包装、装潢等相同或者近似的标识；

（二）擅自使用他人有一定影响的企业名称（包括简称、字号等）、社会组织名称（包括简称等）、姓名（包括笔名、艺名、译名等）；

（三）擅自使用他人有一定影响的域名主体部分、网站名称、网页等；

（四）其他足以引人误认为是他人商品或者与他人存在特定联系的混淆行为。

**第 7 条** 经营者不得采用财物或者其他手段贿赂下列单位或者个人，以谋取交易机会或者竞争优势：

（一）交易相对方的工作人员；

（二）受交易相对方委托办理相关事务的单位或者个人；

（三）利用职权或者影响力影响交易的单位或者个人。

经营者在交易活动中，可以以明示方式向交易相对方支付折扣，或者向中间人支付佣金。经营者向交易相对方支付折扣、向中间人支付佣金的，应当如实入账。接受折扣、佣金的经营者也应当如实入账。

经营者的工作人员进行贿赂的，应当认定为经营者的行为；但是，经营者有证据证明该工作人员的行为与为经营者谋取交易机会或者竞争优势无关的除外。

**第 8 条** 经营者不得对其商品的性能、功能、质量、销售状况、用户评价、曾获荣誉等作虚假或者引人误解的商业宣传，欺骗、误导消费者。

经营者不得通过组织虚假交易等方式，帮助其他经营者进行虚假或者引人误解的商业宣传。

**第 9 条** 经营者不得实施下列侵犯商业秘密的行为：

（一）以盗窃、贿赂、欺诈、胁迫、电子侵入或者其他不正当手段获取权利人的商业秘密；

（二）披露、使用或者允许他人使用以前项手段获取的权利人的商业秘密；

（三）违反保密义务或者违反权利人有关保守商业秘密的要求，披露、使用或者允许他人使用其所掌握的商业秘密；

（四）教唆、引诱、帮助他人违反保密义务或者违反权利人有关保守商业秘密的要求，获取、披露、使用或者允许他人使用权利人的商业秘密。

经营者以外的其他自然人、法人和非法人组织实施前款所列违法行为的，视为侵犯商业秘密。

第三人明知或者应知商业秘密权利人的员工、前员工或者其他单位、个人实施本条第一款所列违法行为，仍获取、披露、使用或者允许他人使用该商业秘密的，视为侵犯商业秘密。

本法所称的商业秘密，是指不为公众所知悉、具有商业价值并经权利人采取相应保密措施的技术信息、经营信息等商业信息。

**第 10 条**　经营者进行有奖销售不得存在下列情形：

（一）所设奖的种类、兑奖条件、奖金金额或者奖品等有奖销售信息不明确，影响兑奖；

（二）采用谎称有奖或者故意让内定人员中奖的欺骗方式进行有奖销售；

（三）抽奖式的有奖销售，最高奖的金额超过五万元。

**第 11 条**　经营者不得编造、传播虚假信息或者误导性信息，损害竞争对手的商业信誉、商品声誉。

**第 12 条**　经营者利用网络从事生产经营活动，应当遵守本法的各项规定。

经营者不得利用技术手段，通过影响用户选择或者其他方式，实施下列妨碍、破坏其他经营者合法提供的网络产品或者服务正常运行的行为：

（一）未经其他经营者同意，在其合法提供的网络产品或者服务中，插入链接、强制进行目标跳转；

（二）误导、欺骗、强迫用户修改、关闭、卸载其他经营者合法提供的网络产品或者服务；

（三）恶意对其他经营者合法提供的网络产品或者服务实施不兼容；

（四）其他妨碍、破坏其他经营者合法提供的网络产品或者服务正常运行的行为。

# 互联网纠纷案例裁判规则第 2 条：
## 同业竞争者的身份不同于普通消费者，在发表相关言论时负有更高的注意义务，其发表的内容应客观、真实、公允、中立、合理、正当，否则就会超出正当的商业评论的范畴，构成商业诋毁

〔**规则描述**〕：作为同业竞争者，在网络上发表针对竞争对手的评论或者相关意见的时候，应该客观中立合理正当，不能发表恶意的、偏离事实真相的意见，否则将构成商业诋毁。

### 一、类案检索大数据报告

时间：2019 年 3 月 29 日之前，案例来源：Alpha 案例库，案件数量：153 件，数据采集时间：2019 年 3 月 29 日。本次检索获取 2019 年 3 月 29 日前共 153 篇裁判文书。整体情况如图 2－1 所示，从案件年份分布情况可以看出当前条件下案例数量的变化趋势。

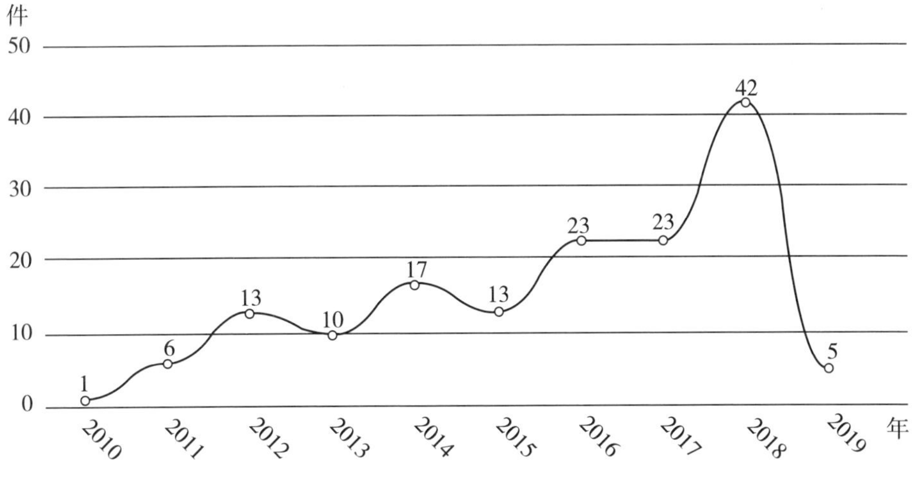


**图 2－1　案件年份分布情况**

如图 2－2 所示，从案件主要地域分布情况来看，当前案例主要集中在北京市、广东省、上海市，分别约占比 24%、20%、18%。其中，北京市的案件量最多，达到 36 件。

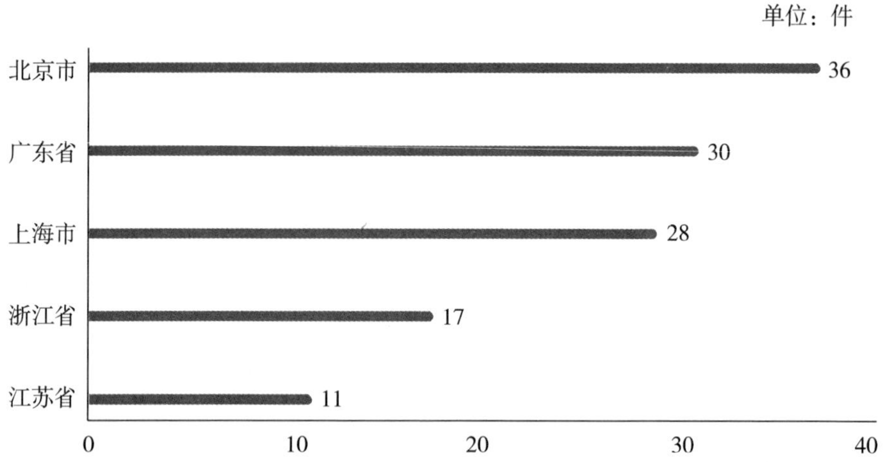


**图 2－2　案件主要地域分布情况**

如图 2－3 所示,从案件审理程序分类统计可以看出,一审案件有 69 件,占比约为 45.1%;二审案件有 80 件,占比约为 52.29%;再审案件有 3 件,占比约为 1.96%;其他案件有 1 件,占比约为 0.65%。

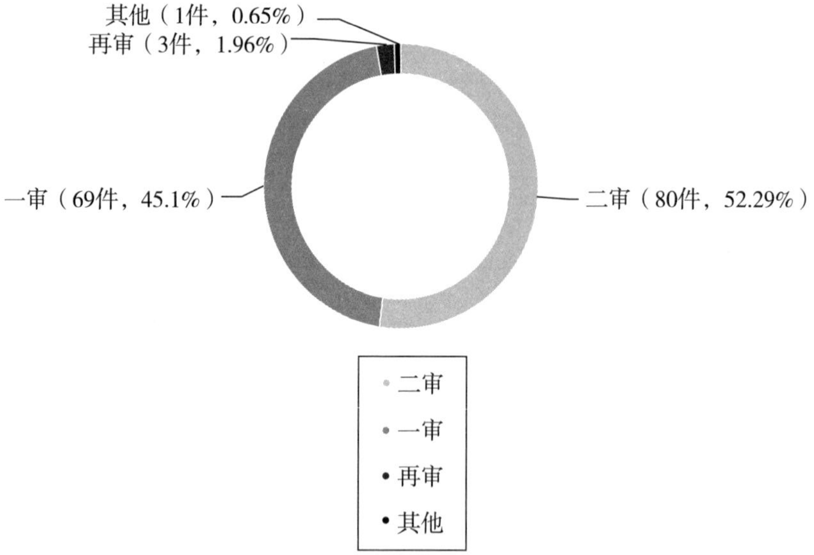


**图 2－3　案件审理程序分类**

如图 2－4 所示,从案件一审裁判情况可以看出,当前条件下全部/部分支持的有 50 件,占比约为 72.46%;全部驳回的有 15 件,占比约为 21.74%;其他的有 3

件，占比约为 4.35%；驳回起诉的有 1 件，占比约为 1.45%。

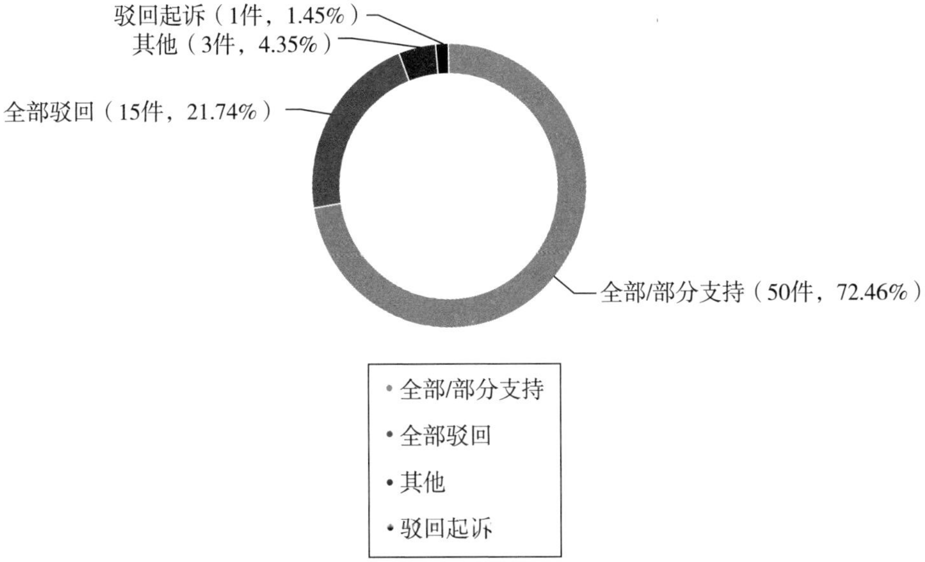


**图 2－4　案件一审裁判结果**

如图 2－5 所示，从案件二审裁判情况可以看出，当前条件下维持原判的有 61 件，占比约为 76.25%；改判的有 17 件，占比约为 21.25%；其他的有 2 件，占比约为 2.5%。

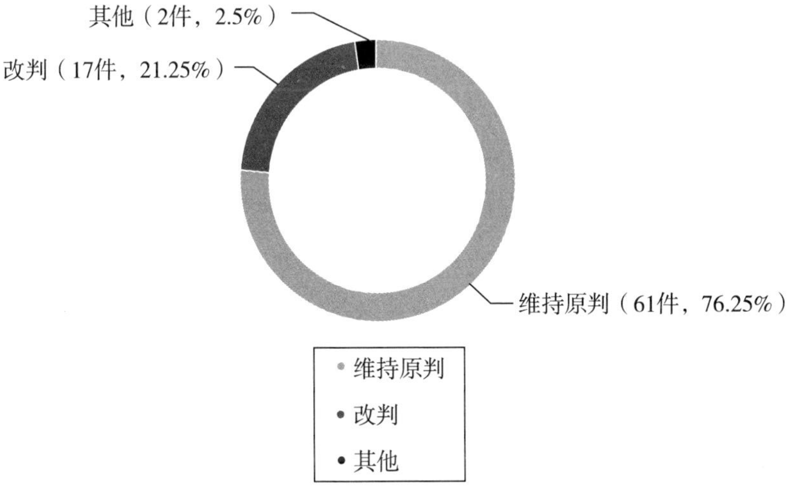


**图 2－5　案件二审裁判结果**

## 二、可供参考例案

### 例案一 北京奇虎科技有限公司、奇智软件(北京)有限公司与腾讯科技(深圳)有限公司、深圳市腾讯计算机系统有限公司不正当竞争纠纷

**【法院】**

最高人民法院

**【案号】**

(2013)民三终字第5号

**【当事人】**

上诉人(一审被告):北京奇虎科技有限公司

法定代表人:齐某某,该公司执行董事

上诉人(一审被告):奇智软件(北京)有限公司

法定代表人:曹某,该公司总经理

被上诉人(一审原告):腾讯科技(深圳)有限公司

法定代表人:马某某,该公司总经理

被上诉人(一审原告):深圳市腾讯计算机系统有限公司

法定代表人:马某某,该公司总经理

**【基本案情】**

北京奇虎科技有限公司、奇智软件(北京)有限公司(以下合称奇虎公司等)针对腾讯科技(深圳)有限公司、深圳市腾讯计算机系统有限公司(以下合称腾讯公司等)的QQ软件专门开发了“360扣扣保镖”软件,在相关网站上宣传扣扣保镖软件全面保护QQ软件用户安全,并提供下载。

在安装了扣扣保镖软件后,该软件会自动对QQ软件进行体检,以红色字体警示用户QQ存在严重的健康问题,以绿色字体提供一键修复帮助,同时将“没有安装360安全卫士,电脑处于危险之中;升级QQ安全中心;阻止QQ扫描我的文件”列为危险项目;查杀QQ木马时,显示“如果您不安装360安全卫士,将无法使用木马查杀功能”,并以绿色功能键提供360安全卫士的安装及下载服务;经过一键修复,扣扣保镖将QQ软件的安全沟通界面替换成扣扣保镖界面。腾讯公司等以上述行为构成不正当竞争为由,提起诉讼。请求法院判令奇虎公司等:1.立即停止涉案不正当竞争行为,包括但不限于停止开发、传播和发行扣扣保镖及相关软件,停

止已发行和传播的扣扣保镖软件现有功能，停止诋毁原告及原告的产品和服务的行为；2. 连续三个月在其网站（www.360.cn、www.360.com）首页显著位置，在新浪网（www.sina.com）、搜狐网（www.sohu.com）和网易网（www.163.com）等网站首页显著位置，在《法制日报》《中国知识产权报》等报纸第一版显著位置就其不正当竞争行为向原告赔礼道歉，消除影响；3. 连带赔偿原告经济损失1.25亿元；4. 承担原告维权支出的合理费用及全部诉讼费用。

**【案件争点】**

奇虎公司等是否构成商业诋毁。

**【裁判要旨】**

关于上诉人在经营扣扣保镖软件及其服务时，是否存在贬损QQ软件及其服务的行为，从而构成商业诋毁的问题。

《反不正当竞争法》（1993年）第14条规定："经营者不得捏造、散布虚伪事实，损害竞争对手的商业信誉、商品声誉。"商业诋毁行为是指经营者针对竞争对手的营业活动、商品或者服务进行虚假陈述而损害其商品声誉或者商业信誉的行为。判定某一行为是否构成商业诋毁，其判定标准是该行为是否属于捏造、散布虚伪事实，对竞争对手的商业信誉或者商品声誉造成了损害。

1. 关于《反不正当竞争法》（1993年）第14条规定的"虚伪事实"是否包括片面陈述真实的事实而容易引人误解的情形

上诉人认为，一审法院将"虚伪事实"认定为包括"片面陈述真实的事实而容易引人误解的事实"属于对法律的错误理解。法院认为，认定是否构成商业诋毁，其根本要件是相关经营者之行为是否以误导方式对竞争对手的商业信誉或者商品声誉造成了损害。就片面陈述真实的事实而贬损他人商誉的情形而言，如本案中上诉人宣称"在QQ的运行过程中，会扫描您电脑里的文件（腾讯称为安全扫描），为避免您的隐私泄露，您可以禁止QQ扫描您的文件"，该宣称由于其片面性和不准确性，同虚假宣传一样容易引人误解，足以导致相关消费者对相关商品产生错误认识，进而影响消费者的决定，并对竞争对手的商品声誉或者商业信誉产生负面影响，损害竞争者的利益。换言之，即使某一事实是真实的，但由于对其进行了片面的引人误解的宣传，仍会对竞争者的商业信誉或者商品声誉造成损害，因此亦属于《反不正当竞争法》（1993年）第14条予以规范的应有之义，一审法院对此进行认定并无不当。

2. 关于上诉人是否存在捏造、散布虚伪事实之行为的问题

本案中,根据法院查明的事实,上诉人在其扣扣保镖简介中称该工具"能自动阻止QQ聊天程序对电脑硬盘隐私文件的强制性查看"。安装运行扣扣保镖后,显示"体检得分4分,QQ存在严重的健康问题"。上诉人认为扣扣保镖宣称的"QQ扫描我的文件""QQ存在健康问题""QQ可能泄露用户隐私"等陈述内容是基本事实,其并没有片面陈述真实事实和捏造虚伪事实,而是依据业内通用的评价规则和标准对QQ软件的运行状况进行的整体和综合评价,因此其行为不构成商业诋毁。法院认为,判断上诉人是否存在捏造、散布虚伪事实之行为,其基本前提是看上诉人宣传的内容是否符合客观实际,是否属于片面陈述真实的事实而容易引人误解的情况。

第一,关于扣扣保镖宣称其具有"自动阻止QQ聊天程序对电脑硬盘隐私文件的强制性查看功能"是否符合客观实际的问题。由于上诉人宣称扣扣保镖具有自动阻止QQ软件对电脑硬盘隐私文件的强制性查看功能,该表述实质上已经隐含了QQ软件会对用户硬盘隐私文件进行强制性查看的内容。但根据一审法院及本院查明的事实,上诉人并无证据证明QQ软件对用户硬盘隐私文件进行强制性查看。在没有相关证据支持的情况下,断言QQ软件对用户硬盘隐私文件进行强制性查看不符合客观实际,属于捏造、散布虚伪事实。

第二,关于QQ软件存在严重的健康问题是否属于客观评价的问题。上诉人称其对QQ软件的评价结果是客观的。法院认为,根据本案查明的事实,上诉人并未举证证明其对QQ软件进行评价时所采用的评价规则,亦未证明其系采用业内通用的评价规则和标准;此外,根据扣扣保镖的运行情况,其将"没有安装360安全卫士,电脑处于危险之中""升级QQ安全中心""阻止QQ扫描我的文件"列为危险项目,并提示"这些项目可能被病毒木马利用,请尽快修复"。虽然,上诉人在一审诉讼中称其真实意思是"不排除腾讯扫描用户隐私的可能性",并在提示中亦使用了"这些项目可能被病毒木马利用,请尽快修复"等不确定性语言,但该提示和用语对于普通的QQ软件用户而言,具有较强的误导性,容易造成用户恐慌,担心QQ软件不安全,并有可能导致隐私泄露或者病毒木马入侵,从而对QQ软件及其服务产生负面影响和评价。

第三,本案事实亦显示,当用户安装扣扣保镖后,扣扣保镖即对QQ软件进行自动体检并显示"体检得分4分,QQ存在严重的健康问题!"但当用户按照扣扣保镖的提示进行相应操作后,则显示"上次体检得分为100分,QQ很健康!"法院认

为，在上诉人不能证明其评价标准和规则的情况下，这种体检前后的评分变化，是因为上诉人以自己的标准对 QQ 软件进行评价而产生，难以认定其评价结果具有客观性。

综上所述，经营者对于他人的产品、服务或者其他经营活动并非不能评论或者批评，但评论或者批评必须有正当目的，必须客观、真实、公允和中立，不能误导公众和损人商誉。经营者为竞争目的对他人进行商业评论或者批评，尤其要善尽谨慎注意义务。上诉人无事实依据地宣称 QQ 软件会对用户电脑硬盘隐私文件强制性查看，并且以自己的标准对 QQ 软件进行评判并宣传 QQ 存在严重的健康问题，造成了用户对 QQ 软件及其服务的恐慌及负面评价，使相关消费者对 QQ 软件的安全性产生怀疑，影响了消费者的判断，并容易导致相关用户弃用 QQ 软件及其服务或者选用扣扣保镖保护其 QQ 软件。这种评论已超出正当商业评价、评论的范畴，突破了法律界限，构成商业诋毁。

## 例案二 | 无锡海斯凯尔医学技术有限公司与上海回波医疗器械技术有限公司、内蒙古福瑞医疗股份有限公司商业诋毁纠纷

**【法院】**

上海市高级人民法院

**【案号】**

(2016) 沪民终 274 号

**【当事人】**

上诉人(原审原告)：无锡海斯凯尔医学技术有限公司

法定代表人：邵某某，该公司总经理

被上诉人(原审被告)：上海回波医疗器械技术有限公司

法定代表人：王某某，该公司执行董事

被上诉人(原审被告)：内蒙古福瑞医疗科技股份有限公司

法定代表人：王某某，该公司董事长

**【基本案情】**

无锡海斯凯尔医学技术有限公司(以下简称海斯凯尔公司)和上海回波医疗器械技术有限公司(以下简称回波公司)均为医疗器械的生产商。法国爱科森公司系回波公司的关联公司。

2008 年 8 月 19 日,法国爱科森公司获得国家食品药品监督管理局颁发的国食药监械(进)字 2008 第×××××××号《中华人民共和国医疗器械注册证》。2012 年 12 月 31 日,法国爱科森公司生产的肝功能剪切波量化超声诊断仪(商品名:FibroScan)获得国家食品药品监督管理局颁发的国食药监械(进)字 2012 第×××××××号《中华人民共和国医疗器械注册证》。附件《医疗器械注册登记表》记载,产品适用范围为"用于检测肝脏硬度,辅助肝硬化的诊断"。内蒙古福瑞医疗科技股份有限公司(以下简称福瑞公司)系回波公司的关联公司,成立于 2001 年 12 月 26 日,经营范围包括中、西生化药品生产、销售。海斯凯尔公司提交了公证书证明回波公司指使其员工假扮患者身份拍摄虚假视频资料,在各大视频网站传播,毁损海斯凯尔公司的企业形象和商品声誉,并指称视频录制地点为上海市第一人民医院,视频中的被检测者和发表言论的人均为回波公司工作人员。回波公司和福瑞公司对该证据真实性认可,但认为不能证明海斯凯尔公司的主张,并否认回波公司制作或传播涉案视频,否认被检测者和发表言论的人是其工作人员。

2014 年 3 月 18 日,"浏览用户 4361""浏览用户 2930"在深圳证券信息有限公司运营的"投资者关系互动平台"网站提问:"贵司生产的无损检测仪器与海斯凯尔医学技术有限公司 www. fibrotouch. com 研发了全球首台影像引导的肝纤维化无创检测系统 FibroTouch 有什么区别?"对此,福瑞公司于同年 3 月 19 日在该网站上回复:"您好！这家公司研发的设备的确与公司的很相似,并且某些技术也已涉嫌侵权,公司了解到这家公司的产品目前尚未开始正式销售,目前他们尚处于临床推广阶段,并且该设备还远未在国际肝病诊断学术界得到认可,目前在肝病无创诊断领域,真正实现临床销售并且获得国际广泛认可的,只有福瑞的 Fibroscan 产品。谢谢您对公司的关注!"

2014 年 5 月 8 日,福瑞公司在"投资者关系互动平台"网站举办"福瑞股份 2013 年度业绩说明会"活动。用户"久歌"于当日 16 时 12 分提问:"如何看待无锡海斯凯尔医学技术有限公司中标鄂州中心医院无创肝纤维化诊断仪一套,中标价格 135 万元,公司准备如何应对?"福瑞公司高级管理人员林欣于当日 16 时 35 分在该网站上答复:"您好！在我国知识产权保护环境还不完备的情况下,完全杜绝仿冒是很难的。但是对于已经出现的仿冒产品,公司绝不会坐视不理,会尽全力在产品知识产权、专利技术方面加大法律保护力度,谢谢您对公司的关注!"

海斯凯尔公司向一审法院起诉请求:1. 回波公司和福瑞公司立即停止通过互联网、律师函等形式进行商业诋毁及虚假宣传;2. 回波公司和福瑞公司在"投资者关系互动平台”网站，以及优酷网、搜狐网、有谱气网、新浪网、酷六网等视频网站和《中国医药报》《健康报》《中国证券报》《中国知识产权报》上就其商业诋毁、虚假宣传行为发布声明赔礼道歉，并澄清事实，消除影响；3. 回波公司和福瑞公司连带赔偿海斯凯尔公司经济损失 3500 万元（其中包括医院停止购买产品或退货的损失 1200 万元和经销商终止采购或退货的损失 2300 万元）及合理维权费用 100 万元。

**【案件争点】**

1. 回波公司是否拍摄、传播涉案视频，是否构成商业诋毁。

2. 福瑞公司在“投资者关系互动平台”的发言是否构成商业诋毁。

**【裁判要旨】**

1. 关于案件争点 1

在案证据显示，涉案视频中出现的被检测者系回波公司员工王某某，且回波公司与海斯凯尔公司存在竞争关系，故可以认定海斯凯尔公司关于回波公司拍摄并传播涉案视频的主张成立。回波公司虽然否认涉案视频与其有关，但其作为王某某的用人单位，未能向其员工核实涉案视频的拍摄情况，并提供相应证据推翻海斯凯尔公司的主张，法院对其辩称不予采信。根据《反不正当竞争法》（1993 年）第 14 条的规定，商业诋毁是指经营者捏造、散布虚伪事实而损害竞争对手商业信誉、商品声誉的行为。该条款的适用以“捏造、散布虚伪事实”和“损害商业信誉、商品声誉”为要件，故经营者在评论或者批评竞争对手的营业活动、商品或者服务时，所陈述的内容如果系片面或引人误解，足以误导公众，从而损害竞争对手的商业信誉或者商品声誉的，亦构成商业诋毁。本案中，涉案视频显示，将用于检测人体肝脏的仪器对着空气进行测量，导致出现不合理的检测结果；涉案视频上传至网站时又在标题中称，海斯凯尔公司的 Fibrotouch 超声诊断仪产品对着空气能测出肝脏的硬度和重度脂肪肝。上述视频及其标题对海斯凯尔公司超声诊断仪器的测量数值作了引人误解的片面陈述，属于对事实的曲解，足以误导相关公众对该仪器质量的认知，并对海斯凯尔公司的商品声誉和商业信誉产生负面影响，已超出正当商业评论范畴，属于反不正当竞争法所规制的商业诋毁行为。

2. 关于案件争点 2

福瑞公司主张其 2014 年 5 月 8 日在“投资者关系互动平台”上的发言系基于单方认知发表的一般性商业评论，不构成商业诋毁。一般认为，反不正当竞争法调整的商业诋毁行为并不要求行为人必须直接指明诋毁的具体对象名称，只要商业诋毁指向的对象可以通过案件事实予以辨别即可。本案中，福瑞公司的上述言论系针对网络用户关于福瑞公司将如何应对海斯凯尔公司产品中标一事的提问,该言论指向明确,其中“对于已经出现的仿冒产品,公司绝不会坐视不管”即指称海斯凯尔公司的中标产品系仿冒产品,故上述发言并非一般性商业评论。由于在案证据不能证明海斯凯尔公司的产品系仿冒产品,故上述言论不符合事实,福瑞公司的行为构成商业诋毁。

## 例案三 阿里云计算有限公司与上海芮石信息科技有限公司、深圳宜搜天下科技股份有限公司、北京搜狐互联网信息服务有限公司商业诋毁纠纷

**【法院】**

广东省深圳市福田区人民法院

**【案号】**

(2017)粤0304民初16637号

**【当事人】**

原告:阿里云计算有限公司

法定代表人:胡某某,该公司董事长

被告:上海芮石信息科技有限公司

法定代表人:季某某,该公司执行董事

被告:深圳宜搜天下科技股份有限公司

法定代表人:汪某,该公司总经理

被告:北京搜狐互联网信息服务有限公司

法定代表人:张某某,该公司董事长

**【基本案情】**

原告阿里云计算有限公司(以下简称阿里云公司)成立于2008年4月8日,其经营范围为:第一类增值电信业务中的因特网数据中心业务;第二类增值电信业务中的因特网接入服务业务;第二类增值电信业务中的信息服务业务(不含固定网电话信息服务),利用自有 alisoft. com、alisoft. cn、alisoft. com. cn、alicdn. com、aliyun. com、uueasy. com、phpwind. com、phpwind. net、qutao. com、yunos. com、yunos. cn 等网站发布国内网络广告;服务:计算机软硬件、电子产品、数码产品的技术开发、技术服务、设计、制作、代理国内广告、成年人的非文化教育培训、成年人的非证书劳动职业技能培训服务;批发、零售计算机软硬件、电子产品、数码产品;会务服务,承

办展览，展览展示设计。原告经营产品包括阿里云计算服务平台。

被告上海芮石信息科技有限公司（以下简称芮石公司）成立于2012年12月21日，其经营范围为：信息科技、网络科技领域内的技术开发、技术服务、技术转让、技术咨询、计算机系统集成，电子商务（不得从事增值电信、金融业务），商务咨询，计算机软件（除计算机信息系统安全专用产品）开发、销售，办公设备、计算机及配件租赁、销售，电子元器件的销售。

原告指控被告在网络上发表不当文章，包含的以下内容构成商业诋毁：

1. 文章《外资云厂如何正面对标阿里云》以下内容："拿我的话说：阿里云就是飘在云中的一坨屎（a shit in the cloud）""我有好几个兄弟就是做阿里云生意的，跟我各种诉苦，说阿里云是个畜生简直就是不给合作伙伴活路""到目前为止，我很少输掉和阿里云的对标，或者最多打成平局（客户最终选择自建）""做阿里云的合作伙伴/代理商并不划算……同样是云，微软云有很好的返点体系""这其实是他们技术团队根本没办法算清楚一个物理CPU核能用于几个虚拟CPU造成的。用一句话来概括——阿里云虚拟化技术团队太渣""Xen底层是无法准确控制CPU使用量的，而阿里云自己又改不了。所以最终的结果就是阿里云根本就算不准CPU量，这是超卖的根本原因。各位阿里云的使用者有没有发现在双11的时候，你们的服务器特别慢？知道为什么吗？不仅仅是因为阿里把大量的服务器抽调回去顶双11的访问量，更多的是因为这套基于Xen的虚拟化解决方案本身是存在设计缺陷的，所以如果你的CPU与阿里自用CPU同在一个服务器上时，你所购买的CPU可能会被偷用""阿里云肯定改了Windows和Linux Kernel""其实早期的一些工单已经很能说明问题，感谢我云计算专家组的兄弟给我提供关键线索""前年曾经发生过一起云盾大事件，说心里话，云盾这玩意是出了名的流氓，但我没想到它会流氓到把自己的ECS实例全部杀掉，导致大量阿里云虚拟机瘫痪""请问什么情况下可以杀死Linux的ECS服务，root吗？不可能，所以这个权限绝对高于root账号，也就说阿里云实际上动了Kernel。Kernel级别真的是想干什么就干什么，如跟踪用户数据、抓网络包等""阿里云的店大欺客是出了名的！我一直跟我客户说选择阿里云是一切噩梦的开始，因为无论是售前还是售后，他们做的都很烂""阿里云存在一个很明显的问题，就是付完钱之后你会变成彻头彻尾的欺负对象，只有几家年消耗100万的大厂才有人管"。

2. 文章《为什么我不看好阿里巴巴和马云》以下内容："我都对阿里和马云表示不屑，理由很简单你不就是仗着股东的红二代背景嘛，没有红二代你试试？阿里会有今天吗?”“你看看现在淘宝是什么网站——全球最大在线假货市场+全球最大跨城市比价网站,这不是我说的,是外媒说的”“全球最大假货市场我就不多说了,一直在被人老外批斗,各种超A货,各种未授权的奢侈品店”“全球最大跨城市比价网站,这个非常有问题,大家有没有发现我们现在买东西已经方便到直接点‘价格从低到高排序’之后,通常买排在第1-10位的宝贝,为什么呢?因为便宜!那如果这些宝贝是洗钱的人弄出来的呢?说的直白点,就是某个宝贝进价100元,但店主卖90元,普通人觉得这不是亏钱吗?其实不然,如果说其他人拿到的都是同样的总代价95元,但其中有一个人卖90元,剩下5元是用来洗钱的,那就不一样了”“阿里有非常深厚的政府背景,很多事情是通过行政干预来实现的,而非完全市场竞争”。文章下方附有文字“欢迎正在使用阿里云的客户加我微信,向我诉苦,我们非常愿意帮助你们,并协助你们迁移应用到Azure或AWS”。“精选留言”中“作者回复”称“阿里巴巴在创办后的几年里采取了消极地对待假货的政策,便于进行扩展”。

3.《为什么我不选阿里云(一)》以下内容:“阿里巴巴在全球主流媒体眼里它就是全球最大在线假货市场”“如果淘宝当年严厉抵制仿品、超A货,和ebay的原则一致,恐怕现在的格局会完全不同,说到底,淘宝当年就是在做违背道(fa)德(lv)的事情,只是没人管而已。所以马云老喊冤,冤什么?有本事你当年别做,做了婊子还要立贞节牌坊,这不合适!”“阿里云就是个没上过生产环境的玩意,和淘宝的几个网站一点关系都没有,也就是说,阿里云的用户都是小白鼠,原因是淘宝系、天猫系、e淘根本看不上这技术,技术怎么样我不方便评论,反正肯定是内斗的结果”“据某渠道的小道消息,阿里云上存储的数据可以被部分员工看,而且不需要经过客户许可,这个消息已经经过多方确认,当然我不方便说渠道。另外有些时候,客服会很不专业地问客户要虚拟机的用户名和密码”。

4.文章《为什么我不选阿里云(二)》以下内容:“阿里云除了虚机便宜,其他都不便宜,特别是存储和RDS非常贵,相对于Azure和AWS,它的价格可谓天价。当然咯,最近阿里云貌似砸了很多钱来做营销,甚至宣传存储不要钱,我只能说阿里土豪,我们是正规商业公司,要赚钱的,没法跟您这种党开的网络公司比”“很多阿里虚拟机里跑了很多SQL Server也没买license”“我听朋友们说过好多版本,什么售后完全不搭理你,什么问你要虚机用户名密码,各种二货行为都有”“阿里云压根现在就没客服,除非是非常大的几个站,其他都是很慢响应,甚至不响应”“据我所知阿里云客服团队不超过50人(如果不对请阿里云的人出来更正,谢谢),你没听错，这么大个盘子就靠不到50人顶着，确实不容易”。

原告向法院起诉要求：1. 被告芮石公司立即删除其微信公众号“架构师联盟”（Neuzilla）中IT打假专栏“阿里云特辑”的文章和搜狐号上的文章；2. 被告深圳宜搜天下科技股份有限公司（以下简称宜搜公司）断开链接 https：//m. sohu. com/n/482442281，被告北京搜狐互联网信息服务有限公司（以下简称搜狐公司）立即删除、屏蔽上述涉案文章及链接；3. 被告芮石公司连续30日在其微信公众号和搜狐个人账号上发表道歉声明，连续30日在腾讯网（www. qq. com）、宜搜网（www. easou. com）、搜狐网（www. souhu. com）等网络媒体站首页显著位置公开刊登道歉声明，消除对原告造成的不良影响；4. 被告芮石公司赔偿原告商誉损失、经济损失及维权合理开支100万元。

**【案件争点】**

被控文章是否构成商业诋毁。

**【裁判要旨】**

本案被控侵权文章内容是否构成对原告的商业诋毁，主要取决于以下三个因素：一是被控侵权行为实施主体与原告是否属同业竞争者；二是被控侵权内容是否属实；三是被控侵权内容是否损害了原告的商业信誉和商品声誉。

关于第一个因素，即被控侵权行为实施主体与原告是否属同业竞争者。被控侵权文章系微信号“架构师联盟（Neuzilla）”及搜狐公众平台账号“架构师联盟mp”所发布，网站 www. neuzilla. com 显示该微信号为该网站经营者所有，而该网站标示的经营者为被告芮石公司，在没有相反证据的情况下，可以认定微信号“架构师联盟（Neuzilla）”系被告芮石公司所有。搜狐公众平台账号“架构师联盟mp”的图标与微信号“架构师联盟（Neuzilla）”图标一致，名称基本一致，发表的文章亦为同一文章，据此可以认定搜狐公众平台账号“架构师联盟mp”的所有人亦为被告芮石公司。根据该微信号和搜狐公众平台账号以及网站 www. neuzilla. com 所宣传的内容可知，被告芮石公司系为其他云平台进行宣传，与原告属于同业竞争者，符合构成不正当竞争的主体要件。

关于第二个因素，即被控侵权内容是否属实。被控侵权内容涉及阿里云售前售后服务很差、技术能力差、偷用用户CPU、修改Windows和LinuxKernel、将不成熟的技术投放市场、将用户作为试验对象、经客户许可查看数据、价格天价、未取得SQLServer授权、客服响应慢、淘宝洗钱、淘宝为全球最大假货市场、阿里靠政府背景等，被告芮石公司并不能提供任何证据证明其所陈述的内容具有事实依据，对此应承担举证不能的法律后果。

关于第三个因素,即被控侵权内容是否损害了原告的商业信誉和商品声誉。首先,虽然被控侵权内容有部分是针对阿里巴巴、淘宝和马云而作出的言论,并非直接针对原告,但商业诋毁并不仅限于直接针对原告的虚假陈述,只要虚假陈述的不良影响及于原告,原告即有权主张权利。原告隶属于阿里巴巴集团,马云是阿里巴巴集团的主要创始人,对阿里巴巴集团和马云的贬损言论必然会影响原告。因此,原告对该部分内容有权主张权利。其次,被控侵权内容在没有事实依据的基础上进行大量否定性评价,且使用大量侮辱、贬低性语言,如"一坨屎""畜生""流氓""神经病""婊子""这厮"等。被告芮石公司作为同业竞争者,其身份不同于普通消费者,其在发表相关言论时负有更高的注意义务,其发表的上述内容已超出其作为同业竞争者应具有的客观、合理、正当的范围,相关评论亦已超出正当商业评价、评论的范畴,其主观上并非出于善意的批评或者监督,而是为了毁损竞争者形象从而提升自身竞争优势,具有不正当竞争的意图。最后,就客观上而言,相关公众在看到这些言论后,必然会对原告经营的阿里云产品的服务质量、技术能力以及是否诚信经营产生怀疑,原告的商誉也必然因此受到损害。这种行为有悖于诚实守信的商业道德,不利于形成良好的竞争秩序,构成商业诋毁的不正当竞争行为。

被告芮石公司的行为已构成商业诋毁的不正当竞争行为,应承担停止侵权、赔礼道歉、消除影响、赔偿损失的民事责任。原告以被控侵权文章已经被删除和断开链接为由申请撤回停止侵权的诉求,属于对其诉讼权利的自行处分,并无违法之处,法院予以准许。关于被告芮石公司是否应当赔礼道歉、消除影响的问题,鉴于被告芮石公司的侵权行为给原告的商誉造成了损害,原告请求判令被告芮石公司在有关媒体上赔礼道歉、消除影响,有充分的事实和法律依据,法院予以支持。但其消除影响的范围应限于侵权造成的影响范围。

关于赔偿损失的金额的确定,根据《不正当竞争案件司法解释》第 17 条第 1 款的规定,确定《反不正当竞争法》(1993 年)第 14 条规定的不正当竞争行为的损害赔偿额,可以参照确定侵犯注册商标专用权的损害赔偿额的方法进行。因原告未举证证实被告芮石公司因侵权所获得的具体利益及原告因被告芮石公司侵权所受到的具体损失,考虑到原告商誉的市场价值、被告的主观恶意程度、被告侵权情节、范围以及原告为制止侵权行为所支付的合理开支等因素,法院酌情确定被告芮石公司赔偿原告经济损失及合理开支共计 15 万元。

## 三、裁判规则提要

### (一)同业竞争者针对竞争对手发表评论时应更谨慎、客观、真实，如果超出了必要的界限，造成对方商品声誉或者商业信誉的损害，构成商业诋毁

法人具有人格权，主要表现为财产性质。对法人的人格权造成损害的，负有侵权责任。《反不正当竞争法》第 11 条规定："经营者不得编造、传播虚假信息或者误导性信息，损害竞争对手的商业信誉、商品声誉。"这是我国目前关于商业诋毁侵害商誉的最直接的规定。

商业诋毁，是指针对商事主体进行诽谤或者进行恶意贬低、发表偏离事实真相的恶意评价的行为。对于商业诋毁的界定，理论界和实务界有不同的观点，一种认为商业诋毁行为就是指经营者通过捏造、散布虚伪事实或者虚假信息等不正当手段，对竞争对手的商业信誉和商品声誉进行恶意的诋毁和诽谤，以贬低其法律人格，削弱其市场竞争能力，从未为自己谋取竞争的优势地位及其他不正当利益的行为。另一种认为诋毁或者诽谤他人的不动产、动产、无形财产或者服务，造成他人经济损失的，就是商业诋毁行为。目前，司法实践中一般认为是前者，将主体限制在经营者的范围，至于是否需要将主体扩展至其他方面，实践中已经有所突破。[①]

所谓同业竞争者，一般是指存在相同或具有替代性产品或服务的主体，或者在生产、技术、研发、设备、销售或采购渠道、客户、供应商等方面具有重叠之处的市场主体。在竞争法领域，竞争有直接和间接之分。其中，直接竞争是指所经营商品之间具有替代关系的经营者相互争夺交易机会。具有直接竞争关系是我国商业诋毁案件审理中考虑的前置性条件，但是实践中，由于竞争关系的复杂性和延伸性，是否需要将间接竞争关系纳入考虑的范围，需要根据具体情况进行具体分析。

在实践中，商业诋毁一般可以分为以下几种：一是对商事主体的诋毁。这是指竞争对手直接在网上发表对竞争对手不正当言论或者恶意贬低的评论，直接构成对竞争对手的诋毁。二是对商事主体法定代表人的诋毁。根据商法的基本原理，法定代表人代表企业法人的利益，按照法人的意志行使法人权利。法定代表人在

---

① 参见杨立新、蔡颖雯：《论商业诽谤行为及其民事法律制裁》，载《河南省政法管理干部学院学报》2004 年第 5 期。

企业内部负责组织和领导生产经营活动;对外代表企业,全权处理一切民事活动。法定代表人的权力,是由法人赋予的,法人对法定代表人的正常活动承担民事责任。三是对商品或者服务的诋毁。对企业商品的诋毁也构成对企业商誉的诋毁。企业的商品和服务质量是企业商誉不可分割的部分,是企业经营赖以存在的根基。因此,对企业商品或者服务的不恰当评论也曾构成对竞争对手的诋毁,是一种不正当竞争行为。

在实践中,一般认为,商业诋毁行为的行为主体必须是经营者,行为人具有经营者的身份是认定侵犯商誉权行为的重要条件之一,即只有从事商品经营或者营利性服务的法人、其他经济组织所实施的损害竞争对手商誉的行为才构成该类不正当竞争行为,而非经营者实施的侮辱、诽谤、诋毁的行为则以一般侵权论。这一构成要件反映了现代各国主要是从竞争法的角度来保护商誉权。《巴黎公约》及世界知识产权组织制定的《反不正当竞争的保护示范法草案》,均将商誉侵害视为不正当竞争行为。英美法系国家为商誉权提供仿冒诉讼与其他特殊诉讼的救济方式,其主体指向均为经营者。[①]

不过,近年来,一些消费者或媒体利用网络对经营者实施商业诋毁,还有一些企业利用新闻媒体、网络公关公司或网络水军媒体实施不正当竞争行为,打击竞争对手。然而,根据《反不正当竞争法》第 14 条的规定,消费者、新闻媒体等非经营者并不包含在商业诋毁行为的主体范围内。考虑到互联网市场的易入性、隐蔽性,我们认为,应适当扩大商业诋毁行为的主体范围。在网络商业诋毁第一案——“恒升公司诉王某商业诋毁案”中,个人被认定为网络商业诋毁的主体。在“蒙牛商业诋毁案”中,网络公关公司、网络水军等与受害者没有竞争关系的经营者,同样成为网络商业诋毁的主体。世界知识产权组织在制定《反不正当竞争的保护示范法草案》时,亦吸纳了这一观点。[②] 因此,鉴于市场竞争的复杂性和网络言论损害的易扩大性,对商业诋毁的主体和内容的适当扩大,在当前应当是必要的。

由于互联网不正当竞争行为的多样性和《反不正当竞争法》等相关法律的滞后性,实务界对于互联网企业商业诋毁的相关法律责任认定及承担还未达成较为统一的认识。目前,我国商业诋毁行为民事责任的承担,主要依据的是《反不正当竞争法》第 17 条规定的救济措施:“经营者违反本法规定,给他人造成损害的,应当依

① 参见王晓花:《利用网络媒体实施商业诋毁行为的法律规制》,西南政法大学 2012 年硕士学位论文。
② 参见王晓花:《利用网络媒体实施商业诋毁行为的法律规制》,西南政法大学 2012 年硕士学位论文。

法承担民事责任。经营者的合法权益受到不正当竞争行为损害的，可以向人民法院提起诉讼。因不正当竞争行为受到损害的经营者的赔偿数额，按照其因被侵权所受到的实际损失确定；实际损失难以计算的，按照侵权人因侵权所获得的利益确定。经营者恶意实施侵犯商业秘密行为，情节严重的，可以在按照上述方法确定数额的一倍以上五倍以下确定赔偿数额。赔偿数额还应当包括经营者为制止侵权行为所支付的合理开支。”但这只是一个概括性条款，在商业诋毁的实际审判中，被侵害的经营者往往难以证明自己所受的损害，也不能证明商业诋毁的经营者所获得的利润。《不正当竞争案件司法解释》第 17 条规定，确定《反不正当竞争法》第 14 条（注：此处指 1993 年版，即现行《反不正当竞争法》第 11 条）规定的不正当竞争行为的损害赔偿额，可以参照确定侵犯注册商标专用权的损害赔偿额的方法进行。但是，商誉不同于注册商标，其很难与利润和损失直接建立对应关系，因此在实务中多适用法定赔偿数额来确定商业诋毁案件的赔偿数额，导致类似案件实际判赔额度都较低，例如，“腾讯诉奇虎案”中法院判决奇虎赔偿 40 万元，“金山网盾诉奇虎案”中法院判决奇虎赔偿金山 30 万元。对于互联网企业来说，这样的赔偿数额根本达不到弥补受害企业市场损失份额或威慑侵权企业的作用。在“搜狗诉奇虎案”中，法院突破了法定 50 万元的赔偿限额，判决奇虎公司赔偿 510 万元，在一定程度上达到了威慑互联网企业实施商业诋毁行为的作用，对今后互联网行业竞争方式的规范产生了积极影响。①

### （二）同业竞争者发表评论的必要界限

同业竞争者不得对竞争对手的声誉进行诋毁，并不意味着不能对对方发表评论，否则将有违言论自由的宪法规定。但是，由于存在直接的竞争关系，其在发表言论时更应谨慎，恪守必要的界限，否则就有可能造成对方的声誉受损。

对竞争对手的产品发表评价，既是企业经营自主权的一种表现，也是市场经济中同业监督的一种方式，有利于市场经营主体不断提升产品质量，提高企业的竞争力。但是，无论是正常的商业评价，还是同业监督，都要以内容真实为前提，以表达意见的渠道和方式是否正当为必要条件，以观点客观为基础。否则，内容虚假，造成对方商业声誉受损，都要承担一定的责任。

---

① 参见吴太轩、朱静洁：《明确互联网领域商业诋毁法律责任》，载新华网：www. xinhuanet. com/politics/2015 -01/27/c -127423819. htm，2019 年 10 月 15 日最后访问。

在互联网上发表不当言论造成的损害要远远大于在传统媒体上的评论,因其扩散范围没有边界、扩散时间极快,而撤回的成本非常高。因此,在互联网上发表相关评论更要严格遵守言论的边界,承担着较高的注意义务。

### (三)同业竞争者发表评论并恪守客观中立合理界限是维护正常的市场竞争和良好的市场秩序的需要

惩治商业诋毁的目的具体体现在以下三个方面:第一,维护市场正常秩序,如果竞争者能够随意贬低竞争对手的声誉而没有限度,在竞争中不择手段,将会对市场秩序造成巨大的冲击和损害;第二,维护消费者合法权益,这是反不正当竞争法的基本理念之一,上述规则的建立能够进一步保障消费者获取真实的、无误导性的信息,充分维护了消费者的知情权;第三,保护经营者合法权益、维护商誉,尤其是降低了经营者在信息社会中免受竞争对手商业诋毁的风险,有利于市场主体品牌形象的建立和维护。

此外,正常的同业评价,还有助于促进企业之间正常的市场竞争,有助于推动企业不断完善自身经营管理,提高产品质量,改善品牌形象,对正常的市场竞争是有好处的。只是,这种界限必须得到重视和遵守。

## 四、辅助信息

**高频词条:**

**《反不正当竞争法》**

**第 8 条** 经营者不得对其商品的性能、功能、质量、销售状况、用户评价、曾获荣誉等作虚假或者引人误解的商业宣传,欺骗、误导消费者。

经营者不得通过组织虚假交易等方式,帮助其他经营者进行虚假或者引人误解的商业宣传。

**第 11 条** 经营者不得编造、传播虚假信息或者误导性信息,损害竞争对手的商业信誉、商品声誉。

**第 17 条** 经营者违反本法规定,给他人造成损害的,应当依法承担民事责任。

经营者的合法权益受到不正当竞争行为损害的,可以向人民法院提起诉讼。

因不正当竞争行为受到损害的经营者的赔偿数额,按照其因被侵权所受到的实际损失确定;实际损失难以计算的,按照侵权人因侵权所获得的利益确定。经营者恶意实施侵犯商业秘密行为,情节严重的,可以在按照上述方法确定数额的一倍以上五倍以下确定赔偿数额。赔偿数额还应当包括经营者为制止侵权行为所支付的合理开支。

经营者违反本法第六条、第九条规定，权利人因被侵权所受到的实际损失、侵权人因侵权所获得的利益难以确定的，由人民法院根据侵权行为的情节判决给予权利人五百万元以下的赔偿。

**《不正当竞争案件司法解释》**

**第 17 条**　确定反不正当竞争法第十条规定的侵犯商业秘密行为的损害赔偿额，可以参照确定侵犯专利权的损害赔偿额的方法进行；确定反不正当竞争法第五条、第九条、第十四条规定的不正当竞争行为的损害赔偿额，可以参照确定侵犯注册商标专用权的损害赔偿额的方法进行。因侵权行为导致商业秘密已为公众所知悉的，应当根据该项商业秘密的商业价值确定损害赔偿额。商业秘密的商业价值，根据其研究开发成本、实施该项商业秘密的收益、可得利益、可保持竞争优势的时间等因素确定。

# 互联网纠纷案例裁判规则第3条:

## 短视频的制作和传播有助于公众的多元化表达和文化的繁荣,因此,对短视频是否符合创作性进行判断之时,对于创作性的要求不宜过高,只要能体现制作者的个性化表达,可认定其具有创作性

〔**规则描述**〕:短视频的制作和传播有助于公众的多元化表达和文化繁荣,也是未来网络传播和信息交流的方向和趋势。为此,对于短视频的著作权认定中的独创性要求不应过高,在本身不存在侵权的情况下,应认定其享有著作权。

### 一、类案检索大数据报告

时间:2019 年 4 月 3 日之前,案例来源:Alpha 案例库,案件数量:200 件,数据采集时间:2019 年 4 月 3 日。本次检索获取 2019 年 4 月 3 日前共 200 篇裁判文书。整体情况如图 3 - 1 所示,从案件年份分布情况可以看出当前条件下案例数量的变化趋势。

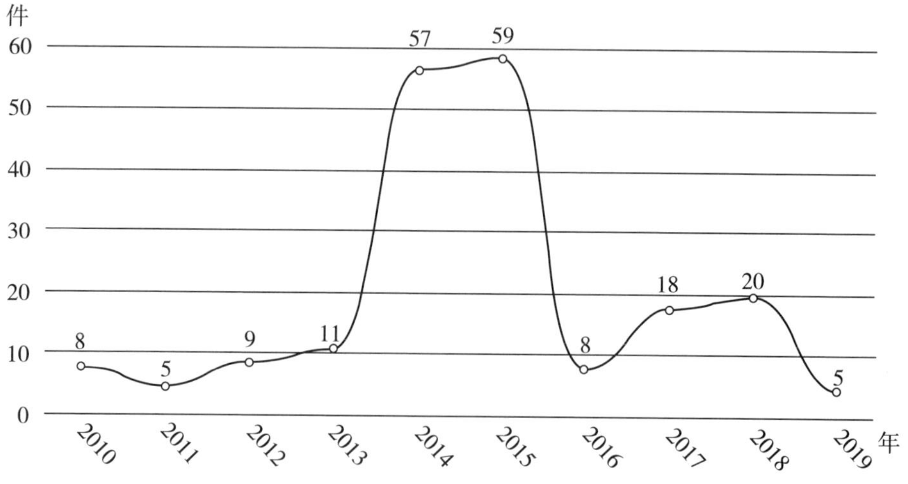


**图 3 - 1 案件年份分布情况**

如图 3 - 2 所示,从案件主要地域分布情况来看,当前案例主要集中在北京市、上海市、广东省,分别约占比 65%、17%、14%。其中,北京市的案件量最多,达到

129件。

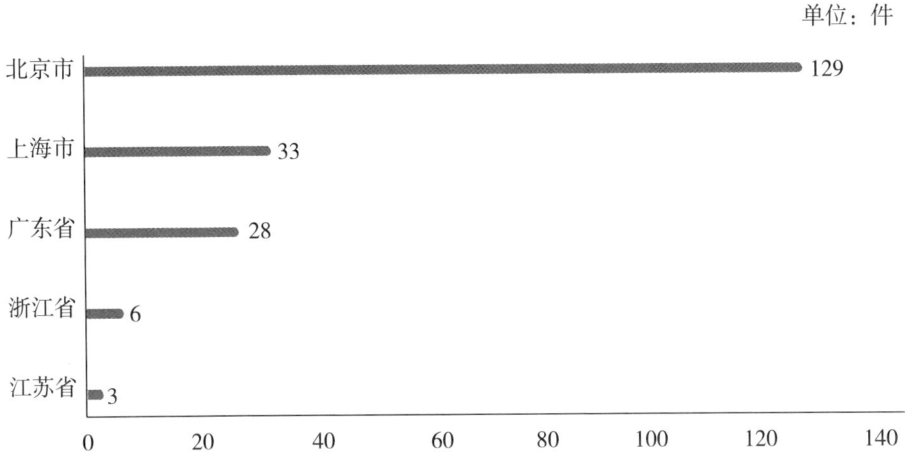


**图3－2　案件主要地域分布情况**

如图3－3所示，从案件审理程序分类统计可以看出，一审案件有122件，占比约为61%；二审案件有78件，占比约为39%。

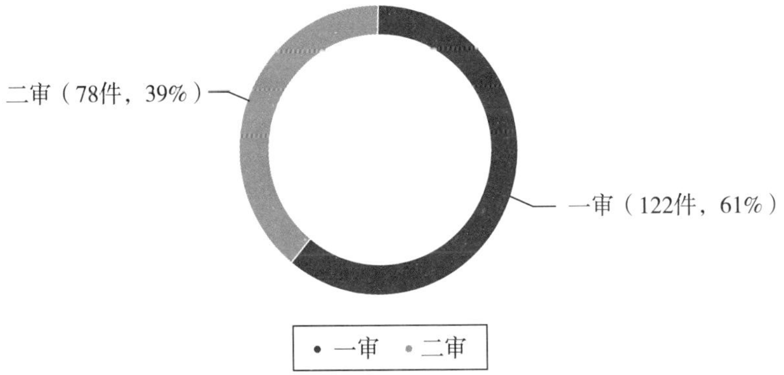


**图3－3　案件审理程序分类**

如图3－4所示，从案件一审裁判情况可以看出，当前条件下全部/部分支持的有98件，占比约为80.33%；全部驳回的有21件，占比约为17.21%；驳回起诉的有3件，占比约为2.46%。

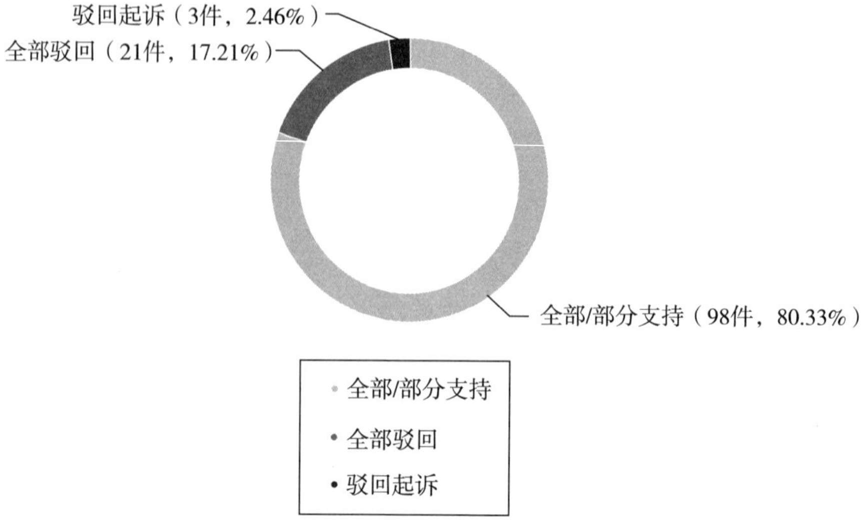


**图3－4　案件一审裁判结果**

如图3－5所示，从案件二审裁判情况可以看出，当前条件下维持原判的有74件，占比约为94.87%；改判的有1件，占比约为1.28%；其他的有3件，占比约为3.85%。

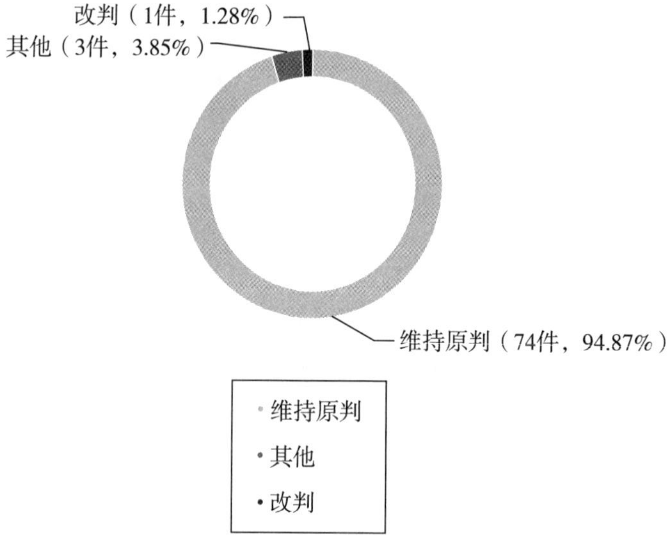


**图3－5　案件二审裁判结果**

## 二、可供参考例案

### 例案一 北京微播视界科技有限公司与百度在线网络技术(北京)有限公司、百度网讯科技有限公司著作权权属、侵权纠纷

**【法院】**

北京互联网法院

**【案号】**

(2018)京0491民初1号

**【当事人】**

原告:北京微播视界科技有限公司

法定代表人:梁某某,该公司总经理

被告:百度在线网络技术(北京)有限公司

法定代表人:向某某,该公司总经理

被告:百度网讯科技有限公司

法定代表人:梁某某,该公司总经理

**【基本案情】**

原告北京微播视界科技有限公司诉称,抖音短视频网站和手机软件(以下合称抖音平台)系由原告合法拥有并运营的原创短视频分享平台。“黑脸V”是抖音平台上知名的大“V”用户,以其充满想象力、独具设计感的人物形象和视频作品,在抖音平台上深受用户喜爱,已经获得了2637万粉丝关注,其每部作品也都具有很高的点击量和获赞数量。2018年5月12日,抖音平台上发布的“5.12,我想对你说”短视频(以下简称“我想对你说”短视频),系由“黑脸V”独立创作完成并上传,该短视频是在13秒的时长内,通过设计、编排、剪辑、表演等手法综合形成的作品,充分表达了对汶川地震十周年的缅怀。作品一经发布就受到了网民的广泛赞誉,点赞量达到280多万,成为以类似摄制电影的方法创作的作品(以下简称类电作品)。经“黑脸V”合法授权,原告依法对“我想对你说”短视频在全球范围内享有独家排他的信息网络传播权及以原告名义进行独家维权的权利。

被告百度在线网络技术(北京)有限公司(以下简称百度在线公司)为伙拍小视频手机软件Android系统的开发者,百度网讯科技有限公司(以下简称百度网讯公司)为伙拍小视频手机软件iOS系统的开发者,二被告共同向用户提供伙拍小视

频手机软件的下载、安装、运营和相关功能的更新、维护,并对伙拍小视频手机软件进行宣传和推广。二被告未经原告许可,擅自将“我想对你说”短视频在伙拍小视频上传播并提供下载、分享服务,从而吸引大量的网络用户在伙拍小视频上浏览观看,侵害了原告对“我想对你说”短视频享有的信息网络传播权。同时,被控侵权短视频上未显示抖音和用户ID的水印,二被告必然实施了消除上述水印的行为,存在破坏原告相关技术措施的故意,此行为亦构成对原告信息网络传播权的侵犯。二被告上述两项行为,给原告造成了极大的经济损失,并给原告的声誉造成了影响,故诉至法院要求:1. 判令二被告立即停止对原告著作权的侵害,停止提供被控侵权短视频的在线播放及下载服务;2. 判令二被告在本案判决生效之日起3日内,在百度网网站首页(www. baidu. com)及伙拍小视频客户端首页显著位置连续24小时刊登声明,消除影响;3. 判令二被告赔偿原告经济损失100万元及合理支出5万元。

两被告辩称:1.“我想对你说”短视频不具有独创性,不构成著作权法保护的作品。该短视频表达的思想与其他模仿手势舞并上传短视频的用户没有差异性,不具有独创性,达不到类电作品的独创性高度要求。该视频时长仅为13秒,创作空间小,主要素材均来自党媒平台的示范视频,独立创作因素少;在素材的拍摄、拍摄画面的选择和编排上,不存在选择或者筛选的情况;使用软件将人物图像进行抠图处理的方式很难构成类电作品的独创性高度;在网络上存在大量的与“我想对你说”短视频类似或者相同的短视频;参与表演的人物并不是原权利人本人。2. 原告主体和被告主体有不适格的情形。原告所称的授权人不是“我想对你说”短视频的作者或者权利人,原告没有起诉二被告的权利基础;被告二百度网讯公司负责运营伙拍小视频手机软件,被告一百度在线公司仅是该软件登记的开发者,因此,被告一百度在线公司不是本案的适格被告。3. 被告二百度网讯公司不应当承担原告诉请的法律责任:第一,伙拍小视频手机软件仅提供信息存储空间服务,其上的短视频都是网民自行上传的,被控侵权短视频是伙拍小视频手机软件的注册用户ID451670上传的;第二,百度网讯公司在用户协议中明确提示不得上传侵犯他人知识产权或其他权利的内容,亦告知了权利人投诉方式和渠道,百度网讯公司已经依法履行了法律规定的提示和管理义务;第三,百度网讯公司在收到原告的有效投诉后,已经及时进行了删除处理,不存在过错,不应当承担民事责任。4. 原告的诉讼请求缺乏事实和法律依据。原告所诉称的100万元的经济损失是依据抖音平台的播放量、转发量、点赞量估算的,这些数据是原告可以操作的,其经济损失主张缺乏真实性;消除影响的责任承担方式不适用侵害财产权利,其要求刊登声明消除影响的诉讼请求没有法律依据。

**【案件争点】**

1."我想对你说"短视频是否构成类电作品。

2.两被告是否构成侵权。

**【裁判要旨】**

(一)关于案件争点1

本案中,"我想对你说"短视频显然符合"摄制在一定介质上,由一系列有伴音或者无伴音的画面组成,并且借助适当装置放映或者以其他方式传播"这些形式要件。原告主张"我想对你说"短视频构成类电作品,而被告认为该短视频不具有类电作品所要求的独创性。"我想对你说"短视频是否属于类电作品,关键在于对其独创性方面的判定。《著作权案件司法解释》第15条规定:"由不同作者就同一题材创作的作品,作品的表达系独立完成并且有创作性的,应当认定作者各自享有独立著作权。"根据上述规定,作品具有独创性,应当具备两个要件:1.是否由作者独立完成;2.是否具备"创作性"。

1.关于"独立完成"的认定

本案中,制作者响应党媒平台和人民网的倡议,以"铭记劫难,致敬重生,以己之力,勇往直前"为主题,以党媒平台及人民网示范视频中的手势舞、伴音、明暗变化为基本元素,以网络下载图片为基础素材,结合软件技术制作了"我想对你说"短视频。故判断"我想对你说"短视频是否符合"独立完成"的要求,应以该短视频与上述示范视频、网络图片之间是否存在能够被客观识别的差异为条件,主题相同并不影响"我想对你说"短视频是否系独立完成的认定。

根据查明事实,党媒平台及人民网的示范视频和网络下载图片是原本没有任何关系的独立元素,"黑脸V"将上述元素结合制作出的"我想对你说"短视频,与前两者存在能够被客观识别的差异。该短视频与抖音平台其他参与同一话题的用户制作的短视频亦存在较大区别,且没有证据证明该短视频在抖音平台上发布前,存在相同或近似的短视频内容,故法院认定"我想对你说"短视频由制作者独立创作完成。

2.关于"创作性"的认定

关于创作性的标准,在形成和发展过程中始终与所处的社会环境、行业特点相联系,根据实际的社会环境、各种类型作品本身的特点进行发展和完善。随着移动智能终端的普及和软件开发技术的发展,自2016年起,大批移动短视频应用密集问世,短视频内容创业者呈爆发式增长,短视频行业迎来快速发展期。短视频融合了文字、图片、语音和视频等内容,直观、立体地满足用户的多元化的表达与沟通需求。在此背景下,界定短视频作品的创作性标准,对确保短视频传播正常有序、促进文化繁荣发展、创造社会财富有着重要的现实意义,司法审判应持审慎积极的态度,妥善运用创作性裁量标准,以利于新兴产业发展壮大。

短视频具有创作门槛低、录影时间短、主题明确、社交性和互动性强、便于传播等特点,是一种新型的视频形式。上述特点一般会使短视频制作过程简化,制作者以个人或小团队居多。基于短视频的创作和传播有助于公众的多元化表达和文化的繁荣,故对于短视频是否符合创作性要求进行判断之时,对于创作高度不宜苛求,只要能体现出制作者的个性化表达,即可认定其有创作性。

在判定"我想对你说"短视频的"创作性"时,法院考量如下因素:第一,视频的长短与创作性的判定没有必然联系。客观而言,视频时间过短,有可能很难形成独创性表达,但有些视频虽然不长,却能较为完整地表达制作者的思想感情,则具备成为作品的可能性。在此情形下,视频越短,其创作难度越高,具备创作性的可能性越大。第二,"我想对你说"短视频体现出了创作性。该视频的制作者应党媒平台的倡议,在给定主题和素材的情形下,其创作空间受到一定的限制,体现出创作性难度较高。该短视频画面为一个蒙面黑脸帽衫男子站在灾后废墟中以手势舞方式进行祈福,手势舞将近结束时呈现生机勃勃景象,光线从阴沉灰暗变为阳光明媚,地面从沟壑不平到平整,电线杆从倾斜到立起,黑脸帽衫男子的衣袖也变为红色,最后做出比心的手势。该短视频构成了一个有机统一的视听整体,其中包含了制作者多方面的智力劳动,具有创作性。虽然该短视频是在已有素材的基础上进行创作,但其编排、选择及呈现给观众的效果,与其他用户的短视频完全不同,体现了制作者的个性化表达。第三,"我想对你说"短视频唤起观众的共鸣。自强不息,勇于面对大灾大难,从来都是中华民族优秀的精神内涵。正值汶川特大地震十周年,"我想对你说"短视频以公众乐于接受的形式传递出一份重生的安慰、一种温情的祝福、一股向前的力量,回应了公众心中对于汶川地震的缅怀之情,对于灾区人们的致敬之意,对于美好生活的向往之念。该短视频带给观众的精神享受亦是该短视频具有创作性的具体体现。抖音平台上其他用户对"我想对你说"短视频的分享行为,亦可作为该视频具有创作性的佐证。故法院认定"我想对你说"短视频符合创作性的要求。

综上所述，“我想对你说”短视频具备著作权法的独创性要求，构成类电作品。

（二）关于案件争点2

本案中，原告提交的证据可以显示伙拍小视频手机软件上可以播放被控侵权短视频，原告主张二被告提供了被控侵权短视频，被告主张其仅提供信息存储空间服务。双方争议在于：二被告是提供了被控侵权短视频，抑或是仅提供了信息存储空间服务；若二被告仅为网络服务提供者，其行为是否构成侵权，应否承担责任。

1. 二被告是提供了被控侵权短视频，抑或是仅提供了信息存储空间服务

（1）在侵害信息网络传播权案件中，被告主张仅提供信息存储空间服务的，应承担举证责任。对其提交的证据，一般综合下列因素予以认定：被告提供的证据可以证明其网站具备为服务对象提供信息存储空间服务的功能；被告网站中的相关内容明确标示了为服务对象提供信息存储空间服务；被告能够提供上传者的用户名、注册IP地址、注册时间、上传IP地址、上传时间以及联系方式等证据。

本案中，二被告在提供伙拍小视频手机软件服务时，对外公示了其用户协议，该协议显示伙拍小视频手机软件具有供用户发布信息的功能，并对用户上传内容不得侵害他人知识产权进行了告知，公布了联系方式，且其提交的后台记录载明被控侵权短视频上传者的用户名、注册IP地址、注册时间、上传IP地址、上传时间以及联系方式等信息，可以认定被控侵权短视频系案外人上传，二被告为信息存储空间服务提供者。原告关于二被告直接提供作品，构成直接侵权的主张，不能成立。

（2）本案中，原告主张二被告删除了“我想对你说”短视频上的水印，破坏了该公司采取的技术措施。法院认为，按照双方认可的行业惯例和技术呈现，“我想对你说”短视频从抖音平台上下载后应当加载有抖音平台和用户ID的水印，而在伙拍小视频手机软件上传播的被控侵权短视频上未显示有上述水印，可以推定上述水印已被消除。

首先，上述水印的性质并不是原告主张的技术措施。《信息网络传播权保护条例》第26条规定的技术措施，是指用于防止、限制未经权利人许可浏览、欣赏作品、表演、录音录像制品的或者通过信息网络向公众提供作品、表演、录音录像制品的有效技术、装置或者部件。根据上述规定，技术措施分为接触控制措施和版权保护措施，是防止未经许可接触、利用作品的措施。著作权法意义上的“技术措施”与纯技术意义上的“技术措施”的差异主要有两点：一是著作权法意义上的“技术措施”用于作品、表演和录音制品等著作权法中的特定客体；二是著作权法意义上的“技术措施”具有阻止对上述特定客体实施特定行为的功能。只有阻止他人实施特定

行为的技术性手段,才能实现著作权法的立法目的。本案中的水印显然不能实现上述功能。从公众的视角看,水印更具备表明某种身份的属性。《信息网络传播权保护条例》第26条规定的权利管理电子信息,是指说明作品及其作者、表演及其表演者、录音录像制品及其制作者的信息,作品、表演、录音录像制品权利人的信息和使用条件的信息,以及表示上述信息的数字或者代码。本案中的水印包含有“我想对你说”短视频的制作者用户ID号,表示了制作者的信息,更宜认定为权利管理信息。另外,水印中标注的“抖音”字样,表示了传播者的信息。其次,被控侵权短视频系案外人上传,消除水印的行为人不是二被告。

因水印并非著作权法意义上的技术措施,消除水印的行为人亦非二被告,原告关于二被告因破坏技术措施,进而侵害其信息网络传播权的主张不能成立,法院不予支持。

2. 若二被告仅为网络服务提供者,其行为是否构成侵权,应否承担法律责任

根据《侵权责任法》第36条第2款、第3款之规定,网络用户利用网络服务实施侵权行为的,被侵权人有权通知网络服务提供者采取删除、屏蔽、断开链接等必要措施。网络服务提供者接到通知后未及时采取必要措施的,对损害的扩大部分与该网络用户承担连带责任。网络服务提供者知道网络用户利用其网络服务侵害他人民事权益,未采取必要措施的,与该网络用户承担连带责任。因此,网络服务提供者承担责任的前提有二项:一是网络用户利用网络服务实施侵权行为;二是网络服务提供者对上述侵权行为的实施主观上具有过错。《信息网络传播权保护条例》第22条规定,网络服务提供者为服务对象提供信息存储空间,供服务对象通过信息网络向公众提供作品、表演、录音录像制品,并具备下列条件的,不承担赔偿责任(学理上所称的避风港原则):(1)明确标示该信息存储空间是为服务对象所提供,并公开网络服务提供者的名称、联系人、网络地址;(2)未改变服务对象所提供的作品、表演、录音录像制品;(3)不知道也没有合理的理由应当知道服务对象提供的作品、表演、录音录像制品侵权;(4)未从服务对象提供作品、表演、录音录像制品中直接获得经济利益;(5)在接到权利人的通知书后,根据本条例规定删除权利人认为侵权的作品、表演、录音录像制品。

《侵权责任法》第36条第2款、第3款属于网络服务提供者的侵权责任构成要件。不符合避风港原则的,还应当根据《侵权责任法》第36条判断网络服务提供者是否应当承担相应的侵权责任。

本案中,二被告明确表示伙拍小视频手机软件是为服务对象所提供,并公开了

百度网讯公司的名称、联系人、网络地址；原告未提交证据证明被告不符合上述《信息网络传播权保护条例》第22条第2项至第4项的规定。故二被告是否承担责任关键在于二被告是否履行了“通知—删除”义务。

原告以两封电子邮件的方式举证，主张其早已于2018年8月24日通知二被告删除被控侵权短视频，二被告一直迟至其所称的9月10日才进行删除，未在合理期限内履行“通知—删除”义务，二被告不应适用上述避风港原则，应当承担相应的法律责任。但是在二被告称其未收到上述邮件的情况下，原告无法证明上述电子邮件到达二被告电子邮件系统。故对于原告的上述主张，法院不予认可。

原告虽然不认可二被告于2018年9月7日收到原告的纸质投诉函后，于9月10日删除被控侵权短视频的时间节点，但是对二被告提交的删除操作的后台记录，原告无法提交相反证据予以推翻，故法院对上述时间节点均予以采信。考虑到虽然两个时间节点相差四天，但是其中含有周末两天，所以法院认为，二被告在收到有效投诉后，删除被控侵权短视频的行为在合理期限内。故现有证据无法证明二被告对于被控侵权短视频是否侵权存在明知或应知的主观过错，且在收到原告的通知后，二被告及时删除了被控侵权短视频，法院认定二被告的行为符合进入“避风港”的要件。在此情形下，无论伙拍小视频手机软件的涉案用户是否构成侵权，二被告作为网络服务提供者，均不构成侵权，不应承担责任。

## 例案二 | 北京快手科技有限公司与广州华多网络科技有限公司侵害著作权纠纷

**【法院】**

北京市海淀区人民法院

**【案号】**

(2017)京0108民初49079号

**【当事人】**

原告：北京快手科技有限公司

法定代表人：银某，该公司执行董事

被告：广州华多网络科技有限公司

法定代表人：李某，该公司总经理

**【基本案情】**

北京快手科技有限公司（以下简称快手公司）起诉称，陈某某系快手App用户,其于2016年10月30日在快手App上传、发布了名为“PPAP”的视频(以下简称涉案视频),并获较高点击量。根据《快手网(www. kuaishou. com)服务协议》《知识产权条款》等约定及陈某某的授权,快手公司合法取得涉案视频在全球范围内的独家信息网络传播权。广州华多网络科技有限公司(以下简称华多公司)在其运营的“补刀小视频”App安卓端和iOS端(以下简称补刀App)中上传并发布了涉案视频,且在快手公司向其发出律师函要求下线视频后仍未做处理,华多公司该行为侵害了快手公司著作权,应承担相应的法律责任。故起诉要求:华多公司赔偿快手公司经济损失10,000元及合理开支104,820元(包括公证费4820元、律师费100,000元)。华多公司辩称,不同意快手公司全部诉讼请求:1. 涉案视频不构成作品。2. 快手公司不享有涉案视频著作权。3. 华多公司未在补刀App中发布涉案视频。4. 即便快手公司有著作权,补刀App也发布了涉案视频,亦不能排除系同一用户将涉案视频上传至不同网络平台的情形,且华多公司作为网络服务提供者,已对知识产权问题尽到合理注意义务,不应当承担侵权责任。5. 即便华多公司应承担侵权责任,快手公司主张的赔偿金额亦过高。

**【案件争点】**

1. 涉案视频是否构成作品。

2. 如构成作品,快手公司是否享有涉案视频的著作权。

3. 在前述两项成立的情况下,华多公司是否侵害快手公司的著作权。

**【裁判要旨】**

1. 关于案件争点1

作品是指“文学、艺术和科学领域内具有独创性并能以某种有形形式复制的智力成果”。据此,要成为著作权法保护的作品,应满足以下三个要件,一是属于“文学、艺术和科学领域”的具体表达;二是具有独创性;三是能以有形形式复制。

本案中,涉案视频集合了音乐、表演者的表演,以及特效制作等内容,不属于对表演的机械录制,加之其不属于创意、思维方法、技术方案等抽象范畴的内容,不是基本素材或公有领域的信息,亦不属于表达方式有限的情形,故是作者思想和情感的表达。

关于涉案视频是否具有独创性,根据著作权法的相关规定,只要作品系作者独立创作完成,并体现出了其某种程度的取舍、选择、安排、设计等个性,即应认为具有独创性;且此种独创性是最低限度的创造性。虽涉案视频存在对原曲视频的模仿因素,但比较两个视频可以发现,涉案视频的舞蹈动作幅度和变化速度快于原曲视频，其与音乐配合，产生了更为谐趣的表现力；另外，涉案视频除音乐和表演者自身的演唱和舞蹈动作之外，使用特效搭建了表演场景、制作了与歌词中出现的水果相对应的动画，并设计了表演者动作重影、千手观音式动作、地裂式退出等效果，整体而言较原曲视频更为丰富和本土化，体现出了承载作者个性的安排和设计，故具有区别于原曲视频表达的独创性。

另外，涉案视频以数字化视频的形式在快手 App 上发布，亦说明其可被固定并以有形形式复制。

综上所述，根据《著作权法实施条例》第 4 条第 11 项对以类似摄制电影的方法创作的作品（以下简称类电作品）的定义，涉案视频即摄制在一定介质上，由一系列有伴音的画面组成，并通过网络传播的作品，属于类电影作品。

对于华多公司提出的涉案视频时间很短故不构成作品的辩称，法院认为，虽然时长短的确可能限制作者的表达空间，但表达空间受限并不等于表达形式非常有限而成为思想范畴的产物；相反地，在数十秒的时间内亦可以创作出体现一定主题，且结合文字、音乐、场景、特效等多种元素的内容表达。因此，华多公司此项抗辩意见缺乏事实依据。华多公司另辩称涉案视频系对原曲视频的模仿故不具有独创性。对此，上文已述涉案视频与原曲视频虽在音乐和表演者动作上相似，但二者仍存在较多差别，涉案视频具有区别于原曲视频的独创性，构成新作品。且对于演绎他人作品形成的新作品，即便作者未获原作者授权或许可而系侵权作品，亦不影响其主张对该侵权演绎作品的著作权。

此外，短视频具有适合在移动和短时休闲状态下观看，以及生产流程简单、制作门槛低、参与性强等特点，且其中不乏内容新颖和积极的视频，这使其迅速成为受欢迎程度较高的新传播形式。而鼓励作品的创作和传播，促进文化事业的发展和繁荣，是著作权法的立法追求之一，在短视频产业已渐成规模的当下，法律规范应当对市场及其中的商业逻辑有所回应，尤其不应为“作品”设限，人为提高作品构成要件的门槛。

2. 关于案件争点 2

结合快手公司提交的情况说明、陈某某身份证复印件、后台注册信息中陈某某的身份证照片以及涉案视频中显示的表演者，陈某某即 ID 为 50204684、用户名为“散打哥?? 9 月 27 结婚”或“散打哥【粉丝?? 第二多】”的快手 App 用户。华多公司虽辩称陈某某并非该用户，但未提交相反证据，法院不予采纳。对于华多公司另提出的后台信息截图已超过举证期限故不应采纳的抗辩意见，根据《民事诉讼法》

及其司法解释关于对当事人逾期提供但与案件基本事实有关的证据,人民法院应当采纳的相关规定,快手公司提交的后台注册信息,涉及涉案视频发布者及权属等案件基本事实的认定,故应予采纳;华多公司该项辩称缺乏法律依据,法院亦不予采纳。根据陈某某向快手公司出具的《授权书》中的授权条款,快手公司获得涉案视频的独家信息网络传播权,有权提起本案诉讼。虽该授权系在本案诉讼后取得,但《授权书》已明确系溯及既往性质的授权,故作出授权的时间不影响快手公司据此主张权利。对于华多公司就快手公司所获授权提出的辩称,法院回应如下:第一,华多公司认为第35318号、第40371号公证书的公证过程未作清洁检查,但在其已认可两份公证书真实性,且未提交相反证据的情况下,公证过程未作清洁检查不影响法院认定涉案视频在快手App上发布之事实。第二,华多公司提交的第7692号公证书中的涉案视频上传时间与快手App的上传时间系同一日,不能证明早于快手App发布;且涉案视频中的表演者均为陈某某,故即便涉案视频在除快手App之外的网络平台中传播,亦不影响陈某某就其作品对外授权,以及被授权人快手公司主张权利。第三,华多公司还提出快手公司知识产权条款属于无效条款,鉴于该条款系快手公司与其用户之间的相关约定,而本案系侵权纠纷,故不宜对该条款的效力作出评价;如快手App用户对该条款存在异议,其可另行诉讼解决。

3. 关于案件争点3

首先,结合第35318号、第40371号以及第35317号公证书的视频内容,可确认表演者均为陈某某,华多公司辩称看不清楚表演者的脸故不能证明补刀App在iOS端中的视频表演者与涉案视频表演者为同一人,缺乏事实依据。其次,关于补刀App在iOS端中的视频上传者,结合第35317号公证书记载内容,以及补刀App在iOS端1.1.4版本新增“快手网红排行榜”栏目等事实,在华多公司未能提交涉案视频系由用户上传的相关证据,且虽称涉案视频用户系以第三方账户登录,但亦未提交证据说明系何第三方账户的情况下,难以合理解释若确系用户在其经营的补刀App中发布视频却无法提供有效用户信息之情形,据此,法院认为涉案视频应为华多公司自行上传并发布。华多公司虽提交时间戳认证证书以说明其未提供涉案视频链接或入口,但该时间戳系在第35317号公证书之后做出,且双方确认认证用补刀App版本不同于第35317号公证书中的版本,故该认证过程不能还原快手公司进行侵权公证当时的场景,不足以否定第35317号公证书所记载内容。据此,华多公司系补刀App的IOS端上涉案视频的发布者,其虽提交第7691号公证书以证明其为网络服务提供者,但不足以证明涉案视频即由用户上传且发布。

据此，华多公司未经快手公司许可，在补刀 App 的 iOS 端发布涉案视频，使公众可以在个人选定的时间和地点获得涉案视频，侵害了快手公司对涉案视频依法享有的信息网络传播权，应当承担赔偿经济损失等侵权责任。快手公司同时主张华多公司在补刀 App 的安卓端亦传播了涉案视频，但未提交相关证据，法院不予支持。

关于具体的赔偿数额，鉴于快手公司未提交证据证明其实际损失或华多公司的违法所得，法院综合考虑以下因素依法酌情判断赔偿数额：1. 涉案视频在快手 App 中的播放量为 1374.2 万，受欢迎度较高；2. 华多公司自认补刀 App 的 iOS 端曾专门设置快手网红排行榜；3. 现有证据显示补刀 App 的 iOS 端中的涉案视频自 2017 年 8 月 28 日开始传播至 2017 年 9 月 29 日，网络环境下该持续时间足以扩大涉案视频的传播范围；4. 快手公司曾向华多公司发出过侵权通知要求其全面排查相关侵权视频。综合以上意见，法院认为快手公司主张 10,000 元赔偿数额，具有事实和法律依据，予以全部支持。对于快手公司主张的合理开支，鉴于其已提交公证费票据予以证明，法院予以支持。关于律师费，考虑到本案争议事实相对简单，复杂程度相对较小，故律师对本案的工作量投入有限等因素，不再全额支持快手公司主张的律师费。据此，法院依法酌定本案合理开支为 14,820 元。

## 例案三 上海新梨视网络科技有限公司与北京搜狐互联网信息服务有限公司侵害作品信息网络传播权纠纷

**【法院】**

上海市杨浦区人民法院

**【案号】**

（2017）沪 0110 民初 12544 号

**【当事人】**

原告：上海新梨视网络科技有限公司

法定代表人：邱某，该公司总裁

被告：北京搜狐互联网信息服务有限公司

法定代表人：张某某，该公司董事长

**【基本案情】**

原告上海新梨视网络科技有限公司（以下简称新梨视公司）成立于 2016 年 6

月7日,经营范围包括网络科技领域内的技术开发、技术转让、技术咨询和技术服务,经营性互联网文化信息服务等。案外人微然公司成立于2016年3月17日,经营范围包括技术开发、技术推广、技术转让、技术咨询、技术服务;互联网信息服务等,现为原告的全资子公司。

原告提供的涉案视频播放页面截图显示,播放链接为 www. pearvideo. com/video_XXXXXXX,视频标题为"暴击爱国击碎的家庭:后悔买日本车",上传时间是2016-12-1709:07,旁边有"苏某"字样,视频左上角有原告"梨视频"标识。视频结尾处,显示有"编导苏某、剪辑李甲、拍摄李乙、后期程某、制片人卢某,版权归梨视频所有,请勿转载,版权咨询邮箱:license@ pearvideo. com"。

原告员工苏某声明,涉案视频系其对"抵制日货"受害者李某某进行采访、拍摄并经后期剪辑,在梨视频平台播放。根据其与原告公司的劳动合同及补充协议,双方约定苏某在受聘于原告公司期间,与原告经营范围有关、基于职务工作所产生或创作的……视频……等成果……其相关权利和利益均归原告所有(包括知识产权、邻接权等所有权利)。

2017年6月,原告与案外人微然公司出具情况说明,微然公司系原告的全资子公司,涉案视频传播平台(pearvideo. com 及其 App)由原告公司与微然公司共同经营。微然公司负责平台运营,原告公司负责该平台上版权内容的管理、创作。微然公司确认对梨视频平台上的作品不享有权利。登录ICP/IP地址/域名信息备案管理系统查询,www. pearvideo. com 网站的主办单位是微然公司。

经法庭当庭演示,登录原告视频网站,搜索"冷面",搜索结果显示是一个可以订阅的梨视频的人物故事产品。随机点击几个视频,其中有苏某上传的,也有其他用户上传的。

**【案件争点】**

1. 涉案视频是否有独创性,能否构成著作权法上的作品。

2. 原告是否享有涉案作品的信息网络传播权,是否具有诉讼主体资格。

3. 被告的行为是否构成侵权。

**【裁判要旨】**

1. 关于案件争点1

根据我国《著作权法》规定,作品是指文学、艺术和科学领域具有独创性并能以某种有形形式复制的智力成果。本案中,原告主张保护的短视频是选取某一社会事件或社会人物,通过预先设计安排一系列采访问题,通过不同画面、镜头、滤镜、机位的选择，记录采访者与受访者的交流对话，再通过后期剪切、编辑，字幕或特效而组成。最终将其固定在一定介质上，能够借助适当装置放映或者以其他方式传播。整个视频包含了制片者多方面的智力劳动，具有一定的独创性，故属于以类似摄制电影的方法创作的作品，受到我国《著作权法》的保护。

2. 关于案件争点2

根据法律规定，电影作品和类似摄制电影方法创作的作品著作权由制片者享有。如无相反证明，在作品上署名的公民、法人或者其他组织为作者。当事人提供的涉及著作权的底稿、原件、合法出版物、著作权登记证书、认证机构出具的证明、取得权利的合同等，可以作为证据。本案中，涉案视频由原告员工上传至梨视频平台，视频播放页面、文字旁白中标注"梨视频"标识，同时原告提供了不含字幕、文字旁白及"梨视频"标识的视频文件，结合梨视频网站的主办单位是原告的全资子公司微然公司，微然公司亦声明梨视频平台上版权内容的管理、创作由原告负责，其负责平台运营，对梨视频平台上的作品不享有权利的事实，在被告没有相反证据的情况下，法院认定涉案视频的著作权由原告享有，原告有权提起本案的诉讼。

3. 关于案件争点3

依据我国《著作权法》的规定，信息网络传播权是指以有线或者无线方式向公众提供作品，使公众可以在其个人选定的时间和地点获得作品的权利；未经著作权人许可，以上述方式使用其作品的，构成侵害信息网络传播权。本案中，根据公证书显示，被告在其经营的网站上使用了涉案作品，且未能提交证据证明其使用涉案视频具有合法来源。结合公证视频与原告主张权利的作品对比基本一致的结果，可以确认被告未经原告许可，在其经营的网站提供涉案视频的在线播放，使公众可以在其个人选定的时间和地点观看涉案视频，侵害了原告享有的信息网络传播权。

根据法律规定，被告应当对侵害原告对涉案作品享有的信息网络传播权的行为，承担赔偿损失的民事责任。由于原告因侵权所遭受的实际损失、被告因侵权所获的违法所得均难以确定，故法院综合考虑涉案作品的类型、首播时间、上传时间、知名度、播放次数、被告网站的经营规模、影响力、被告侵权行为的主观过错程度及侵权行为的存续时间等因素酌情确定被告赔偿金额。对原告主张的合理费用，原告提交了相应的律师费票据，法院结合原告律师工作量，对其主张的律师费予以支持。

## 三、裁判规则提要

### (一)短视频的创作和传播有利于社会文化的传播和文化的繁荣不宜对其独创性提出过高的要求

短视频的出现及广泛传播,是当下一个引人关注的现象。短视频传播的流行,是社交媒体相比较传统媒体具有优势的原因,也有短视频自身在信息传递及承载内容丰富的原因。当前语境下的短视频具有创意门槛低、社交属性强、碎片化消费和传播的特点。它对摄制器材的要求不高,方便一般民众参与制作,适应了个性化传播的时代需求。相比于一般图文,视频包含的内容更丰富,而时长短,则更适应了移动化、片段化的消费场景。相比于长视频和直播视频,短视频更具有交互性和社会属性,成为消费者网络社交、展现自我的新手段。实践中,北京互联网法院在其备受社会关注的第一案"抖音短视频诉伙拍小视频侵犯信息网络传播权案"的判决中明确,涉案的抖音 15 秒短视频虽然篇幅短小,但具备很强的独创性和正能量,应当属于"类电作品"受到著作权法保护。判决进一步指出,视频长短与作品的创造性没有必然关系。涉案短视频包含了多方面的智力劳动,编排选择及呈现均具有独创性。涉案短视频是中华民族优秀的精神内涵的传递,足以引起观众共鸣,带给观众积极向上的精神享受。因此,涉案短视频应当作为作品受到著作权法保护。

该判决完整全面地确立了短视频版权保护的司法裁判规则,厘清了短视频创作者、创作平台互相之间的权利边界,为短视频创作者及短视频平台的维权指明了方向,对短视频这一方兴未艾行业的健康发展具有里程碑意义。

对作品独创性的要求到底是有还是无,是高还是低,理论上历来有争议,司法实践中也有不同的做法。陈锦川先生认为,不应对独创性提出高要求,因为"高"本身就是一个难以把握的标准。只要具有一定程度的个性、创造性,作品中体现了作者某种程度的取舍、选择、安排、设计,就应认为具有了独创性。①

对于短视频侵权的判断,不能只以机械复制、抄袭作为标准,而应从"行为人是否使用了别人具有独创劳动内容"的角度进行判断。《著作权法》保护的是创造性劳动成果,一些短视频作者在造型、场景、剧情、台词、剪辑等方面抄袭他人,便足以构成侵权。探讨短视频是否构成作品,独创性是一个无可回避的问题。从实务角度出发,独创性标准问题涉及立法和司法两个方面。然而,尽管独创性标准在著作

① 参见陈锦川:《著作权审判原理解读与实务指导》,法律出版社 2014 年版,第 3 页。

权法中的地位是基础性和前提性的，但无论是《著作权法》还是《著作权法实施条例》均未规定，而是赋予司法机关自由裁量的空间。究其原因，是由于独创性标准本身具有较强的主观性，灵活性较强，不适宜通过立法进行明确规定，更适合由法官进行自由裁量。

最高人民法院2011年发布的《关于充分发挥知识产权审判职能作用推动社会主义文化大发展大繁荣和促进经济自主协调发展若干问题的意见》第2条“加强涉文化类知识产权案件的审判，促进文化创新和培育新型文化业态，积极推动社会主义文化大发展大繁荣”中，第5点明确要求应加大文化创造者权益保护，保障文化创造源泉充分涌流。“要妥善处理作品的独创性与独创高度的关系，既维护给予作品著作权保护的基本标准的统一性，又注意把握各类作品的特点和适应相关保护领域的特殊需求，使保护强度与独创高度相协调。要妥善适用著作权法有关著作权的概括性规定，及时保护创作者的新权益。”该司法政策已经为作品独创性的认定标准提供了明确的司法指引。“保障文化创造源泉充分涌流”是推动社会主义文化大发展大繁荣的前提条件。如果独创性的认定标准过高，将打击创作热情，不利于创造源泉的充分涌流。陈锦川先生提出的不应对独创性提出高要求的观点是符合上述司法政策要求的。但独创性的认定标准过低会造成大量低水平低质量的所谓文化创意的泛滥，扰乱文化市场的正常秩序，与推动社会主义文化大发展大繁荣的终极目标亦相违背，同样是不妥当的。基于此，司法实践应把握好独创性认定的合理度。首先，若作品是作者独立完成的，其内容体现了作者在构思设计、取舍与组合的独具匠心之个性，而非抄袭他人之作，应初步认定为符合“独创性”的认定标准。其次，要根据个案的具体情况，区分不同类别作品的特点和作品所处的领域进行综合分析评判。这是现行法律和司法政策给予司法实践的自由裁量空间。①

### （二）对短视频不可提出过高的独创性要求是促进信息传播和文化繁荣的必要条件

与传统的影视作品等长视频相比，短视频具有以下特点：一是时长较短，目的是为了便于分享，适应现代人生活节奏快、时间碎片化的特点。二是具有较强的社交属性，有利于促进公众之间的交流和沟通。同时，短视频因为其承载的内容和表

---

① 参见叶丹：《著作权之审判视野中的独创性认定问题》，载知产力网：news. zhichanli. cn/article/6462. html，2019年10月15日最后访问。

现形式多样化,对于降低社会沟通成本也有一定的作用。三是制作门槛较低,仅由单个自然人即可完成,大量的UGC(用户生产内容)已成为各大短视频平台上活跃内容。即便较为专业的PGC(专业生产内容),其制作团队也相对简单,功能区分也更为灵活,投资微小。四是鼓励传播。不同于传统的影视作品等长视频的禁止擅自传播,短视频因其社交属性,其本身并不限制其他主体传播,甚至鼓励传播。

由此可见,短视频承载着社交、信息传递以及文化传播等多方面的功能。在现代社会人们生活节奏越来越快的情况下,短视频这种工具在很大程度上越来越取代传统的新闻或者信息读取习惯而日益成为人们交流或者获取信息的一种途径。在此情况下,如果对短视频的制作加以过多的限制,就会限制或者阻碍信息的传递和新闻的制作,造成社会的信息沟通障碍。

另外,短视频虽然时间较短,但是正是这种较短的时长和对制作成本及要求的较低水准,激发了社会各界参与短视频制作的热情和创造力,从某种程度上也激发了民众的文化创造力,繁荣了影视文化的创作,这对于国家的文化繁荣是有益的。从这个意义上来看,短视频的制作有利于文化的繁荣,应当鼓励。2018年,北京快手科技有限公司起诉广州华多网络科技有限公司侵犯著作权,北京市海淀区法院判决,"PPAP"(时长36秒)和"这智商没谁了"(时长18秒)两条短视频构成作品,华多公司侵犯了快手公司依法享有的信息网络传播权,判决华多公司赔偿2万元。该案主审法官同样认为:鼓励作品的创作和传播,促进文化事业的发展和繁荣,是著作权法的立法追求之一。在短视频产业已渐成规模的当下,法律规范应当对市场及其中的商业逻辑有所回应,尤其不应为"作品"设限,人为提高作品构成要件的门槛。这既是对社会发展的积极回应,也是促进文化繁荣的有利导向。

## 四、辅助信息

**高频词条:**

**《信息网络传播权保护条例》**

**第22条** 网络服务提供者为服务对象提供信息存储空间,供服务对象通过信息网络向公众提供作品、表演、录音录像制品,并具备下列条件的,不承担赔偿责任:

(一)明确标示该信息存储空间是为服务对象所提供,并公开网络服务提供者的名称、联系人、网络地址;

(二)未改变服务对象所提供的作品、表演、录音录像制品;

（三）不知道也没有合理的理由应当知道服务对象提供的作品、表演、录音录像制品侵权；

（四）未从服务对象提供作品、表演、录音录像制品中直接获得经济利益；

（五）在接到权利人的通知书后，根据本条例规定删除权利人认为侵权的作品、表演、录音录像制品。

**《信息网络传播权民事纠纷案件司法解释》**

**第12条** 有下列情形之一的，人民法院可以根据案件具体情况，认定提供信息存储空间服务的网络服务提供者应知网络用户侵害信息网络传播权：

（一）将热播影视作品等置于首页或者其他主要页面等能够为网络服务提供者明显感知的位置的；

（二）对热播影视作品等的主题、内容主动进行选择、编辑、整理、推荐，或者为其设立专门的排行榜的；

（三）其他可以明显感知相关作品、表演、录音录像制品为未经许可提供，仍未采取合理措施的情形。

## 互联网纠纷案例裁判规则第 4 条：

### 有效通知的内容应当包括权利人的身份信息、权属凭证、证明侵权事实的初步证据以及指向明确的被诉侵权人的网络地址等材料，权利人的投诉达到前述有效通知标准的，网络服务提供方应当及时采取必要措施

〔**规则描述**〕：网络平台在接到权利人侵权的通知后，应当在审核后及时删除平台上的侵权内容和产品。但是，删除的前提是有效的通知，这既是保护网络平台经营者合法权益的必要要求，也是防止权利人滥用通知权力干扰平台正常经营、侵犯竞争对手正常经营权的必要措施。在实践中，通知必须符合一定的形式要件和实质要件，才能成立有效的通知。

### 一、类案检索大数据报告

时间：2019 年 3 月 29 日之前，案例来源：Alpha 案例库，案件数量：372 件，数据采集时间：2019 年 3 月 29 日。本次检索获取 2019 年 3 月 29 日前共 372 篇裁判文书。整体情况如图 4 - 1 所示，从案件年份分布情况可以看出当前条件下案例数量的变化趋势。

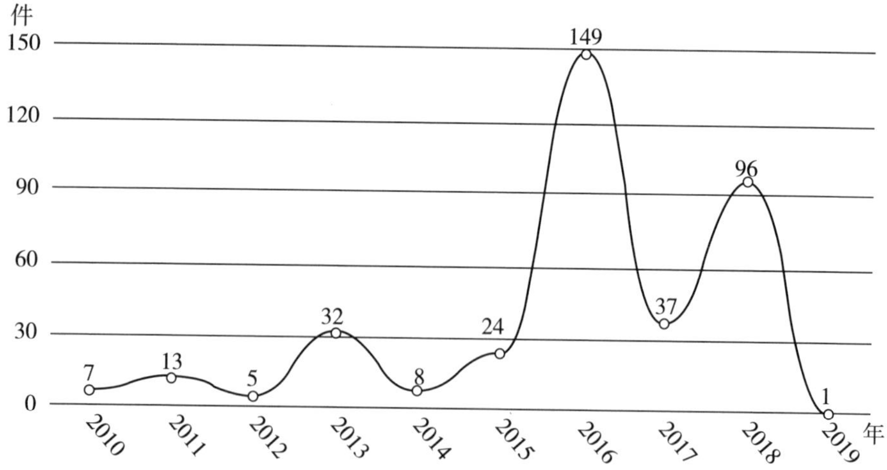


**图 4 - 1 案件年份分布情况**

如图4－2所示，从案件主要地域分布情况来看，当前案例主要集中在广东省、北京市、浙江省，分别约占比39%、29%、8%。其中，广东省的案件量最多，达到144件。

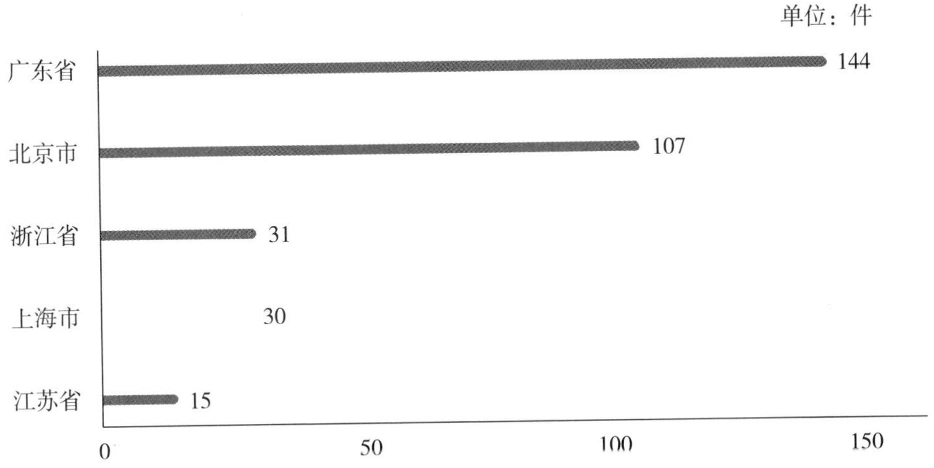


**图4－2　案件主要地域分布情况**

如图4－3所示，从案件审理程序分类统计可以看出，一审案件有184件，占比约为49.46%；二审案件有113件，占比约为30.38%；再审案件有2件，占比约为0.54%；其他案件有73件，占比约为19.62%。

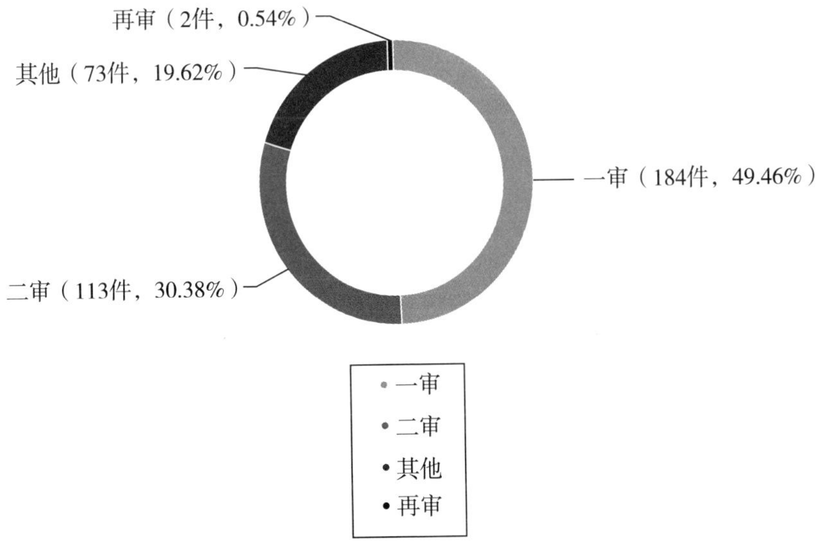


**图4－3　案件审理程序分类**

如图 4 -4 所示,从案件一审裁判情况可以看出,当前条件下全部/部分支持的有 147 件,占比约为 79. 89% ;全部驳回的有 36 件,占比约为 19. 57% ;其他的有 1 件,占比约为 0. 54% 。

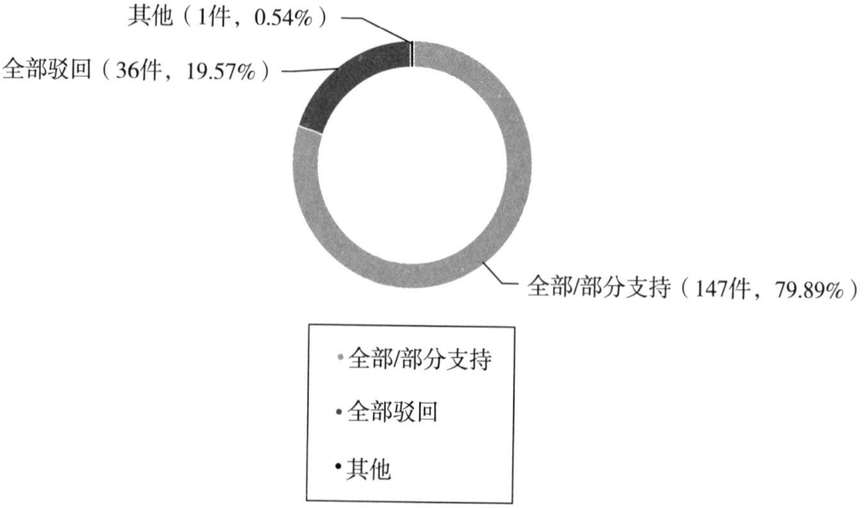


图 4 -4　案件一审裁判结果

如图 4 -5 所示,从案件二审裁判情况可以看出,当前条件下维持原判的有 95 件,占比约为 84. 07% ;改判的有 18 件,占比约为 15. 93% 。

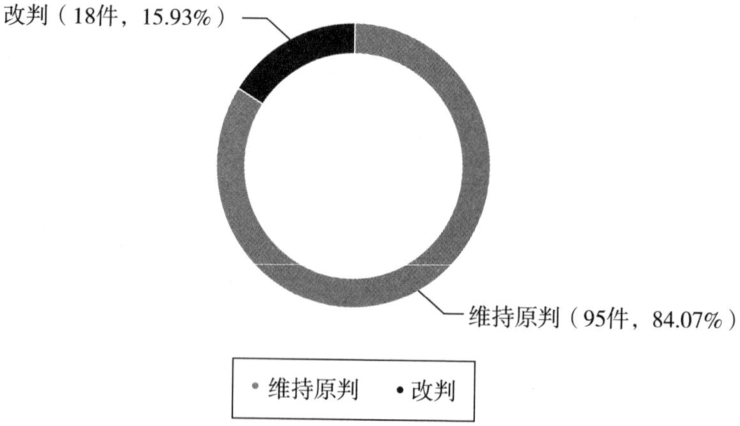


图 4 -5　案件二审裁判结果

## 二、可供参考例案

### 例案一 | 厦门雅瑞光学有限公司与上海寻梦信息技术有限公司、陈某某侵害商标权纠纷

【法院】

上海市黄浦区人民法院

【案号】

(2017)沪 0101 民初 22456 号

【当事人】

原告：厦门雅瑞光学有限公司

法定代表人：黄某某，该公司总经理

被告：上海寻梦信息技术有限公司

法定代表人：孙某，该公司董事长

被告：陈某某

【基本案情】

原告厦门雅瑞光学有限公司诉称，原告依法享有第 3192360 号“BOLON”、第 3186667 号“暴龙”注册商标专用权。原告生产的自主品牌“BOLON 暴龙”太阳镜及光学镜架以优良的品质深得社会认可，拥有广泛的用户基础和消费群体，“BOLON 暴龙”眼镜在国内同行业中市场销量一直名列前茅，经大量投放广告，已成为众所周知的高端眼镜品牌。2015 年 8 月，国家工商行政管理总局认定原告注册并使用在“太阳镜”商品上的“BOLON”商标为驰名商标。2017 年 4 月，原告在市场调查中发现，被告陈某某在拼多多平台上开设的名为“哎呦眼镜”的网店大量销售侵害原告商标权的眼镜。原告认为，被告陈某某未经授权，擅自销售侵犯原告商标权的商品，被告上海寻梦信息技术有限公司（以下简称寻梦公司）未尽审查注意义务，给被告陈某某提供了便利条件，两被告的行为违反了商标法及相关法律规定，给原告造成了巨大的经济损失，故诉至法院。向法院提出诉讼请求：1. 判令被告寻梦公司立即删除侵犯原告商标专用权的商品链接、被告陈某某立即停止销售侵犯原告商标专用权的眼镜；2. 判令两被告赔偿原告经济损失及维权合理开支共计人民币（以下币种均为人民币）10 万元，本案的诉讼费由被告承担。

被告寻梦公司辩称，1. 被告陈某某在拼多多平台上所经营的涉案店铺“哎呦眼

镜”,在原告起诉时已没有涉案商品存在,原告的诉请没有事实依据。2. 被告寻梦公司是拼多多平台的经营者,但没有实施被诉侵权行为。在商家入驻拼多多平台时寻梦公司已要求商家提供相应的资质文件和商家订立合作协议,平台上的商品信息均由商家自行制作、发布、维护,商家直接向消费者销售商品,提供售前售后服务等,寻梦公司已经尽到事前的审查义务和事后审慎的注意义务;且寻梦公司对于入驻拼多多平台的商家免收服务费,入驻商家销售所得均归商家所有,寻梦公司没有因此获利;寻梦公司也不存在为侵犯他人商标权提供便利的主观故意。3. 原告主张的经济赔偿金额过高,要求寻梦公司承担赔偿责任无事实和法律依据。故不同意原告的全部诉讼请求。

**【案件争点】**

两被告是否构成侵权。

**【裁判要旨】**

原告系第 3186667 号“暴龙”注册商标、第 3192360 号“BOLON”注册商标的商标权利人,其在商标有效期内所享有的注册商标专用权依法受到保护。鉴于原告注册并使用在“太阳镜”商品上的“BOLON”商标曾被国家工商行政管理总局认定为驰名商标而受到保护,故原告主张权利的“BOLON”注册商标亦应为业界所知悉,具有一定的知名度。

被告陈某某经营的“哎呦眼镜”网店中所销售的涉案眼镜及眼镜布、眼镜盒上的字母标识与原告主张权利的第 3192360 号“BOLON”注册商标在视觉上基本无差别,在产品购物凭证上的中文标识亦与原告的第 3186667 号“暴龙”注册商标相同,且还注明了原告方的企业名称、地址等信息,被控侵权商品与原告的两注册商标核定使用商品属相同商品,故法院认定涉案产品未经许可使用了原告的注册商标,侵犯了原告享有的注册商标专用权。由于原告注册商标的知名度,作为从事眼镜商品的经营者,对此理当知晓,现被告陈某某未提供证据证明所销售的涉案产品的合法来源,故其销售行为已构成对原告注册商标专用权的侵犯,依法应当承担相应的民事责任。故法院对原告要求被告陈某某承担经济损失赔偿的诉讼请求予以支持。

由于被告寻梦公司向网络用户提供拼多多网站及客户端作为网络交易平台,本身并未参与交易过程,亦未从交易中获取利益,故其应系网络服务的提供者。法院认为,网络服务提供者知道网络用户利用网络服务侵害他人民事权益,未采取必要措施的,或在接到通知后未采取删除、屏蔽、断开链接等必要措施的,应当与该网络用户承担连带责任。本案中，原告未提供证据证明被告寻梦公司知道被告陈某某的涉案侵权行为，且被告寻梦公司通过对被告陈某某的资质审查，与被告陈某某签订相关的《拼多多平台合作协议》，就在拼多多平台交易中不得侵犯他人的知识产权进行了约定，并在拼多多网站设置了维权投诉指引，作为网络服务提供者，面对平台中海量的商品信息和交易情况，被告寻梦公司履行了与其管理能力和技术能力相应的监督和管理职责，尽到了合理的注意义务。故对于原告有关被告寻梦公司未尽合理审查义务，要求其与被告陈某某共同承担赔偿责任的诉讼请求，法院不予支持。

## 例案二 浙江天猫网络有限公司与威海嘉易烤生活家电有限公司侵害发明专利权纠纷

**【法院】**

浙江省高级人民法院

**【案号】**

(2015)浙知终字第 186 号

**【当事人】**

上诉人(原审被告)：浙江天猫网络有限公司

法定代表人：陆某某，该公司董事长

被上诉人(原审原告)：威海嘉易烤生活家电有限公司

法定代表人：李某甲，该公司董事长

原审被告：永康市金仕德工贸有限公司

法定代表人：李某乙，该公司总经理

**【基本案情】**

2015 年 4 月 7 日，威海嘉易烤生活家电有限公司(以下简称嘉易烤公司)以永康市金仕德工贸有限公司(以下简称金仕德公司)未经其许可，在天猫商城等网络平台上宣传并销售侵犯其 ZL20098000××××.8 号专利权的产品，构成专利侵权；浙江天猫网络有限公司(以下简称天猫公司)在嘉易烤公司投诉金仕德公司侵权行为的情况下，未采取有效措施，应与金仕德公司共同承担侵权责任为由提起诉讼。

嘉易烤公司提交的投诉材料符合天猫公司的格式要求，在其上传的附件中也以图文并茂的形式对技术要点进行了比对,但天猫公司仅对该投诉材料作出审核不通过的处理。天猫公司提供的(2015)浙杭钱证内字第10879号公证书仅能证明涉案产品在2015年5月5日已经下架,无法得知具体下架时间,天猫公司声称于2015年4月29日对涉案产品进行下架及删除链接的处理,是在嘉易烤公司向原审法院起诉之后,显然其行为并未尽到合理的审查义务,也未采取必要的措施防止损害扩大,根据《侵权责任法》第36条第2款的规定,应当对损害扩大的部分与金仕德公司承担连带责任。

关于天猫是否需要承担责任,原审法院认为,因被诉侵权产品已落入涉案专利的保护范围,金仕德公司应当承担停止侵权、赔偿损失的民事责任,故嘉易烤公司要求金仕德公司停止销售被控侵权产品请求,应予以支持。嘉易烤公司要求金仕德公司销毁库存的侵权产品的请求,因其没有提供直接的证据证明,原审法院不予支持。嘉易烤公司要求天猫公司撤销金仕德公司在天猫平台上的产品链接,由于侵权产品链接已不存在,该请求已无事实依据,原审法院不予支持。关于具体的赔偿数额,由于嘉易烤公司没有提供证据证明其因侵权所受到的具体损失或金仕德公司因侵权所获得的具体利益,该院综合考虑金仕德公司侵权的范围、时间、性质以及原告专利权的类别、维权的合理费用等因素,酌情确定赔偿数额为150,000元。关于天猫公司所应承担责任的份额,由于嘉易烤公司没有提交其因天猫公司未采取必要的措施而扩大的损失的数额,原审法院综合考虑侵权持续的时间及天猫公司应当知道侵权事实的时间,确定天猫公司对金仕德公司赔偿数额的50,000元承担连带赔偿责任。

宣判后,天猫公司不服,提起上诉称:一、原审判决就嘉易烤公司的投诉行为所作的以下事实认定不清:1. 由于嘉易烤公司在投诉中并未提供“购买订单编号”及“交易双方会员名”,天猫公司根本无法确认投诉方在对比表中用于比对侵权的对象实际为从涉案店铺购买的商品,而天猫公司从被投诉链接的商品信息中也无法看到涉案商品的内部构造,因此无法认定涉案商品存在专利侵权行为。2. 嘉易烤公司为证明涉案商品链接地址中的商品侵犯了其专利权而进行了公证购买,其在能够提供包括交易日期、交易双方会员名、订单编号等购买行为的信息的情况下却故意不提供。3. 天猫公司为了确保投诉方的合法权益,特地在“审核不通过原因”中要求投诉方进一步提供“购买订单编号”及“双方会员名”,但是投诉方却一直未予提供。4. 嘉易烤公司在向天猫公司投诉后不久就直接向原审法院提起诉讼。天猫公司根据嘉易烤公司提交的公证书,在确认涉案商品的卖家和订单编号后,对涉案商品链接及时进行了删除处理，尽到了合理的注意义务。二、原审判决适用《侵权责任法》第36条第2款的规定判决天猫公司应当对损害扩大的部分与金仕德公司承担连带责任属于法律错误：1. 嘉易烤公司提交的投诉材料明显不符合天猫公司的格式要求，也未能合理说明进行技术比对的商品来源于涉案店铺购买的商品。2. 天猫公司在收到原审诉讼材料后及时采取了必要措施防止损害扩大，尽到了事后合理的注意义务。3. "知道"作为网络服务提供者承担侵权责任的主观要件，而"知道"的前提往往是知识产权权利人的"有效通知"，权利人除了要提供身份证明和权属证明之外，还需要提供"侵权成立"的初步证据材料。三、天猫公司对卖家所售商品是否侵犯发明专利权判断能力有限。平台方接到权利人通知后，不需要进行侵权与否的审查就直接删除商品，显然没有平等保护平台卖家的合法权益。本案中，被诉侵权产品是否侵权产品天猫公司难以确定，天猫公司也是在诉讼过程中，通过庭审和法庭组织的专业技术比对，认为涉案商品确实存在侵权可能之后才对涉案商品采取了删除和屏蔽措施。天猫公司尽到了最大的审慎义务，主观上没有任何过错。

**【案件争点】**

天猫公司是否构成侵权。

**【裁判要旨】**

《侵权责任法》第36条第2款系针对权利人发现网络用户利用网络服务提供者的服务实施侵权行为后"通知"网络服务提供者采取必要措施，以防止侵权后果不当扩大的情形，同时还明确界定了此种情形下网络服务提供者所应承担的义务范围及责任构成。本案中，天猫公司涉案被诉侵权行为是否构成侵权应结合对天猫公司的主体性质、嘉易烤公司"通知"的有效性以及天猫公司在接到嘉易烤公司的通知后是否应当采取措施及所采取的措施的必要性和及时性等加以综合考量。

第一，天猫公司依法持有增值电信业务经营许可证，系信息发布平台的服务提供商，其在本案中为金仕德公司经营的"益心康旗舰店"销售涉案被诉侵权产品提供网络技术服务，符合《侵权责任法》第36条第2款所规定网络服务提供者的主体条件。

第二，天猫公司在法院二审庭审中确认嘉易烤公司已于2015年2月10日委托案外人张某某向淘宝网知识产权保护平台上传了包含被投诉商品链接及专利侵权分析报告、技术特征比对表在内的投诉材料，且根据上述投诉材料可以确定被投诉主体及被投诉商品。

《侵权责任法》第36条第2款所涉及的“通知”是认定网络服务提供者是否存在过错及应否就危害结果的不当扩大承担连带责任的条件。“通知”是指被侵权人就他人利用网络服务商的服务实施侵权行为的事实向网络服务提供者所发出的要求其采取必要技术措施,以防止侵权行为进一步扩大的法律行为。通知既可以是口头的,也可以是书面的。通常,通知内容应当包括权利人身份情况、权属凭证、证明侵权事实的初步证据以及指向明确的被诉侵权人网络地址等材料。符合上述条件的,即应视为有效通知。嘉易烤公司涉案投诉通知符合侵权责任法规定的“通知”的基本要件,属有效通知。

第三,经查,天猫公司对嘉易烤公司投诉材料作出审核不通过的处理,其在回复中表明审核不通过原因是:烦请在实用新型、发明的侵权分析对比表表二中详细填写被投诉商品落入贵方提供的专利权利要求的技术点,建议采用图文结合的方式逐一指出(需注意,对比的对象为卖家发布的商品信息上的图片、文字),并提供购买订单编号或双方会员名。

现实中,发明或实用新型专利侵权的判断往往并非仅依赖表面或书面材料就可以作出,因此专利权人的投诉材料通常只需包括权利人身份、专利名称及专利号、被投诉商品及被投诉主体内容,以便投诉接受方转达被投诉主体。在本案中,嘉易烤公司的投诉材料已完全包含上述要素。至于侵权分析比对,天猫公司一方面认为其对卖家所售商品是否侵犯发明专利判断能力有限;另一方面却又要求投诉方“详细填写被投诉商品落入贵方提供的专利权利要求的技术点,建议采用图文结合的方式逐一指出”,法院认为,考虑到互联网领域投诉数量巨大、投诉情况复杂的因素,天猫公司的上述要求基于其自身利益考量虽也具有一定的合理性,而且也有利于天猫公司对于被投诉行为的性质作出初步判断并采取相应的措施。但就权利人而言,天猫公司的前述要求并非权利人投诉通知有效的必要条件。况且,嘉易烤公司在本案的投诉材料中提供了多达5页的以图文并茂的方式表现的技术特征对比表,天猫公司仍以官僚格式化的回复将技术特征对比作为审核不通过的原因之一,处置失当。至于天猫公司审核不通过并提出提供购买订单编号或双方会员名的要求,法院认为,本案中投诉方是否提供购买订单编号或双方会员名并不影响投诉行为的合法有效。而且,天猫公司所确定的投诉规制并不对权利人维权产生法律约束力,权利人只需在法律规定的框架内行使维权行为即可,投诉方完全可以根据自己的利益考量决定是否接受天猫公司所确定的投诉规制。更何况投诉方可能无须购买商品而通过其他证据加以证明,也可能可以根据他人的购买行为发现可能的侵权行为，甚至投诉方即使存在直接购买行为，但也可以基于某种经济利益或商业秘密的考量而拒绝提供。

第四，《侵权责任法》第36条第2款所规定的网络服务提供者接到通知后所应采取必要措施包括但并不限于删除、屏蔽、断开链接。“必要措施”应根据所侵害权利的性质、侵权的具体情形和技术条件等来加以综合确定。

本案中，在确定嘉易烤公司的投诉行为合法有效之后，需要判断天猫公司在接受投诉材料之后的处理是否审慎、合理。法院认为，本案系侵害发明专利权纠纷。天猫公司作为电子商务网络服务平台的提供者，基于其公司对于发明专利侵权判断的主观能力、侵权投诉胜诉概率以及利益平衡等因素的考量，并不必然要求天猫公司在接受投诉后对被投诉商品立即采取删除和屏蔽措施，对被诉商品采取的必要措施应当秉承审慎、合理原则，以免损害被投诉人的合法权益。但是将有效的投诉通知材料转达被投诉人并通知被投诉人申辩当属天猫公司应当采取的必要措施之一。否则权利人投诉行为将失去任何意义，权利人的维权行为也将难以实现。网络服务平台提供者应该保证有效投诉信息传递的顺畅，而不应成为投诉信息的黑洞。被投诉人对于其或生产，或销售的商品是否侵权，以及是否应主动自行停止被投诉行为，自会作出相应的判断及应对。而天猫公司未履行上述基本义务的结果导致被投诉人未收到任何警示从而造成损害后果的扩大。至于天猫公司在嘉易烤公司起诉后即对被诉商品采取删除和屏蔽措施，当属审慎、合理。综上所述，天猫公司在接到嘉易烤公司的通知后未及时采取必要措施，对损害的扩大部分应与金仕德公司承担连带责任。

## 例案三 | 唐某等与深圳市腾讯计算机系统有限公司侵权责任纠纷

**【法院】**

广东省深圳市南山区人民法院

**【案号】**

(2016)粤0305民初12187~12199、12318号

**【当事人】**

原告：唐某等44人

被告：深圳市腾讯计算机系统有限公司

法定代表人：马某某，该公司总经理

【基本案情】

原告唐某等44人系被告深圳市腾讯计算机系统有限公司(以下简称腾讯公司)提供的微信软件(以下简称微信)的用户,各原告在使用该软件过程中关注了微信公众平台上名称为无上、微富云、首彩、来聚乐、买就赚、乐慧乐、玖玖玖、融多利、万金等微信公众号,接收到上述公众号推送的商品或服务宣传信息,并通过上述公众号用户预设的链接地址,跳转至第三方网站上先后进行了购买商品或服务的交易。原告在交易后,部分得到了相应的返利、佣金等获利,后各原告未能收到已支付价款的全部商品或服务,或未能全部得到上述公众号用户所承诺的佣金、返现。部分原告遂向被告腾讯公司进行投诉,被告腾讯公司采取了限制涉案公众号的部分功能、封号等措施,并于2016年7月5日在微信公众平台发布了《微信公众平台关于处理返利返现欺诈行为的公告》。

【案件争点】

腾讯公司是否构成侵权。

【裁判要旨】

首先,微信软件是被告腾讯公司作为网络服务提供者向用户提供的一个应用软件,是一个包括即时通信、社交拓展、便捷工具、公众平台等功能的网络服务平台。微信中的公众平台,实质上是为用户提供信息存储空间服务,用户通过注册微信公众号,可自定义公众号菜单、编辑菜单名称、设置网页跳转,通过公众平台用其所申请的公众号发布信息,用于包括媒体传播、企业宣传、咨询交流、商品或服务信息发布等。本系列案中,众原告诉称的微信商城,是通过公众平台运营的微信公众号中发布商品或服务信息,并开通了微信支付功能的公众号的泛称。原告是通过关注涉案的公众号,接收了涉案公众号发布的商品或服务宣传信息,通过公众号用户预设的网站链接地址,链接至第三方网站并在该网站上完成涉案商品或服务的交易,公众号用户系实际经营者,是涉案商品的销售者或服务的提供者。

其次,《侵权责任法》第36条适用范围是民事权益,不仅包括著作权,还包括名誉权、肖像权、隐私权等人身权益以及财产权益,第2款和第3款规范的是网络用户利用网络实施侵权行为时,网络服务提供者在何种情况下需要与网络用户承担连带责任,适用过错责任归责原则。本系列案中,被告腾讯公司作为网络服务提供者,只有在其存在过错的情形下,才应承担相应的侵权责任。

再次,微信公众平台提供的服务性质上是信息存储空间服务,作为提供信息存储空间服务的网络服务提供者,被告腾讯公司对公众号用户通过公众平台在其运营管理的公众号中发布的信息，没有普遍审查的义务。本案中，被告腾讯公司在用户注册时通过《微信公众平台服务协议》《微信运营规范》中明确要求用户不得侵犯他人权利、不得从事违法行为，在公众号中也设置了便捷程序接受投诉，在接到部分原告对涉案公众号的投诉后也及时采取了限制部分功能、封号等必要措施，并于 2016 年 7 月 5 日在公众平台发布了《微信公众平台关于处理返利返现欺诈行为的公告》。本系列案中，被告腾讯公司对于公众号用户的侵权行为，其作为网络服务提供者在接到投诉、通知后已及时采取了必要措施。

最后，关于众原告提出根据《消费者权益保护法》第 44 条的规定被告腾讯公司应承担连带赔偿责任的主张，法院认为《消费者权益保护法》第 44 条第 1 款规定了网络服务提供者应当尽到必要的身份审查义务，其立法本意在于消费者与经营者发生争议时，网络服务提供者向消费者披露经营者的真实身份情况，便于消费者通过合法途径进行维权。本系列案中，在涉案公众号中已公示了公众号用户的经营者主体信息，包括真实名称、联系方式、工商执照注册号或统一社会信用代码等，众原告是可以根据上述信息通过合法途径向经营者主张权利的。本系列案中，众原告也未能举证证明被告腾讯公司应知或者明知涉案公众号用户即实际经营者利用公众平台侵害原告的合法权益而未采取必要措施，要求腾讯公司担责缺乏依据。

## 三、裁判规则提要

### （一）网络服务提供者适用“避风港”原则，在接到权利人的有效通知后，及时删除了侵权内容，无须承担责任。但是，有效通知必须具备权利人的身份信息、权属凭证、证明侵权事实的初步证据以及指向明确的被诉侵权人的网络地址等材料，否则平台服务者可以拒绝删除

网络服务平台作为提供网络服务的中立第三方，在提供网络服务的过程中承担巨大的作用。为履行网络服务提供者的法定义务，各主流平台均结合自身实际，依法设计了维权投诉规则。有观点认为，对于合格侵权通知的要求无须太过严格，只需满足一定的格式标准，如书面通知，明确权利人的姓名（名称）、联系方式，相应的侵权信息，如商品名称、侵权链接和网络地址，以及证明侵权成立的初步材料等。也有观点认为，通知应当满足实质性要件，要求权利人出具法院或者行政机关承认侵权行为成立的判决或者裁定。观察各方当事人的利益诉求，不难发现公平与效率这两大价值间的矛盾。站在权利人角度，无论最终认定侵权的可能性大小，只要

其发送有效通知,电商平台就应采取屏蔽或删除链接等必要措施;站在商户的角度,权利人应当以类似刑事诉讼中排除合理怀疑的证明高度来确认侵权行为的存在。前者可以提高解决纠纷的效率、方便维权,但也存在权利人滥用知识产权、打压竞争对手以获取不当竞争优势,甚至雇用职业打假人、利用垃圾产权发动恶意投诉,威胁网络用户收取保护费的隐患;后者大大提升了删除、屏蔽、断开链接等必要措施的正确性和命中率,有利于保护被控侵权人的合法权益,却也并未消除增加权利人举证难度、提高维权成本继而挫伤维权积极性的弊端。[①] 如何在兼顾公正和效率的基础上,适当分配风险与成本,将社会损失降到最低限度,成为各方共同的关注焦点。

当前,由于各种原因,尤其是我国目前的国民素质现状和一定程度上不规范的市场环境,利用这一规则恶意打击竞争对手、扰乱市场正常经营秩序的行为时有发生,对我国网络经济的发展和网络秩序造成了不好的影响。为了遏制这种现象的发生,也为了适应我国网络经济发展的特殊情况,需要强调"通知—删除"规则中在发出的通知中必须具备必要的形式要件和实质要件,以此防范不正当竞争行为的发生。

现实中,因为不适当或者错误的通知会给平台服务提供者、商家或者用户造成损失,权利人需要履行谨慎的注意义务,在提供全面的审查并提交翔实的材料后才能行使通知的权利。《电子商务法》第42条规定:"知识产权权利人认为其知识产权受到侵害的,有权通知电子商务平台经营者采取删除、屏蔽、断开链接、终止交易和服务等必要措施。通知应当包括构成侵权的初步证据。电子商务平台经营者接到通知后,应当及时采取必要措施,并将该通知转送平台内经营者;未及时采取必要措施的,对损害的扩大部分与平台内经营者承担连带责任。因通知错误造成平台内经营者损害的,依法承担民事责任。恶意发出错误通知,造成平台内经营者损失的,加倍承担赔偿责任。"本条明确提出通知应当包括侵权的初步证据。在实践中,一般而言,作为一个有效的通知,应当具备以下要件:

第一,适格的通知人。发出通知的必须是权益受到侵害的适格当事人,是受害人而不是任何人。如果受害人委托他人通知,应当提供有效的授权委托材料。

第二,形式适格。形式适格指的是通知必须要以合适的形式送达网络服务提

---

① 参见浙江省宁波市中级人民法院课题组:《"通知—删除"规则的区别适用》,载《人民司法(应用)》2018年第4期。

供者，一般认为，需要以书面形式，其他形式因为容易被篡改，不正式，一般不被认为是合适的形式。

第三，内容完整。主要包括权利人的身份信息、权属凭证、证明侵权事实的初步证据以及指向明确的被诉侵权人的网络地址等。

此外，针对权利人的通知，用户和网络服务提供者也可以要求提供更加明确的翔实的材料，以行使自己的反通知权力。这项权利的提出，是为了防止权利人滥用通知这一权利给用户造成不必要的损失。由此，有不少专家提出要将“通知—删除”规则修改为“通知—反通知—删除/回复”规则。尤其是对于专利这类需要比较专业知识才能识别侵权与否的商品，权利人在通知时附加必要的说明和权利主张确有必要，否则，平台经营者不可能对所有的专利都进行实质审查，以至于浪费太多的精力和财力。①

### （二）通知必须具备必要条件是维护网络平台各方权利义务和网络秩序的保证

针对“通知—删除”规则中通知有效性的规定，是为了平衡商家和平台及权利人之间的权利义务关系，既保护合法权利人的权利，也避免恶意投诉人或者职业投诉人利用这一规则滥用“通知—删除”规则，给平台及商家造成不必要的损失。从另一方面看，有效通知的规定是为了在效率与公平之间取得平衡，既及时制止侵权行为，又保证各方权利维护的合理性和公平性，避免权利被侵犯或者权力滥用的可能，这是保证网络平台正常运转的必要保证。

网络服务提供者每天都面对着海量的用户和信息，如果不对“通知—删除”规则中的通知施加较为严格的条件，就会让网络平台在规则滥用下不堪重负，难以为继。当前，互联网是人们获取信息和服务良好且通畅的渠道，已经成为人们生活中须臾不可离开的工具，也成为国家经济发展必要的基础设施之一。为了保证人们获得优质的网络服务，就必须在网络服务提供者和网络用户等各方之间取得必要的平衡，不能因为权利人的权利滥用而给网络服务提供者施加过高的责任，进而阻碍网络经济的发展，这也是保证网络经济健康发展的基础。

---

① 参见王利明：《论网络侵权中的通知规则》，载《北方法学》2014 年第 2 期。

## 四、辅助信息

**高频词条:**

**《侵权责任法》**

**第36条** 网络用户、网络服务提供者利用网络侵害他人民事权益的,应当承担侵权责任。

网络用户利用网络服务实施侵权行为的,被侵权人有权通知网络服务提供者采取删除、屏蔽、断开链接等必要措施。网络服务提供者接到通知后未及时采取必要措施的,对损害的扩大部分与该网络用户承担连带责任。

网络服务提供者知道网络用户利用其网络服务侵害他人民事权益,未采取必要措施的,与该网络用户承担连带责任。

**《民法通则》**

**第130条** 二人以上共同侵权造成他人损害的,应当承担连带责任。

**《信息网络传播权保护条例》**

**第22条** 网络服务提供者为服务对象提供信息存储空间,供服务对象通过信息网络向公众提供作品、表演、录音录像制品,并具备下列条件的,不承担赔偿责任:

(一)明确标示该信息存储空间是为服务对象所提供,并公开网络服务提供者的名称、联系人、网络地址;

(二)未改变服务对象所提供的作品、表演、录音录像制品;

(三)不知道也没有合理的理由应当知道服务对象提供的作品、表演、录音录像制品侵权;

(四)未从服务对象提供作品、表演、录音录像制品中直接获得经济利益;

(五)在接到权利人的通知书后,根据本条例规定删除权利人认为侵权的作品、表演、录音录像制品。

# 互联网纠纷案件裁判规则第 5 条：

## 商标权利人未提供商品构成侵权的证据，仅以未授权为由主张销售方构成商标侵权的，有违商标权一次用尽原则，不予支持

〔**规则描述**〕：对于经过商标权人许可向公众提供的商品，该商品上的商标权被视为“用尽”或“穷竭”，商标权人不能阻止该商品的所有权人向公众再次出售或提供。商标权利人仅以“未授权销售”为由主张侵权有违商标权用尽原则，不应予以支持。

### 一、类案检索大数据报告

时间：2019 年 4 月 22 日之前，案例来源：Alpha 案例库，案件数量：20 件，数据采集时间：2019 年 4 月 22 日。本次检索获取 2019 年 4 月 22 日前共 20 篇裁判文书。整体情况如图 5－1 所示，从案件年份分布情况可以看出当前条件下案例数量的变化趋势。

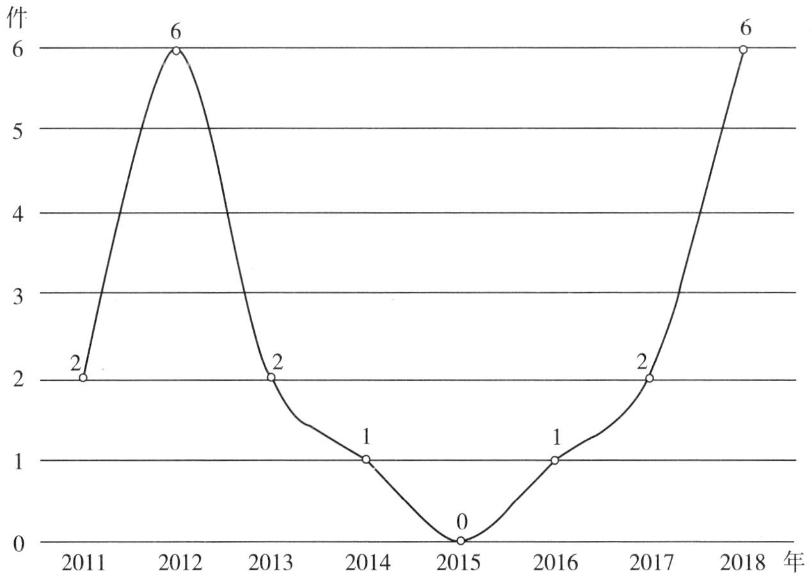


图 5－1　案件年份分布情况

如图 5-2 所示,从案件主要地域分布情况来看,当前案例主要集中在广东省、天津市、黑龙江省,分别约占比 25%、20%、20%。其中,广东省的案件量最多,达到 5 件。

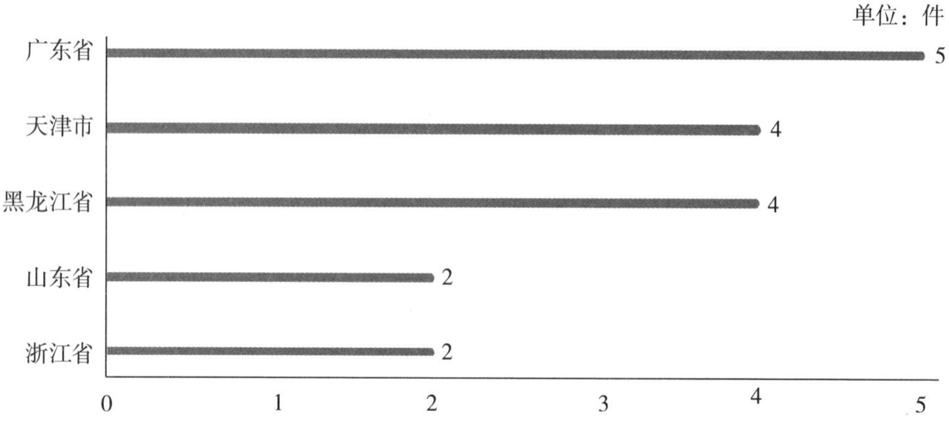


**图 5-2　案件主要地域分布情况**

如图 5-3 所示,从案件审理程序分类统计可以看出,一审案件有 9 件,占比约为 45%;二审案件有 11 件,占比约为 55%。

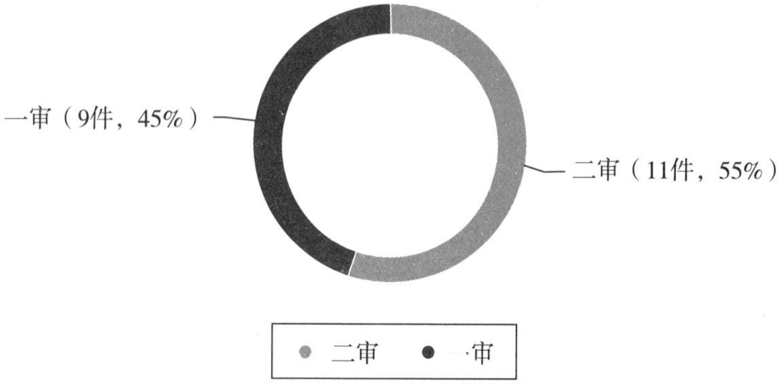


**图 5-3　案件审理程序分类**

如图 5-4 所示,从案件一审裁判情况可以看出,当前条件下全部/部分支持的有 6 件,占比约为 66.67%;全部驳回的有 3 件,占比约为 33.33%。

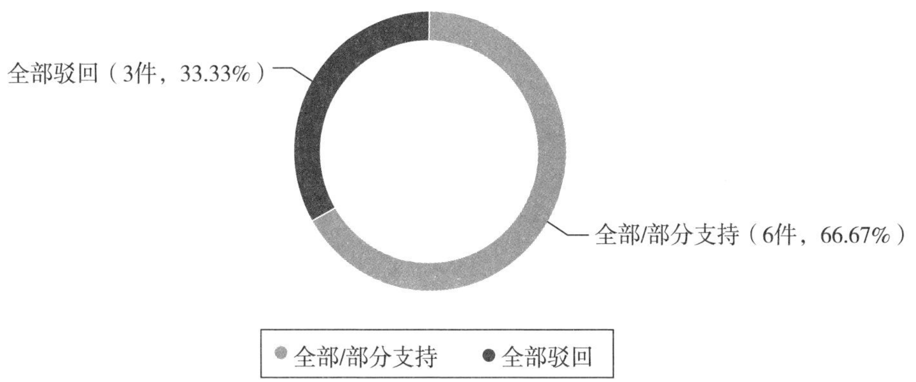


**图5-4 案件一审裁判结果**

如图5-5所示，从案件二审裁判情况可以看出，当前条件下维持原判的有9件，占比约为81.82%；改判的有2件，占比约为18.18%。

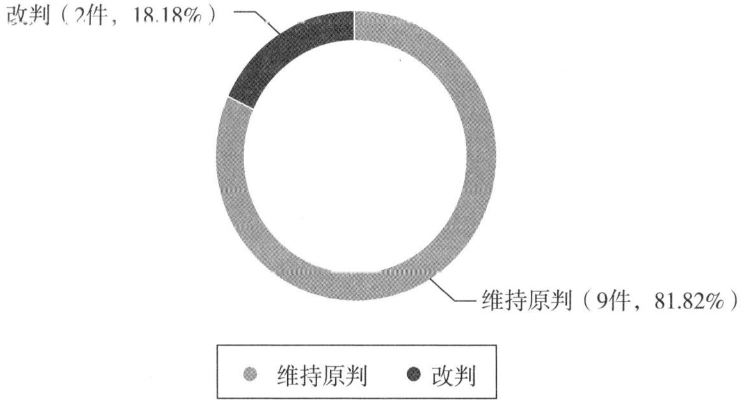


**图5-5 案件二审裁判结果**

## 二、可供参考例案

### 例案一｜浙江淘宝网络有限公司与济南佐康商贸有限公司侵害商标权纠纷

**【法院】**

山东省济南市中级人民法院

**【案号】**

(2017)鲁01民终3439号

**【当事人】**

上诉人(原审被告):浙江淘宝网络有限公司

法定代表人:陆某某,该公司董事长

被上诉人(原审原告):济南佐康商贸有限公司

法定代表人:张某某,该公司总经理

**【基本案情】**

编号为第9087227号商标注册证显示,商标“佐康”的注册人为贾某某,核定使用商品为第3类:化妆品;增白霜;粉刺霜;去斑霜;化妆剂;美容面膜;化妆品清洗剂;香水;洗面奶;抑菌洗手剂。注册有效期限自2012年2月7日至2022年2月6日。2014年5月13日经国家工商总局商标局核准,该注册商标由济南佐康商贸有限公司(以下简称佐康公司)受让。编号为第10374626号商标注册证显示,商标“佐康”的注册人为贾某某,核定服务项目为第35类:张贴广告;广告;数据通信网络上的在线广告;商业管理和组织咨询;进出口代理;替他人推销;替他人采购(替其他企业购买商品或服务);人员招收;会计;寻找赞助。注册有效期限自2013年3月14日至2023年3月13日。2014年5月13日经国家工商总局商标局核准,该注册商标由佐康公司受让。

2015年7月2日、8月21日、9月1日、9月9日、9月19日、11月27日,2016年2月29日、4月4日,佐康公司共9次向浙江淘宝网络有限公司(以下简称淘宝公司)的淘宝网知识产权投诉平台进行投诉,均显示“审核不通过”。

2016年4月15日,佐康公司委托山东誉实律师事务所向淘宝公司发送律师函,主要内容为:佐康公司自2015年9月多次通过淘宝网投诉平台进行投诉,并于2016年4月15日向淘宝公司发出律师函,要求清理并删除淘宝网上销售“佐康”系列产品商家链接及相关网页,及时将相关商品下架,屏蔽相关网站链接,不再允许其他企业或个人在淘宝网上销售“佐康”品牌系列产品;并提供:店名:佐康专业祛痘,卖家:菜菜a55,http//shop130488651. taobao. com;店名:专业祛痘牡丹妹妹,卖家:爱生活爱456,http//shop149140173. taobao. com;店名:zk专业祛痘美容中心,卖家:大嘴monkey,http//shop35189590. taobao. com;店名:佐康祛痘,卖家:爱有余香6,http//shop149699283. com;上述四家网络店铺经营者的真实身份信息等内容。

2016年4月28日,淘宝公司对投诉进行回函,主要内容为:一、淘宝公司作为大型第三方交易平台,所有商品信息均由网站用户在其个人终端上自动上传。淘宝公司尊重各种民事主体所享有的民事权利，愿意积极和权利人开展合作，对用户上传至网站的侵权信息进行清理，建立有序健康合法的网上交易平台。二、根据贵方的“大量非佐康公司授权销售的佐康系列商品”陈述，淘宝公司暂不能确认贵方所主张的原权利的性质以及权利产生的依据。如贵方主张的原权利来自合同，根据法律规定，贵方应向合同的相对人主张权利。如果贵方主张的权利来自法律规定或者是法定程序的授权，请明确权利的类型、提供权利证明、判断侵权成立的初步证明或者足以判断侵权成立的理由。三、如贵方拟投诉卖家售卖的商品存在侵犯知识产权情况，根据贵方的现有资料我们无法判断侵权成立，贵方可更进一步提供贵委托方身份证明、权利证明、贵方与贵委托方之间的委托关系证明、判断侵权成立的证明资料(或者足以判断侵权成立的理由)，重新发起投诉。

2016年6月2日，佐康公司申请山东省济南市齐鲁公证处对淘宝网销售“佐康”产品的“佐康祛痘”店铺、“zk专业祛痘美容中心”店铺、“专业祛痘牡丹妹妹”店铺相关网页内容进行了公证，并向原审法院提起诉讼。

一审法院认为：佐康公司系注册“佐康”商标的合法权利人，其权利应依法受到保护。公证书显示，在淘宝公司的淘宝网上有“zk专业祛痘美容中心”店铺、“专业祛痘牡丹妹妹”店铺的相关网页内容，结合佐康公司多次向淘宝公司投诉，但淘宝公司均为审核不通过。一审法院认为，在佐康公司已提供相关证据并多次向淘宝公司投诉的情况下，淘宝公司未及时删除相关侵权店铺的链接，主观上为其他店铺的侵权行为提供了便利。对淘宝公司辩称其主观无故意的主张以及其非适格主体的主张，不予采信。现佐康公司要求淘宝公司清理并删除淘宝网上销售“佐康”系列产品的商家链接、相关网页、删除被诉商品信息，屏蔽相关网站链接，不再允许其他企业或个人在淘宝网上销售“佐康”品牌系列产品，理由正当，予以支持。关于佐康公司要求淘宝公司提供“店名：zk专业祛痘美容中心”等四家网络商店的真实信息并在淘宝网上登载启示、消除影响的诉讼请求，根据公证书的内容显示，只有“店名：zk专业祛痘美容中心”和“店名：专业祛痘牡丹妹妹”两家网络商店符合要求，结合淘宝公司的意愿，支持淘宝公司应向佐康公司书面提供该两家网络商店的真实信息。对佐康公司主张的其他请求，不予支持。关于佐康公司要求淘宝公司承担公证费3000元的诉讼请求，因淘宝公司作为淘宝网的经营者和管理者，对在淘宝网上进行的交易负有管理责任，其未尽到管理义务，理应赔偿佐康公司因证据保全支出的经济损失即公证费3000元。淘宝公司不服判决，提起上诉。

【案件争点】

佐康公司向淘宝公司发出的通知是否有效以及佐康公司向淘宝公司所提出的要求是否合理。

【裁判要旨】

本案为网络商品交易中的侵害商标专用权纠纷。佐康公司作为涉案商标的注册人,其商标专用权依法受到保护。淘宝公司作为网络服务者,为相关经营者销售商品提供第三方交易平台服务,应当遵守法律、法规及规章的相关规定,采取必要手段保护注册商标专用权。佐康公司作为涉案商标的注册人,如果认为第三方交易平台上的经营者销售的商品侵害其商标权,有权向其进行投诉并要求其采取必要的技术措施。本案中佐康公司认为其向淘宝公司发出了有效的投诉通知,淘宝公司应当向其提供网络商品经营者的真实身份信息并采取清理、删除、屏蔽相关商家链接及商品信息的技术措施,而淘宝公司则认为佐康公司未发送适格、有效的通知,故无权披露经营者信息,也无法采取相应技术措施。归纳双方当事人诉辩意见,本案争议焦点为佐康公司向淘宝公司发出的通知是否有效以及佐康公司向淘宝公司所提出的要求是否合理。对此,法院综合分析如下:

第一,根据《侵权责任法》第 36 条第 3 款的规定,网络服务者知道网络用户利用网络服务侵害他人民事权益,未采取必要措施的,与网络用户承担连带责任。淘宝公司作为第三方交易平台,本身并非商品的销售者,本案中佐康公司亦未主张淘宝公司存在直接侵权行为,佐康公司也没有证据证明淘宝公司明知或者应知网络商品经营者存在商标侵权行为。因此,本案中淘宝公司不存在知道网络商品经营者侵权而未采取必要措施的情形。

第二,根据《侵权责任法》第 36 条第 2 款的规定,网络用户利用网络服务实施侵权行为的,被侵权人有权通知网络服务提供者采取删除、屏蔽、断开链接等必要措施。网络服务提供者接到通知后未及时采取必要措施的,对损害的扩大部分与该网络用户承担连带责任。《网络交易管理办法》第 27 条规定,第三方交易平台经营者应当采取必要手段保护注册商标专用权、企业名称权等权利,对权利人有证据证明平台内的经营者实施侵犯其注册商标专用权、企业名称权等权利的行为或者实施损害其合法权益的其他不正当竞争行为的,应当依照《侵权责任法》采取必要措施。根据上述规定,法院认为,淘宝公司作为管理数量众多的网络经营者的第三方交易平台,客观上不可能对所有网络商铺销售的商品是否侵权进行实质审查,法律也未规定第三方交易平台对此负有事先审查的义务。但是,在权利人向第三方交易平台发出关于经营者侵权的有效通知后，第三方交易平台应当采取必要措施。同时，被侵权人有义务在要求其采取技术措施时，提供侵权成立的相关证据，以协助第三方平台审查判断。否则，如果对于权利人的任意投诉，均不加选择地采取技术措施，有可能损害善意经营者的合法利益。对于通知应当具备的具体内容，根据最高人民法院发布的83号指导案例“威海嘉易烤生活家电有限公司诉永康市金仕德工贸有限公司、浙江天猫网络有限公司侵害发明专利权纠纷案”的裁判要点，网络用户利用网络服务实施侵权行为，被侵权人依据侵权责任法向网络服务提供者所发出的要求其采取必要措施的通知，包括被侵权人身份情况、权属凭证、侵权人网络地址、侵权事实初步证据等内容的，即属有效通知。本案一审中佐康公司向淘宝公司的9次投诉及发送的律师函仅提供了涉嫌侵权的商家链接，对于侵权事实并未提供侵权事实成立的初步证据，其主张相关商家侵权的理由为“佐康”系列产品的销售模式为全国范围内授权特约经销商在特定区域内以全国统一价进行销售，从未授权其他任何单位和个人在互联网上销售。法院认为，佐康公司仅以跨渠道销售的理由不能证明相关商品为侵权商品，其主张相关商家侵犯其商标权的理由并不充分，要求淘宝公司删除相关链接并下架商品将使其不必要地承担被经营者追究违约或侵权责任的风险。在淘宝公司提出佐康公司提供商标侵权的具体理由与依据的要求后，佐康公司并未提交相关证据，因此佐康公司向淘宝公司发送的投诉材料及律师函欠缺初步的侵权证据支持，不属于有效通知。在其发出的通知存在瑕疵的情况下，要求淘宝公司采取技术措施没有事实及法律依据。本案一审中佐康公司提供了商标注册证证明其享有涉案商标专用权，并公证保全了两家网络商品经营者的相关页面信息，但上述页面信息仅能证明相关店铺销售“佐康”商品的事实，无法证明所销售商品为侵权商品，也不构成侵权事实成立的初步证据。二审中佐康公司提供了向相关网络店铺购买商品的公证书及封存实物等新证据，可以作为侵权事实的初步证据使用。

第三，对于第三方交易平台的网络服务提供者应当采取的必要措施，根据指导案例的要求，“必要措施”应遵循审慎、合理的原则，根据所侵害权利的性质、侵权的具体情形和技术条件等来加以综合确定。也就是说，并非权利人发出有效通知后，第三方交易平台即应当立即采取删除、屏蔽、断开链接的技术措施。事实上，由于网络商品经营者才是商标侵权行为的直接实施者，如果权利人没有事先固定有效证据，或者在侵权事实是否成立尚未确定的情况下直接要求第三方交易平台采取上述技术措施，可能会给其造成不必要的法律风险，也为权利人进一步维权带来困难。因此第三方交易平台在接到权利人的有效通知后,应当本着审慎态度,对于相关情况进行调查、核实,并可向工商行政管理部门报告,亦可将调查核实的情况向权利人反馈并提供相关信息。只有在侵权事实能够确定的情况下,为防止损失的扩大,权利人方有权要求第三方交易平台采取删除、屏蔽、断开链接的技术措施。本案中佐康公司向淘宝公司发送通知时未提供侵权的初步证据,即便二审中提供了相关证据,在商标侵权行为尚未进行最终认定的情况下,应当由淘宝公司在调查核实后根据情况决定是否采取相应的技术措施。

第四,网络服务提供者所采取的必要措施应当针对具体的侵权店铺及商品信息,并且在技术上切实可行。本案中佐康公司要求淘宝公司采取的技术措施为清理并删除所有在淘宝网上销售“佐康”系列产品的商家链接及商品信息,一方面佐康公司对此并无证据证实其主张的侵权事实;另一方面该要求客观上也远超出了淘宝公司所应负的合理注意义务。

第五,对于佐康公司要求淘宝公司提供相关经营者的身份信息的要求,根据《网络交易管理办法》第 7 条第 2 款的规定,从事网络商品交易及有关服务的经营者,应当依法办理工商登记。从事网络商品交易的自然人,应当通过第三方交易平台开展经营活动,并向第三方交易平台提交其姓名、地址、有效身份证明、有效联系方式等真实身份信息。具备登记注册条件的,依法办理工商登记。第 23 条规定,第三方交易平台经营者应当对申请进入平台销售商品或者提供服务的法人、其他经济组织或者个体工商户的经营主体身份进行审查和登记,建立登记档案并定期核实更新,在其从事经营活动的主页面醒目位置公开营业执照登载的信息或者其营业执照的电子链接标识。第三方交易平台经营者应当对尚不具备工商登记注册条件、申请进入平台销售商品或者提供服务的自然人的真实身份信息进行审查和登记,建立登记档案并定期核实更新,核发证明个人身份信息真实合法的标记,加载在其从事经营活动的主页面醒目位置。如果在淘宝网上销售涉嫌侵权商品的经营者并未进行工商登记,经营者为自然人的个人信息不宜在网络上进行公开。由于向权利人披露相关信息不会产生如删除、屏蔽、断开链接的技术措施所给经营者带来的不利后果,权利人出于维权需要,在向第三方交易平台提供了涉嫌侵权商家名称、链接地址、商标权属证明及侵权事实的初步证据后,第三方交易平台应当在合理时间内向商标权人披露经营者的相关信息,以便于商标权人进一步采取维权措施。

综上所述,佐康公司要求淘宝公司清理并删除所有涉及“佐康”商品链接的诉讼请求缺乏事实及法律依据，原审判决关于该项诉讼请求的判项有误，法院予以纠正。并且原审判决所适用的《商标法》第42条与本案无关，在此也予以指出并纠正。对佐康公司要求淘宝公司提供有关网络商品经营者的身份信息的主张，鉴于二审中其提供了初步证据，且有利于其维护自身合法权益，淘宝公司应予配合。佐康公司支出的公证费系其为证明相关商家侵权进行取证支出的必要开支，淘宝公司作为第三方交易平台管理者并不存在帮助侵权行为，佐康公司要求淘宝公司承担该项费用没有合理依据。据此，淘宝公司的上诉请求部分成立，法院予以支持，二审改判淘宝公司承担披露经营者信息的义务，驳回对淘宝公司的其余诉请。

## 例案二 上海乔杉信息科技有限公司与广东壹号大药房连锁有限公司、纽海电子商务（上海）有限公司侵害商标权纠纷

**【法院】**

上海市浦东新区人民法院

**【案号】**

（2014）浦民三（知）初字第772号

**【当事人】**

原告：上海乔杉信息科技有限公司

法定代表人：徐某某，该公司执行董事

被告：广东壹号大药房连锁有限公司

法定代表人：陈某，该公司总经理

被告：纽海电子商务（上海）有限公司

法定代表人：祝某某，该公司总经理

**【基本案情】**

森田百货有限公司系"森田藥粧"注册商标注册人，核定使用商品为第3类的化妆品、厕所清洗剂等，注册有效期限为自2010年6月14日起至2020年6月13日止。2013年4月26日，森田百货有限公司（甲方）与原告上海乔杉信息科技有限公司（乙方）签订《商标使用授权书》。内容为：根据双方签订的网络独家经销协议，甲方许可乙方在中国大陆地区使用在第3类商品上的"森田藥粧"商标，本授权为普通、免许可费、无分许可权、不可转让许可，使用期限自2013年4月26日至2014年12月31日；甲方授权乙方在授权期限内对任何涉及网络侵犯被许可商标

的行为,以乙方名义进行维权,包括但不限于采取诉讼、行政投诉和其他一切法律救济。

1号店网站(www. yhd. com)原为纽海信息技术(上海)有限公司经营,于2013年12月7日改由被告纽海电子商务(上海)有限公司(以下简称纽海公司)经营。被告广东壹号大药房连锁有限公司(以下简称壹号大药房)于2013年12月7日与被告纽海公司签约,前者成为后者经营的1号店网站的入驻商户,商户名称为"壹药网官方旗舰店",具有互联网药品交易服务资格证书、药品经营许可证,经营范围包括销售药品、保健食品、医疗器械、化妆品、互联网药品交易等。

2014年4月9日,原告委托上海申浩律师事务所向纽海公司以申通快递方式发出一份律师函。大致内容为:森田百货有限公司独占许可原告中国大陆地区的网络独家运营商授权书,1号店入驻商户被告壹号大药房销售森田品牌面膜的商品信息,原告未向被告壹号大药房进行任何销售代理商授权、其不具有在线上销售森田品牌面膜商品的资格,涉嫌侵权,且其售价远远低于原告对授权代理商规定的价格底线,严重扰乱公司的价格体系,并足以使原告面临合法授权代理商的高额违约索赔风险,要求纽海公司对被告壹号大药房销售的森田商品作下架处理。

2014年6月16日,原告向上海市徐汇公证处申请保全证据公证,该公证处于同年6月20日出具了(2014)沪徐证经字第3896号公证书,主要记载内容为:在1号店的官方网站内搜索"森田药妆",屏幕显示相关搜索结果。打开店家名为"壹药网官方旗舰店"的产品链接,屏幕显示"森田药妆玻尿酸复合原液面膜5片装×3盒+森田面膜3片(赠品)同样适合敏感皮肤"产品信息。本商品由1号店入驻商家提供,"壹药网官方旗舰店"满120元即可免运费。在商品介绍中有每片面膜包装和外盒包装的正面、反面照片,面膜包装正面印制有"森田藥粧""台湾驰名商标",面膜包装背面上印制的产地为中国上海,台湾森田药妆有限公司授权制造,制造商上海格兰化妆品有限公司。每张图片上有"DR. MORITA 森田藥粧 SINCE1934"标记。该页面左侧还有"壹药网官方旗舰店"其他在售商品的图标,如"magic 美即面膜12片+2对眼膜净白水润""小林可贴暖宝宝5片""博士伦润明清透隐形眼镜""欧姆龙智能电子血压计"等,网页下部有壹号大药房的历年获奖信息以及药房实景的图片。公证书记载公证申请人还点击打开"森田药妆玻尿酸复合原液面膜5片装适合敏感皮肤""森田药妆活氧水感保湿面膜5片装""森田药妆深层净白保湿面膜5片装""森田药妆活氧水感保湿面膜5片装""包邮森田药妆玻尿酸复合原液面膜20片""森田药妆海洋胶原白金抗皱面膜5片装"等商品链接，同样在商品介绍的图片中有“森田藥粧”“台湾驰名商标”“DR. MORITA 森田藥粧 SINCE1934”。点击网页页面底端的“营业执照”显示为被告纽海公司。

2014年7月17日，原告向上海市徐汇公证处申请保全证据公证，该公证处于同年7月18日出具了(2014)沪徐证经字第4865号公证书，主要记载内容为：在1号店的官方网站内搜索“森田药妆”，屏幕显示相关产品列表，点击该页面中的“[包邮]森田药妆玻尿酸复合原液面膜5片装×3盒+森田面膜3片(赠品)同样适合敏感皮肤”字样的链接，屏幕显示相关产品信息；点击该页面中“壹药网官方旗舰店”字样的链接，壹药网官方旗舰店的营业执照信息为被告壹号大药房。

上海市徐汇公证处于2014年7月10日向原告开出2500元的公证费发票。上海市国茂律师事务所于2014年7月23日向原告开出25,000元的律师费发票。

被告壹号大药房向法院提交了森田百货有限公司授权森田药妆有限公司《商标使用授权书》(复印件)、森田药妆有限公司《给××××××授权书》(2010年1月1日至2014年12月30日，复印件)、××××××给“×××××”的《授权书》(复印件)，×××××给被告壹号大药房的《授权书》(2014年1月1日至7月23日)，×××××与被告壹号大药房的《商品采购合同》(合作模式为代销)以及×××××分别于2014年1月、7月、8月和9月开具的上述多种森田药妆面膜的4张发票，用于证明其销售森田药妆面膜的合法来源。

2014年10月29日，原告代理律师向××××发送律师征询函，要求××××对被告壹号大药房出示的授权书进行确认，但是××××没有答复。同时，原告出具了××××××(2013年12月6日由××××××的名称变更登记为××××××)的声明。内容为：该司与××××于2013年1月1日签订的《森田品牌区域销售总代理合约书》(授权销售区域和许可通路中包括山东省但不包括电子商务)和2013年11月6日《通路促销活动商品价格规范告知函》中使用的公司章和法人章为真章，该司从未与××××签订过如被告壹号大药房出示的《给××××授权书》，该文书上所载的公司章与法人章不是该公司的。

**【案件争点】**

广东壹号大药房连锁有限公司是否构成商标侵权。

**【裁判要旨】**

本案系商标侵权纠纷，应适用《商标法》解决本案的纠纷。森田百货有限公司系“森田藥粧”注册商标权利人，享有的注册商标专用权受法律保护。虽然权利人给予原告的商标使用权系普通许可,但双方签订有网络独家经销协议,对于任何涉及网络侵犯涉案商标的行为,森田百货有限公司授权原告可以以自己名义进行包括诉讼在内的维权,故原告可以提起本案诉讼。

原告认为被告违反了《商标法》(2013 年)第 57 条第 1 项和第 3 项,即未经商标注册人的许可在同一种商品上使用与其注册商标相同的商标和销售侵犯注册商标专用权的商品。

在讨论被告壹号大药房是否侵权之前需要明确被告壹号大药房销售的森田药妆面膜是否是假冒商品。由于原告并未公证购买被告壹号大药房在网上销售的森田药妆面膜,无法实物比对鉴别真假。仅从网上的图片,原告也承认无法辨别。但原告认为由于被告壹号大药房未得到商标权人的合法授权,所以推定为假冒商品,或者由被告壹号大药房证明其销售的系真品。被告壹号大药房认为其销售的是真品,有合法授权和来源证明,没有侵犯涉案商标权。从双方提交的证据来看,××××是关键一环,但是××××没有对原告的征询函答复。法院认为,原告的观点没有注意到"商标权一次用尽"原则,即对于经商标权人许可或以其他方式合法投放市场的商品,他人在购买之后无须经过商标权人许可就可以将带有商标的商品再次售出或以其他方式提供给公众。比如,经由××××售出的森田药妆面膜再次销售时即无须商标权人的再次许可。故原告认为被告壹号大药房未经商标权人合法授权、销售的即推定是假冒商品的观点,法院不予认同。原告无证据证明被告壹号大药房在网上售假,法院也不认同原告关于应由被告壹号大药房负举证责任的观点。因此,法院不能认定被告壹号大药房违反了《商标法》(2013 年)第 57 条第 3 项。

关于原告指控被告未经商标注册人的许可在网上使用涉案商标。法院认为,依据《商标法》(2013 年)第 48 条规定,商标的使用,是指将商标用于商品、商品包装或者容器以及商品交易文书上,或者将商标用于广告宣传、展览以及其他商业活动中,用于识别商品来源的行为。商标的功能是区别商品的来源,商标侵权行为即是使公众对商品来源造成混淆。但是,如果被控侵权行为人使用商标仅为指示其所销售商品的信息,未造成相关公众混淆,亦未造成商标利益损害的,则不应被认定为商标侵权行为。

本案中,被告壹号大药房在 1 号店网站上的网络店铺中销售森田药妆面膜时使用了面膜包装的正反面照片(有"森田藥粧""台湾驰名商标"字样)和"DR. MORITA 森田藥粧 SINCE1934"标记。相关公众通常会认为该商标传达的是在售商品的广告,即指示其所销售商品的品牌信息,而不是传达经营者的商号、商标。

该种商标指示性使用直接指向的是商标注册人的商品，并非指向被告壹号大药房。在此情况下，不存在消费者对于商品来源认知的混淆，也不涉及商标显著性或知名度的降低，故也不存在其他商标利益的损害。因此，法院不能认定被告壹号大药房违反了《商标法》(2013年)第57条第1项。被告纽海公司作为网络服务提供者，在被告壹号大药房不构成商标侵权的前提下，也不应被认为构成商标侵权，故判决驳回了原告的全部诉讼请求。

## 例案三 | 深圳市莱特妮丝服饰有限公司与浙江淘宝网络有限公司侵犯商标专用权纠纷

**【法院】**

浙江省杭州市余杭区人民法院

**【案号】**

(2010)杭余知初字第14号

**【当事人】**

原告：深圳市莱特妮丝服饰有限公司

法定代表人：蔡某某，该公司董事长

被告：浙江淘宝网络有限公司

法定代表人：马某，该公司董事长

**【基本案情】**

深圳市莱特妮丝服饰有限公司(以下简称莱特妮丝公司)系本案所涉商标注册号为第5639721号注册商标专用权人。2011年1月5日，莱特妮丝公司主张淘宝网未审查销售商铺资质的情况下为其提供销售平台侵害莱特妮丝公司的商标专用权并向浙江淘宝网络有限公司(以下简称淘宝公司)寄送律师函，淘宝公司于2011年1月7日收到该函件。2011年1月24日，淘宝公司向莱特妮丝公司回函要求莱特妮丝公司明确权利类型、提供权利证明、判断侵权成立的初步证明或者足以判断侵权成立的理由等。为此，莱特妮丝公司认为，淘宝公司作为网络营运商，明知其行为可能构成侵权的情况下，仍然为一些隐秘的侵权人提供销售平台，其行为构成了共同侵权，故诉至法院，请求判令：1. 淘宝公司停止在www.taobao.com设立销售莱特妮丝产品的所有网络商铺，并关闭现有莱特妮丝字样的所有文字标识及产品标识；2. 淘宝公司赔偿莱特妮丝公司损失30万元；3. 淘宝公司关闭www.

taobao.com 上的一切关于莱特妮丝的李冰冰形象;4. 本案诉讼费用及公证费、律师、调查费全部由淘宝公司承担。

**【案件争点】**

莱特妮丝公司能否以未授权为由主张网络销售的莱特妮丝产品均是侵权产品。

**【裁判要旨】**

莱特妮丝主张其并未授权他人通过网络销售莱特妮丝产品,故淘宝网上销售的莱特妮丝产品均是侵权产品,淘宝公司为此提供了帮助,构成帮助侵权。法院认为,莱特妮丝公司生产销售的产品并不是禁售、限售商品,根据"商标权权利用尽原则",莱特妮丝公司并无权禁止他人在网络上销售其生产的产品,即使其与经销商有禁止网络销售的约定,该约定也仅约束于其与经销商之间,对其他销售主体没有约束力,故莱特妮丝公司以其销售政策不允许网络销售为由当然认定淘宝网上销售的莱特妮丝产品均是侵权产品,缺乏事实与法律依据。据此,莱特妮丝公司关于淘宝公司为销售莱特妮丝产品提供销售平台的行为构成帮助侵权的指控也不能成立。综上所述,莱特妮丝公司诉请主张淘宝公司关闭销售莱特妮丝产品的网络店铺,以及所有莱特妮丝字样的文字标识和产品标识的诉请并赔偿损失 30 万元及相关维权费用的诉请,缺乏事实和法律依据,法院不予支持。莱特妮丝公司主张李冰冰的形象系其"莱特妮丝"商标权的延伸,故淘宝网上使用李冰冰形象的行为亦构成商标侵权。法院认为,法律规定注册商标的专用权以核准注册的商标和核定使用的商品为限,并未将产品代言人的形象纳入商标权的保护范畴,同时法律并未规定使用产品代言人形象属于商标侵权行为。因此,莱特妮丝的上述主张缺乏法律依据,故对莱特妮丝公司要求关闭淘宝网上一切关于莱特妮丝李冰冰形象的诉请,法院不予支持。淘宝公司关于其行为不构成侵权之抗辩成立,法院予以采信。最终判决驳回原告的全部诉请。

## 三、裁判规则提要

### (一)商标权利人主张商品销售者构成商标侵权的,应当提供侵权事实成立的初步证据

《商标法》第 57 条规定:"有下列行为之一的,均属侵犯注册商标专用权:(一)未经商标注册人的许可,在同一种商品上使用与其注册商标相同的商标的……(三)销售侵犯注册商标专用权的商品的……"本条所规定的商标使用,是指将商标用于商

品、包装以及商品交易文书上或将商标用于广告宣传中用于识别商品来源的行为。商标的功能是区别商品的来源，商标侵权行为即是使公众对商品来源造成混淆。如果被控侵权行为人使用商标仅为指示其所销售商品的信息，未造成相关公众混淆，亦未造成商标利益损害的，则不应被认定为商标侵权行为。商品销售者构成侵权的前提条件是：所售商品为侵害注册商标专用权的商品，取得权利人的授权/许可并非商品销售行为的必备要件，权利人主张商品销售者侵权的，应当承担举证责任，提供商品构成侵权的证据，明确侵权判定的依据（如被控侵权商品与正品的差异对比等，原则上不能仅凭商品描述即主张销售方所售商品侵权）。

### （二）“未授权销售”不能作为判定销售方商标侵权的依据

“商标权用尽”又称“商标权穷竭”，是指对于经商标权人许可或以其他方式合法投放市场的商品，他人在购买之后无须经过商标权人的许可，就可将该带有商标的商品再次售出或以其他方式提供给公众，包括在为此目的进行的广告宣传中使用商标。①

商标的基本功能是标识商品或服务的来源，通过商标权人自身或许可他人在市场流通中不断附加商业信誉，从而获得消费者的青睐与信任，由此在市场竞争中取得优势地位，取得更高的商业价值，因此商标的价值在于其标识性和商誉。

一般而言，当商标权人或被许可人在将标示商标的商品销售至市场后，其基于商标价值所获财产利益已经实现，市场主体通过自身的角色分工和商业运营能力，将成本平摊后，通过市场流通环节的渠道和销售方式获得商品价格差异所带来的经济利益，是被商品经济的基本规则所接受的②。在带有商标的商品已经商标权人许可在市场上公开流通的情况下，如果允许商标权利人限制买受人转售其购得的带有商标的商品，就偏离了商标法的立法目的，而演变为允许商标权人对他人的所有权和有形财产的合法流通加以干涉。这将严重损害允许合法商品自由流转这一市场经济赖以生存的基本原则。因此，对于经过商标权人许可向公众提供的商品，该商品上的商标权被视为“用尽”或“穷竭”，商标权人不能阻止该商品的所有权人向公众再次出售或提供。商标权利人仅以“未授权销售”为由主张侵权有违商标权用尽原则，不应予以支持。

---

① 参见王迁：《知识产权法教程》（第六版），中国人民大学出版社2019年版，第535页。

② 参见陶钧：《商标权利用尽适用的构成要件及相应限制》，载智合网：https://www.zhihedongfang.com/8195.html，2019年4月25日最后访问。

(三)商标"权利用尽"平衡了商标权人与商品所有权人之间的权利冲突,保持了二者的利益平衡,让出让商品能够不受限制地自由流通,促进市场经济的发展

随着移动互联网的普及,消费者越来越依赖网络购物,电子商务快捷、经济的特点在一定程度上对线下销售渠道进行了冲击,部分品牌权利人为管控销售渠道和价格体系,通过多种渠道发出声明或向平台发起"未授权销售"投诉,以"未授权销售=侵权、假货"为由要求平台全网下架该品牌商品。促进市场经济的发展需要建立统一的市场,而统一市场需要的是让出让商品能够不受限制地自由流通,如果不对商标权进行限制,允许商标权人可以从生产、批发、零售等各环节无限控制,可以在不同地区、商品流通的不同环节进行完全控制,进而导致市场的割裂,这是明显不利于市场经济健康发展的。商标"权利用尽"制度的设计,合理地平衡了商标权利人与商标所有权人之间的利益关系,让出让商品可以不受限制的自由流通,促进市场经济的发展。

**四、辅助信息**

**高频词条:**

**《商标法》**

**第57条** 有下列行为之一的,均属侵犯注册商标专用权:

(一)未经商标注册人的许可,在同一种商品上使用与其注册商标相同的商标的;

(二)未经商标注册人的许可,在同一种商品上使用与其注册商标近似的商标,或者在类似商品上使用与其注册商标相同或者近似的商标,容易导致混淆的;

(三)销售侵犯注册商标专用权的商品的;

(四)伪造、擅自制造他人注册商标标识或者销售伪造、擅自制造的注册商标标识的;

(五)未经商标注册人同意,更换其注册商标并将该更换商标的商品又投入市场的;

(六)故意为侵犯他人商标专用权行为提供便利条件,帮助他人实施侵犯商标专用权行为的;

(七)给他人的注册商标专用权造成其他损害的。

**《侵权责任法》**

**第36条** 网络用户、网络服务提供者利用网络侵害他人民事权益的，应当承担侵权责任。

网络用户利用网络服务实施侵权行为的，被侵权人有权通知网络服务提供者采取删除、屏蔽、断开链接等必要措施。网络服务提供者接到通知后未及时采取必要措施的，对损害的扩大部分与该网络用户承担连带责任。

网络服务提供者知道网络用户利用其网络服务侵害他人民事权益，未采取必要措施的，与该网络用户承担连带责任。

**《电子商务法》**

**第42条** 知识产权权利人认为其知识产权受到侵害的，有权通知电子商务平台经营者采取删除、屏蔽、断开链接、终止交易和服务等必要措施。通知应当包括构成侵权的初步证据。

电子商务平台经营者接到通知后，应当及时采取必要措施，并将该通知转送平台内经营者；未及时采取必要措施的，对损害的扩大部分与平台内经营者承担连带责任。

因通知错误造成平台内经营者损害的，依法承担民事责任。恶意发出错误通知，造成平台内经营者损失的，加倍承担赔偿责任。

**《网络交易管理办法》**

**第27条** 第三方交易平台经营者应当采取必要手段保护注册商标专用权、企业名称权等权利，对权利人有证据证明平台内的经营者实施侵犯其注册商标专用权、企业名称权等权利的行为或者实施损害其合法权益的其他不正当竞争行为的，应当依照《侵权责任法》采取必要措施。

## 互联网纠纷案例裁判规则第6条:

### 网络媒体报道或评论文章应当客观中立,还应该综合呈现多方意见。如果仅截取其中一个方面的内容,夸大片面事实,损害他人名誉的,构成名誉侵权

〔**规则描述**〕:网络媒体报道或评论信息如果偏离了客观中立平衡真实原则,损害自然人名誉或法人商业信誉的,构成名誉侵权。

### 一、类案检索大数据报告

时间:2019年3月29日之前,案例来源:Alpha案例库,案件数量:41件,数据采集时间:2019年3月29日前。本次检索获取2019年3月29日前共41篇裁判文书。整体情况如图6－1所示,从案件年份分布情况可以看出当前条件下案例数量的变化趋势。

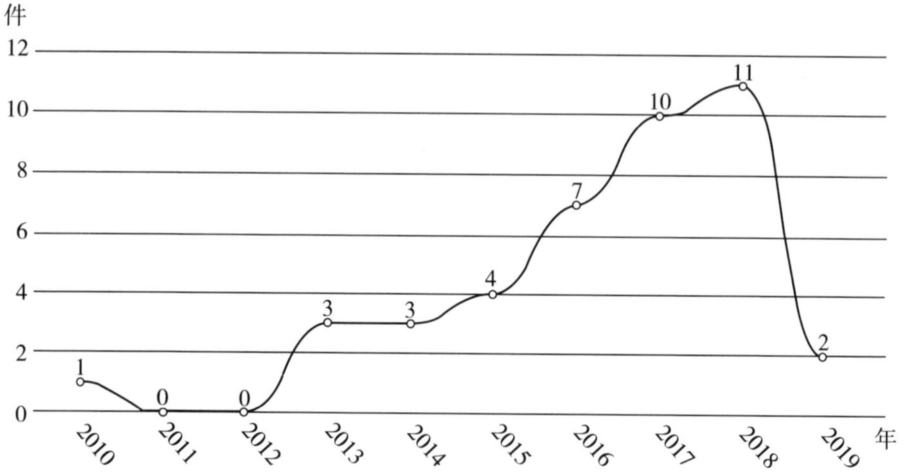


**图6－1 案件年份分布情况**

如图6－2所示,从案件主要地域分布情况来看,当前案例主要集中在北京市、四川省、广东省,分别占比约为29%、15%、12%。其中,北京市的案件量最多,达到12件。

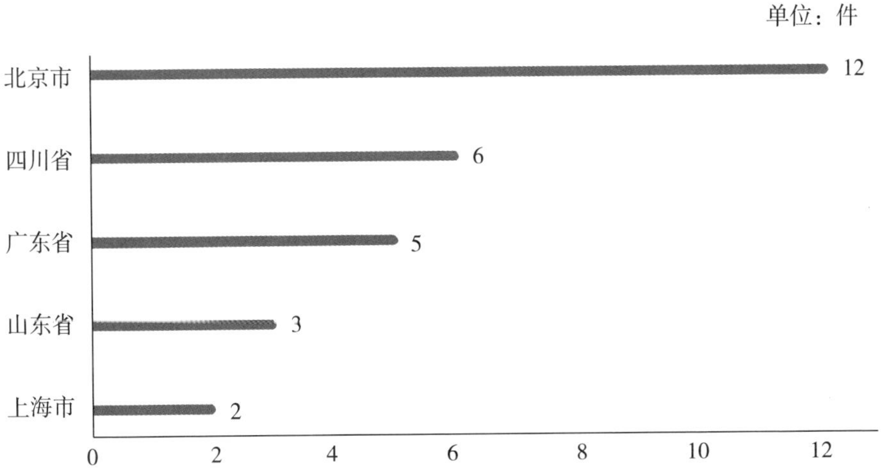


**图6－2　案件主要地域分布情况**

如图6－3所示，从案件审理程序分类统计可以看出，一审案件有23件，占比约为56.1%；二审案件有18件，占比约为43.9%。

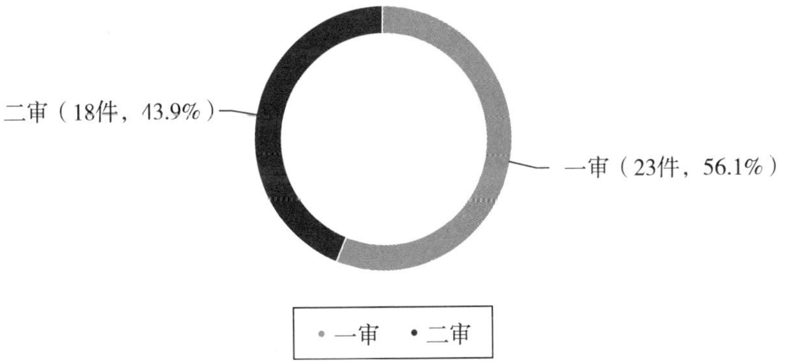


**图6－3　案件审理程序分类**

如图6－4所示，从案件一审裁判情况可以看出，当前条件下全部驳回的有12件，占比约为52.17%；全部/部分支持的有11件，占比约为47.83%。

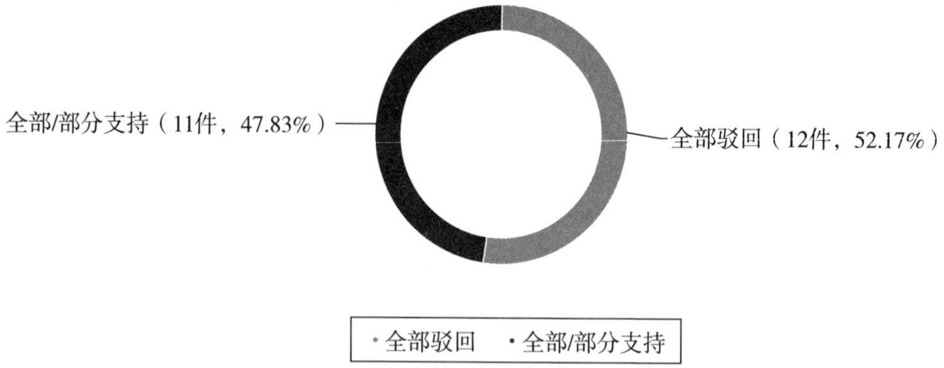


**图 6-4　案件一审裁判结果**

如图 6-5 所示，从案件二审裁判情况可以看出，当前条件下维持原判的有 15 件，占比约为 83.33%；改判的有 2 件，占比约为 11.11%；其他的有 1 件，占比约为 5.56%。

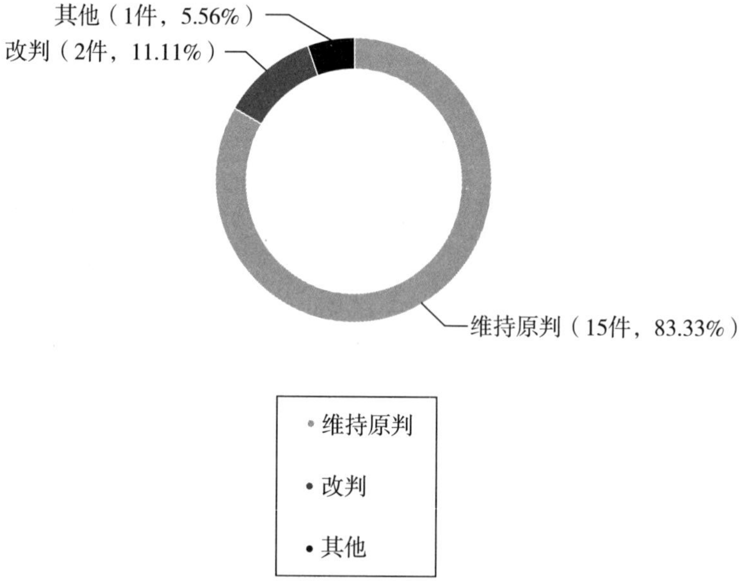


**图 6-5　案件二审裁判结果**

## 二、可供参考例案

### 例案一 | 北京三快科技有限公司、上海汉涛信息咨询有限公司与北京品途天下科技有限公司名誉权纠纷

**【法院】**

上海市长宁区人民法院

**【案号】**

(2017)沪0105民初1072号

**【当事人】**

原告:北京三快科技有限公司

法定代表人:王某,该公司总裁

原告:上海汉涛信息咨询有限公司

法定代表人:张某,该公司董事长

被告:北京品途天下科技有限公司

法定代表人:矫某,该公司执行董事

**【基本案情】**

原告北京三快科技有限公司(以下简称北京三快公司)是美团网(meituan.com)的主办单位,原告上海汉涛信息咨询有限公司(以下简称上海汉涛公司)是大众点评网(dianping.com)的主办单位,两原告于2015年10月宣布达成战略合作,对外统称为"新美大"。

被告北京品途天下科技有限公司(以下简称北京品途天下公司)于2016年10月27日在北京字节跳动公司经营的网站今日头条(toutiao.com)上通过其所有的用户名"品途商业评论"发布了《新美大裁员2万人,"带血"O2O的一声叹息》的文章。该文章内容有:"一旦坐实,被强制离职的美团员工将可涉及1000多个城市的近2万人,裁员比例或可达到50%""还有爆料称,美团的品控和摄影师已全部被裁,这其中还甚至包括哺乳期的员工""美团、点评昨天开始大范围铺设稿件《美团点评的兄弟们:裁员与否,不用抱怨,拥抱变化就好》"。且该文章的配图中写有"你们被解雇了!"的文字。2016年10月28日,和讯网(hexun.com)、一点资讯网(yidianzixun.com)、网易网(163.com)、凤凰网(ifeng.com)均对被告北京品途天下公司发布的《新美大裁员2万人,"带血"O2O的一声叹息》一文分别进行了转

载。上述网站中对该文章的评论内容有:“这证明美团将要成为过去式”“这就是地推人的命运……何时被拍到沙滩上,不知道”“巨企倒下了,多少家庭梦碎一地”“裁人可以,但不能违法,哺乳期的你也裁,谁给你的权力”“华丽的外表之下隐藏着无尽的肮脏与丑陋”等。原告认为,被告北京品途天下公司捏造事实、误导大众的行为,降低了美团网和大众点评网的社会评价,侵害了两原告的商业信誉,给两原告造成了严重的经济损失,故诉至法院。

**【案件争点】**

1. 两原告是否存在共享的名誉权。

2. 涉案文章是否存在使用严重失实的内容诋毁原告从而损害原告名誉的情形。

**【裁判要旨】**

1. 关于案件争点1

法院认为,法人名誉权的核心是商业信誉,外在表现为企业的名称、品牌、产品和服务所获得的社会评价。本案中,两原告分别系美团网及大众点评网的主办单位,涉案文章所指的“新美大”即是两原告合作后的对外统称。对“新美大”品牌商誉的损害会同时造成两原告社会评价的降低,且该实际损害具有不可分割性。而涉案文章无论是从标题还是内容来看,针对的均是两原告合作后组成的“新美大”及分别所有的美团网和大众点评网。故两原告在本案中作为共同原告提起诉讼并无不当。

2. 关于案件争点2

法院认为,涉案文章的主要内容在于“新美大”裁员问题。根据被告的辩称意见,涉案文章的信息来源主要是网络检索的事先存在的相关报道,其中大部分内容在涉案文章发布之前已受到业内关注和讨论,相关观点亦非涉案文章首次提出,故涉案报道的该部分内容有一定的事实依据而非凭空捏造。然被告提供的其所依据的网络文章中,已明确载明两原告对裁员传言的两次回应,两原告在回应中均对裁员表示否认,并表示将依法追究造谣传谣者责任,而涉案文章中对“新美大”裁员结论缺乏权威性,且在选取之前媒体报道时仅选择了对原告不利的负面报道,存在一定的倾向性,有违媒体报道评论全面听取各方当事人意见、客观反映事实的原则,在此基础上尤其在文章标题以确定性、批判性口吻陈述相关结论,系对片面事实的夸大,必然会对两原告的商业信誉造成不良影响。综上所述,涉案文章夸大事实、引导读者对尚无确证事实产生确定性结论的做法,构成对两原告名誉权的侵犯。

## 例案二 上海携程商务有限公司与冯某、北京行动力电子商务有限公司名誉权纠纷

【法院】

上海市第一中级人民法院

【案号】

(2018)沪01民终10600号

【当事人】

上诉人(原审原告)：上海携程商务有限公司

法定代表人：范某，该公司总经理

被上诉人(原审被告)：冯某

被上诉人(原审被告)：北京行动力电子商务有限公司

法定代表人：李某，该公司总经理

被上诉人(原审被告)：李某

【基本案情】

2017年1月至12月，北京行动力电子商务有限公司(以下简称北京行动力公司)通过其运营的旅游相关微信公众号、微博、网站持续发布《当去携合并后，旅游业变成了“丧X”一片之时……》《深度揭秘！最大旅游电商50亿保费净利的“分赃”内幕！钱都去哪了?》《美国SEC如何对携程高管或利益输送几十亿事件追责?》等30余篇上海携程商务有限公司的负面文章，且多篇文章的下方均注明：“旅游业在行动”“行动力旅讯”“◆××专门为在携程系旅游平台受害的消费者设立的投诉邮箱：××@actiong168.com◆××和旅游××法律援助热线……◆××行小权律师微信号：××××行小法律师微信号：××”。上海携程商务有限公司(以下简称携程公司)诉至法院要求北京行动力公司等被告删除涉案文章，向携程公司赔礼道歉消除影响，并索赔500万元。

【案件争点】

被告是否构成名誉权侵权。

【裁判要旨】

法院认为，北京行动力公司自称为自媒体，根据一般认知，自媒体又称“个人媒体”，是指私人化、平民化、普泛化、自主化的传播者，以现代化、电子化的手段，向不特定的大多数或者特定的单个人传递规范性及非规范性信息的新媒体的总称。

《互联网新闻信息服务管理规定》《互联网新闻信息服务许可管理实施细则》将各类新媒体纳入管理范畴,若需向社会公众提供互联网新闻信息服务,应当取得互联网新闻信息服务许可;限制有关社会突发事件的报道、评论。诉讼中,北京行动力公司未提供证据证明该公司已获上述经营许可,故该公司自称为自媒体于36篇文章中的评论均不合规。且北京行动力公司营业执照上仅登记了信息咨询、技术咨询,但携程公司指称的36篇文章中大部分含有该公司可提供法律咨询、法律援助等内容,可证该公司现提供的法律咨询、法律援助属超范围经营。北京行动力公司发表上述文章,自称为消费者维权,但若作为媒体,评论应全面听取各方当事人意见、客观反映事实的原则,而涉案大部分文章均明确征集携程系纠纷,对消费者诉求予以注重描写,甚至夸大,未考量消费者诉求的合理性和合法性,倾向性明确,对携程公司经营业务予以负面点评,足以使网民降低对携程公司社会评价,符合侵犯名誉权构成要件,应承担民事责任,法院综合考虑侵权文章阅览量、侵权范围及携程公司为维权所支付的公证费、律师费等因素,酌定赔偿金额40万元。

## 例案三 | 上海新世纪机器人有限公司与北京泡泡信息技术有限公司名誉权纠纷

**【法院】**

上海市浦东新区人民法院

**【案号】**

(2014)浦民一(民)初字第39872号

**【当事人】**

原告:上海新世纪机器人有限公司

法定代表人:张某某,该公司总经理

被告:北京泡泡信息技术有限公司

法定代表人:秦某,该公司经理

**【基本案情】**

原告上海新世纪机器人有限公司(以下简称新世纪公司)系新能源智能平衡车的研发、生产和销售企业,被告北京泡泡信息技术有限公司(以下简称泡泡公司)运营的泡泡网网站主要发布各类产品的测评类文章、各类产品的最新资讯和经销商信息等内容。被告运营的泡泡网选择了目前市场上销售的包括原告生产的一款在内的七款自平衡电动车进行测试比较,分别为Ninebot九号、Segway12城市版、骑客、乐行体感车、易步车、新世纪机器人、思维翼。测试内容为外观、便携性、速度、操控性、通过性、续航能力等六个方面。测试完毕后，被告泡泡公司于2014年7月4日在泡泡网上刊登了一篇题为《行走革命！七款主流自平衡电动车横评》的测评文章，并附测评时相关人物、场景、平衡电动车等照片与视频。该文章在“最大时速”测试中记载原告生产的新世纪机器人最大时速为7km/h，评定得分为三颗星，在七款测试车中排名最后。在“续航能力：实际路况15km连续骑行”部分记载：“虽然结果只是一个参考值（我们测试之后的估测值），那是因为7辆车并非全新车辆，而且续航里程与驾驶速度及通过路面的复杂程度都有关系，所以大家不必太在意数据结果。只享受我们测试的这个过程就好。”在续航能力测试中，新世纪机器人行驶15km后剩余电量显示为零。相应人物、场景图片所配的文字为“新世纪机器人是真不给力啊，第一个就没电了，一直在报警，都失去了平衡能力，根本无法前行，小伙伴只好将其拖回大本营，好遗憾”。该款车在续航能力部分评定得分为一颗星，在七款测试车中排名最后。在该文最后总结部分，新世纪机器人综合推荐评分为两颗实星一颗空星，排名倒数第二；优劣分析为“外观看着还可以，小轮胎设计，节省空间，但价格确实贵了，综合性价比并不高，续航时间是硬伤，可能您刚刚玩的来兴致了，它就没电了”；购买建议为“慎重购买，如果只是因为喜欢它的外观设计，那就没必要了，不适合短途代步，更适宜小区内健身娱乐，这样才够安全”。

2012年12月28日，国家轻型电动车及电池产品质量监督检验中心出具《检验报告》，经检验的产品名称为“代步机器人”，规格型号为i－ROBOT－LA。在检验项目中，最高车速（技术要求为13～15km/h）检验结果为13.5km/h、13.7km/h，续航里程（技术要求为一次充电后的续航里程326km）检验结果为27.5km、27.9km。检验结论为“样品经检验，所检项目符合Q/INSJ002－2012标准规定的要求”。

原告主张被告构成名誉侵权，诉请要求：1. 被告立即停止侵权行为，立即删除在其运营的泡泡网（http://www.pcpop.com）上刊登题为《行走革命！七款主流自平衡电动车横评》及与其相关的侵犯原告名誉权的测评文章；2. 被告应要求中国经济网、网易、21CN、飞象网、财经中国网、WAYHOME网、搜狐网、中国品牌网、第一产经网等网站立即删除其转载的题为《行走革命！七款主流自平衡电动车横评》及与其相关的侵犯原告名誉权的测评文章；3. 被告应在其网站首页醒目位置连续30日刊登对原告致歉声明（声明内容应经原告书面同意），以消除影响；4. 被告应支付原告为制止侵权行为所花费的律师费、公证费合计30,000元；5. 被告赔偿原告经济损失20,000元。

**【案件争点】**

被告是否应就其制作并于泡泡网发布《行走革命！七款主流自平衡电动车横评》这一测评文章承担对原告名誉权的侵权责任。

**【裁判要旨】**

法院认为，构成侵害名誉权的责任，应当根据受害人确有名誉被损害的事实、行为人行为违法、行为人主观上有过错，以及违法行为与损害后果之间有因果关系来认定。

第一，侵权行为的成立须要求侵害他人权利的行为具不法性。若被告证明有违法阻却事由，可不负侵权责任。行为人有正当行使言论自由、批评建议等合法权利的自由，但任何自由均存在界限。首先，评论建议应具公正性。任何一项针对不同品牌产品性能的对比性测试，只有在相同的产品条件和质量标准下进行才具有科学性及正当性。被告测评文章的测试对象为七款不同品牌的自平衡电动车，均非全新车辆。但陈旧度是否一致，该测评文章并未说明。在此背景下进行续航能力、速度、操控性等方面的测试，显然无法真实反映特定自平衡电动车的相关性能。原告所生产的新世纪机器人续航能力及最高车速，根据国家轻型电动车及电池产品质量监督检验中心所出具的《检验报告》，均符合相关标准，并非如测评文章所显示的数据参数。因此，在上述测试基础上得出的结论与建议缺乏公正性，易对消费者产生误导作用。其次，评论建议应与公共利益有关。通常情况下，对产品的评价仅限于对产品性能参数及优劣做出客观描述，消费者根据自身需求及偏好自行判断是否值得购买。被告测评文章虽提示测试结果仅为参考，但却于文章最后进行综合推荐指数评分并提出购买建议，其中针对新世纪机器人作出“慎重购买”的建议，显然已经超出纯粹测评的范畴，转为带有引导性的推荐。综上所述，法院认为，被告于泡泡网发布该测评文章之行为缺乏合法性基础。

第二，认定原告名誉权是否存在被侵害之事实，应当以行为人是否确实造成了法人名誉客观受损，即以法人社会评价的降低为判定依据。首先，作为一名通过网购的普通消费者，对七款不同品牌的自平衡电动车均采取亲身体验与对比后再做出购买决定的概率不大，更多是通过网络途径获取产品信息，被告测评文章通过对市场主流的自平衡电动车进行汇总测评并做出购买建议，无疑会对消费者的购买意向产生更大的心理影响，给原告产品不合理地增加了负面作用。其次，被告测评文章发布于泡泡网，并已相继被中国经济网、网易等网站转载，传播范围广泛，足以造成社会公众对原告产品社会评价降低之后果。

第三，被告制作并发布的本案测评文章涉及对原告产品的负面评价，并对消费者作出慎重购买的建议，系建立在缺乏正当性的标准测试基础之上，应认定被告存在主观过错。该文章发布于泡泡网后又被多家网站所转载，由此造成原告名誉受损之后果，故被告上述行为与原告名誉受损之间存在因果关系。

综上所述，法院认为被告制作并于公共网站上发布《行走革命！七款主流自平衡电动车横评》这一测评文章的行为构成对原告名誉权的侵害，应承担相应的侵权责任，判决信息公司删除其官网上文章，并刊登致歉声明，赔偿设备公司公证费、律师费7000元。

## 三、裁判规则提要

（一）网络媒体作为公共舆论平台和媒介，影响范围广，更应对其发布的内容尽到审查义务。若偏离事实真相或夸大片面事实，损害自然人名誉或法人商誉的，构成侵权

名誉权可分为公民的名誉权和法人的名誉权。对公民的名誉权的保护主要包括以下方面：任何新闻报道、书刊杂志在对真人真事进行报道、评论、传播时都不得与事实不符，而影响公民原有的社会评价；任何人都不得以侮辱、诽谤的方法，损害他人的名誉；任何人不得捏造事实陷害他人或者败坏他人名誉。我国《民法总则》第110条第2款规定，法人和非法人组织享有名誉权，是指法人和非法人组织对其全部活动所产生的社会评价所享有的不可侵犯的权利。王利明教授认为，应当将法人的商誉权包含在名誉权内，作为名誉权的组成部分，都体现在社会活动中对法人的经营活动和经营能力的一种评价，是一种长期积累的无形财产的体现，应当受到法律的保护。①

随着我国经济社会的不断发展，互联网经济在国民经济中所占的比重不断增加，互联网在人民群众的日常生活中也发挥着日益重要的作用。网络媒体作为公共舆论平台和媒介，影响范围广范，近年来更是蓬勃发展，出现了微博、知乎等用户基数大，活跃度高的自媒体平台。当前，随着媒体的发展和新媒体的不断涌现，虽然国家的监管日趋健全并不断规范，但是由于各种原因，媒介乱象仍然频出，尤其是自媒体的不规范甚至违规操作屡禁不止。自媒体蓬勃发展的同时，也遇到了越来越多的挑战，由于缺乏有效规制，且侵权行为隐蔽，再加之网络媒体的便利性和

① 参见王利明：《人格权法研究》，中国人民大学出版社2018年版，第477页。

无边界性,使自媒体侵权高发。很多自媒体大"V"打着舆论监督和言论自由的旗号,不经过严谨的事实核查,不遵守严格的媒体操作规范,肆意散布不实信息,不仅造成了当前社会假信息的泛滥,也造成了大量的媒体侵权的发生,给个人及法人等的名誉权造成了侵害,使相关案件呈现爆炸式增长趋势。网络媒体作为公共舆论平台和媒介,影响范围广,更应对其发布的内容尽到审查义务。若偏离事实真相或夸大片面事实,损害自然人名誉或法人商誉的,构成侵权,需承担停止侵权、消除影响、赔礼道歉、赔偿损失等侵权责任。

(二)网络媒体应遵循客观、真实、中立、全面的原则

第一,网络媒体应遵循客观、真实原则。真实是媒体的生命,它指的是作为一个媒体人在履行了审慎的注意义务之后,对事物客观情况的全面客观反映,并不掺杂个人的主观判断和臆断,且基于媒体的影响力,应当承担比普通公众更高的谨慎注意义务。客观平衡报道及评论的基本要求是报道者只能以一个旁观者和中立的第三方的主体来观察新闻事件,要综合事件的方方面面,要对事件多方主体的情况和观点进行全面核查,不能偏听偏信,也不能将一方的观点作为主流观点进行报道。必要的客观中立平衡报道,能够在一定程度上降低媒体报道的社会风险和法律风险。

第二,网络媒体应当遵循中立、全面的原则。平衡报道是指网络媒体作为报道的生产者,必须对新闻事件进行全方位的报道,要全面呈现新闻事件当事人各方的观点和意见,而不能偏袒任何一方。在报道中,要全面反映各方的观点和意见,且对这些观点的报道要全面,不能断章取义。社会事件背后总是有着利益冲突的各方,作为网络媒体,在面对这些互相冲突的利益相关方时,虽然可能有自己的好恶或者倾向,但是必须谨守媒体从业者的职业操守,恪守中立、公信、全面的原则。

对于新闻报道中的不规范和虚假新闻,《严防虚假新闻报道若干规定的通知》对虚假新闻的认定明确了若干原则,并对虚假新闻报道进行了制度性的预防,对于在网络新闻报道中防止虚假或者其他不规范新闻报道提供了基本遵循。但是,虚假新闻只是新闻失范的一种,现实中由于复杂的社会原因和个人原因,诸如个人道德水平参差不齐、监管疏严不齐等原因,新闻失范的现象屡禁不止。因此,加强新闻业的行业自律、加强监管是十分必要的。

（三）对网络媒体的侵权行为进行有效规制有利于营造良好的网络空间秩序，保护营商环境

近年来，网络谣言及虚假信息犹如病毒一般充斥着虚拟网络空间，甚至不乏涉及捏造是非、制造混乱等恶劣事件。“假作真时真亦假，无为有处有还无”，面对铺天盖地的网络谣言，倘若不进行有效治理，每个人都可能成为受害者。

在媒体融合已成必然趋势、新媒体逐步取代传统媒体的今天，人们突然发现处在监管边缘的自媒体等各类新媒体在提供真实信息方面仍然有待努力，而虚假信息和媒体侵权的频发已经让人们意识到，通过行政和司法的手段加强对媒体的监管，促进媒体的规范化发展并不断加强自律，已经势在必行。此外，对网络谣言进行规制，增强网络媒体的注意义务，提高名誉侵权类案件的赔偿标准，也有利于规制网络谣言，营造良好的网络空间秩序，保护营商环境。

## 四、辅助信息

**高频词条：**

**《侵权责任法》**

**第36条**　网络用户、网络服务提供者利用网络侵害他人民事权益的，应当承担侵权责任。

网络用户利用网络服务实施侵权行为的，被侵权人有权通知网络服务提供者采取删除、屏蔽、断开链接等必要措施。网络服务提供者接到通知后未及时采取必要措施的，对损害的扩大部分与该网络用户承担连带责任。

网络服务提供者知道网络用户利用其网络服务侵害他人民事权益，未采取必要措施的，与该网络用户承担连带责任。

**《民法总则》**

**第110条**　自然人享有生命权、身体权、健康权、姓名权、肖像权、名誉权、荣誉权、隐私权、婚姻自主权等权利。

法人、非法人组织享有名称权、名誉权、荣誉权等权利。

**《民法通则》**

**第120条**　公民的姓名权、肖像权、名誉权、荣誉权受到侵害的，有权要求停止侵害，恢复名誉，消除影响，赔礼道歉，并可以要求赔偿损失。

法人的名称权、名誉权、荣誉权受到侵害的，适用前款规定。

**《严防虚假新闻报道若干规定的通知》**

**第2条** 新闻机构要建立健全内部防范虚假新闻的管理制度。

(一)新闻机构要严格规范新闻采编流程,建立健全稿件刊播的审核制度。严格实行新闻稿件审核的责任编辑制度和新闻稿件刊播的总编辑负责制度,明确采编刊播流程各环节的审稿职责,坚持“三审三校”,认真核实新闻来源和报道内容,确保新闻报道真实、客观、准确。

(二)新闻机构要规范使用消息来源。无论是自采的还是转发的新闻报道,都必须注明新闻消息来源,真实反映获取新闻的方式。除危害国家安全、保密等特殊原因外,新闻报道须标明采访记者和采访对象的姓名、职务和单位名称,不得使用权威人士、有关人士、消息人士等概念模糊新闻消息来源。

(三)新闻机构要严格使用社会自由来稿和互联网信息制度,不得直接使用未经核实的网络信息和手机信息,不得直接采用未经核实的社会自由来稿。对于通过电话、邮件、微博客、博客等传播渠道获得的信息,如有新闻价值,新闻机构在刊播前必须派出自己的编辑记者逐一核实无误后方可使用。

(四)新闻机构必须完善新闻转载的审核管理制度。转载、转播新闻报道必须事先核实,确保新闻事实来源可靠、准确无误后方可转载、转播,并注明准确的首发媒体。不得转载、转播未经核实的新闻报道,严禁在转载转播中断章取义,歪曲原新闻报道事实,擅自改变原新闻报道内容。

(五)新闻机构要建立健全新闻作品的署名规则。刊播新闻报道必须署采访记者和责任编辑的真实姓名;不是亲自采编的稿件不得署名;刊播经核实的社会自由来稿应署作者的真实姓名。

(六)新闻机构必须完善民意调查结果的刊播制度。刊播涉及民意调查的报道,要使用权威规范的数据来源,谨慎使用网络调查、民间调查、市场随机访问等调查数据,报道中要说明调查的委托者、执行者、调查目的、调查总体、抽样方法、样本数量等,客观反映调查结果。

(七)新闻机构要严格人事管理制度,坚持新闻记者、编辑职业准入制度。要及时为通过考录和考评合格的记者、编辑办理新闻记者证等从业资格相关证件。所有采编人员必须是与新闻机构依照《劳动合同法》签订聘用合同的人员,严禁临时人员、无证记者和无职称的编辑执行采访任务或者担任责任编辑。严禁聘用有新闻采编不良从业行为记录且正处于限制从业期限的人员从事新闻采编工作。

# 互联网纠纷案例裁判规则第 7 条：
## 在侵权判定上，转载和首次发表并无不同，只要是其内容构成被报道对象名誉受损，就构成侵害名誉权的行为

〔**规则描述**〕：就名誉侵权的构成要件而言，我国法律并未对转载媒体和首刊媒体进行区分，转载主体也有义务对转载内容的真实性和合法性应进行甄别审查，只要转载内容失实并导致受害人名誉受损，即构成名誉侵权，应依法担责。

### 一、类案检索大数据报告

时间：2019 年 4 月 1 日之前，案例来源：Alpha 案例库，案件数量：60 件，数据采集时间：2019 年 4 月 1 日。本次检索获取 2019 年 4 月 1 日前共 60 篇裁判文书。整体情况如图 7 - 1 所示，从案件年份分布情况可以看出当前条件下案例数量的变化趋势。

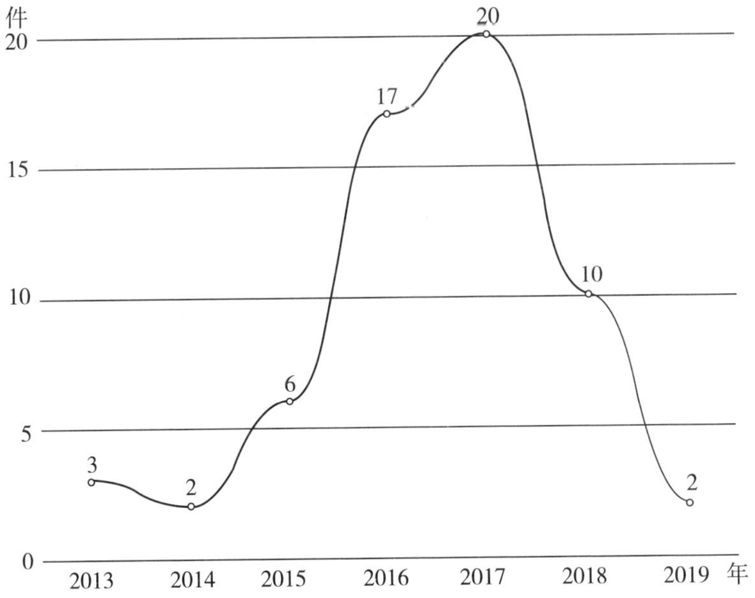


**图 7 - 1　案件年份分布情况**

如图 7－2 所示，从案件主要地域分布情况来看，当前案例主要集中在北京市、上海市、浙江省，分别占比约为 47%、12%、10%。其中，北京市的案件量最多，达到 28 件。

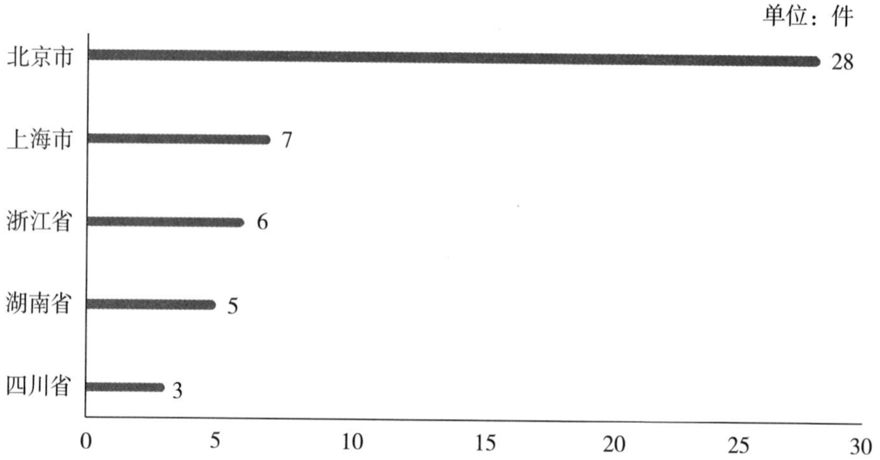


**图 7－2　案件主要地域分布情况**

如图 7－3 所示，从案件审理程序分类统计可以看出，一审案件有 29 件，占比约为 48.33%；二审案件有 27 件，占比约为 45%；再审案件有 3 件，占比约为 5%；其他案件有 1 件，占比约为 1.67%。

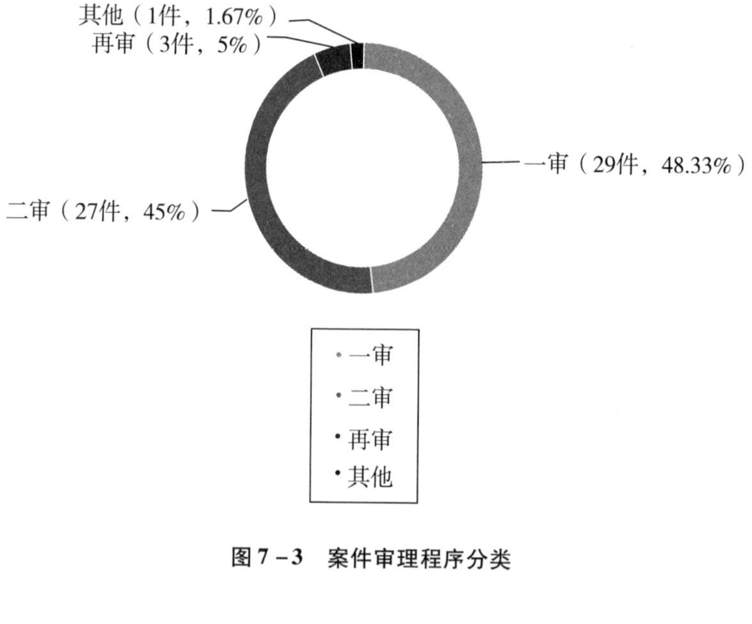


**图 7－3　案件审理程序分类**

如图 7－4 所示，从案件一审裁判情况可以看出，当前条件下全部/部分支持的有 16 件，占比约为 55.17%；全部驳回的有 9 件，占比约为 31.04%；其他的有 4 件，占比约为 13.79%。

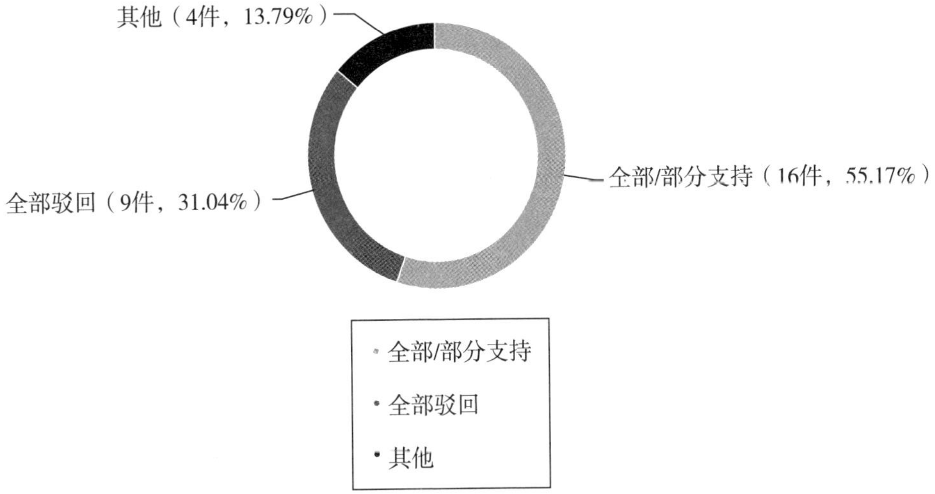


**图 7－4　案件一审裁判结果**

如图 7－5 所示，从案件二审裁判情况可以看出，当前条件下维持原判的有 19 件，占比约为 70.37%；改判的有 7 件，占比约为 25.93%；发回重审的有 1 件，占比约为 3.7%。

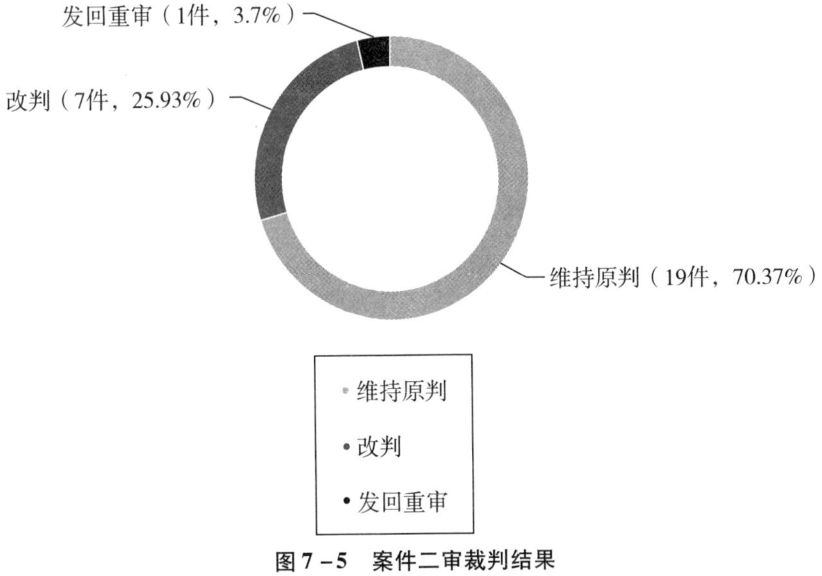


**图 7－5　案件二审裁判结果**

## 二、可供参考例案

### 例案一 | 杨某与北京搜狐互联网信息服务有限公司名誉权纠纷

**【法院】**

安徽省合肥市中级人民法院

**【案号】**

(2016)皖01民终2240号

**【当事人】**

上诉人(原审原告):杨某

上诉人(原审被告):北京搜狐互联网信息服务有限公司

法定代表人:张某某,该公司董事长

**【基本案情】**

杨某原为安徽省某某市委副书记,2006年因受贿罪被判处有期徒刑,2012年刑满释放。搜狐网(www.sohu.com)系北京搜狐互联网信息服务有限公司(以下简称搜狐公司)名下注册经营的综合性网站。2006年7月26日,该网站在其"新闻中心 > 社会新闻 > 社会要闻 > 法制纵横"版块刊登《安徽某某市委原副书记杨某用MBA知识管理七情妇》一文,注明来源为《重庆晚报》,该文章载有:"杨某在读MBA期间发展一情妇邹某;用所学MBA理论及人力资源管理知识为情妇排序;首席情妇邹某管理众情妇"等内容。2006年10月14日,该网站在其"新闻中心 > 国内新闻 > 时政·四川 > 成都晚报"版块刊登《荒唐!安徽省委原副书记和舅子共享情妇》一文,并注明来源为四川新闻网—成都晚报,该文章中有:"杨某派两名情妇'伺候'姐夫王某某,用肉弹攻破姐夫'防火墙'"等内容。

2015年7月9日,杨某委托安徽省合肥市徽元公证处对从互联网下载的包括搜狐网刊登的涉案两篇文章在内以及其他网站刊登的相同或相近内容共计9篇文章的有关网页进行了证据保全,杨某支付公证费5080元。2015年8月11日,杨某与安徽协利律师事务所签订聘请律师合同,就与搜狐公司的名誉权纠纷委托安徽协利律师事务所律师代理,杨某支付法律服务费用8000元。随后,杨某起诉至法院要求:1.判令搜狐公司停止对杨某的名誉权侵害行为,删除其在网络上登载的所有有关侮辱、诽谤杨某的侵权文章;2.判令北京搜狐互联网信息服务有限公司在搜狐网站首页上公开向杨某赔礼道歉,以消除影响、恢复杨某名誉;3.判令搜狐公司赔偿杨某精神损害抚慰金60,000元、公证费5080元、律师代理费8000元，以上合计73,080元。

**【案件争点】**

1. 涉案文章内容是否存在严重失实。

2. 转载媒体是否应承担民事责任。

3. 原告的诉讼请求是否应当支持。

**【裁判要旨】**

1. 关于涉案文章内容是否存在严重失实的问题

搜狐网系国内较为知名的综合性网站，对其他媒体的所刊登新闻有合法予以转载的权利。转载新闻报道，应在保证新闻的真实性的基础上进行，在刊登涉及他人人格尊严和名誉的新闻时，更应当尽到谨慎的注意义务，对新闻的真实性进行审查核实，如未尽审查义务致转载内容严重失实，应负侵权的民事责任。在本案中，涉案的两篇文章内容均有对杨某的负面报道，搜狐网在转载时，尤其应当对文章中的真实性进行审查。本案中，在杨某对涉案文章内容真实性提出异议的情况下，根据民事诉讼的举证规则，应由搜狐公司承担对文章内容基本符合事实的证明责任，如搜狐公司不能证明文章内容基本属实，则应认定该文章内容存在严重失实。在庭审中，搜狐公司未对报道内容的真实性举证证明，故法院认定该两篇文章内容存在严重失实。

2. 关于转载媒体是否应承担民事责任的问题

就名誉侵权的构成要件而言，我国法律并未对转载媒体和首刊媒体有所区别，只要媒体的报道严重失实并导致受害人名誉受损，即构成名誉侵权。搜狐网作为转载媒体，转载新闻时应承担的与其性质、影响范围相适应的注意义务，对转载内容的真实性和合法性应进行甄别审查。搜狐网在转载涉案文章时，虽标注了新闻的来源，但未对内容的真实性采取审查措施，故应当认定搜狐网转载时未尽到合理谨慎的注意义务，且搜狐网作为全国知名的综合性网站，其转载涉案文章的行为客观上扩大了该文章的影响范围，加重了杨某的损害后果，故搜狐网存在过错，侵害了杨某的名誉权。搜狐公司作为搜狐网注册开办单位，应对搜狐网的侵权行为承担民事责任。

3. 关于杨某的诉讼请求是否应当支持的问题

搜狐网作为综合性网站，对其他媒体刊发的新闻进行转载本无不当，但其在转载时未尽注意义务，在转载涉及有关杨某的包含批评、谴责性内容的负面新闻报道时,未能确保转载内容的真实性,客观上对杨某的名誉造成了损害。

关于杨某要求停止侵害、删除侵权文章的诉讼请求,在审理中已查明该涉案的两篇文章已由搜狐网进行了删除处理,侵害行为已停止,法院对杨某的该诉讼请求不予支持。

关于杨某要求搜狐公司在搜狐网站首页上公开赔礼道歉,以消除影响、恢复杨某名誉的诉讼请求,法院认为,根据法律规定,公民名誉权受到侵害的,有权要求侵权人承担赔礼道歉、消除影响或者恢复名誉等民事责任,承担责任形式应当与侵权的具体方式和所造成的影响范围相当。法院认为,搜狐公司应通过在涉案文章刊登的网站新闻中心版块刊登致歉声明的形式以消除影响、恢复杨某名誉。

关于杨某要求搜狐公司赔偿精神抚慰金的诉请,根据最高人民法院《关于确定民事侵权精神损害赔偿责任若干问题的解释》的有关规定,自然人的名誉权受非法侵害,可以请求精神损害赔偿。搜狐网转载未经证实的负面报道,客观上给杨某在社会上的名誉产生了负面评价,对杨某造成了较大的精神上痛苦,应适当考虑由搜狐公司赔偿杨某一定的精神抚慰金,但鉴于搜狐网系转载行为,在其转载前相同或类似的文章已在其他媒体进行刊登并为公众知晓,搜狐网的转载行为仅扩大了影响的范围,故搜狐网的转载行为与杨某的损害后果存在一定的因果关系,但并非唯一的因果关系,杨某主张的精神抚慰金60,000元明显过高,法院综合侵权行为人的过错程度、侵权文章内容、传播的范围和具体后果等因素,酌情确定精神抚慰金为5000元。

关于杨某主张的公证费用5080元,考虑到互联网内容不断更新的特殊性,杨某对涉案的相关网页采用公证的形式予以固定,公证费用的支出系具有合理性,同时鉴于杨某在公证时保全的网页并非仅搜狐网一家网站,亦包括其他多家网站的网页,故要求搜狐公司承担全部的公证费用并不合理,法院根据涉案文章占杨某所公证保全文章总数的比例,酌情确定搜狐公司应赔偿杨某公证费用1200元。

## 例案二 | 英某与人民网股份有限公司名誉权纠纷

**【法院】**

北京市第一中级人民法院

**【案号】**

(2015)一中民终字第03108号

**【当事人】**

上诉人（原审原告）：英某

被上诉人（原审被告）：人民网股份有限公司

法定代表人：马某，该公司董事长

**【基本案情】**

英某诉称：我是中国大陆著名的电视导演，也是著名的演员，同时还在很多节目中担任主持人角色，还是美国哥伦比亚影片公司在中国的第一位合作导演。2014年10月24日，我导演的新剧《龙号机车》在京开机。2014年10月15日凌晨0时5分，人民网股份有限公司（以下简称人民网公司）在其经营的人民网网站直接发布名为“英某带神秘女过夜被曝光曾与前妻宋某某公开交恶”的文章，且在文章中提到“俗话说‘江山易改，本性难移’，这句话在宋某某前夫英某身上体现得淋漓尽致。英某在娱乐圈名气不大，却因好色而被人们所熟知。近日，有网友微博爆料称，英某携神秘美女在酒店喝咖啡后共同返回公寓并过夜。”我近期为导演一部新戏一直生活在剧组，“携神秘美女酒店喝咖啡，并返回公寓过夜”一说纯属子虚乌有。人民网公司未经调查核实，仅凭主观臆断，虚构事实，散布诋毁我名誉的不实言论，且在发布内容中有“江山易改，本性难移”“好色”等侮辱性字眼，极大地损害了我的公众形象，使社会公众对我产生重大误解，造成我社会评价严重降低，应承担相应的法律责任。

人民网多个频道于2014年10月14日下午已针对涉案报道进行辟谣，凤凰网、新浪网、中国日报网、腾讯网等多家网站于2014年10月13日对涉案报道进行辟谣，均载明涉案报道将他人误认作英某，英某约妙龄女过夜系乌龙。2014年10月14日14时55分，微博账号“张磊_少杰”在其新浪微博中发表声明：“今日，有无良媒体张冠李戴，发布‘英某携妙龄女郎回家过夜’的假新闻，给我和我的家人，也给我的剧组造成很大困惑……乌龙也好，恶意也罢，我过去一向相信清者自清，对于各种谎话谣言，从不回应。可如今正值广电总局封杀劣迹艺人的风口浪尖，我不想让这个莫须有的丑闻，影响我正在拍摄的新戏的声誉，所以这次不能沉默，必须站出来发声，这是对整个创作团队负责！我已委托律师处理此事，将保留一切法律追究的权利。”上述声明落款为英某。

人民网公司认可涉案文章系误将他人认作英某而进行了错误报道，存在失实之处，但主张并非故意诽谤，跟踪报道已对事件进行澄清，没有损害英某名誉，反而提升其知名度，故即使涉案文章存在部分不真实的内容，不能认定为侵权行为。人民网公司认为涉案文章未使用侮辱性词汇。关于审查义务,人民网公司主张其作为时政类新闻网站,虽未对转载文章做实质审查,但已进行形式审查,已尽到注意义务。人民网公司另主张涉案文章的转载日期可体现该文章为系统自动抓取了前一天的新闻,其对此不存在侵权故意。

**【案件争点】**

人民网的转载是否侵权及应承担何种责任。

**【裁判要旨】**

法院认为,根据法律规定,公民、法人享有名誉权,公民的人格尊严受法律保护,禁止用侮辱、诽谤等方式损害公民、法人的名誉。转载单位转载其他媒介刊物发表报道文章时,应该预见所转载的报道文章可能存在失实之处给他人造成损害,故应对转载报道文章进行必要审查,该审查义务不因网站采取自动转载技术而免除。

本案中,涉案文章使用了《英某带神秘女过夜被曝光曾与前妻宋某某公开交恶》的标题,其中还描述了“有人爆料英某携神秘美女在酒店喝咖啡后共同返回公寓并过夜”,该描述涉及当事人私生活及个人名誉,极易使人对英某本人作出否定性评价,导致英某的社会评价降低。此外,除事实记述外,文章还使用了“‘江山易改,本性难移’……因好色而被人们所熟知……再度遭受骂声一片”等贬义性语言,倾向性明显,属贬损英某的不公正评论,背离了新闻报道客观性。人民网公司在转载该文章时,既未向文中所述的“爆料者”核实,也未向原发者核实,在包括其自身在内的多家网站已发表辟谣文章的情况下,仍在湖北频道转载了标题失实及部分内容失实的文章,应认定人民网公司在转载文章时未尽必要审查义务,存在过错,侵犯了英某的名誉权。

对于人民网公司有关公众人物容忍度的抗辩,法院认为,公众人物的名誉权保护受到一定限制,但并不意味着公众人物对于虚假、错误的报道有容忍的义务。社会公众对于公众人物的工作及生活等信息有权加以了解,新闻媒体可以加以披露,但这些信息应限于社会公共利益相关的真实信息,本案文章披露的事实不真实,人民网公司所持公众人物容忍度的抗辩事由不能成立。

有关人民网公司称涉案文章已由跟踪报道对事件进行澄清,没有损害英某名誉,反而提升英某知名度一节,法院认为,与正面报道相比较,涉案报道留给公众及英某本人的印象更多的是对英某私生活的贬低,而人民网公司没有证据证明英某本人希望借此文达到提高公众关注度的目的,故法院对人民网公司该项抗辩意见不予采信。

根据法律规定，行为人因过错侵害他人民事权益，应当承担侵权责任。公民的名誉权受到侵害的，有权要求停止侵害、恢复名誉、消除影响、赔礼道歉，并可以要求赔偿损失。现英某要求人民网公司基于侵犯名誉权的行为赔礼道歉、消除影响，符合法律规定，法院予以支持，但人民网公司承担责任的方式应当与其侵权行为相对应，故赔礼道歉的具体方式由法院依法确定。关于英某主张的精神损害抚慰金，法院根据人民网公司过错程度、侵权行为造成的影响及英某的知名度等情况综合酌定。英某主张经济损失中的公证费及律师费属英某进行诉讼的合理支出，法院予以支持。

## 例案三 | 上海寻梦信息技术有限公司与颜某名誉权纠纷

**【法院】**

上海市长宁区人民法院

**【案号】**

(2017)沪0105民初22943号

**【当事人】**

原告：上海寻梦信息技术有限公司

法定代表人：孙某，该公司董事长

被告：颜某

**【基本案情】**

原告系国内知名电子商务平台拼多多网站(www.pinduoduo.com)、拼多多App、拼多多微信商城等拼多多平台的实际运营方。2017年10月3日10时51分许，被告颜某在新浪微博平台(weibo.com)通过其所有的“夜愿198”账号发表了标题为《〈极限挑战〉停播的真相出来了！都怪拼多多!》的文章，同日10时58分许，被告颜某将涉案文章发表到其所有的新浪博客(http://blog.sina.com.cn/yanmin2333)中。被告颜某在该文章标题采取确定的批判性口吻，将极限挑战节目停播的原因与拼多多联系，文章标题及内容严重歪曲事实，均属于诋毁和诽谤，降低了原告的社会评价，侵害了原告的名誉，给原告造成了严重的经济损失，故诉至法院，请求：1.判令被告立即停止侵权行为、消除负面影响，全部删除其在“新浪微博”“新浪博客”下实际使用的“夜愿198”账号中侵害原告名誉权的不实内容；2.判令被告在《新民晚报》《解放日报》《上海法治报》头版显要位置及其“新浪微博”下实际使用的“夜愿198”微博及博客账号中连续十日发表道歉声明,向原告赔礼道歉、恢复名誉,文章、微博、博客内容不得少于1000字;3.判令被告赔偿原告因侵权行为造成的经济损失20万元;4.判令被告承担本案律师费500元、公证费2200元、服务费360元。

被告颜某辩称:涉案文章系被告转载自其他网站(包括今日头条等知名网站),并非为被告撰写。2017年9月28日就有上百篇与涉案文章同样的文章,至今仍有数篇同样的文章存在。被告于2017年10月3日转发,在原告于2017年10月4日通知被告要求删除后,被告立即删除,请求依法驳回原告所有诉请。

**【案件争点】**

被告是否构成侵权。

**【裁判要旨】**

涉案文章的主要内容在于《极限挑战》节目停播是否系原告拼多多平台广告导致。根据被告的辩称意见,涉案文章的信息来源主要是网络检索的事先存在的相关文章,其中大部分内容在涉案文章发布之前已受到关注和讨论,相关观点亦非涉案文章首次提出,被告系转载他人文章,并非原创撰写。然而,被告系将涉案文章以“头条文章”的形式发布在其新浪微博中且并未注明出处和来源,并自行修改了文章标题的部分文字。被告微博账号“夜愿198”系经新浪微博认证的加“V”用户,有数万粉丝,具有高于普通网络用户的影响力,也应负有高于普通网络用户的注意义务。而涉案文章中对拼多多导致极限挑战节目停播的结论缺乏权威性,被告提供的其所依据的网络文章,并非权威媒体的门户网站发布,在被告提供的诸如查查吧娱乐网和风行娱乐网中的文章的标题也是采取疑问句的形式,而非明确指称极限挑战停播与拼多多有关,被告无确实证据能够证明极限挑战节目停播与原告拼多多品牌有关,此基础上尤其在文章标题以确定性、批判性口吻陈述相关结论,并以可供打赏和推广的头条文章的形式发布涉案文章,必然会对原告的商业信誉造成不良影响。综上所述,涉案文章引导读者对尚无确证事实产生确定性结论的做法,构成对原告名誉权的侵犯。

## 三、裁判规则提要

### (一)转载媒体和首发媒体一样,如果因自己工作的过失刊发了不实报道,造成被报道人名誉受损,应当承担侵权责任

转载是目前我国新闻媒体尤其是网络媒体比较普遍的一种行为。转载本身有

其存在的合理性和必要性。但是，由于我国目前公众的著作权保护意识并不强，网络媒体的转载又缺乏严格的规制和管理，侵权的成本比较低，导致我国目前在媒体转载方面的侵权是比较普遍的。针对这种现象，《严防虚假新闻报道若干规定的通知》第 2 条第 4 款明确规定："新闻机构必须完善新闻转载的审核管理制度。转载、转播新闻报道必须事先核实，确保新闻事实来源可靠、准确无误后方可转载、转播，并注明准确的首发媒体。不得转载、转播未经核实的新闻报道，严禁在转载转播中断章取义，歪曲原新闻报道事实，擅自改变原新闻报道内容。"一旦转载的报道因为失实等发生民事侵权，转载媒体应承担侵权责任，因为转载扩大了报道的影响和受众范围，一旦新闻报道侵权，转载行为将扩大侵权后果及影响。

从性质上来看，转载的媒体也是媒体，符合媒体侵权的主体要件。因此，在转载的内容侵犯了别人的权利时，应当承担媒体侵权的责任，在责任的承担上和首刊媒体并没有不同。另外，转载媒体侵权与首发媒体侵权，在侵权责任的构成要件上也没有本质的区别。

### （二）转载媒体有义务对转载内容进行核实

转载要对文章中事实的真实性进行核实，这里的审核主要包括以下方面：

第一，多源核实。多源核实实际包含三个意思：报道应有多个消息来源、消息来源彼此独立、消息来源之间相互验证。通常越是重要、敏感、复杂的新闻，就越需要记者采访核实更多的消息来源。采用的消息来源越多，新闻的可靠性可能越高。多源核实就是要尽可能地通过多方面的信息去核实，达到最大限度地确信真实。只有在少数情况下，一个消息来源才是足够的，即当信息源来自权威人物或权威部门，而其所提供的信息应是详细且准确性毫无疑问的。①

第二，转载信息与首发信息一致，没有进行实质性修改。转载信息需保持首发信息的"完整性"，包括原文一致，配图、标题和评论一致，首次刊发的媒体名称要保留。在网络转载中最常见的就是，转载媒体为吸引眼球，擅自更改标题，即所谓的"标题党"。转载媒体对内容进行渲染或者片面、断章取义的修改，损害他人名誉的，应当承担侵权责任。

---

① 参见张鸿霞：《浅析新闻侵犯名誉权案件中媒体的核实义务》，载《中国广播》2015 年第 6 期。

(三)明确转载主体必要的内容审核义务有利于营造风清气正的网络空间

关于网络空间治理,习近平总书记曾多次指出,“网络空间是亿万民众共同的精神家园。网络空间天朗气清、生态良好,符合人民利益。网络空间乌烟瘴气、生态恶化,不符合人民利益。要本着对社会负责、对人民负责的态度,依法加强网络空间治理”。

近年来,随着互联网经济的技术创新发展,各类媒体平台不断涌现,网络传播速度快、范围广等特点使得网络谣言已然成为网络空间治理的顽疾,无论是在商业领域,还是在舆论领域,发布虚假信息,诽谤攻击、非法推广等现象普遍存在,网络水军、网络黑公关甚至已形成“黑色产业链”,严重制约了互联网经济的发展,也破坏了网络空间环境。司法有效规制转载行为,要求转载主体在法律框架内履行对相关转载内容必要的审核义务,对那些普通媒体从业者利用必要的媒介素养和生活常识就能识别的虚假信息或者网络谣言,转载主体负有较高的注意义务,有必要进行审核。由此,明确转载主体的民事责任,有利于规范网络主体的行为,营造风清气正的网络空间。

## 四、辅助信息

**高频词条:**

**《民法总则》**

**第110条**　自然人享有生命权、身体权、健康权、姓名权、肖像权、名誉权、荣誉权、隐私权、婚姻自主权等权利。

法人、非法人组织享有名称权、名誉权、荣誉权等权利。

**《侵权责任法》**

**第2条**　侵害民事权益,应当依照本法承担侵权责任。

本法所称民事权益,包括生命权、健康权、姓名权、名誉权、荣誉权、肖像权、隐私权、婚姻自主权、监护权、所有权、用益物权、担保物权、著作权、专利权、商标专用权、发现权、股权、继承权等人身、财产权益。

**第15条**　承担侵权责任的方式主要有:

(一)停止侵害;

(二)排除妨碍;

(三)消除危险;

（四）返还财产；

（五）恢复原状；

（六）赔偿损失；

（七）赔礼道歉；

（八）消除影响、恢复名誉。

以上承担侵权责任的方式，可以单独适用，也可以合并适用。

**《信息网络侵害人身权益案件的规定》**

**第 10 条** 人民法院认定网络用户或者网络服务提供者转载网络信息行为的过错及其程度，应当综合以下因素：

（一）转载主体所承担的与其性质、影响范围相适应的注意义务；

（二）所转载信息侵害他人人身权益的明显程度；

（三）对所转载信息是否作出实质性修改，是否添加或者修改文章标题，导致其与内容严重不符以及误导公众的可能性。

**第 16 条** 人民法院判决侵权人承担赔礼道歉、消除影响或者恢复名誉等责任形式的，应当与侵权的具体方式和所造成的影响范围相当。侵权人拒不履行的，人民法院可以采取在网络上发布公告或者公布裁判文书等合理的方式执行，由此产生的费用由侵权人承担。

# 互联网纠纷案例裁判规则第 8 条:

## 经营者应对消费者针对其服务本身的评价予以必要的容忍,如差评不存在虚构事实、恶意诋毁等情形的,网络服务提供者未应经营者的要求删除评论,不能认定侵权

〔**规则描述**〕:网购已经成为普遍的消费方式,消费者在网络服务平台上接受经营者提供的服务后可能会对经营者给出差评,这会直接影响经营者的收益,所以经营者希望网络服务提供者能够删除相关评论。由消费者的差评引起的名誉权侵权纠纷包括网络服务提供者责任的认定开始受到关注。

### 一、类案检索数据大报告

时间:2019 年 3 月 19 日之前,案例来源:Alpha 案例库,案件数量:73 件,数据采集时间:2019 年 3 月 19 日。本次检索获取 2019 年 3 月 19 日前共 73 篇裁判文书。整体情况如图 8 -1 所示,从案件年份分布情况可以看出当前条件下案例数量的变化趋势。

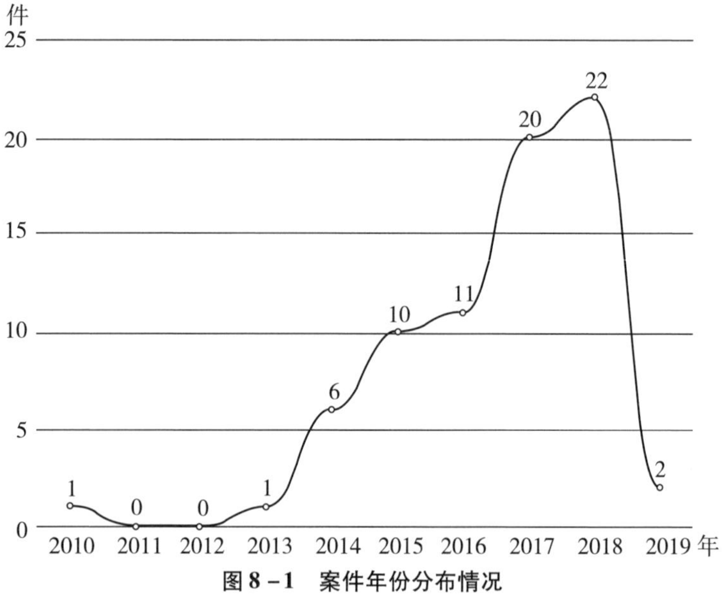


**图 8 -1 案件年份分布情况**

如图8-2所示，从案件主要地域分布情况来看，当前案例主要集中在北京市、上海市、浙江省，分别占比约为30%、22%、11%。其中，北京市的案件量最多，达到22件。

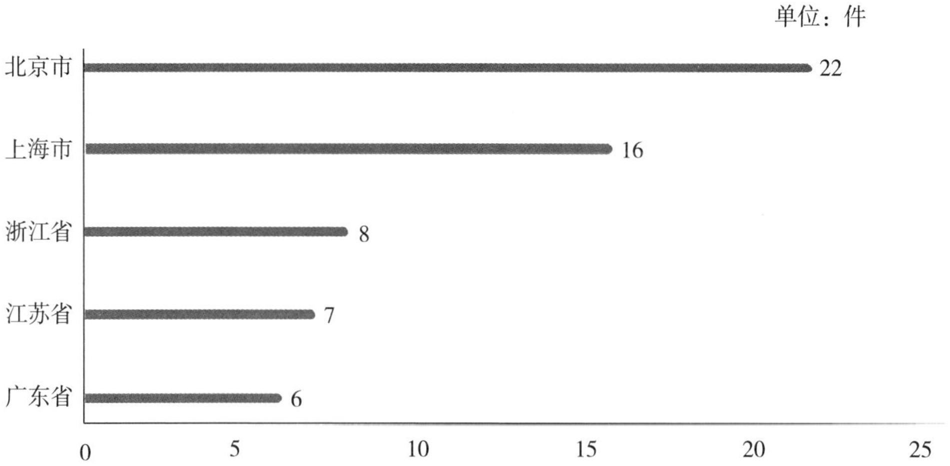


**图8-2 案件主要地域分布情况**

如图8-3所示，从案件审理程序分类统计可以看出，一审案件有48件，占比约为65.75%；二审案件有24件，占比约为32.88%；再审案件有1件，占比约为1.37%。

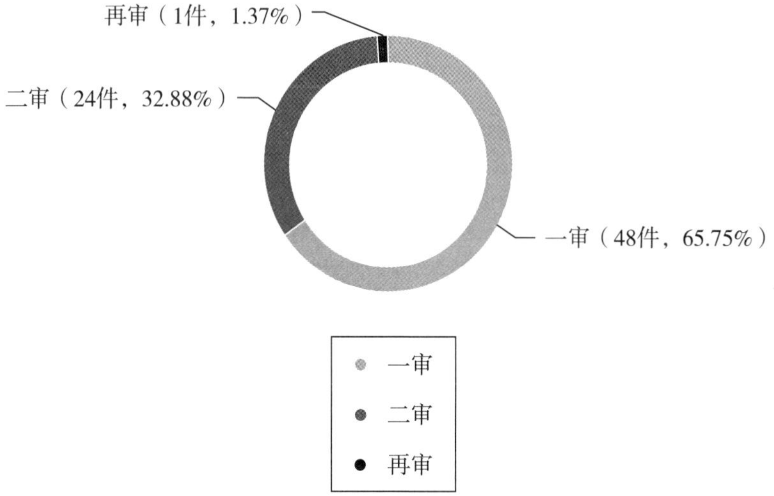


**图8-3 案件审理程序分类**

如图 8 -4 所示,从案件一审裁判情况可以看出,当前条件下全部驳回的有 27 件,占比约为 56.26%;全部/部分支持的有 19 件,占比约为 39.58%;其他的有 1 件,占比约为 2.08%,驳回起诉的有 1 件,占比约为 2.08%。

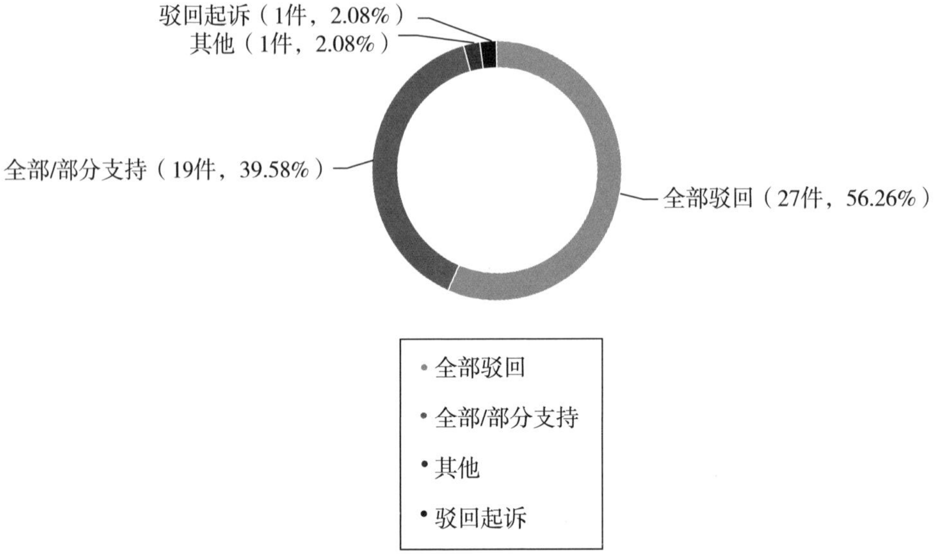


**图 8 -4　案件一审裁判结果**

如图 8 -5 所示,从案件二审裁判情况可以看出,当前条件下维持原判的有 22 件,占比约为 91.66%;其他的有 1 件,占比约为 4.17%;改判的有 1 件,占比约为 4.17%。

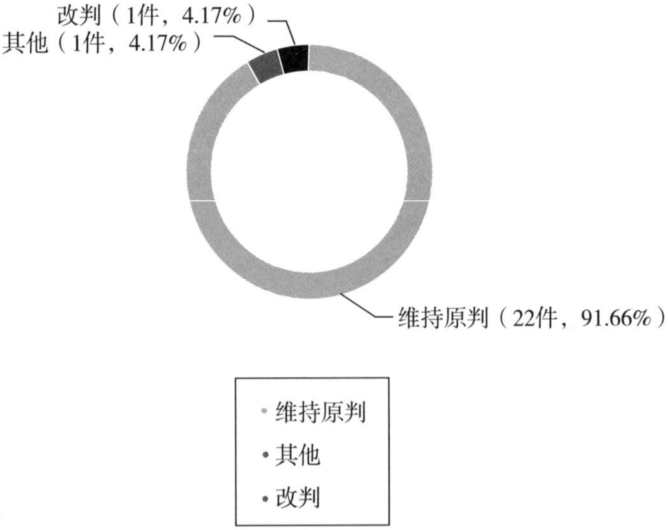


**图 8 -5　案件二审裁判结果**

## 二、可供参考例案

### 例案一 ｜ 北京胖大嫂家政服务连锁有限公司与上海汉涛信息咨询有限公司名誉权纠纷

**【法院】**

北京市第三中级人民法院

**【案号】**

(2016)京03民终849号

**【当事人】**

上诉人(原审原告):北京胖大嫂家政服务连锁有限公司

法定代表人:王某某,该公司总经理

被上诉人(原审被告):上海汉涛信息咨询有限公司

法定代表人:张某,该公司首席执行官

**【基本案情】**

上海汉涛信息咨询有限公司(以下简称汉涛公司)类型为有限责任公司(国内合资),法定代表人为张某,注册资本为人民币1000万元。成立日期为2003年9月23日,营业期限为2003年9月23日至2023年9月22日,经营范围为商务信息咨询服务(除经纪)、设计、制作各类广告,利用自有媒体发布广告,增值电信业务(见许可证),多媒体信息技术等。大众点评网(域名为:dianping. com. cn)系汉涛公司主办的网站。

北京胖大嫂家政服务连锁有限公司(以下简称胖大嫂公司)提交从大众点评网网站上截取的四页帖子,胖大嫂公司称在上述帖子中,出现了侵犯其名誉权的词汇,如使用"垃圾""骗子""无赖"等词汇来攻击胖大嫂公司及公司工作人员,并虚构事实,歪曲事实,故意丑化胖大嫂公司,侵犯了胖大嫂公司的名誉权。如使用"垃圾人""胡搅蛮缠""垃圾公司"这样的侮辱性词汇侵犯了胖大嫂公司的名誉权,并且所表述的关于加班费支付标准与胖大嫂公司家政服务合同相关条款规定的相应标准不符,加大了加班费的给付标准,虚构事实,胖大嫂公司称曾多次要求汉涛公司删除上述帖子,但汉涛公司至今未删除。

胖大嫂公司还提交了其与之前客户之间的合同,证明胖大嫂公司收取加班费的标准,帖子反映的"事实"不是真实的事实。胖大嫂公司提交快递单,证明因为百度同样也是侵权方,胖大嫂公司向百度公司快递了书面的声明,要求百度公司删除其相关的侵权帖子,结果百度公司就删除了。

汉涛公司提交大众点评网《用户使用协议》,证明其已经尽到了审慎的注意义务,不存在主观故意或过失。胖大嫂公司对此不予认可。汉涛公司提交大众点评网《商户收录声明》,证明其不存在对胖大嫂公司的侵权行为。胖大嫂公司对此不予认可。汉涛公司提交大众点评网对胖大嫂公司的点评,证明汉涛公司不存在侵权行为,汉涛公司作为大众平台的网络服务提供者,注册会员消费者的点评既有很多积极评价又有一些消极评价,体现了点评网的功能。胖大嫂公司对此不予认可。汉涛公司提交(2011)二中民终字第12694号民事判决书复印件,证明对于类似的名誉权纠纷案件,法院判定大众点评网不构成名誉侵权。胖大嫂公司对此不予认可。

胖大嫂公司认为上述帖子被诸多不明真相的消费者浏览,导致在网站所投放的大量广告效果大打折扣,造成很多客户的流失,给公司造成了直接的经济损失。故起诉至法院,要求汉涛公司立即删除其在大众点评网上侵犯公司名誉的信息,在其网站上赔礼道歉,恢复名誉,赔偿公司经济损失人民币1万元。

**【案件争点】**

汉涛公司未按胖大嫂公司的要求删除网络平台的上的相关差评是否侵犯了胖大嫂公司的名誉权。

**【裁判要旨】**

本案中,汉涛公司经营的大众点评网,为注册用户提供了对商家产品及服务进行评价的网络平台,属于提供信息平台服务的网络服务提供者。根据《侵权责任法》第36条第2款:“网络用户利用网络服务实施侵权行为的,被侵权人有权通知网络服务提供者采取删除、屏蔽、断开链接等必要措施。网络服务提供者接到通知后未及时采取必要措施的,对损害的扩大部分与该网络用户承担连带责任。”因此,网络服务提供者承担责任的前提是网络用户利用网络服务实施侵权行为。本案首先应确定胖大嫂公司所称的侵权差评帖是否存在侵犯胖大嫂公司名誉权的情况,在此基础上才能确定汉涛公司所经营的大众点评网是否应当承担间接侵权责任。

针对涉案差评帖是否侵犯胖大嫂公司名誉权的问题,根据《关于审理名誉权案件若干问题的解释》第9条“消费者对生产者、经营者、销售者的产品质量或者服务质量进行批评、评论,不应当认定为侵害他人名誉权。但借机诽谤、诋毁,损害其名誉的,应当认定为侵害名誉权”的规定,消费者对商品或服务质量享有公正评论的权利，但不能借机诽谤、诋毁。本案中，注册用户在大众点评网上发表消费者评价的行为本身并未违反法律的禁止性规定。胖大嫂公司认为发帖人可能不是真正的消费者，但并未提供相应证据。胖大嫂公司认为评价侵犯其名誉权，应证明发表评价者借机虚构事实诽谤、诋毁其公司，且损害了其名誉。但从胖大嫂公司提交的证据看，相关的评价主要是对服务的感受，因消费感受因人而异，仅从目前证据无法认定帖子有关言论本身为虚构事实的诽谤、诋毁。在涉案差评帖无法确定为侵权的情况下，汉涛公司未应胖大嫂公司要求采取删帖措施，并不违反法律规定。胖大嫂公司主张汉涛公司侵犯其名誉权，依据不足。故对于胖大嫂公司的上诉请求，依据不足，法院不予支持。

## 例案二 | 窦某某与盛某某、浙江淘宝网络有限公司名誉权纠纷

**【法院】**

江苏省南通市通州区人民法院

**【案号】**

(2018)苏0612民初2019号

**【当事人】**

原告：窦某某

被告：盛某某

被告：浙江淘宝网络有限公司

法定代表人：张某，该公司董事长

**【基本案情】**

原告窦某某系淘宝店铺“江苏东强”经营者，注册用户名“consider1981”。2018年1月3日，淘宝用户“崔燕菊262046”分三笔向原告购买网线产品三箱，单价335元(含快递)，店铺商品名称标识为“东强网线室外防水无氧铜黑皮超五类网络线双绞线监控线正品现货”，图片标识“室外超五类网线305米，纯无氧铜”。原告于当日发货，次日收件人签收，收件人为盛某某。2018年1月10日，“崔燕菊262046”再次向原告购买该网线产品一箱，原告于当日发货，次日收件人签收。

2018年1月11日14时48分，“崔燕菊262046”通过淘宝旺旺与原告联系，认为原告销售的网线产品包装并无标识“纯无氧铜”且米数有短缺，原告回复可退货或申请售后等，双方协商未果。2018年1月12日，“崔燕菊262046”以2018年1

月3日购买的其中一笔提出"仅退款"申请,被原告拒绝,拒绝原因为"商品退回后才能退款"。2018年1月13日,淘宝客服驳回"崔燕菊262046"售后服务并关闭退款。

2018年1月20日,"崔燕菊262046"在原告店铺该商品评论处发表内容为"包装上没有纯无氧铜这几个字,发过来的货里面是什么成分没有人知道,这样的三无产品,自用的话还是考虑清楚吧!"的差评。后原告与淘宝客服沟通,要求删除该差评,淘宝客服回复"与事实不符的评价卖家可作解释,评价只是买家发表自己的主观想法……"

另查明,被告盛某某购买的网线产品外包装上显示有"江苏东强股份有限公司产品合格证",产品名称为"数字通信用水平对绞电缆",长度为305米,地址江苏省东台市头灶镇政府街18号,并标识有型号规格、执行标准、毛重、检验员、制造日期、电话等,未标识有"纯无氧铜"字样或产品的具体成分及含量。

**【案件争点】**

淘宝卖家的差评是否构成侵权,淘宝作为网络服务平台是否承担侵权责任。

**【裁判要旨】**

被告盛某某以淘宝用户"崔燕菊262046"名义在原告经营的淘宝店铺购买网线产品,其作为买家有权对购买的产品作出相应评价。而买家的评价往往基于产品本身质量、与描述是否相符、使用感受、卖家的服务态度等综合因素考量,具有较强的主观性,即使评价内容与客观事实存在一定差异,但只要不超过通常评价的范围,卖家或网络平台均无权干涉。被告盛某某因在使用过程中对产品质量及数量产生异议并与原告协商退款未果后给出差评,系其在交易完成后凭借自身的购物体验选择所作出,其评论内容虽与客观事实有一定出入,但并未有借机诋毁、诽谤等以达到某种非法目的而损害名誉的主观恶意行为,因此不属于侵权行为。淘宝作为网络服务平台的提供者未应经营者的要求删除评论也并不构成侵权。据此,对于原告的诉讼请求,法院不予支持。

## 例案三 上海岛戈宠物有限公司与上海汉涛信息咨询有限公司、汉海信息技术(上海)有限公司名誉权纠纷

**【法院】**

上海市第一中级人民法院

**【案号】**

(2016)沪01民终5468号

**【当事人】**

上诉人（原审原告）：上海岛戈宠物有限公司

法定代表人：徐某某，该公司总经理

被上诉人（原审被告）：上海汉涛信息咨询有限公司

法定代表人：张某，该公司董事长

被上诉人（原审被告）：汉海信息技术（上海）有限公司

法定代表人：穆某某，该公司执行董事兼总经理

**【基本案情】**

上海汉涛信息咨询有限公司（以下简称汉涛公司）系大众点评网（www.dianping.com）的主办单位。自2011年起，大众点评网平台的注册用户在大众点评网平台上陆续发布了针对上海岛戈宠物有限公司（以下简称岛戈宠物公司）的评论，评论内容包括“图财害命”“给好评的都是托”“伤天害理”“黑店”“黑心”“垃圾”“医德都没有”“坑爹”“滥竽充数”“乱收费”“没水平”“骗钱”“骗人”“无良”“畜生”“烂店”“庸医”“白痴医院”等言论。岛戈宠物公司与汉海信息技术（上海）有限公司（以下简称汉海技术公司）签署《城市商户服务协议》及《大众点评网推广通技术服务协议》，约定服务起止日期为：2015年3月27日至9月26日。汉涛公司与汉海技术公司互为关联公司，均隶属于“大众点评网”品牌下。岛戈宠物公司诉称：2015年4月发现在汉涛公司、汉海技术公司经营的大众点评网“岛戈宠物医院（田东路店）”的评论中存在对岛戈宠物公司恶意、不实，甚至侮辱、诽谤性的评论，遂与汉涛公司联系，要求其将该类评论删除，然而其回复称评论无法删除。2015年七八月，网页中出现严重损害岛戈宠物公司商誉的恶意评论，如用户名为Abby-happy1在2015年7月27日发表的评论，以及严重侮辱公司员工人格的恶意评论，如用户名为QI_616098945在2015年8月11日发表的评论。岛戈宠物公司与大众点评网反复交涉，要求其删除上述评论，但其对此置之不理。上述恶意评论严重侵犯了岛戈宠物公司的名誉权，故请求法院：1. 判令汉涛公司、汉海技术公司立即删除在http://www.dianping.com大众点评网上侵犯岛戈宠物公司名誉权的评论；2. 判令汉涛公司、汉海技术公司连带赔偿损失人民币（下同）50,000元、律师费10,000元、公证费1500元。

汉涛公司辩称：其公司开通了便利的救济途径，但岛戈宠物公司未按照该途径向其公司要求删除相关评论。其公司没有侵犯名誉权的主观意图及行为，岛戈宠物公司要求其公司删除的相关点评内容系网友自行上传，反映自由意志，也属于舆

论监督和言论自由,其公司不做编辑,且评论内容不存在恶意点评,也不构成对岛戈宠物公司的侮辱、诽谤等侵权行为,故不同意删除,请求驳回其全部诉请。

汉海技术公司辩称:本案与其公司无关。其公司并非大众点评网的主办方,也非实际运营方,其公司是汉涛公司的关联公司,对外以大众点评网的名义签订团购业务及推广业务,但网站本身的运营维护均由汉涛公司负责。故不同意承担侵权责任,请求驳回其全部诉请。

**【案件争点】**

汉涛公司未删除针对岛戈宠物公司的差评是否构成侵权。

**【裁判要旨】**

本案在类型上属于利用信息网络侵害人身权益的民事纠纷案件,汉涛公司是大众点评网主办单位,是网络服务提供者。根据《侵权责任法》第 36 条规定可知,网络用户的行为是否侵权是网络服务提供者是否承担责任的前提性问题,由于本案中岛戈宠物公司并未起诉网络用户而直接起诉网络服务提供者,故根据《侵权责任法》第 36 条第 2 款之规定,法院判断网络服务提供者应否承担侵权责任的重点应在于被侵权人岛戈宠物公司是否已经通知网络服务提供者采取删除、屏蔽、断开链接等必要措施,以及网络服务提供者接到通知后是否及时采取了必要措施。根据《信息网络侵害人身权益案件的规定》,被侵权人的通知应当具备规定的形式和内容,从本案查明的事实来看,岛戈宠物公司尽管与汉海技术公司进行了沟通,但沟通的形式和内容并未达到上述司法解释的要求,难以实现"通知什么、删除什么"的效果,而且也未通知到大众点评网实际主办单位汉涛公司。换言之,鉴于消费者对服务感受的特殊性,本案中既难以确定网络用户的评论构成侵权,也不能认定汉涛公司怠于采取必要措施而应承担责任,判决驳回了岛戈宠物公司的全部诉请。

## 三、裁判规则提要

### (一)经营者对消费者针对其服务本身的评价应给予必要容忍

在现代市场经济社会中,网上消费已经成为民众最普遍的消费方式,消费者在接受经营者通过网络服务平台提供的服务之后在网络平台上发布的评价引起的有关名誉权纠纷开始受到关注。《民法总则》以及《民法通则》中都规定了法人享有名誉权,并禁止用侮辱、诽谤等方式损害法人名誉。有关经营者的名誉权受到法律的保护,但是消费者的"差评"是否会构成侵权需要进一步讨论。首先,《消费者权益保护法》第 8 条、第 15 条以及第 17 条中规定了消费者的知情权、监督权以及对经营者提供的服务以及产品提出建议的权利，这些都是为了保护消费者在接受服务的过程中的合法权利免受侵害，因此消费者通过网络平台接受了经营者的服务之后在相关平台上发布自己对服务的评价本身的正当性毋庸置疑，经营者应当根据消费者的建议完善其服务。其次，是经营者对消费者的评价的容忍限度，在肯定消费者评价的权利的同时应当明确其权利行使的界限。参考《关于审理名誉权案件若干问题的解释》第9条“消费者对生产者、经营者、销售者的产品质量或者服务质量进行批评、评论，不应当认定为侵害他人名誉权。但借机诽谤、诋毁，损害其名誉的，应当认定为侵害名誉权”的规定，经营者对消费者评价的容忍限度就是不能侵害其名誉权。侵害名誉权应当具备四个要件，即侵害名誉权的行为、侵害名誉权的损害后果、行为与损害后果之间存在因果关系以及行为人有过错。消费者对服务的评价本身具有非常强的主观性，消费的感受也因人而异，如果相关评价主要是对服务本身的感受，难以认定涉案差评评论本身为虚构事实的诽谤、诋毁。在无法认定消费者的行为是具有主观恶意的侵权行为的情况下，也难以认定评价行为侵害了经营者的名誉权。但是应当强调消费者的评价应尽量真实、客观，消费者应针对其接受的服务并且基于真实的服务内容如产品本身质量、与描述是否相符等综合因素进行考量，考虑到评论的主观性的影响，即使评价内容与客观事实存在一定差异，但只要不超出一般消费者评价的范围，就可以认为该评价属于经营者应当容忍的范围，并不构成对经营者名誉权的侵犯。

### （二）经营者不能证明消费者的差评存在虚构事实、恶意诋毁等情形的，网络服务提供者未应经营者的要求删除评论，不能认定侵权

在认定网络服务者的侵权责任时一般引用《侵权责任法》第36条第2款，即“通知—删除”规则，网络服务提供者在接到被侵权人的通知后应及时采取必要措施，否则就扩大的损失与侵权人承担连带责任，可以看出网络服务提供者适用的是过错责任原则。我国将过错责任原则作为民事侵权责任的一般原则，并且在《侵权责任法》第8条及第9条中确立了共同侵权制度，其中包括教唆、帮助他人侵权。有关网络服务提供者的侵权问题，《侵权责任法》第36条明确规定：“网络用户、网络服务提供者利用网络侵害他人民事权益的，应当承担侵权责任。网络用户利用网络服务实施侵权行为的，被侵权人有权通知网络服务提供者采取删除、屏蔽、断开链接等必要措施。网络服务提供者接到通知后未及时采取必要措施的，对损害的扩大部分与该网络用户承担连带责任。网络服务提供者知道网络用户利用其网

络服务侵害他人民事权益,未采取必要措施的,与该网络用户承担连带责任。”大众点评、淘宝等网络平台的管理者应当属于提供内容的网络服务提供者。可以认为提供平台的网络服务提供者根据共同侵权原理与网络用户承担侵权责任,并且网络服务提供者承担侵权责任应当以网络用户的行为构成侵权为前提条件。

首先,在由差评引起的纠纷中,如果消费者的评价与其接受的服务的内容等客观事实基本一致,属于经营者应当容忍接受的范围,不能够被评价为虚构事实、恶意侮辱以及诋毁等侵害经营者名誉权的行为,则消费者的评价不构成侵权行为,在此情况下,网络服务提供者未应经营者的要求采取删除评论等必要措施,不能认定网络服务提供者与消费者构成共同侵权并根据《侵权责任法》第 36 条第 2 款的规定承担连带责任。

其次,就网络服务提供者自身的侵权行为而言,其承担侵权责任的主要事实依据是在接到经营者的通知后未及时采取相应的删除、屏蔽、断开链接等必要措施,应当强调的是经营者的通知应当属于“有效通知”,根据《信息网络侵害人身权益案件的规定》第 5 条的规定,通常其内容应包括权利人身份情况、权属凭证、证明侵权事实的初步证据以及明确的被诉侵权人网络地址等材料;符合上述材料的,即应视为有效通知。此规定表明经营者发出的侵权通知应当包括证明侵权事实的初步证据。在《民法典各分编(草案)》第 970 条中也明确规定了通知应当包括构成侵权的初步证据。在消费者的差评不存在虚构事实、恶意诋毁的情形,经营者不能在通知中提出侵权的初步证据,可以认为其并未向网络服务提供者发出“有效通知”,网络服务提供者在此情形下未删除评论并不构成侵权。因此,在消费者的消极评价不构成侵权的情况下,经营者以及网络服务提供者都无权干涉消费者的评价,而网络服务提供者未应经营者的要求删除评价自然不承担侵权责任。

### (三)对消费者合理评价的保护更有利于网络交易市场的健康发展

互联网的发展使得线上消费成为主流的消费方式,网络平台提供的评价机制,使有关产品的个人评价信息能够突破时间和空间的限制在消费者之间广泛传播,网络经营的信用体制也在此基础之上建立。在《电子商务法》第 39 条中明确规定了电子商务平台的经营者应当建立健全信用评价制度,不得删除消费者对其平台内销售的商品或者提供的服务的评价。因此在消费者的评论不构成侵权时,经营者无权要求网络服务提供者即电子服务平台的经营者删除评论。对消费者真实、合法的评价自由的保护本身就是对公民言论自由的肯定,在此基础上还可以快速向公众传递相关产品的信息，有效促进消费者做出消费决策，维护网络交易市场的良好发展。另外，健全的信用评价制度能够对经营者的行为形成约束力，消费者的评价作为产品的信息和声誉在网络平台上传播，在互联网交易中，直接影响经营者的收益，这对经营者的行为具有直接约束力。经营者不诚信、不合法的交易行为会更容易被揭露，其在提供误导性信息以及对价格、质量、服务的管理上也会进行利益衡量，进行自我约束，这对交易环境的管理有着非常积极的促进作用。在明确消费者的评价自由受到法律保护的同时还明确其应当有一定的约束，消费者进行评价的前提是具有真实的消费经历并且评价的内容应当尽量客观、真实，当然评价本身就是一个主观判断，即使评价内容与客观真实有一定差距，经营者也应当容忍。同时还应注意，消费者在网络平台发表对经营者的评价时要遵守道德规范，一些不当的评论尽管并不构成侵权，网络服务提供者也并不会因未删除该评论而构成侵权，但是网络服务提供者应当尽到相应的审查义务，规范网络用语，对网络评价制度进行理性引导。

## 四、辅助信息

**高频词条：**

**《民法总则》**

**第110条**　自然人享有生命权、身体权、健康权、姓名权、肖像权、名誉权、荣誉权、隐私权、婚姻自主权等权利。

法人、非法人组织享有名称权、名誉权、荣誉权等权利。

**《侵权责任法》**

**第36条**　网络用户、网络服务提供者利用网络侵害他人民事权益的，应当承担侵权责任。

网络用户利用网络服务实施侵权行为的，被侵权人有权通知网络服务提供者采取删除、屏蔽、断开链接等必要措施。网络服务提供者接到通知后未及时采取必要措施的，对损害的扩大部分与该网络用户承担连带责任。

网络服务提供者知道网络用户利用其网络服务侵害他人民事权益，未采取必要措施的，与该网络用户承担连带责任。

**《关于审理名誉权案件若干问题的解释》**

**第9条**　问：对产品质量、服务质量进行批评、评论引起的名誉权纠纷，如何认定是否构成侵权？

答:消费者对生产者、经营者、销售者的产品质量或者服务质量进行批评、评论,不应当认定为侵害他人名誉权。但借机诽谤、诋毁,损害其名誉的,应当认定为侵害名誉权。

新闻单位对生产者、经营者、销售者的产品质量或者服务质量进行批评、评论,内容基本属实,没有侮辱内容的,不应当认定为侵害其名誉权;主要内容失实,损害其名誉的,应当认定为侵害名誉权。

**《消费者权益保护法》**

**第 17 条** 经营者应当听取消费者对其提供的商品或者服务的意见,接受消费者的监督。

**《电子商务法》**

**第 39 条** 电子商务平台经营者应当建立健全信用评价制度,公示信用评价规则,为消费者提供对平台内销售的商品或者提供的服务进行评价的途径。

电子商务平台经营者不得删除消费者对其平台内销售的商品或者提供的服务的评价。

# 互联网纠纷案例裁判规则第 9 条：

## 信息的收集方泄露用户个人隐私信息，且存在过错，应当承担侵犯隐私权的侵权责任

〔**规则描述**〕：网络信息的收集存在信息泄露的可能，如果泄露用户的个人隐私信息，且存在过错，则侵犯了用户的个人隐私，应当承担侵权责任。

### 一、类案检索大数据报告

时间：2019 年 3 月 29 日之前，案例来源：Alpha 案例库，案件数量：368 件，数据采集时间：2019 年 3 月 29 日。本次检索获取 2019 年 3 月 29 日前共 368 篇裁判文书。整体情况如图 9－1 所示，从案件年份分布情况可以看出当前条件下案例数量的变化趋势。

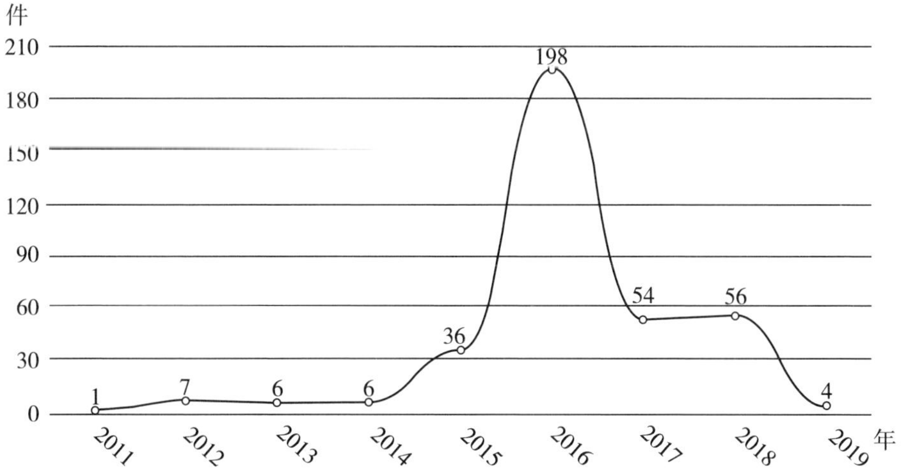


**图 9－1　案件年份分布情况**

如图 9－2 所示，从案件主要地域分布情况来看，当前案例主要集中在广东省、浙江省、江苏省，分别占比约为 51%、7%、6%。其中，广东省的案件量最多，达到 186 件。

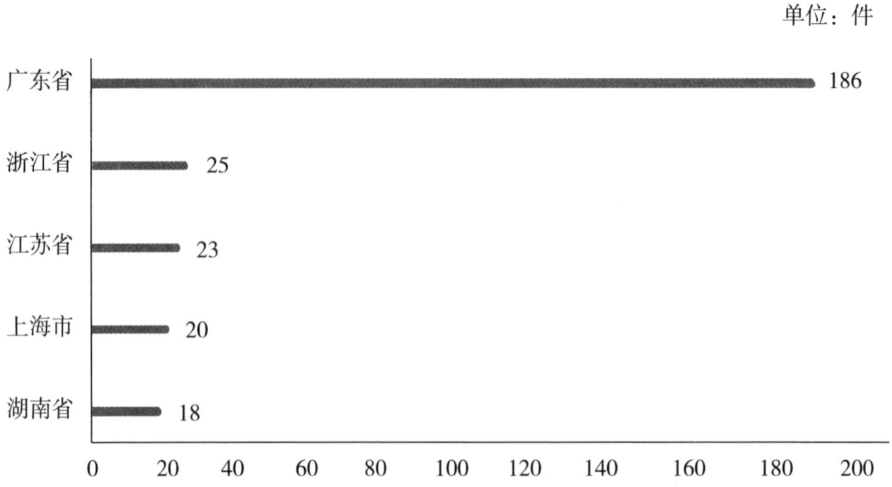


**图9－2　案件主要地域分布情况**

如图9－3所示,从案件审理程序分类统计可以看出,一审案件有253件,占比约为68.75%;二审案件有77件,占比约为20.92%;再审案件有11件,占比约为2.99%;其他案件有27件,占比约为7.34%。

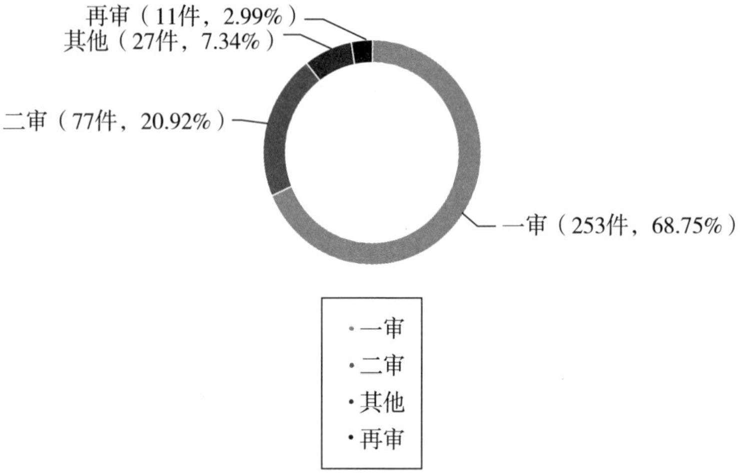


**图9－3　案件审理程序分类**

如图9－4所示,从案件一审裁判情况可以看出,当前条件下全部驳回的有178件,占比约为70.35%;全部/部分支持的有68件,占比约为26.88%;其他的有3件,占比约为1.19%;不予受理的有2件,占比约为0.79%;驳回起诉的有2件,占比约为 0.79%。

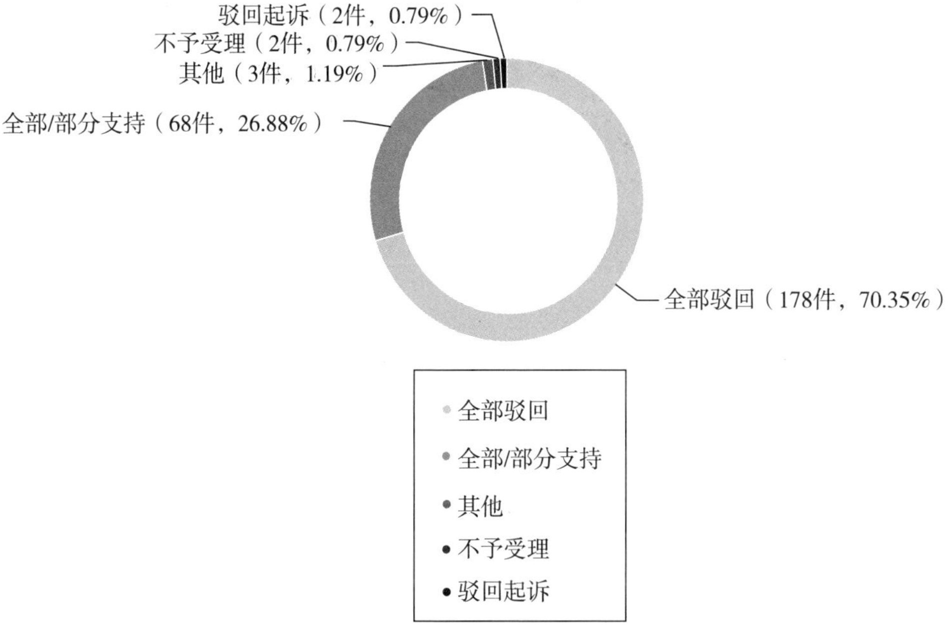


**图 9 -4 案件一审裁判结果**

如图 9 -5 所示，从案件二审裁判情况可以看出，当前条件下维持原判的有 64 件，占比约为 83.12%；改判的有 9 件，占比约为 11.69%；其他的有 4 件，占比约为 5.19%。

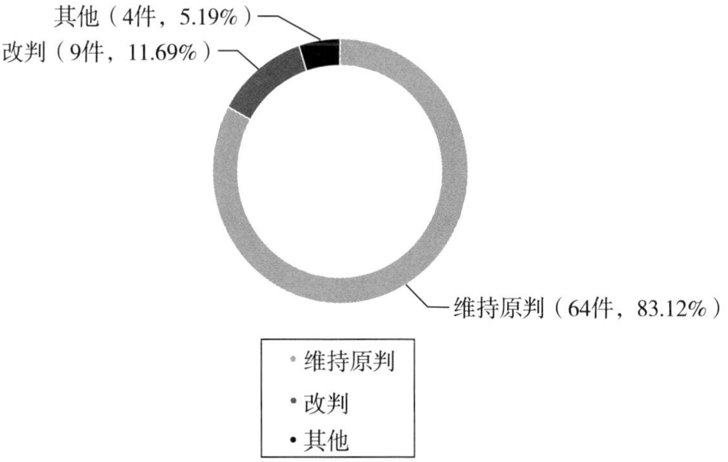


**图 9 -5 案件二审裁判结果**

## 二、可供参考例案

### 例案一 | 庞某某与北京趣拿信息技术有限公司等隐私权纠纷

**【法院】**

北京市第一中级人民法院

**【案号】**

(2017)京01民终509号

**【当事人】**

上诉人(原审原告):庞某某

被上诉人(原审被告):北京趣拿信息技术有限公司

法定代表人:谌某某,该公司执行董事

被上诉人(原审被告):中国东方航空股份有限公司

法定代表人:刘某某,该公司董事长

**【基本案情】**

2014年10月11日,庞某某委托鲁某通过去哪儿网网站(www.qunar.com)订购了2014年10月14日MU5492泸州至北京的东航机票1张,所选机票代理商为长沙星旅票务代理公司(以下简称星旅公司)。去哪儿网订单详情页面显示该订单登记的乘机人信息包括原告姓名及身份证号,联系人信息、报销信息均为鲁某及其尾号1858的手机号码,并载有如下提示:"为保障资金安全,请务必使用在线支付,切勿通过搜索引擎或拨打来路不明的400电话进行银行ATM转账。"

同日,北京趣拿信息技术有限公司(以下简称趣拿公司)发件人为106903330762(25)号码向鲁某尾号1850手机号码发送短信:"2014－10－14,泸州蓝天机场到北京首都机场T2的MU5492航班(16:10起飞/19:10到达)已出票。……星旅航空优选,唯一客服电话:010－89930736。订单查询/退票改签请点击http://d.qunar.com/klxZha。"趣拿公司同时向鲁某发送了提醒短信:"尊敬的用户,温馨提醒您:警惕以飞机故障、航班取消为诱饵的诈骗短信,请勿拨打短信中的电话。……"

2014年10月13日,庞某某尾号9949手机号码收到号码为0085255160529的发件人发来短信:"……您预订2014年10月14日16:10起飞19:10抵达的MU5492次航班(泸州—北京首都)由于机械故障已取消,请收到短信后及时联系客服办理改签业务,以免耽误您的行程,服务热线4008－129－218[注:改签乘客需要先支付20元改签手续费，改签成功后每位乘客额外得到补偿200元]……”上述号码来源不明，未向鲁某发送类似短信。鲁某知晓上述短信后拨打中国东方航空股份有限公司（以下简称东航）客服电话95530予以核实，客服人员确认该次航班正常，并提示庞某某收到的短信应属诈骗短信。关于诈骗短信为何发至庞某某本人，客服人员解释称通过该机票信息可查看到开头136、尾号949手机号码及开头189、尾号280手机号码，可能由订票点泄露了庞某某手机号码。鲁某在通话中向客服人员确认了尾号949系庞某某本人号码。庭审中，东航称庞某某可能为东航常旅客，故东航掌握庞某某此前留存的号码。

2014年10月14日，东航客服95530向庞某某号码发送通知短信：“……由于飞机故障，您原定10月14日泸州蓝田机场飞往北京首都机场的MU5492，时刻调整至19:50泸州泸州蓝田机场起飞，预计22:30到达北京首都机场。……”鲁某遂拨打95530予以确认，得到答复为该次航班确因故障延误。此后庞某某又两次收到95530发来的航班时刻调整短信通知。当日晚19时43分，鲁某再次拨打95530确认航班时刻，被告知该航班已取消。

鲁某出庭证明了其代庞某某购买本案机票并沟通后续事宜，其认可购买本案机票时未留存庞某某手机号码。

庞某某为证明趣拿公司及东航已掌握其姓名及手机号码提交了多条短信，内容为其以往通过去哪儿网购买机票收到的趣拿公司通知短信，及此前购买东航机票收到的东航通知短信。趣拿公司和东航对上述短信真实性认可，但认为与本案无关。庞某某为证明趣拿公司和东航涉嫌泄露众多旅客隐私提交了相关网页打印件，趣拿公司和东航对该证据的真实性均不认可。

庞某某另提交了手机购买凭证、中国移动通信客户账单、中国移动通信客户语音通信详单，显示尾号9949手机号码系庞某某本人所有，尾号1850手机号码为鲁某所有，尾号1850手机号码与95530在2014年10月13日至14日有多次通话记录。趣拿公司和东航对上述证据真实性均无异议。

2014年1月7日，北国网财经频道刊文《东航官网订票遭停航骗局疑信息泄露》。2014年9月4日，中国质量新闻网四川频道刊文《消费者携程网购买东航机票个人信息泄露被骗》。同时，百度快照显示，2014年1月至9月，媒体上存在大量的关于东航被怀疑泄露旅客信息的报道。2014年10月22日，国家民航局公安局发布“局发明电〔2014〕3044号文”，该文件要求：1. 各航空公司工号管理机构要切实加强对工号的配置和使用管理工作，将目前的亚安全模式逐步转变为安全模式(例如,采取为每个工号配发"U盾"等类似手段),便于信息泄露后的责任倒查。2.各航空公司要对已经发放的工号(包括研发和测试工号)进行一次全面的梳理排查并建立台账……4.各航空公司要建立健全信息系统配置管理办法,制定严格的工号登记、变更、注销制度,完善工号违规使用责任倒查机制;要加强系统日志的储存和管理,并设立专门机构对系统配置和系统日志进行管理,从源头上规范信息系统使用行为。

2014年6月23日,上海热线财经频道刊文《去哪儿网被疑泄露乘客信息:起飞前接到诈骗短信》。2014年6月28日,中国质量万里行网刊文《去哪儿网泄露用户个人信息》。同时,百度快照显示,2014年6月以来的一段时间,媒体上存在大量关于去哪儿网被怀疑泄露旅客信息的报道。

**【案件争点】**

1.本案涉及的姓名、电话号码及行程安排是否可以通过隐私权纠纷而寻求救济。

2.根据现有证据能否认定涉案隐私信息是由东航和趣拿公司泄露。

3.在东航和趣拿公司有泄露庞某某隐私信息的高度可能之下,其是否应当承担责任。

4.中航信更有可能泄露庞某某信息的责任抗辩事由是否有效成立。

**【裁判要旨】**

1.本案涉及的姓名、电话号码及行程安排等事项是否可以通过隐私权纠纷而寻求救济

东航在本案二审中提出,姓名、电话号码及行程安排等事项是运输合同中的内容,不构成隐私信息,因而其并没有侵犯隐私权的行为。对此,法院认为,姓名、电话号码及行程安排等事项首先属于个人信息。在现代信息社会,个人信息的不当扩散与不当利用已经越来越成为危害公民民事权利的一个社会性问题,因此,对于个人信息的保护已经成为全球共识。我国《关于加强网络信息保护的决定》也明确提出要对个人信息进行保护。《民法总则》第111条也明确规定自然人的个人信息受法律保护。但是,在对个人信息进行保护的思路上,各国却有不同看法,从而形成了不同的立法例。有的将个人信息归属于隐私权进行保护(美国),有的则将个人信息归属于一般人格权或直接作为个人信息权进行保护(德国)。与国外的分歧一样,我国法律界对个人信息的保护思路也存在与上述情况相似的争鸣。然而,专业的争鸣本是为了更好地服务于权利保护的实践,如果因为专业争鸣未能达成共

识就放弃对民事权益进行保护，岂非本末倒置？因此，无论对于个人信息的保护思路有何种分歧，都不应妨碍对个人信息在个案中进行具体的保护。

本案中，庞某某被泄露的信息包括姓名、尾号9949手机号码、行程安排（包括起落时间、地点、航班信息）等。根据《信息网络侵害人身权益案件的规定》第12条的界定，自然人基因信息、病历资料、健康检查资料、犯罪记录、家庭住址、私人活动等属于隐私信息。据此，庞某某被泄露的上述诸信息中，其行程安排无疑属于私人活动信息，从而应该属于隐私信息，可以通过本案的隐私权纠纷主张救济。

至于庞某某的姓名和手机号码，在日常民事交往中，发挥着身份识别和信息交流的重要作用。因此，孤立来看，姓名和手机号码不但不应保密，反而是需要向他人告示的。然而，在大数据时代，信息的收集和匹配成本越来越低，原来单个的、孤立的、可以公示的个人信息一旦被收集、提取和综合，就完全可以与特定的个人相匹配，从而形成某一特定个人的详细而准确的整体信息。此时，这些全方位、系统性的整体信息，就不再是单个的可以任意公示的个人信息，这些整体信息一旦被泄露扩散，任何人都将没有自己的私人空间，个人的隐私将遭受巨大威胁，人人将处于惶恐之中。因此，基于合理事由掌握上述整体信息的组织或个人应积极地、谨慎地采取有效措施防止信息泄露。任何他人未经权利人的允许，都不得扩散和不当利用能够指向特定个人的整体信息。本案中，如果诈骗分子仅仅知道庞某某的姓名或手机号码，则无法发送关于航班取消的诈骗短信；如果诈骗分子仅仅知道庞某某的行程信息，则亦无法发送关于航班取消的诈骗短信。而恰恰是诈骗分子掌握了庞某某的姓名、手机号码和行程信息，从而形成了一定程度上的整体信息，所以才能够成功发送诈骗短信。因此，本案中，即使单纯的庞某某的姓名和手机号码不构成隐私信息，但当姓名、手机号码和庞某某的行程信息（隐私信息）结合在一起时，结合之后的整体信息也因包含了隐私信息（行程信息）而整体上成为隐私信息。另外，隐私权于1890年提出后经过一百多年经济社会的发展，已经不再局限于提出时的内涵。随着对个人信息保护的重视，隐私权中已经被认为可以包括个人信息自主的内容，即个人有权自主决定是否公开及如何公开其整体的个人信息。就姓名而言，自然人本就对其姓名拥有姓名权。但同时，姓名本身也是一种身份识别信息，它和手机号码及行程信息结合起来的个人信息也应属于个人信息自主的内容。基于此，将姓名、手机号码和行程信息结合起来的信息归入个人隐私进行一体保护，也符合信息时代个人隐私、个人信息电子化的趋势。

综上所述，法院认为本案涉及的姓名、电话号码及行程安排等事项可以通过隐私权纠纷而寻求救济。

2. 根据现有证据能否认定涉案隐私信息是由东航和趣拿公司泄露

东航和趣拿公司在本案审理过程中都主张,庞某某没有证据证明其个人信息是东航或趣拿公司泄露,因而东航和趣拿公司不存在侵犯隐私权的行为。对此,法院认为,基于人类科学技术和认识手段的限制,现实中的客观事实经常不能通过事后的证明被完全还原。因此,诉讼中的证明活动,往往是一种受限制的认识活动,而并非无止境的绝对求真过程。基于这一认识,法律设计了证明标准规则,即对待证事实的证明达到何种程度即可确认该事实存在的规则。根据《民事诉讼法司法解释》第 108 条之规定,对负有举证证明责任的当事人提供的证据,人民法院经审查并结合相关事实,确信待证事实的存在具有高度可能性的,应当认定该事实存在。对一方当事人为反驳负有举证证明责任的当事人所主张事实而提供的证据,人民法院经审查并结合相关事实,认为待证事实真伪不明的,应当认定该事实不存在。据此,本案中的关键是看庞某某提供的证据能否表明东航和趣拿公司存在泄露庞某某个人隐私信息的高度可能,以及东航和趣拿公司的反证能否推翻这种高度可能。

(1)庞某某提供的证据能否表明东航和趣拿公司存在泄露庞某某个人隐私信息的高度可能

本案中,鲁某通过去哪儿网为庞某某和自己向东航订购了机票,并且仅仅给去哪儿网留了自己的手机号码,而非庞某某的手机号码。但是,由于庞某某以前曾经通过去哪儿网订过机票,且是东航的常旅客,现有证据显示东航和去哪儿网都留存有庞某某的手机号码。同时,中航信作为给东航提供商务数据网络服务的第三方,也掌握着东航的相关数据。因此,从机票销售的整个环节看,庞某某自己、鲁某、趣拿公司、东航、中航信都是掌握庞某某姓名、手机号码及涉案行程信息的主体。但从本案现有证据及庞某某、鲁某在整个事件及诉讼中的表现看,庞某某和鲁某的行为并未违背一名善意旅客所应有的通常的行为方式。在没有相反证据予以证明的情况下,法院确信庞某某、鲁某在参加购买机票的民事活动及本案民事诉讼活动时具备诚实、善意的通常状态,不属于自己故意泄露个人信息而进行虚假诉讼。所以,上述主体中,可以排除庞某某和鲁某泄露庞某某隐私信息的可能。

在排除了庞某某和鲁某的泄露可能性之后,趣拿公司、东航、中航信都存在泄露信息的可能。而从收集证据的资金、技术等成本上看,作为普通人的庞某某根本不具备对东航、趣拿公司内部数据信息管理是否存在漏洞等情况进行举证证明的能力。因此，客观上，法律不能也不应要求庞某某确凿地证明必定是东航或趣拿公司泄露了其隐私信息。而从庞某某已经提交的现有证据看，庞某某已经证明自己是通过去哪儿网在东航官网（由中航信进行系统维护和管理）购买机票，并且东航和去哪儿网都存有庞某某的手机号码。因此，东航和趣拿公司以及中航信都有能力和条件将庞某某的姓名、手机号码和行程信息匹配在一起。虽然，从逻辑上讲，任何第三人在已经获知庞某某姓名和手机号码的情况下，如果又查询到了庞某某的行程信息，也可以将这些信息匹配在一起，但这种可能性却非常低。因为根据东航出具的说明，如需查询旅客航班信息，需提供订单号、旅客姓名、身份证号信息后才能逐个查询。而第三人即便已经获知庞某某姓名和手机号码，也很难将庞某某的订单号、身份证号都掌握在手，从而很难查询到庞某某的航班信息。而与普通的第三人相比，恰恰是趣拿公司、东航、中航信已经把上述信息掌握在手。此外，一个非常重要的背景因素是，在本案所涉事件发生前后的一段时间，东航、趣拿公司和中航信被多家媒体质疑存在泄露乘客信息的情况。这一特殊背景因素在很大程度上强化了东航、趣拿公司和中航信泄露庞某某隐私信息的可能。综上所述，法院认定东航、趣拿公司存在泄露庞某某隐私信息的高度可能。

（2）东航和趣拿公司的反证能否推翻上述高度可能

诉讼中东航和趣拿公司都提供证据表明其采取措施尽到了对客户信息的安全保密职责，因而没有侵犯庞某某隐私权。东航在二审中提交的证据，还表明信息泄露也可能是犯罪分子所为。对此，法院认为，东航和趣拿公司的反证表明其自身采取了一定的安全管理措施，且犯罪分子窃取信息也是可能的泄露原因。但在法院已经确认东航、趣拿公司存在泄露庞某某隐私信息的高度可能的情况下，东航和趣拿公司并未举证证明本案中庞某某的信息泄露的确是归因于他人；也并未举证证明本案中庞某某的信息泄露可能是因为难以预料的黑客攻击；同时也未举证证明庞某某的信息泄露可能是其自身或鲁某所为。在这种情况下，东航、趣拿公司存在泄露庞某某隐私信息的高度可能很难被推翻。更何况，在本案事件所处时间段内，东航和趣拿公司都被媒体多次质疑泄露乘客隐私，国家民航局公安局甚至发文要求航空公司将当时的亚安全模式提升为安全模式。这些情况都表明，东航和趣拿公司的安全管理并非没有漏洞，而是存在提升的空间。因此，法院确认东航和趣拿公司存在泄露庞某某个人隐私信息的高度可能。

需要强调的是，法院认定本案中趣拿公司和东航存在泄露的高度可能是基于如下因素：一是趣拿公司和东航都掌握着庞某某的姓名、身份证号、手机号码、行程信息;二是其他人整体上全部获取庞某某的姓名、身份证号、手机号码、行程信息的可能性非常低;三是2014年间,趣拿公司和东航都被媒体多次质疑存在泄露乘客隐私的情况。正是在以上三个因素同时具备的情况下,法院才认定东航和趣拿公司存在泄露庞某某个人隐私信息的高度可能。

3. 在东航和趣拿公司有泄露庞某某隐私信息的高度可能之下,其是否应当承担责任

本案为一般侵权责任纠纷,归责原则为过错责任。如上所述,东航和趣拿公司均有泄露隐私的高度可能性,但其是否应该承担责任归根到底还须审查其是否有过错。

近些年来,对个人隐私以及个人信息的保护已成为社会共识。《消费者权益保护法》第29条第2款中明确规定,经营者及其工作人员对收集的消费者个人信息必须严格保密,不得泄露、出售或者非法向他人提供。经营者应当采取技术措施和其他必要措施,确保信息安全,防止消费者个人信息泄露、丢失。这是在立法层面上对消费者个人隐私和信息的保护,也是对经营者保护消费者个人信息的强制性规定。经营者违反了该条规定,即视为其存在过错。本案中,东航和趣拿公司作为各自行业的知名企业,一方面因其经营性质掌握了大量的个人信息;另一方面亦有相应的能力保护好消费者的个人信息免受泄露,这既是其社会责任,也是其应尽的法律义务。诚然,对个人信息的保护是一个逐步的过程,从社会现实来讲不宜苛责过甚。但从法院现有证据来看,东航和趣拿公司在被媒体多次报道涉嫌泄露乘客隐私后,即应知晓其在信息安全管理方面存在漏洞,但是,该两家公司却并未举证证明其在媒体报道后迅速采取了专门的、有针对性的有效措施,以加强其信息安全保护。而本案泄露事件的发生,正是其疏于防范导致的结果,因而可以认定趣拿公司和东航具有过错,理应承担侵权责任。

4. 东航和趣拿公司所提出的中航信更有可能泄露庞某某信息的责任抗辩事由是否有效成立

东航和趣拿公司在诉讼中认为东航所用系统是中航信开发维护的,并且中航信也掌握东航的旅客信息,因而更有可能是中航信泄露庞某某隐私信息,所以东航和趣拿公司应该免责。对此,法院认为,根据上一节的判理,中航信的确与东航、趣拿公司一样存在泄露庞某某信息的高度可能。但是,本案中,庞某某并没有起诉中航信,而中航信也并非必须加入本案诉讼。理由如下:

第一,如果本案中东航和中航信都泄露了庞某某的隐私信息,则东航和中航信

基于各自的泄露行为均应向庞某某承担侵权责任，此时，东航和中航信对庞某某构成不真正连带责任。而在不真正连带责任中，作为受害人的庞某某有权选择起诉侵权人。本案中，庞某某起诉了东航和趣拿公司，而没有起诉中航信，可以认为系庞某某行使了选择权。

第二，如果本案中的确是中航信泄露了庞某某的隐私信息，则从东航和中航信之间的关系看，中航信仅仅是对内向东航提供信息网络服务的人，是为了东航更好地开展工作而为其提供服务的。外部的订票者并不在意、也不知道东航的订票系统是由谁来维护和管理的。无论由谁管理和维护，订票的消费者都认为是在向东航订票。因此，在对外关系上，即便是中航信泄露了庞某某的隐私信息，也可以由东航首先承担责任。东航在承担责任后可以依据其与中航信之间的服务合同条款，在相关证据具备的情况下，向中航信主张权利。因此，庞某某起诉东航而不起诉中航信并无不当。

所以，东航和趣拿公司提出的该项抗辩并不能有效成立。

## 例案二 | 梁某某与上海山讯网络科技有限公司人格权纠纷

**【法院】**

山东省济南市历城区人民法院

**【案号】**

(2015)历城民初字第1641号

**【当事人】**

原告：梁某某

被告：上海山讯网络科技有限公司

法定代表人：张某，该公司执行董事

**【基本案情】**

原告称："2014年9月19日，我经山东旅行社国际旅游有限公司去港澳旅行，总旅费3880元，这是我迄今唯一一次出境旅游，该旅行社也是唯一一家取走我港澳通行证办理出境手续的旅行社。由于导游违反合同行程强迫参加自费项目，延长购物时间，回济后我将该旅行社投诉至济南市旅游局。经旅游局多方调查，证明投诉情况属实，遂责令该旅行社历山路181号的营业部当时的签约代表等相关工作人员向我公开道歉并退赔我旅行费用500元。今年1月6日我在别人提醒下上网查询我的手机号码:××××××。发现在欧旅网(网址:www.oulvwang.com)上有一个叫周某的发帖,将我的港澳通行证挂在网上公开展示!公开我的电话两个,污称我以投诉旅行社骗钱!并呼吁所有的旅行社都不接待我!蒙骗唆使不明真相的导游们将我'拉黑'!由于这次旅行中在香港被不良商家欺骗,买到的是已经使用过的旧相机,我需要尽快返回香港退货。可是此后我与多家旅行社商洽再去香港而不成,被莫明其妙地拒绝!该帖被多达数百人浏览,其中大部分应该是旅游界从业人士。这严重损害了我的人格,降低了我的社会评价,并给我以后的旅行生活造成极大不便!发现该帖后,我请假去派出所报案,并多次去山大路派出所、历城公安分局反映诉求。这一切浪费了我极大的时间和精力!今年5月15日我上网查看,该帖仍然原样挂在那里,继续损害我的名誉,败坏我的人格,泄露我的个人隐私!我请求人民法院依法惩办该不法行为并赔偿我精神损失。请求法院判令被告在其开办的网站欧旅网上撤除侮辱我人格、泄露我证件、姓名、电话等隐私的帖子,在原网站论坛发帖向我赔礼道歉并赔偿我精神损失1万元,并承担诉讼费和材料制作费。"

原告梁某某曾经持港澳通行证跟团到香港旅游。2014年11月15日,有人在www.oulvwang.com网站的"投诉与建议"板块中发表名为"请把此游客拉入黑名单(转)"的帖子,内容为:各位,注意一下这个人,列入黑名单吧!此人自称是老师,跟团旅游回来各种不满意,找事,还投诉旅游局。熟悉旅游法,行程中所列的各项景点和服务标准,抠字眼进行投诉,以此获利。即使团里其他客人都签字确认满意,旅游局也会按照旅游法行事,对旅行社进行处罚。此人经常单人报名,如果遇到这人,坚决不收。此人电话:××××××这人开始找零负团费的港澳游通知你们同事小心,别收此人。在此网帖中,还附有梁某某的港澳通行证照片,对其中的持证人照片、姓名、出生日期等信息也未予隐蔽处理。网站信息显示发帖人系管理员"admin",网站是由一自称名为周某的人设立,在该网站上贴有周某护照的部分照片,并有"我是周某,是生活在米兰的温州籍移民……带团多年,熟悉欧洲各地"等的自我简介,"admin"即为周某。原告梁某某起诉后,2015年7月16日,法院工作人员通过该网站上预留的网络QQ号与这名自称是周某的人取得联系,其称网站是自己设立的,自己在意大利对此事不了解,并非自己所为,如果有此类帖子,应该是之前的管理员所发,此人并称自己的网络空间并非上海山讯网络科技有限公司(以下简称山讯公司)提供。2015年7月17日,此人回复称已经删除帖子,后法院工作人员未在原址发现此帖。至2015年7月16日23:20,该网帖共被浏览

437次。

2015年7月23日，法院通过工业和信息化部的网络平台查询发现山讯公司的网站备案/许可证号现有“××××”四个备案号，另通过其他方式查询发现有“××××”的备案号也在山讯公司名下，显示已经删除。使用名为“站长工具”的网络软件查询“oulvwang.com”的域名，显示主办单位名称为“上海山讯网络科技有限公司”，备案号为“××××”，网站名称为欧旅网，网站首页地址为www.oulvwang.com，且进一步查询该网址的IP地址，显示IP地址为“××××(香港)”。

**【案件争点】**

被告在网上发布的原告的港澳通行证等信息是否侵犯原告的隐私权。

**【裁判要旨】**

根据《互联网信息服务管理办法》第4条规定：“国家对经营性互联网信息服务实行许可制度；对非经营性互联网信息服务实行备案制度。未取得许可或者未履行备案手续的，不得从事互联网信息服务。”第8条规定：“从事非经营性互联网信息服务，应当向省、自治区、直辖市电信管理机构或者国务院信息产业主管部门办理备案手续。办理备案时，应当提交下列材料：(一)主办单位和网站负责人的基本情况；(二)网站网址和服务项目；(三)服务项目属于本办法第五条规定范围的，已取得有关主管部门的同意文件。省、自治区、直辖市电信管理机构对备案材料齐全的，应当予以备案并编号。”备案信息具有较强的公信力，在没有相反证据足以推翻的情况下，应当确认其证明效力。且根据此规定，删除备案信息也应当由备案人进行。被告山讯公司辩称其并非涉案网站的经营者或网络空间运营商，涉案网站可能是他人以前冒用山讯公司的信息进行的备案，山讯公司不应当承担责任。对此，山讯公司并未提交证据证实此冒用行为的存在，且即使其主张的事实存在，山讯公司也应当妥善保存并监管备案资料的使用，在网站备案成立后也应当进行基本的审查，以免侵害他人的权益。山讯公司作为登记备案的网站经营人，虽然该备案信息已经删除，山讯公司也应当向法院提交其删除备案信息是在侵权行为发生之前，才能证明其与网站侵权行为无关的主张。山讯公司在收到法院诉讼文书后，并未向法院提交证据，也未到庭说明和接受调查，应当承担举证不能的责任，故法院对其与欧旅网无关的主张不予采信，山讯公司对于在网站备案过程中对他人造成的损失，应当承担责任。

备案在山讯公司名下的欧旅网将记载梁某某的港澳通行证照片在网络上散播，并使用了“注意”“列入黑名单”“找事”“抠字眼”“坚决不收”“小心，别收此人”

等描述,侵犯了梁某某的名誉权和隐私权,因此帖已于2015年7月17日删除,侵权行为已经停止,梁某某虽主张在该网站上还有一个需要密码才能登录的"内部咨询"版块,认为其中还有此类内容,梁某某未就此举证证实,故对于梁某某要求删帖的请求,不予支持。原告梁某某要求山讯公司在欧旅网论坛发帖赔礼道歉符合法律规定,法院予以支持。原告梁某某主张此网帖已经及于自己的同事、学生和朋友,造成自己的社会评价降低,且对自己的精神造成压力,导致身体健康出现问题;另外,自己需要到香港退掉一个相机,因此帖造成无法成行,要求精神损害抚慰金;该网帖中除了不当言辞外,还披露了梁某某的港澳通行证上的个人信息,损害后果严重,法院对原告此请求予以支持。

## 例案三 | 董某某与杭州法图网络科技有限公司隐私权纠纷

**【法院】**

浙江省杭州市拱墅区人民法院

**【案号】**

(2014)杭拱民初字第281号

**【当事人】**

原告:董某某

被告:杭州法图网络科技有限公司

法定代表人:史某某,该公司总经理

**【基本案情】**

原告董某某在2013年4月发现被告杭州法图网络科技有限公司为了提高其网站的点击量和百度、搜狐等搜索引擎对其发布文章的收录数量,将原告的(2012)杨刑初字第526号判决书内容擅自发布在其自己的网站,并且该份判决书在上海市杨浦区人民法院官网并没有发布出来,显然这不是转自人民法院官网。这个发布行为没有经过原告的同意,也没有经过法院网站的许可,而且没有将原告的名字用化名隐去,但却有意地将证人的名字用化名隐去。原告认为,被告能够将证人的名字用化名隐去必然认识到使用真名可能涉及侵犯他人隐私权,但被告有意将原告的姓名实名使用,这对原告已经造成了严重伤害。原告在2013年已经设立自己的贸易公司,需要与不同客户进行各类贸易往来。部分客户在被告网站上看到该判决书后,要求与原告解除买卖合同,这给原告造成了极大的经济损失,并且也影响了原告的正常生活。原告咨询了杨浦区法院，刑事判决书须律师出具介绍信函并经主审法官同意才能查阅调取。杨浦区法院并没有将原告的判决书公布在网上，即使将判决书公布在网上，也会隐去当事人的姓名等信息保护当事人。被告这种擅自公布原告判决书的行为，造成相当广泛网络传播，其他认识原告或正在与其交往的人能清晰地辨别所指，从而对原告形成舆论指向。容易造成他人对案件事实的曲解，使原告的社会评价降低，被告有侵犯原告名誉或隐私之嫌。

**【案件争点】**

被告公布原告的判决书是否侵犯原告的隐私权。

**【裁判要旨】**

隐私权是公民享有的私人生活安宁与私人信息依法受到保护，不被他人非法侵扰、知悉、搜集和公开的一种人格权。但损害公共利益、违反实体法的强制性规定或违反重要的公共道德的隐私，不应受到法律保护。董某某因合同诈骗被判处刑罚的信息，不属于依法可以受到法律保护的个人隐私，故法图公司在自己的网站上发布(2012)杨刑初字第526号刑事判决书的行为没有侵犯董某某的隐私权，董某某要求法图公司赔礼道歉、赔偿损失的诉讼请求于法无据，法院不予支持。

## 三、裁判规则提要

### (一)网络用户在收集个人信息的过程中如果因为过错而泄露个人隐私，需要承担侵权责任

隐私权引进我国时间并不长，20世纪90年代学术界才对隐私权进行初步的研究。随着个体权利意识的不断提升，以及个人信息和隐私泄露现象的日益严重，隐私权保护问题日益受到人们的重视。我国《侵权责任法》第2条为隐私权的保护提供了明确的依据："侵害民事权益，应当依照本法承担侵权责任。本法所称民事权益，包括生命权、健康权、姓名权、名誉权、荣誉权、肖像权、隐私权、婚姻自主权、监护权、所有权、用益物权、担保物权、著作权、专利权、商标专用权、发现权、股权、继承权等人身、财产权益。"

隐私权是绝对权，具有普遍的对世效力，要求任何不特定人负有不侵犯他人隐私的义务，违反这种义务进行的行为均被纳入侵犯隐私行为之列，除非有正当合法抗辩事由存在，通常这种侵害行为以作为形式表达，并不必以公开他人隐私为要件。结合行为类型的多样性与隐私内涵的发展性，基本可以概括为两类：侵扰私人空间的行为与侵害私人信息的行为。

侵害隐私并不直接与财产利益挂钩,甚至有时根本没有财产利益受损,受冲击的往往是人格利益的损害,通常伴有精神痛苦,当然这并不否认隐私权遭受损害所导致的权利人经济上的损失。一般来讲,只要存在侵害法定权利的事实,即使侵害后果难以觉察或证明,即可构成侵权法中的损害。隐私权这种精神性人格权损害后果不易量化,受害人具体人格受损证明困难,但这点并不妨碍认定损害事实的存在。

此外,侵犯个人隐私权的条件之一是存在恶意或者过错,如果是因为不可归因于网络经营者的原因而导致用户个人信息的泄露,诸如网络信息被黑客攻击或者用户在信息的适用上存在过错,那么信息泄露的责任不可归因于网络经营者。由此可见,侵犯隐私权和一般的侵权责任一样,主观过错是必要的构成要件。

### (二)网络时代个人隐私与个人信息的区别与界限

网络时代,网上个人信息保护成为一个引起高度关注的问题。个人信息权利与隐私权互相交叉、互相重叠,但又有着诸多区别,尤其在保护方式上区别较大,因此,网络时代,关注隐私权保护需要对个人信息保护进行全面理解。

个人信息是指与特定个人相关联的、反映个体特征的、具有可识别性的符号系统,包括个人身份、工作、家庭、财产、健康等各方面的信息。由此看来,个人信息更多地涉及人格,因此是一种民事权利。与隐私权相比,两种权利在权利内容等方面存在一定的交叉。

概括而言,个人信息与个人的私生活密切相关,同时也是个人事务的组成部分,只要不涉及公共利益,个人信息的私密性应该被尊重和保护,而法律保护个人信息在很大程度上就是维护个人信息不被非法公开和披露等;另外,个人信息和个人生活安宁有直接关联,私密的个人信息被非法公开可能会对个人生活安宁造成破坏。在这种紧密的关联下,如何界定个人信息权和隐私权,反而显得更加必要。

隐私的内容主要包括维护个人的私生活安宁、个人私密不被公开、个人私生活自主决定等。隐私权特别注重"隐",其含义包括两方面的内容:一方面,是指独处的生活状态或私人事务;另一方面,是指私生活秘密不受他人的非法披露。与此相应,对隐私的侵害主要是非法的披露和骚扰。而个人信息权主要是指对个人信息的支配和自主决定。个人信息权的内容包括个人对信息被收集、利用等的知情权,以及自己利用或者授权他人利用的决定权等内容。即便对于可以公开且必须公开的个人信息,个人应当也有一定的控制权。例如,权利人有权知晓在多大程度上公开、向谁公开该信息以及他人会基于何种目的利用信息等。正是从这个意义上说,很多学者将个人信息权称为“信息自决权”。①

即使一些个人信息与隐私之间存在交叉，但隐私权制度的重心在于防范个人秘密不被非法披露，而并不在于保护这种秘密的控制与利用，这显然并不属于个人信息自决的问题。与此相应，对个人信息权的侵害主要体现为未经许可而收集和利用个人信息、侵害个人信息，主要表现为非法收集、非法利用、非法存储、非法加工或非法倒卖个人信息等行为形态。其中，大量侵害个人信息的行为都表现为非法篡改、加工个人信息的行为。

区分个人信息权和隐私权的重要目的之一在于区分不同的保护方式，换言之，在不同的权利遭受侵害时，为权利人提供不同的救济和保护方式。具体而言，两者的保护方式存在如下区别：第一，因可能涉及公共利益与公共安全，对个人信息的保护应注重预防，而隐私的保护则应注重事后救济。因此，我国的网络信息安全法应重点规定个人信息而不是隐私。第二，在侵害隐私权的情况下，主要采用精神损害赔偿的方式加以救济，而对个人信息的保护，除采用精神损害赔偿的方式外，也可以采用财产救济的方法。第三，隐私权保护主要采用法律保护的方式，而个人信息的保护方式则呈现多样性和综合性，尤其是可以通过行政手段对其加以保护。②

当然，由于许多个人信息本身具有私密性，而许多隐私也是以个人信息的形式表现出来，所以，当某种行为侵害他人隐私权或个人信息权时，有可能导致同时侵害这两种权利，从而构成侵权的竞合，受害人可以选择对自身最为有利的方式加以主张。例如，随意散布个人病历资料，既侵犯了隐私权，也侵犯了个人信息权。

但整体而言，个人信息这一概念远远超出了隐私信息的范围。而在隐私权侵权纠纷中，亦应对这两个概念做出区分。

在区分个人信息与隐私权的范围时，还应对隐私权的范围进行细化，避免将那些不属于个人隐私的信息纳入隐私权保护的范围，造成个人隐私权的不当扩张。在上文的第三个案例里，判决书如果不涉及私隐或者没有确实不应当公开的信息，一般不属于个人隐私，属于可以公开的有关个人的信息。

另外，对于官员和明星等公众人物的隐私权保护范围，根据公众人物享受媒体曝光的好处的实际情况或者其承担的社会公共职责，其已经默认对其隐私权进行了一定的让渡，其隐私权保护的范围显然不同于普通公民，这在实际中已经得到

① 王利明：《论个人信息权的法律保护》，载《现代法学》2013年第4期。

② 参见王利明：《论个人信息权的法律保护》，载《现代法学》2013年第4期。

认同。

(三)保护个人隐私权是维护社会安定的保证

重视个人隐私的保护,既是个人权利意识提升的表现,也是对商家侵犯个人隐私现象频出的一种回应。但是,隐私权的边界在哪,隐私权的范围是什么,对隐私权的保护的限度在哪,不同人群的隐私权的保护方法和范围有什么不同,在现实中还存在较多的争议。这与我国隐私权概念的引进时间不长有关,也与目前立法与司法实践中存在的不够清晰或者明确有关。因此,通过互联网平台的隐私权保护实践,对于推动我国隐私权保护的水准、提升个人隐私权保护的意识,是很有意义的。

另外,隐私权作为公民个人最隐秘的个人信息,对其的尊重体现了国家对公民个人基本权利的重视和尊重。这是对公民个人人权的重视和促进,也是我国法治进步的表现。

对隐私权的重视和保护,也有利于良好的人际关系的建立和维护,对于构建良好的社会风气、社会公德和社会秩序意义重大。

此外,网络由于具有独特性,在泄露个人隐私方面具有控制性难、影响面广等特征。美国有学者甚至发出"隐私权已经死亡"的感叹。① 这种说法虽然有点夸大,但是却对网络时代高科技对个人信息和隐私的无孔不入及肆意侵犯的一种反映。近年来,诸如华住、顺丰导致数以千万计的个人信息被泄露,造成了一定的社会恐慌。而信息一旦泄露,不仅挽回的成本高,而且可能会造成难以估量的损失。因此,对隐私权和个人信息的重视和保护方式的关注,在当前具有重要的意义。

## 四、辅助信息

**高频词条:**

**《民法总则》**

**第 111 条** 自然人的个人信息受法律保护。任何组织和个人需要获取他人个人信息的,应当依法取得并确保信息安全,不得非法收集、使用、加工、传输他人个人信息,不得非法买卖、提供或者公开他人个人信息。

① 参见王利明著:《人格权法研究》,中国人民大学出版社 2018 年版,第 122 页。

**《信息网络侵害人身权益案件的规定》**

**第 18 条** 被侵权人为制止侵权行为所支付的合理开支,可以认定为侵权责任法第二十条规定的财产损失。合理开支包括被侵权人或者委托代理人对侵权行为进行调查、取证的合理费用。人民法院根据当事人的请求和具体案情,可以将符合国家有关部门规定的律师费用计算在赔偿范围内。

被侵权人因人身权益受侵害造成的财产损失或者侵权人因此获得的利益无法确定的,人民法院可以根据具体案情在 50 万元以下的范围内确定赔偿数额。

精神损害的赔偿数额,依据《最高人民法院关于确定民事侵权精神损害赔偿责任若干问题的解释》第十条的规定予以确定。

# 互联网纠纷案例裁判规则第 10 条:

## 网络虚拟店铺权利属性为用户与网络平台之间的债权债务,未经网络平台同意的店铺转让行为成立但未生效

〔**规则描述**〕:网络虚拟店铺作为一种新兴的营业模式,其法律关系的变动与传统的所有权变动有很大不同。网络虚拟店铺的转让应当分为两个层次:首先,网络虚拟店铺的出让人与网络平台成立有效的债权债务关系;其次,出让人与受让人之间成立债权债务的概括移转,需要得到网络平台的同意,未经网络平台同意的转让行为成立但未生效。

### 一、类案检索大数据报告

时间:2019 年 3 月 26 日之前,案例来源:Alpha 案例库,案件数量:123 件,数据采集时间:2019 年 3 月 26 日。本次检索获取 2019 年 3 月 26 日前共 123 篇裁判文书。基本情况如图 10 - 1 所示,从案件年份分布情况可以看出当前条件下案例数量的变化趋势。

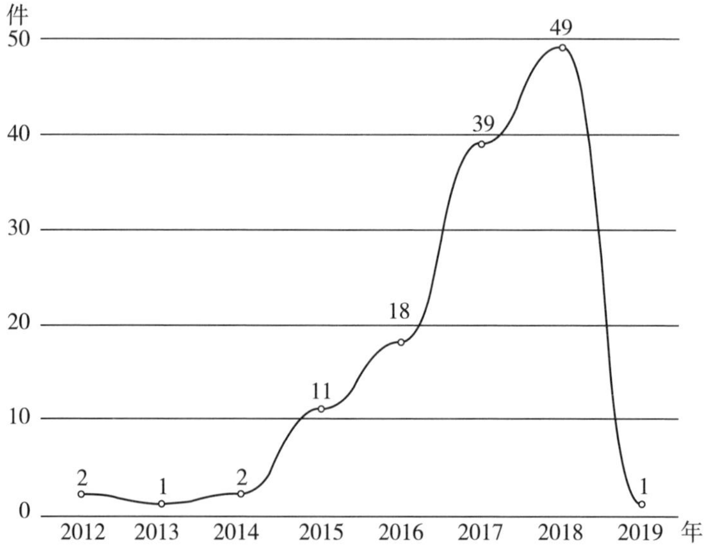


**图 10 - 1　案件年份分布情况**

如图10－2所示，从案件主要地域分布情况来看，当前案例主要集中在上海市、浙江省、广东省，分别占比约为25%、14%、10%。其中，上海市的案件量最多，达到31件。

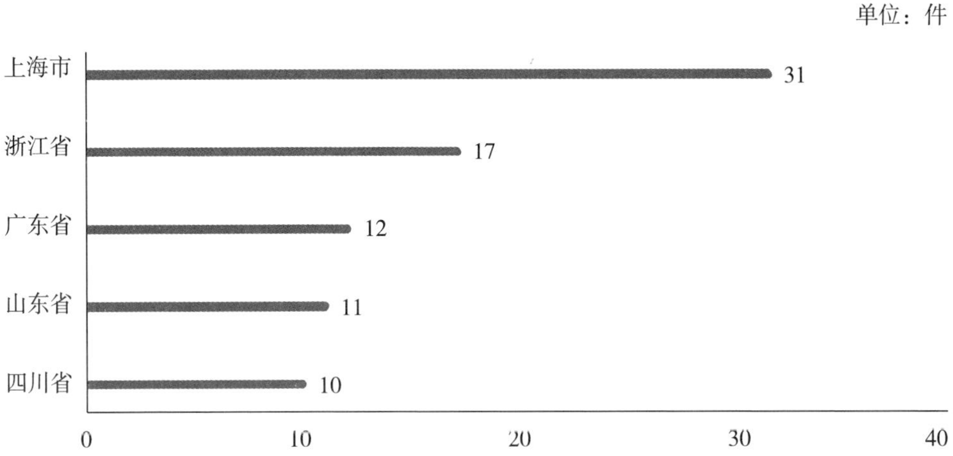


**图10－2　案件主要地域分布情况**

如图10－3所示，从案件审理程序分类统计可以看出，一审案件有93件，占比约为75.61%；二审案件有28件，占比约为22.77%；再审案件有1件，占比约为0.81%；其他案件有1件，占比约为0.81%。

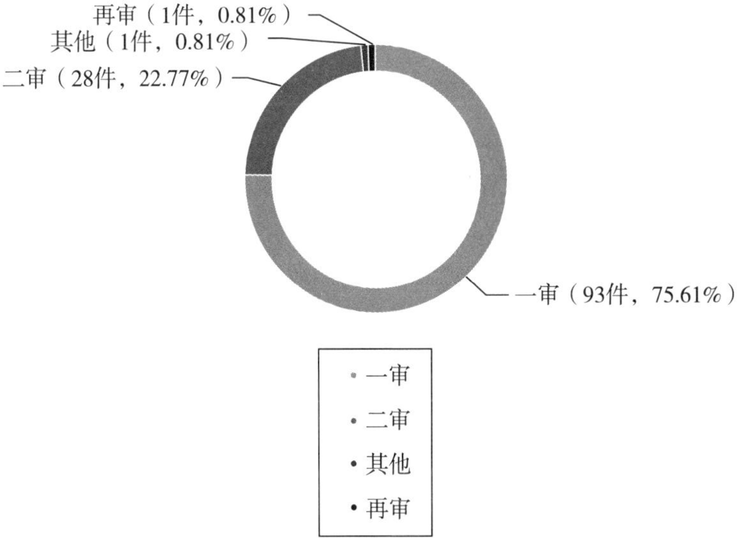


**图10－3　案件审理程序分类**

如图 10－4 所示,从案件一审裁判情况可以看出,当前条件下全部/部分支持的有 70 件,占比约为 75.27%;全部驳回的有 14 件,占比约为 15.05%;其他的有 9 件,占比约为 9.68%。

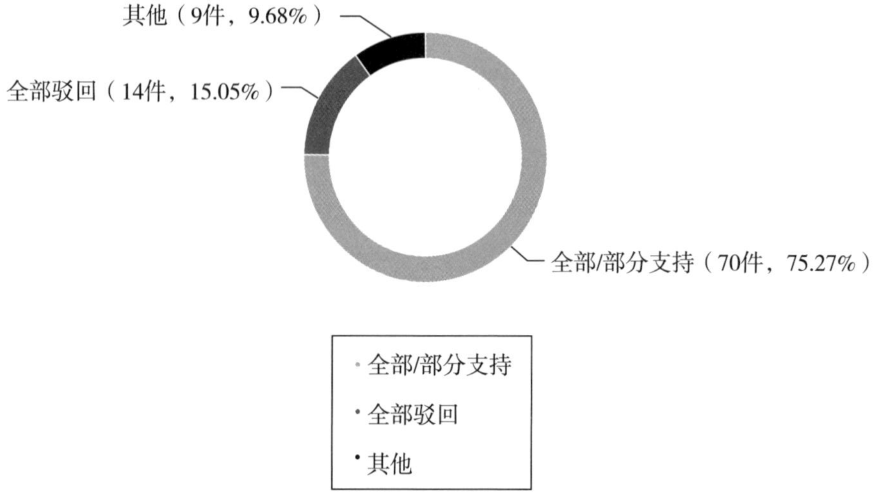


**图 10－4 案件一审裁判结果**

如图 10－5 所示,从案件二审裁判情况可以看出,当前条件下维持原判的有 18 件,占比约为 64.28%;其他的有 5 件,占比约为 17.86%;改判的有 5 件,占比约为 17.86%。

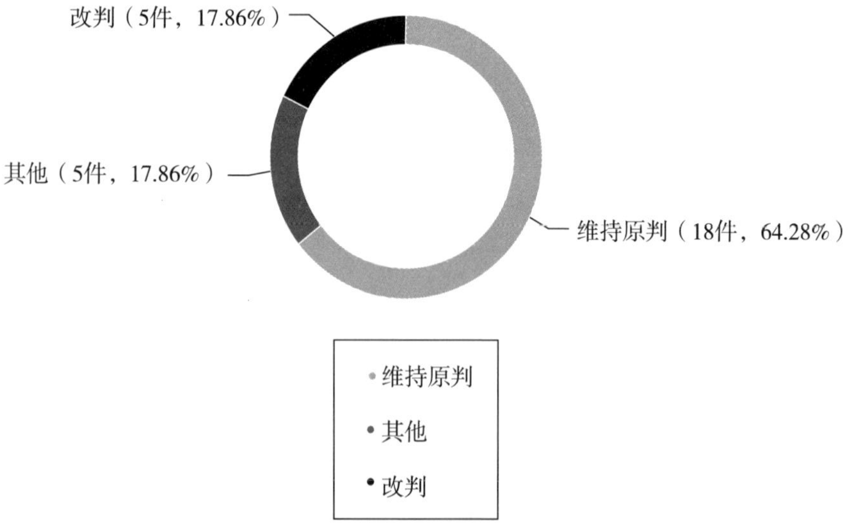


**图 10－5 案件二审裁判结果**

## 二、可供参考例案

### 例案一 | 浙江淘宝网络有限公司与李某买卖合同纠纷

**【法院】**

上海市第一中级人民法院

**【案号】**

(2015)沪一中民一(民)终字第 4045 号

**【当事人】**

上诉人(原审被告):浙江淘宝网络有限公司

法定代表人:陆某某,该公司董事长

被上诉人(原审原告):李某

原审被告:姚某某

**【基本案情】**

2011 年 12 月 29 日,李某与姚某某签订《淘宝网店转让合同》。合同约定由姚某某向李某转让其注册的“淘宝店铺:燕子浦东机场日上免税代购化妆品”。二人共同商定,店铺的转让总费用为人民币 43,700 元,其中包括本网络店铺所有权出让金、库存货出让金以及消费者保障计划冻结保证金。

双方约定出让人姚某某对所提供店铺的一切资料保证其真实性,且来源合法;在店铺转让后,不得以任何方式向店铺所在网络平台找回或者修改会员账号及密码,也不得有转移账号内资金的行为,并保证任何第三方(包括但不限于店铺所在网络平台)不会查封店铺;在转让后不得以任何形式干预或者破坏受让人李某的正常交易活动;姚某某在转让后不得以任何形式利用店铺的资料;姚某某在转让后不得再将店铺转让给任何第三方。

李某必须提供真实的身份证明资料,受让后不得违反法律法规进行非法活动,不得违反店铺所在网络平台规则。李某再次转让该网店时需取得甲方同意,否则不得转让。

李某向姚某某支付了转让款,并于 2011 年 12 月 30 日通过姚某某获取店铺登入账号及密码,接手经营系争淘宝店铺至今。

2014 年 1 月 10 日修订版的《淘宝平台服务协议》载明:您的登录名、淘宝昵称和密码不得以任何方式买卖、转让、赠与或继承,除非有法律明确规定或司法裁定,并经淘宝同意,且需提供淘宝要求的合格的文件材料并根据淘宝制定的操作流程办理。2015 年 2 月,淘宝公司根据淘宝相关规则查封系争淘宝店铺账户。

**【案件争点】**

李某与姚某某签订的《淘宝网店转让合同》未经淘宝同意,是否发生法律效力。

**【裁判要旨】**

法院认为:当事人依法享有自愿订立合同的权利。依法成立的合同,对当事人具有法律约束力,受法律保护。本案中,姚某某通过与淘宝公司签订服务协议并经实名认证,取得系争淘宝店铺之经营权。服务协议内容经双方认可,且不存在违反法律行政法规强制性规定、损害社会公共利益等情形,故双方间形成合法有效的合同关系。经营多年后,姚某某通过签署《淘宝网店转让合同》,将系争淘宝店铺转让给李某,实际上系姚某某将其与淘宝公司间合同关系项下的权利义务一并转让给李某。根据《合同法》之规定,当事人一方将自己在合同中的权利和义务一并转让给第三方的,须经对方当事人的同意。现姚某某与李某未征得淘宝公司同意,私自转让系争淘宝店铺,该转让行为不发生法律效力。

## 例案二 | 陶某与刘某合同纠纷

**【法院】**

四川省南充市嘉陵区人民法院

**【案号】**

(2018)川 1304 民初 1448 号

**【当事人】**

原告:陶某

被告:刘某

**【基本案情】**

2018 年 4 月 2 日,原告陶某(乙方)与被告刘某(甲方)签订《淘宝商铺转让合同》,双方约定甲方向乙方转让其在浙江省淘宝网网络有限公司和浙江省支付宝网络有限公司的网络交易账号,以及开设的淘宝商铺的所有权和经营权、使用权及相关附随权利,转让价款为 31,088 元。乙方于签订本合同之日起 3 日内,前期交付甲方人民币 31,088 元。于签订本合同之日起 3 日内,甲方应向乙方交付淘宝商铺账号及密码,支付宝账号及密码,淘宝、支付宝密码保护,支付宝数字证书等所有信息与资料；如甲方交付乙方全部资料3个工作日内没有付清余下款项，甲方有权解除合同（首付不予退回），如乙方支付上述首付款项后，甲方未交付全部资料，应当双倍返还金额并赔偿损失。

被告刘某通过与浙江省淘宝网网络有限公司签订服务协议并经被告刘某实名认证，取得诉争淘宝店铺的经营权，主要经营淘宝店铺的网页装饰等。淘宝规则限制淘宝店铺的擅自转让行为，且该规则均在淘宝网络平台上有公示。

**【案件争点】**

在原告、被告明知淘宝规则限制擅自转让的情形下，被告刘某转让淘宝店铺于原告陶某的行为是否发生法律效力。

**【裁判要旨】**

法院认为，被告刘某通过与浙江省淘宝网网络有限公司签订服务协议并经被告刘某实名认证，取得诉争淘宝店铺的经营权。服务协议内容经双方认可，且不存在违反法律行政法规强制性规定、损害社会公共利益等情况，故被告刘某与浙江省淘宝网网络有限公司之间形成合法有效的合同关系。

被告刘某通过签署《淘宝商铺转让合同》，将诉争淘宝店铺转让给原告陶某，实际上系被告刘某将其与浙江省淘宝网网络有限公司间合同关系项下的权利义务一并转让给原告陶某，该转让为债权债务的概括转移，债权债务的概括转移必须取得转让合同相对方的同意。

另外，淘宝店铺均存在一定程度的信用等级，该信用等级与店主的经营能力及信誉息息相关，是消费者网络消费时的重要参考因素，故淘宝规则限制淘宝店铺的擅自转让行为，原告陶某与被告刘某明知上述规则而进行转让显非善意，原告陶某取得涉案淘宝店铺，实质上是一种不正当的竞争行为，侵害了网络平台经营者和消费者的知情权。如果允许淘宝店铺任意进行买卖，实质上是架空了浙江省淘宝网网络有限公司的实名认证制度及信用等级制度，从而冲击市场秩序，对网络交易安全带来不可知性、不可控性的影响，故本案中，原告、被告双方均未提供证据证明其所签订的《淘宝商铺转让合同》已经浙江省淘宝网网络有限公司同意，故原、被告双方私自转让诉争淘宝店铺的行为不发生法律效力。

## 例案三 | 戚某某与曾某某买卖合同纠纷

【法院】

上海市闵行区人民法院

【案号】

(2017)沪0112民初26797号

【当事人】

原告:戚某某

被告:曾某某

第三人:上海舞泡网络科技有限公司

法定代表人:盛某某,该公司总经理

【基本案情】

2017年1月6日,原告戚某某作为乙方(受让方)与被告曾某某作为甲方(出让方)、第三人舞泡公司作为丙方(居间方)签订《网络店铺转让合同》,主要内容为甲方将其注册的淘宝网店转至乙方,该网店的转让费用为27,000元人民币。

该网店的转移方式为,由甲方通过受让股权的方式成为乙方指定企业的名义股东。再将甲方名下的个人淘宝店铺转移至该企业名下,同时将个人淘宝店升级为企业淘宝店,随后甲方重新将股权恢复到原股东名下。

甲方保证对网店所在平台随时可能产生的验证原店主身份之需求提供及时的、无条件的配合和协助。

2017年2月6日,原告通过舞泡平台会员为“孤独患者”的账号支付24,300元、5400元各一笔。2017年2月9日,该账户收入2570元,备注为:覃某转账至孤独患者(贷款的钱),该账户于2017年2月10日提现2570元。

原告另陈述2017年3月至5月,由其实际使用涉案网店,2017年5月因被告未进行淘宝网要求的扫脸认证,导致其无法再次登入该网店。

【案件争点】

被告与淘宝公司签订服务协议并取得店铺经营权后,在未得到淘宝公司允许的情况下转让店铺的行为能否发生法律效力。

【裁判要旨】

法院认为,当事人依法享有自愿订立合同的权利。依法成立的合同,对当事人具有法律约束力，受法律保护。本案中，被告曾某某通过与淘宝公司签订服务协议并经实名认证，取得系争淘宝店铺之经营权。服务协议内容经双方认可，且不存在违反法律行政法规强制性规定、损害社会公共利益等情形，故双方间形成合法有效的合同关系。被告通过签署《网络店铺转让合同》，将系争淘宝店铺转让给原告戚某某，尽管双方之间的转让合同还涉及库存货、客户资料等其他内容，但实际上系曾某某将其与淘宝公司间合同关系项下的权利义务一并转让给戚某某。根据《合同法》之规定，当事人一方将自己在合同中的权利和义务一并转让给第三方的，须经对方当事人的同意。

在缺乏必要、有效公示手段的情形下，店主私自转让淘宝店铺，确会导致经营能力及信誉与信用等级不匹配之状况，对网络交易安全带来不可知、不可控的影响，故淘宝公司之服务协议规定限制淘宝店铺的私自转让，有其合理性。

虽然原告、被告双方签订的《网络店铺转让合同》涉及网店升级企业店铺事宜，但根据合同内容及原告陈述，原告、被告双方转让的网络店铺系个人店铺，并非已经升级完毕的企业店铺，仍受淘宝公司之服务协议规定的限制淘宝店铺的私自转让之约束，现原告、被告双方均未提供证据证明其所签订的《网络店铺转让合同》系经淘宝公司同意，故原告、被告双方私自转让系争淘宝店铺的行为不发生法律效力。

## 三、裁判规则提要

### （一）转让的标的物为店铺经营者账户

由于淘宝网店铺与账户的不可分性，店铺转让实质为店铺经营者账户的转让。《淘宝平台服务协议》第3.2条规定了账户转让："由于用户账户关联用户信用信息，仅当有法律明文规定、司法裁定或经淘宝同意，并符合淘宝平台规则规定的用户账户转让流程的情况下，您可进行账户的转让。您的账户一经转让，该账户项下权利义务一并转移。除此外，您的账户不得以任何方式转让，否则淘宝平台有权追究您的违约责任，且由此产生的责任及后果均由您承担。"

在案例检索结果中出现的"店铺转让"字样，其本质上是对网络店铺账户的转让。在"王某买卖合同纠纷案"中，一审法院认为，《网络店铺转让合同》项下的转让标的物—某淘宝店—是当事人经实名认证后，在淘宝网上设立的店铺，该店铺实质上是自然人于第三方网络交易平台之上，以二级域名的形式存在并经营的网络店铺。从表现形式上来看，网络店铺表现为电磁记录，即通过网店经营者与消费者的网上交易行为，产生出相应的存储于平台服务器端的电磁记录，是以数字化形式存在的信息资源；从内容构成上来看，网络店铺由店铺名称、虚拟空间、交易记录、信用记录、交易评价等要素组成。由此可见，网络店铺不同于物权法下的物。

网络店铺不应成为物权客体。关于网络店铺能否成为物权客体，目前法律上没有明确规定。随着社会生活的发展，纳入法律上所称的物的范围不断扩张，但这些法律上的"物"均具备以下特征：1. 必须是可为权利客体者，即非人格性，人的身体为人格所附，不能为物；2. 具有法律上排他的支配可能性或管理可能性。在法学研究中，民法中的物一般具有以下特点：(1)能够特定化；(2)必须具有能够实际支配或者法律上支配的可能性；(3)不能违反伦理；(4)不能违反法律的禁止性规定。

网络店铺的运营需要特定的网络交易平台提供服务器，即经营者需要特定的他人协助才可以行使权利，而且权利的存续期间也需要二者的约定。除此之外，网络店铺经营所积累的商誉具有很强的依附性。从司法实践和学理来看，网络店铺不是传统民法上的"物"，经营者对网络店铺享有的权利也就不能被定义为物权，在司法裁判中，这种权利经常被认定为经营者对网络店铺的经营权、使用权。

网络店铺经营者的经营权、使用权，是通过其所控制的网络店铺账户实现的，在案例所涉及的"店铺转让合同"中，出让人和受让人都是通过转让网络店铺账户使用权来实现店铺转让。从这个角度来看，所谓的"店铺转让"并非是物权转让，而是网络店铺账户使用权的转让。

### (二)出让人和受让人之间成立转让合同

只要出让人和受让人为合格的民事主体，那么根据《合同法》规定的要约承诺规则，当事人意思表示达成一致时店铺转让合同成立。

实践中，店铺转让的成立往往还有居间方参与。当网络店铺的经营者在某交易平台上发布店铺转让的意向，如果潜在的购买者对该店铺有兴趣，居间方将会促成该店铺转让合同的成立，并且为交易双方提供店铺转让合同模板。但是，居间合同与店铺转让合同调整不同的法律关系，司法裁判中普遍认为二者独立发生法律效力，即使在形式上以三方协议的方式呈现。

### (三)除有法律规定、司法裁判外，转让需经网络平台经营者同意

根据《淘宝平台服务协议》的规定，出让人要想转让其店铺账户，需要同时满足

实体性条件和程序性条件。实体性条件包括以下两种条件之一：(1)存在生效的司法裁判判令该网络店铺账户转让；(2)该店铺转让经淘宝同意。程序性条件为满足淘宝平台规则规定的用户账户转让流程。

出让人对网络店铺的权利并非民法上的物权，出让人转移网络店铺的行为通常被认为是合同中债权债务的概括移转。《淘宝平台服务协议》载明，账户一经转让，该账户下权利义务一并移转。

法院在裁判中，通常先认定出让人和网络交易平台之间的服务协议合法有效，那么在出让人和网络交易平台之间就形成了有效的债权债务关系。当出让人将其对网络店铺享有的经营权、使用权出让给受让人时，相当于由受让人概括继承其在服务协议中的债权债务。

《合同法》第 88 条规定，当事人一方经对方同意，可以将自己在合同中的权利和义务一并转让给第三人。在该类案件中，出让人和网络交易平台间的《服务协议》即《合同法》第 88 条所指称的"合同"。在网络交易平台同意的条件下，出让人通过与受让人签订"网络店铺转让合同"，可以将服务协议内的权利义务概括移转给受让人，换言之，如果没有经过网络交易平台的同意，合同权利义务的概括移转不发生法律效力。

进一步分析"网络店铺转让合同"，需要区分合同的无效与不生效。合同的无效是指合同自始、当然、绝对无效。而合同不生效则是指合同虽然成立，但是因为欠缺某些生效的要件而不发生当事人预想的法律效果。

在该类案件中，出让人和受让人之间的合同自双方达成合意时成立，但是因为该合同所追求的法律效果是变更一方当事人与合同外第三人(网络交易平台)之间的债权债务关系，所以该合同要想发生相应的法律效果，必须经过第三人的同意，即"网络店铺转让合同"想要发生当事人所追求的法律效果，须经"服务协议"的一方当事人——网络交易平台的同意。

如果得到网络交易平台的同意，那么"网络店铺转让合同"发生法律效力，如果网络交易平台不同意，那么该合同仅成立而未发生法律效力，即受让人不能取代出让人成为服务协议的当事人，也无法取得对网络店铺的经营权、使用权。

## 四、辅助信息

**高频词条:**

**《合同法》**

**第8条** 依法成立的合同,对当事人具有法律约束力。当事人应当按照约定履行自己的义务,不得擅自变更或者解除合同。

依法成立的合同,受法律保护。

**第52条** 有下列情形之一的,合同无效:

(一)一方以欺诈、胁迫的手段订立合同,损害国家利益;

(二)恶意串通,损害国家、集体或者第三人利益;

(三)以合法形式掩盖非法目的;

(四)损害社会公共利益;

(五)违反法律、行政法规的强制性规定。

**第58条** 合同无效或者被撤销后,因该合同取得的财产,应当予以返还;不能返还或者没有必要返还的,应当折价补偿。有过错的一方应当赔偿对方因此所受到的损失,双方都有过错的,应当各自承担相应的责任。

**第60条** 当事人应当按照约定全面履行自己的义务。

当事人应当遵循诚实信用原则,根据合同的性质、目的和交易习惯履行通知、协助、保密等义务。

**第88条** 当事人一方经对方同意,可以将自己在合同中的权利和义务一并转让给第三人。

**第93条** 当事人协商一致,可以解除合同。

当事人可以约定一方解除合同的条件。解除合同的条件成就时,解除权人可以解除合同。

**第94条** 有下列情形之一的,当事人可以解除合同:

(一)因不可抗力致使不能实现合同目的;

(二)在履行期限届满之前,当事人一方明确表示或者以自己的行为表明不履行主要债务;

(三)当事人一方迟延履行主要债务,经催告后在合理期限内仍未履行;

(四)当事人一方迟延履行债务或者有其他违约行为致使不能实现合同目的;

(五)法律规定的其他情形。

**第 97 条** 合同解除后，尚未履行的，终止履行；已经履行的，根据履行情况和合同性质，当事人可以要求恢复原状、采取其他补救措施、并有权要求赔偿损失。

**第 107 条** 当事人一方不履行合同义务或者履行合同义务不符合约定的，应当承担继续履行、采取补救措施或者赔偿损失等违约责任。

**第 109 条** 当事人一方未支付价款或者报酬的，对方可以要求其支付价款或者报酬。

## 互联网纠纷案件裁判规则第 11 条:

### 第三方电商平台按照电子合同的约定对商家售假行为进行违规处理于法不悖,有利于净化网络交易环境,保护消费者的合法权益,维护平台管理秩序和商誉,对其效力判断应遵循意思自治原则,在法律框架内予以支持

〔**规则描述**〕:“互联网 +”时代下电子商务飞速发展,但同时也出现了诸多亟待解决的问题,尤以制售假问题最为严重。囿于网络行为的隐蔽性、举证的艰难性、技术的复杂性,电商平台自身采取的净化措施就十分重要。诸多主流平台结合自身实际制定了打假规则,因平台处理售假商家引发的民事纠纷也日渐增多,由此引发了关于平台打假规则效力判定的争议。

### 一、类案检索大数据报告

时间:2019 年 2 月 22 日之前,案例来源:Alpha 案例库,案件数量:72 件,数据采集时间:2019 年 2 月 22 日。本次检索获取 2019 年 2 月 22 日之前共 72 篇裁判文书。如图 11 -1 所示,从案件年份分布情况可以看出当前条件下案例数量的变化趋势。

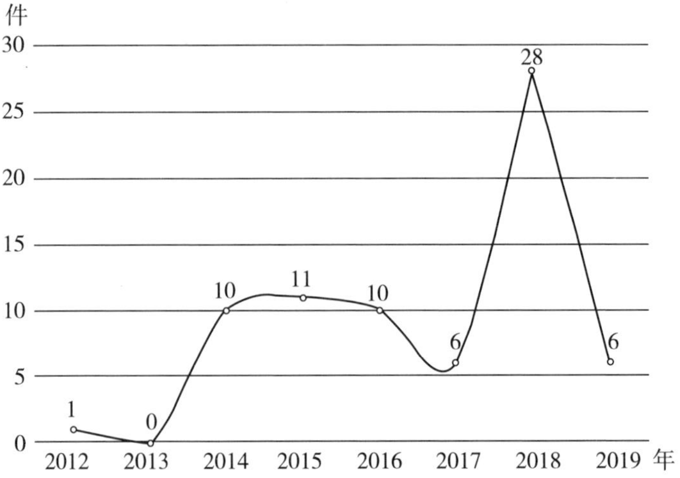


**图 11 -1 案件年份分布情况**

如图 11 -2 所示,从案件主要地域分布情况来看,当前案例主要集中在浙江省、上海市,分别占比约为 64% 、22% ,其中,浙江省的案件数量最多,达到 46 件。

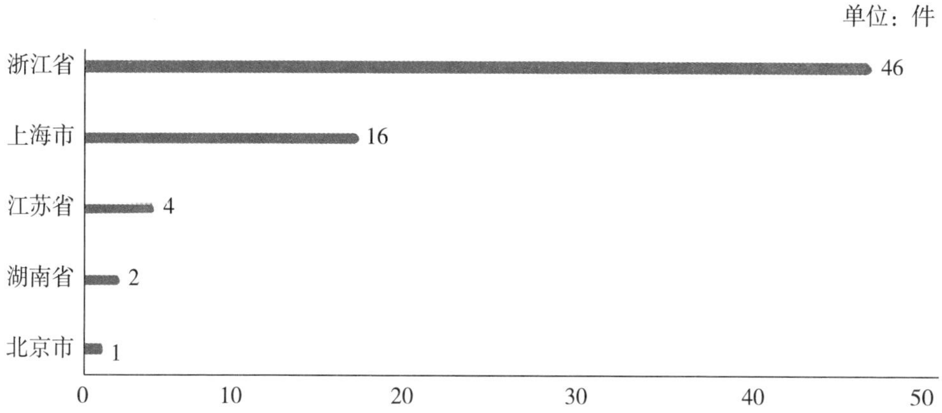


**图 11 -2　案件主要地域分布情况**

如图 11 -3 所示,从案件审理程序分类统计可以看出,一审案件有 52 件,占比约为 72.22% ;二审案件有 20 件,占比约为 27.78% 。

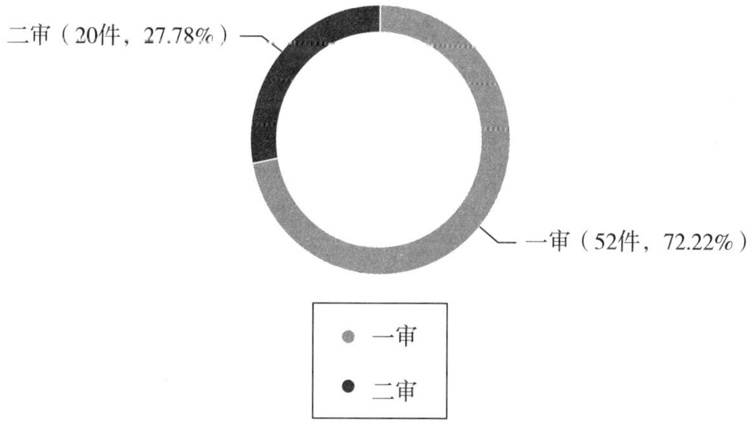


**图 11 -3　案件程序分类**

如图 11 -4 所示,从案件一审裁判情况可以看出,当前条件下全部/部分支持的有 18 件,占比约为 34.62% ;全部驳回的有 34 件,占比约为 65.38% 。

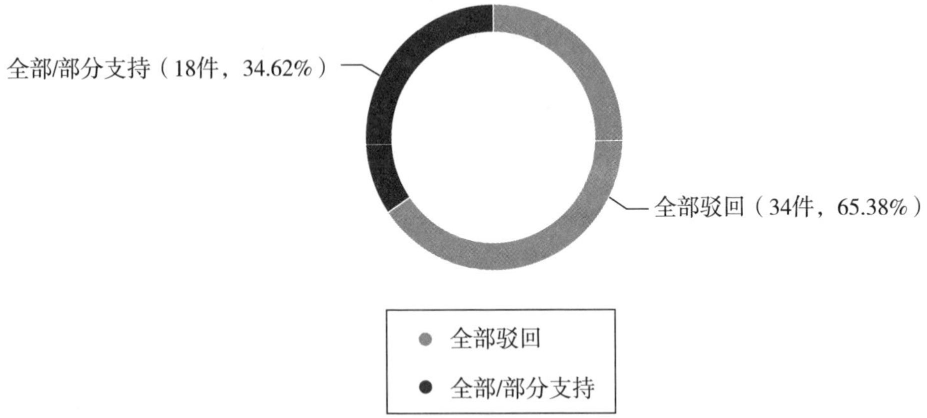


**图 11－4　案件一审裁判结果**

如图 11－5 所示,从案件二审裁判情况可以看出,当前条件下维持原判的有 15 件,占比约为 75%;改判的有 5 件,占比约为 25%。

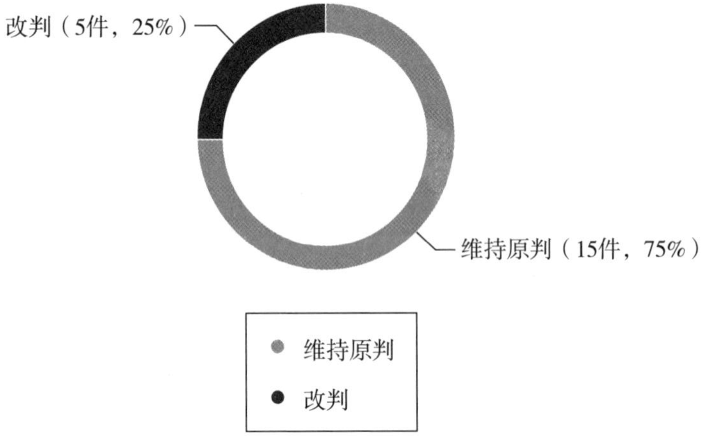


**图 11－5　案件二审裁判结果**

## 二、可供参考例案

### 例案一 | 福州九农贸易有限公司与上海寻梦信息技术有限公司服务合同纠纷

**【法院】**

上海市长宁区人民法院

**【案号】**

(2017)沪 0105 民初 20204 号

**【当事人】**

原告：福州九农贸易有限公司

法定代表人：梁某某，该公司总经理

被告：上海寻梦信息技术有限公司

法定代表人：蔡某某，该公司职务董事长

**【基本案情】**

2016 年 7 月 4 日，原告福州九农贸易有限公司（以下简称福州九农公司）网签平台协议，入驻被告上海寻梦信息技术有限公司（以下简称上海寻梦公司）运营的拼多多平台开设网店自主经营，协议约定商家售假需承担涉假商品历史销售额的十倍作为违约金，平台有权直接自商家账户扣款。2017 年 4 月 2 日，被告委托“神秘买家”在原告网店下单购买系争 AF 短袖 T 恤。2017 年 4 月 14 日，被告将“神秘买家”购买的服装粘贴标签后快递寄往商标权利人（品牌方）鉴定，上述过程全程视频录像。2017 年 5 月 24 日，品牌方出具《鉴定报告》确认送检服装为假货。2017 年 5 月 25 日，被告冻结原告账户，通知原告限期提供正品证明材料。因原告未按期举证，被告自原告账户扣划 26,443.73 元并全额赔付给购买到涉假商品的消费者。原告不服向法院起诉，要求返还扣款。

**【案件争点】**

1. 原告、被告之间的《拼多多平台合作协议》“假一赔十”条款是否有效。

2. 原告是否构成售假。

3. 被告对原告的处罚金额是否过高。

**【裁判要旨】**

1. 关于案件争点 1

与传统“面对面”的缔约方式不同，电商平台拥有大量用户，不可能与所有用户就规则条款进行一对一的沟通。在该种背景下，由平台统一制定格式化的协议和规则，并由用户以在线点击的方式签署成为电商行业惯例。关于格式条款的效力问题，《合同法》第 39 条、第 40 条，《合同法司法解释二》第 6 条、第 9 条及第 10 条作了明确规定，其效力判定需从格式条款制定方是否采取了合理方式提请对方注意免除或者限制其责任的内容和条款本身是否存在“免除己方责任、加重对方责任、排除对方主要权利”的无效情形等角度进行审查。

本案中,被告设定的平台规则虽然系格式条款,但首先,平台已履行了充分合理的提示与说明义务,在协议文首设定“签约须知”,明确约定:“甲方(被告)在此特别提醒乙方认真阅读、充分理解本协议各条款(对于本协议中以加粗字体显示的内容,应重点阅读),并请乙方审慎考虑并选择接受或不接受本协议。如果乙方一经点击已经阅读并且同意以上协议按钮,即表示其已接受本协议各项条款的约定”,同时对相关售假判定及赔付条款均作了加粗处理。

其次,商家与平台均系商事交易主体,商事交易重视外观性,商事主体之间作为更为理性且更加专业的交易对象,在订立合同时双方法律地位更加平等,对合同条款的理解更能体现意识自治原则,相关合同条款不存在免除己方责任,加重对方责任,排除对方主要权利的无效情形。在排除胁迫、重大误解或显失公平的基础上,商家入驻平台签署协议,说明对各项条款是明知的,应当根据诚信原则接受电商平台的各项管理,不得售卖假货,并在出现售卖假货时接受平台依据规则作出的赔付处理。

再次,网络交易因其交易量大、涉及跨区域、可不间断经营等特点造成管制难度加剧,单凭国家行政部门乃至司法部门皆成本高昂,在此背景下,网络自治作为社会自治不可或缺的环节显得尤为重要。相关法律法规和政策性文件明确电子商务平台作为交易组织者,一方面负有维系交易秩序、维护交易安全的职责,另一方面也拥有制定商品和服务质量安全标准、消费者权益保护、纠纷处理方式及商家违规经营处罚等规则的权利。

最后,电商平台并非垄断行业,无论商家还是消费者均有选择交易平台的自由,有完全的意思自治。商家一旦入驻电商平台并签署协议、接受规则,即视为对自身相关权利的让渡,就需要服从平台自律管理。需要强调的是,平台规则并非一对一的传统合同,不是平台与某一具体商家决定或修改的,而是平台与所有商家共同达成的一致契约。电商平台的规则具有全体成员共同约定的管理规范性质,任何商家或消费者均可通过签订协议,接受规则,加入自律组织。遵守平台规则不单是商家对平台的义务,也是对其他商家的义务,更是对消费者的义务。因此,应当尊重电商平台的自律管理措施,引导商家严守法律及平台规则,合法经营,维护正常的平台管理秩序,保护诚信商家和消费者的合法权益。

综上所述,被告在平台协议中充分履行了提示义务,原告若未点击“同意并接受”选项则无法享受被告平台的各项服务,双方合同关系亦无法建立。原告在被告平台上以电子签章形式签订的《拼多多平台合作协议》条款均有效,对双方产生约束力。因合作协议对相应问题处理规则有明文约定，应当视为原告亦认可《拼多多假货处理规则》。

2. 关于案件争点2

原告认为，被告打假流程无商家参与，全程由平台单方完成，不具有合法性，不能作为处理商家的依据；被告则主张平台规则已对假货判定及处理标准作了明确约定，且被告提供了假货判定证据，商家的售假事实应当予以确认。

对此法院认为，首先，从规则依据角度，案涉平台规则就打假流程和售假金额的判定均作了明确约定，若经消费者投诉、品牌方投诉、甲方（平台）品控部门调查等途径，发现商家存在下列情形之一：（1）商家销售假冒伪劣商品或者过期商品……甲方有权采取一项或多项措施：……要求商家支付通过拼多多销售的严重问题产品总金额的十倍作为违约金，若商家拒绝支付违约金，则甲方有权以商家账户内的销售额抵扣违约金……上述约定具体、明确，并不存在法定无效情形，平台通过规则约定的打假流程和赔付方式合法有效。其次，从证据优势角度，最高人民法院《关于民事诉讼证据的若干规定》第73条对民事诉讼高度盖然性原则进行了规定："双方当事人对同一事实分别举出相反的证据，但都没有足够的依据否定对方证据的，人民法院应当结合案件情况，判断一方提供证据的证明力是否明显大于另一方提供证据的证明力，并对证明力较大的证据予以确认。"《民事诉讼法司法解释》第108条第1款进一步规定："对负有举证证明责任的当事人提供的证据，人民法院经审查并结合相关事实，确信待证事实的存在具有高度可能性的，应当认定该事实存在。"

具体到本案中，被告通过"神秘买家"向原告下订单购买了系争服装，收货后录制了拆包视频并将抽检服装寄往具有鉴定资质的品牌方进行鉴定。法院详细阅看了拆包视频及送检视频，对相应快递单号、收货人、地址、寄件人及商品信息均予以确认。原告对被告上述"打假"过程不予认可，没有法律及事实依据，法院不予采信。综上，被告发现并鉴定假货的"打假"过程均合法有据。在被告出具了《鉴定报告书》及商家销售清单等基础证据证明原告存在售假行为后举证义务转移至原告，原告需就其商品来源的合法性进行举证。被告及时联系了原告，并要求原告提供系争服装为正品的相应凭证，同时给予原告一定的申诉期限。但原告无论在被告给予的合理申诉期限或整个庭审期间始终未提供涉案商品为正品的相关凭证，其售假事实依法应当予以认定。此外，原告在未充分提供其产品来源的合法合格证明的情况下，在被告平台销售的所有系争服装均应认定为"销售假冒伪劣商品"。

综上,原告构成双方合作协议约定的售假行为,且售假金额为84,834.30元。被告依据协议认定原告售假行为及售假金额均于法有据,法院予以确认。

综上所述,原告构成协议及相应规则规定的售假行为。作为违约方,原告无权要求被告解冻账户、支付利息。

3.关于案件争点3

法院认为,案涉平台设定的违约金条款和"假一赔十"规则,关涉平台、商家和消费者三方之间的关系,系平台履行自律管理权利的体现,与传统意义上的违约金制度存在一定区别,主要表现在:首先,受益主体不同。传统意义上的违约金受益主体为合同守约方,目的系填补守约方的损失,兼具惩罚性;而本案中所涉违约金的性质与此不尽相同。根据法院查明的事实,被告已将从原告处扣划的款项以长期有效无门槛现金券的形式发放给了因原告售假行为而利益受损的消费者。平台从商家扣收的款项并没有最终进入平台账户,虽然名为"违约金",但实际并非用于弥补平台损失,而是以"消费者赔付金"的形式赔付给消费者,其本质是平台自律打假、保护消费者权益、加大售假商家违法成本。其次,权利来源不同。违约金来源合同法的规定,请求权基础通常是传统"一对一"的合同;而本案赔付标准形成于平台规则,是平台与海量商家就违规处理及消费者权益保护达成的统一契约安排。再次,责任承担对象及方式不同。违约金系违约方向守约方承担,仅涉及合同双方;而本案涉及平台、商家和消费者多方,平台通过规则强制违规商家向消费者履行赔付义务。最后,适用标准不同。违约金的确定标准以双方约定及守约方的实际损失为基础;而本案赔付标准基于平台规则产生,系平台自治权利的提现。本案中,大量商家选择在被告拼多多平台上经营,涉及商家及消费者众多,交易金额巨大,商家的售假行为不仅严重损害消费者利益,也会扰乱平台正常的经营管理秩序,损害平台商誉。平台为管控商家及商品质量,实现自律管理,通过平台规则设定赔付标准,既起到维护网络环境的作用、同时也起到保护消费者合法权益及保护平台商誉的作用,赔付标准的合理性与否交由商事主体自行评估。

综上所述,在平台规则约定明确的情况下,商家利用网络平台售假构成违约,第三方电商平台按照合同约定对商家进行处罚系自律管理,本案中被告因原告售假扣收相应款项并向消费者发放"消费者赔付金"于法不悖。

## 例案二　纽海电子商务（上海）有限公司与仪品贸易（上海）有限公司网络服务合同纠纷

**【法院】**

上海市浦东新区人民法院

**【案号】**

（2015）浦民二（商）初字第 1583 号

**【当事人】**

原告：纽海电子商务（上海）有限公司

法定代表人：祝某某，该公司总经理

被告：仪品贸易（上海）有限公司

法定代表人：张某某，该公司执行董事

**【基本案情】**

2014 年 6 月 24 日，原告纽海电子商务（上海）有限公司经审核后同意被告仪品贸易（上海）有限公司在网站上以“仪品雅乐汇专营店”开展经营活动，并与被告在先签署《1 号店网络交易平台服务协议》。2014 年 8 月 4 日，为积极响应国家有关部门提出的关于加大打击网络购物领域侵权假冒行为力度的工作，要求 1 号店所有入驻商家在线签署《商家杜绝售假〈承诺说明函〉》，约定入驻商家承诺通过 1 号店销售并向消费者交付的商品均为正品；如有违约，则原告有权要求入驻商家支付人民币 100 万元。2014 年 12 月 11 日，国家工商行政管理总局对社会公告中发布新闻称涉案店铺销售的“Burberry 羊绒围巾”在抽检行动中被认定为假冒商品。众多消费者向原告投诉并提出退货和赔偿要求，原告依法向投诉消费者按照退一赔三的标准进行了处理。因被告的售假行为给原告造成损失，故原告起诉至法院要求判令被告支付违约金 100 万元。

**【案件争点】**

1. 系争《1 号店网站商家在线签约系统服务协议》《1 号店网络交易平台服务协议》《承诺说明书》是否有效。

2. 原告是否有权基于被告售假索赔 100 万元。

**【裁判要旨】**

随着互联网的迅猛发展，电子商务活动迅速普及。由于网络的无纸化、虚拟化、技术化等特性，网络交易平台服务商与入驻商家或消费者绝大多数都采用在线订立点击式合同的方式确立双方的权利义务关系。点击式合同是指在电子交易的过程中,交易一方为了重复使用而预先以电子数据信息形式拟定,规定双方之间设立、变更、终止民事权利义务关系的条款内容,另一方则通过计算机网络点击并完全接受该等条款内容以确立交易关系的协议。本案中,原告作为1号店网络交易平台服务商将事先拟定的《1号店网站商家在线签约系统服务协议》《1号店网络交易平台服务协议》《承诺说明书》电子版置于入驻商家的注册和激活店铺的网页页面,以此向入驻商家发出要约。被告在使用计算机注册成为该网站的入驻商家和激活店铺时,通过在相关页面中点击勾选"我已阅读、同意并接受"和"我承诺拒不售假"选项的方式,以此表示承诺接受上述协议及承诺函中的各项条款内容。原告、被告之间形成的服务合同关系即告成立并生效。原告应按约为被告提供网络交易平台服务,被告应按约进行网络经营活动,并向原告支付相关的服务费用。

如前所述,原告、被告双方签署的《1号店网站商家在线签约系统服务协议》《1号店网络交易平台服务协议》《承诺说明函》为点击式合同,是一种格式合同。由于格式合同是合同一方未与另一方磋商而单方拟定的,具有强制性特征。因此,若该种合同中的某些条款违反法律规定,则该些条款对被动接受一方的当事人不具有约束力。根据《合同法》第39条第1款规定:"采用格式条款订立合同的,提供格式条款的一方应当遵循公平原则确定当事人之间的权利和义务,并采取合理的方式提请对方注意免除或者限制其责任的条款,按照对方的要求,对该条款予以说明。"第40条规定:"格式条款具有本法第五十二条和第五十三条规定情形的,或者提供格式条款一方免除其责任、加重对方责任、排除对方主要权利的,该条款无效。"由此可见,网络服务中格式条款发生法律效力,首先,要遵循公平原则,在最大限度上确保网络服务合同内容的公平性,同时不损害网络用户的主要权利。其次,需要以合理的方式提请对方注意。根据《合同法司法解释二》第6条,合理标准的判断标准为:"提供格式条款的一方对格式条款中免除或者限制其责任的内容,在合同订立时采用足以引起对方注意的文字、符号、字体等特别标识,并按照对方的要求对该格式条款予以说明的,人民法院应当认定符合合同法第三十九条所称'采取合理的方式'。提供格式条款一方对已尽合理提示及说明义务承担举证责任。"

本案中,原告、被告在线签署的前述两协议和《承诺说明函》中的条款并非免责或加重义务、排除主要义务等性质的条款,而是原告为了维护良好的市场经营秩序、规范入驻商家更好更自觉地守法经营所制定的交易规则,符合法律规定的诚实守信、公平等原则;任何入驻1号店的商家在注册和激活店铺时均须阅读前述两协议和《承诺说明函》，并以点击的方式表示接受前述两协议和《承诺说明函》中各项条款的约束，而且，原告以入驻商家在登录店铺时弹出视窗的方式告知签署《承诺说明函》，并在该函中对重要内容（包括签署时间、违约金）以下划线予以标注，入驻商家均可以较为明显地注意到该些条款，故该些格式条款应当认定为有效条款，被告作为入驻商家应予遵守。由于被告在国家工商行政管理总局的商品抽检中，被确证其销售的"Bueberry"品牌围巾为假冒商品。原告依据《承诺说明函》中约定的违约金条款，主张要求被告支付100万元违约金的诉讼请求，符合合同约定，法院对此予以支持。

## 例案三　上海集毅商贸有限公司与浙江天猫技术有限公司、浙江天猫网络有限公司技术服务合同纠纷

**【法院】**

浙江省杭州市中级人民法院

**【案号】**

(2014)浙杭知终字第210号

**【当事人】**

上诉人（原审原告）：上海集毅商贸有限公司

法定代表人：李某某，该公司执行董事兼总经理

被上诉人（原审被告）：浙江天猫技术有限公司

法定代表人：马某，该公司董事长

被上诉人（原审被告）：浙江天猫网络有限公司

法定代表人：陆某某，该公司董事长

**【基本案情】**

上海集毅商贸有限公司（以下简称集毅公司）于2011年入驻浙江天猫技术有限公司（以下简称天猫技术公司）、浙江天猫网络有限公司（以下简称天猫网络公司）经营的网上商城（现名为天猫商城），开设名为"集毅数码专营店"的网店。各方签订《天猫服务协议》，且集毅公司向天猫技术公司、天猫网络公司交纳保证金人民币5万元。公示于天猫技术公司、天猫网络公司网站的《天猫规则》是《天猫服务协议》的组成部分，该规则分则第二篇第三章第一节第13条规定："出售假冒商品，每次扣四十八分。为了防止对公众造成不利影响，保护消费者利益，对涉嫌违

反上述情形的卖家,tmall. com(天猫)视情节严重程度给予店铺监管。”第三节第29条第4款规定:“商家严重违规扣分累计达四十八分的,对商家做清退处理,查封账户并向tmall. com(天猫)支付部分或全部保证金作为违约金(该保证金是指商家被tmall. com(天猫)进行清退处理时,其店铺应缴纳的保证金额度)。”2012年8月,天猫网络公司通过神秘购买自涉案店铺抽检“易威hp817墨盒”,并在粘贴编号后送交品牌方鉴定,品牌方鉴定结论显示为假货。天猫公司遂以售假为由清退涉案店铺,并扣除5万元保证金。集毅公司因不满天猫的处理起诉至法院。

**【案件争点】**

1. 涉案商品抽检流程是否有效。

2. 集毅公司是否售假。

3. 平台是否有权扣划售假店铺保证金。

4. 违约金是否过高。

**【裁判要旨】**

1. 关于天猫技术公司、天猫网络公司对集毅公司销售的涉案商品的抽检流程问题。从现有证据上看,神秘抽检工作长期由专人负责,一定程度上保障了抽检的专业性。抽检流程中的购买、送货、拆包、贴码、送检均分段管理,环节之间相互监督,其中拆包和贴sm编号有两人相互检查避免错误,且上述环节的重要信息均生成数据录入电子系统保存,系统sm编号也能与抽检实物对应一致。整个抽检流程的各个环节有分工、有监督、有记录,可以证明天猫技术公司、天猫网络公司已尽到谨慎义务。

2. 关于集毅公司销售的涉案商品是否为假冒商品。根据原审中天猫技术公司、天猫网络公司提交的中联知识产权调查中心作出的鉴定结论,集毅公司所销售的涉案商品并非惠普品牌正品。

3. 关于天猫技术公司、天猫网络公司能否扣划集毅公司保证金的问题。根据《天猫服务协议》等淘宝平台规则的约定,如果集毅公司发生销售假冒商品的行为,天猫技术公司、天猫网络公司有权扣除其在入驻时交纳的全部保证金作为违约金。法院认为,首先,维护电子交易平台的交易服务秩序系平台经营者的法定义务,该违约金条款不违反相关法律法规的强制性规定,具有合法性;其次,该违约金条款的设立既可用以保障天猫商城的知识产权保护水平,维护天猫商誉,又可以在假冒商品侵害消费者的情况下弥补天猫消费者保障基金,对受害的消费者进行先行赔付,也从一定程度上保障了消费者的利益,该条款亦具有合理性;最后,集毅公司作为入驻天猫商城的网商，理应知晓该违约金条款的全部内容，该条款系集毅公司的真实意思表示。因此，涉案违约金条款合法有效。现涉案商品经品牌权利人授权的单位鉴定，得出为假冒的结论，天猫技术公司、天猫网络公司有权依约扣划集毅公司的保证金作为违约金。

4. 关于违约金数额是否过高的问题。集毅公司上诉认为 5 万元的违约金数额过高，对此法院认为，首先，集毅公司的违约行为已对天猫技术公司、天猫网络公司的商誉造成了损失，且集毅公司系 2011 年入驻天猫商城，经营时间较长，神秘抽检仅是针对某一时间点某一件产品的销售情况进行检查，并未展现商户经营的全部情况，原审法院基于网络销售模式的隐蔽性认为天猫技术公司、天猫网络公司设置一定的违约金数额对售假行为有惩罚、震慑作用，在数额系双方约定且无证据证明本案违约金数额明显不公平的情况下，对违约金未予调整，理由正确。

## 三、裁判规则提要

### （一）电商平台的打假规则若未违反法律或行政法规的强制性规定，且平台尽到了必要提示义务，应当认定为合法有效

与传统“面对面”的缔约方式不同，第三方电商平台拥有海量用户，平台客观上不可能与海量用户就规则条款进行一对一的沟通，在该种背景下，格式条款开始凸显其优势。为更好地运营和管理，由平台统一制定协议和规则已成电商行业惯例。基于平台规则的格式条款属性，在一定程度上限制了缔约相对方（用户）的条款磋商自由，导致格式条款的效力一直饱受争议。关于格式条款的效力，《合同法》第 39 条、第 40 条，《合同法司法解释二》第 6 条、第 9 条、第 10 条作了明确规定，其效力判定需从格式条款制定方是否采取了合理方式提请对方注意免除或者限制其责任的内容和条款本身是否存在“免除己方责任、加重对方责任、排除对方主要权利”的无效情形等角度进行审查。具体到电子商务平台协议的效力判断上，若平台打假规则并未违反法律或法规的强制性规定，且平台就假货违规判定及处理条款均进行了加粗（或其他特别标注形式）处理，应当认定平台尽到了提示义务。除此之外，商家与平台均系商事交易主体，商事交易重视外观性，商事主体之间作为更为理性且更加专业的交易对象，在订立合同时双方的法律地位更加平等，若平台打假规则不存在免除己方责任，加重对方责任，排除对方主要权利的无效情形，应当认定为合法有效，商家违规售假的，平台有权按约处理。

### (二)司法在评判平台自治打假规则的效力时,应当尊重意思自治原则

商家入驻电商平台需要签署协议,接受规则,应视为其让渡相应权利,服从平台自律管理。电商平台并非垄断行业,无论是商家还是消费者,均有选择交易平台的自由,商家若不认可平台规则,完全可以选择"用脚投票",反之就要严守平台规则的约定。在平台上经营的商家不仅享有网上交易便利迅捷、辐射广泛的利益,也须承担在不与消费者见面条件下诚信经营的义务,并要对自己的违规行为承担责任。

网络交易因其交易量大、涉及跨区域、可不间断经营等特点造成管制难度加剧,单凭国家行政部门乃至司法部门皆成本高昂,在此背景下,网络自治作为社会自治不可或缺的环节,显得尤为重要。《消费者权益保护法》《食品安全法》《广告法》《网络交易管理办法》《电子商务法》等法律法规和政策性文件明确电子商务平台作为交易组织者,一方面负有维系交易秩序,维护交易安全的职责;另一方面也拥有制定商品和服务质量安全标准、消费者权益保护、纠纷处理方式及商家违规经营处罚等规则的权利。

为践行平台责任以符合监管要求,同时保证自身的可持续发展,各主流平台均结合自身实际制定了平台规则,该等规则具有全体成员共同约定的管理规范性质,任何商家或消费者均可通过签订协议,接受规则,加入自律组织。

因此,在平台规则约定明确的情况下,商家利用网络平台售假构成违约,第三方电商平台有权要求商家按约担责。在优化营商环境、完善诚信体系、提升社会治理的大背景下,法院应当在查明事实的基础上遵循商主体意思自治原则,在法律底线内不干涉第三方电商平台的自律管理,规则的合理性问题交由商事主体自行评判①。

### (三)支持电商平台打假有利于净化网络交易环境,保护消费者的合法权益

随着电子商务的不断发展,网络购物已经成为许多消费者的一种生活方式。国家统计局发布的《2018 年国民经济和社会发展统计公报》显示,2018 年,全国网上零售额 90,065 亿元,比上年增长 23.9%,其中,实物商品网上零售额 70,198 亿

---

① 参见邓鑫:《第三方电商平台自律管理效力的认定——上海长宁法院判决成都希言公司诉上海寻梦公司网络服务合同纠纷案》,载《人民法院报》2018 年 4 月 5 日,第 6 版。

元，增长 25.4%，占社会消费品零售总额的比重为 18.4%。从国家市场监督管理总局公布的数据来看，2018 年，全国市场监督管理部门共受理网络购物投诉 168.20 万件，同比增长 126.2%，其中网络假货问题尤为突出。如何打击售假者，保护消费者，成为摆在整个社会面前的重要课题。第三方电商平台掌握商家信息和交易数据，在打假和协助消费维权方面有着天然优势，已然成为治理假货和消费者权益保护的重要力量。在上述典型案例中，天猫设定扣分清退店铺 + 扣除保证金规则，1 号店设定商家售假承诺赔偿 100 万元违约金规则，近年新兴的拼多多平台则设计了“假一赔十”消费者赔付金规则，上述规则对平台自治打假均有所裨益。司法对上述规则的肯定，有利于规范网络交易行为，给予售假商家惩罚和震慑，保护消费者的合法权益，维护平台管理秩序和商誉，推进互联网经济的创新发展。

## 四、辅助信息

**高频词条：**

《合同法》

**第 8 条** 依法成立的合同，对当事人具有法律约束力。当事人应当按照约定履行自己的义务，不得擅自变更或者解除合同。

依法成立的合同，受法律保护。

**第 39 条** 采用格式条款订立合同的，提供格式条款的一方应当遵循公平原则确定当事人之间的权利和义务，并采取合理的方式提请对方注意免除或者限制其责任的条款，按照对方的要求，对该条款予以说明。

格式条款是当事人为了重复使用而预先拟定，并在订立合同时未与对方协商的条款。

**第 40 条** 格式条款具有本法第五十二条和第五十三条规定情形的，或者提供格式条款一方免除其责任、加重对方责任、排除对方主要权利的，该条款无效。

**第 60 条** 当事人应当按照约定全面履行自己的义务。

当事人应当遵循诚实信用原则，根据合同的性质、目的和交易习惯履行通知、协助、保密等义务。

**第 107 条** 当事人一方不履行合同义务或者履行合同义务不符合约定的，应当承担继续履行、采取补救措施或者赔偿损失等违约责任。

**第 112 条** 当事人一方不履行合同义务或者履行合同义务不符合约定的，在履行义务或者采取补救措施后，对方还有其他损失的，应当赔偿损失。

**《合同法司法解释二》**

**第6条** 提供格式条款的一方对格式条款中免除或者限制其责任的内容,在合同订立时采用足以引起对方注意的文字、符号、字体等特别标识,并按照对方的要求对该格式条款予以说明的,人民法院应当认定符合合同法第三十九条所称“采取合理的方式”。

提供格式条款一方对已尽合理提示及说明义务承担举证责任。

**第9条** 提供格式条款的一方当事人违反合同法第三十九条第一款关于提示和说明义务的规定,导致对方没有注意免除或者限制其责任的条款,对方当事人申请撤销该格式条款的,人民法院应当支持。

**第10条** 提供格式条款的一方当事人违反合同法第三十九条第一款的规定,并具有合同法第四十条规定的情形之一的,人民法院应当认定该格式条款无效。

**《民事诉讼法司法解释》**

**第90条** 当事人对自己提出的诉讼请求所依据的事实或者反驳对方诉讼请求所依据的事实,应当提供证据加以证明,但法律另有规定的除外。

在作出判决前,当事人未能提供证据或者证据不足以证明其事实主张的,由负有举证证明责任的当事人承担不利的后果。

# 互联网纠纷案件裁判规则第 12 条：

## 电子商务平台经营者根据平台服务协议的约定，自违规店铺扣款主动赔付消费者，该消费者赔付金制度属于电子商务平台消费者保护规则，直接受益主体是消费者而非平台，违规商家主张援引违约金制度对赔付标准进行调整的，不予支持

〔**规则描述**〕：为维系平台管理秩序，管控入驻商家行为，保障消费者的合法权益，有效化解平台交易纠纷，经过多年发展和经验积累，电子商务领域创设了多种消费者权益保护模式。与传统“依申请赔付”的“不告不理”模式不同，消费者赔付金制度表现为，平台确认商家违规后强制其履行对消费者作出的赔付承诺，整个过程无须消费者发起，由平台主导完成，该种新型消费者保护制度提高了维权效率，降低了维权成本，但由于并无法律或法规对其进行明确界定，关于其定性尚存一定争议。

### 一、类案检索大数据报告

时间：2019 年 3 月 28 日前，案例来源：Alpha 案例库，案件数量：29 件，数据采集时间：2019 年 3 月 28 日前。本次检索获取 2019 年 3 月 28 日前共 29 篇裁判文书。如图 12 - 1 所示，从案件年份分布情况可以看出当前条件下案例数量的变化趋势。

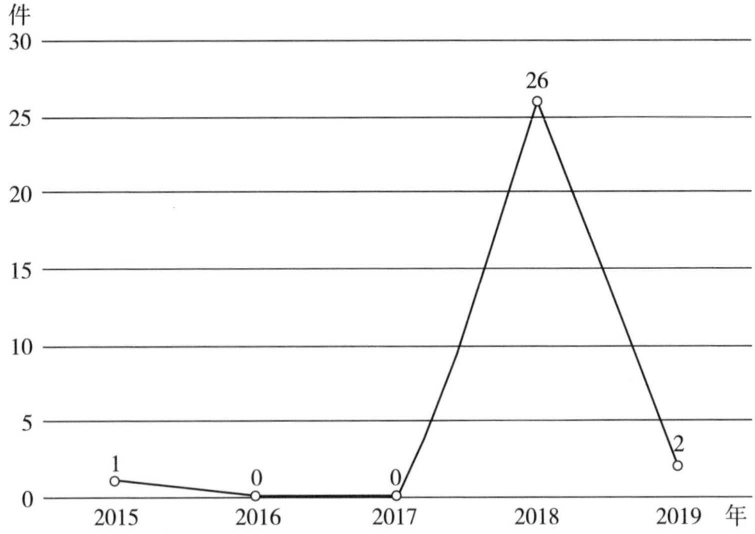


**图 12 -1　案件年份分布情况**

如图 12 -2 所示,从案件主要地域分布情况来看,当前案例主要集中在上海市、浙江省,分别占比约为 96.5%、3.5%,其中,上海市的案件数量最多,达到 28 件。

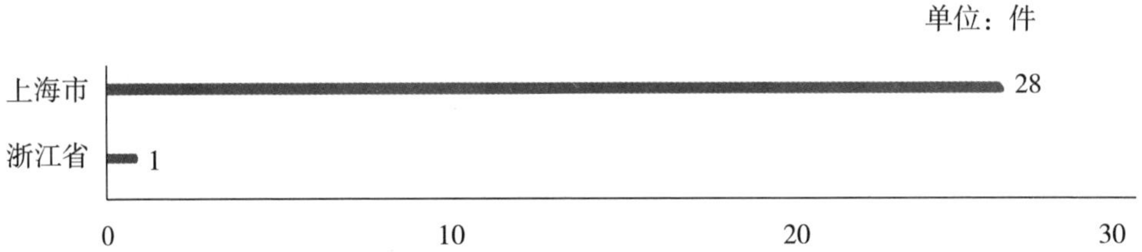


**图 12 -2　案件主要地域分布情况**

如图 12 -3 所示,从案件审理程序分类统计可以看出,一审案件有 21 件,占比约为 72.41%;二审案件有 6 件,占比约为 20.69%;其他案件有 2 件,占比约为 6.9%。

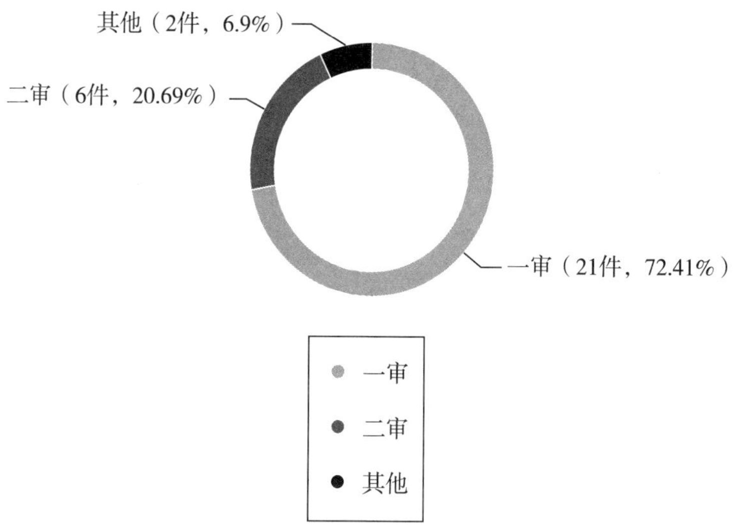


**图 12－3　案件程序分类**

如图 12－4 所示，从案件的一审裁判情况可以看出，当前条件全部/部分支持的有 8 件，占比约为 38.1%；全部驳回的有 13 件，占比约为 61.9%。

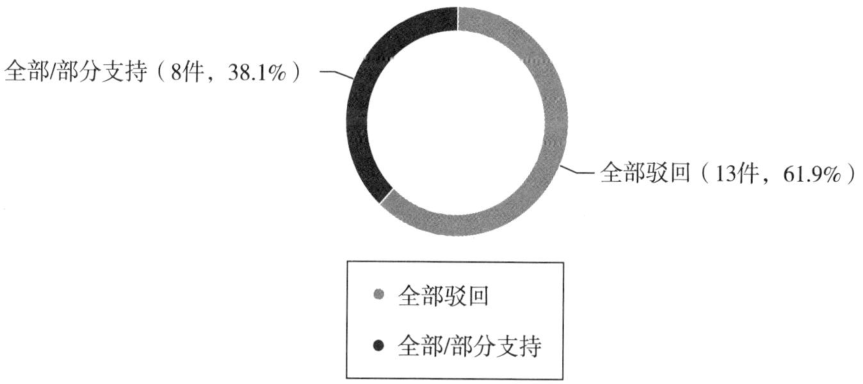


**图 12－4　案件一审裁判结果**

如图 12－5 所示，从案件二审裁判情况可以看出，当前条件下维持原判的有 5 件，占比约为 83.33%；改判的有 1 件，占比约为 16.67%。

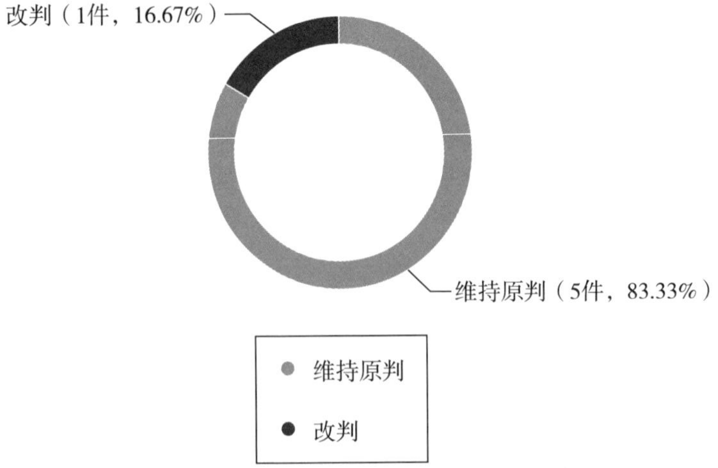


图 12-5　案件二审裁判结果分布情况

## 二、可供参考例案

### 例案一 | 广州芙比服饰有限公司与上海寻梦信息技术有限公司服务合同纠纷

**【法院】**

上海市第一中级人民法院

**【案号】**

(2018)沪01民终10535号

**【当事人】**

上诉人(原审原告):广州芙比服饰有限公司

法定代表人:梁某某,该公司执行董事

被上诉人(原审被告):上海寻梦信息技术有限公司

法定代表人:孙某,该公司董事长

**【基本案情】**

2017年5月12日至9月20日,广州市芙比服饰有限公司(以下简称芙比公司)与上海寻梦信息技术有限公司(以下简称寻梦公司)网签多版本《拼多多平台合作协议》,并在寻梦公司平台注册了"戈德噜户外服饰"(店铺ID:203418)网店,协议及《拼多多发货规则》约定,商家发生虚假发货后,拼多多平台有权从商家的账户余额及/或保证金中扣除对应的消费者赔付金,并且拼多多平台有权将对应赔付金以50年有效期的无门槛现金券形式发给虚假发货处理订单所对应的消费者，赔付金金额如下：订单金额小于50元，则违约金总金额为：每单10元×虚假发货处理订单数……2017年6月6日，寻梦公司向芙比公司发送虚假发货处罚通知3份，商品名称均为"防晒服女收腰宽松短外套防晒衣夏季蕾丝长袖薄款皮肤衣"。其中5月25日虚假发货总单量为18,609单，5月27日为10,602单，6月3日为711单，每单处罚10元。2017年6月7日，寻梦公司对芙比公司账户扣款7110元。2017年6月8日，寻梦公司对芙比公司账户扣款292,110元，上述款项全额赔付给消费者。商家因不服平台所采取的处理措施，向法院起诉，要求平台返还扣款。

**【案件争点】**

1. 芙比公司、寻梦公司之间的《拼多多平台合作协议》条款是否有效。

2. 芙比公司是否构成虚假发货。

3. 寻梦公司对芙比公司的违约金处罚是否过高。

**【裁判要旨】**

1. 关于案件争点1

芙比公司认为系争条款系寻梦公司单方制作，且条款苛刻。一审法院认为，芙比公司、寻梦公司双方系争电子合同明确约定：乙方一经选择"我已阅读、同意并接受"选项并点击"同意以上文件并继续"按钮（前述选项及/或按钮的具体表述可能会做适当调整），即表示其已接受该协议，并同意受该协议各项条款的约束。芙比公司若未点击"同意并接受"选项则无法享受寻梦公司平台的各项服务，双方合同关系亦无法建立。芙比公司在寻梦公司平台上以电子签章形式签订的《拼多多平台合作协议》条款均有效，对双方产生约束力。因合作协议对相应问题处理规则有明文约定，故视为芙比公司亦认可《拼多多发货规则》。芙比公司既自愿签订合同，视为在享受服务的范围内向寻梦公司让渡部分权利，应当按照合同约定接受寻梦公司平台的各项管理。

2. 关于案件争点2

针对芙比公司要求返还因虚假发货被扣款金额的诉请，寻梦公司向法庭提交了《虚假发货订单明细》。芙比公司仅提出该明细系寻梦公司自行打印，但并未就此提供相反的证明，对芙比公司的主张不予采纳。此外，芙比公司还认为就虚假发货而言芙比公司方有诸如快递公司延误等多种不能归结于芙比公司的客观原因，寻梦公司设置的条件太苛刻；芙比公司方实际都已经发货，消费者也都收到，寻梦公司没有考虑物流运送的实际情况。一审法院详细阅看双方合作协议、发货规则及订单明细后认为,本案涉及的商品系衣服,为常规类目商品即商家在大陆范围内直接发货,发货时间为48小时。寻梦公司判定芙比公司是否构成虚假发货的标准为商家已上传了物流单号至后台,但是单号在官网存在物流轨迹放缓、上传物流单号24小时内在物流公司官网无揽件信息、24小时内无物流信息更新、上传物流单号24小时有揽件信息但存在多条异常重复、物流单号对应的物流轨迹与订单的收货地址不符、消费者在商家上传物流单号的合理期限内未收到商品等,寻梦公司提供了相应订单明细并当庭进行了说明,芙比公司仅陈述已真实发货但并未提供相反的证据,如果芙比公司认为其不构成协议及发货规则规定的虚假发货情形,应当提供相关证据予以证明。而本案芙比公司提供的快递公司证明属于证人证言,在证人未到庭作证的情况下难以作为定案的证据采纳,因此对芙比公司的陈述不予采纳。综上,一审法院采信寻梦公司提供的关于芙比公司虚假发货的证据,寻梦公司依据双方合作协议及发货规则对芙比公司进行处罚具有合同依据。

综上所述,芙比公司构成协议及相应规则规定的虚假发货行为。作为违约方,芙比公司无权要求寻梦公司返还扣款。

3. 关于案件争点3

首先,从寻梦公司的损失构成考虑,芙比公司的虚假发货行为均违反了《拼多多平台合作协议》的约定,除增加了寻梦公司抽检及管理成本外,还涉及消费者赔偿(代金券已大部分使用)及平台商誉损失等成本。值得注意的是,在"互联网+"及大数据时代,人们的选择偏好却越来越高度趋同,人们高度依赖网络平台上各类"销量最高""评价最好""口味最佳"来进行选择,个人的喜好随着互联网和大数据的几何作用无限放大,最终成为群体的选择。在这种情况下,商家为提升销量倾向于寻找人气高的平台,消费者为保证质量倾向于寻找口碑好的平台。如果商家利用平台销售货不对版商品,必然损害平台的商誉,而这种损害与传统线下商誉损害相比也是呈几何倍数增加的。本案中,选择在寻梦公司拼多多平台上经营的商家超过16万家,涉及商家及消费者众多,交易金额巨大,可以认定拼多多平台在业界有一定的影响,商家的虚假发货行为无疑将对寻梦公司的商誉造成一定损失。

其次,从引导与规则第三方电商平台自我管理的角度来看,行业自律及社会自治是公权力管制的有力补充,网络交易因其交易量大、涉及跨区域、可不间断经营等特点造成管制难度加剧,单凭国家行政部门乃至司法部门皆成本高昂。因此,网络自治作为社会自治不可或缺的环节显得尤为重要。在此背景下,平台方一方面负有维系交易秩序、维护交易安全的职责,另一方面也应当拥有制定商品和服务质量安全标准、消费者权益保护、纠纷处理方式及商家违规经营处罚等规则的权利。

最后，从尊重商家意思自治的原则出发，商事交易重视外观性，商事主体之间作为更为理性且更加专业的交易对象，在订立合同时双方地位更加平等，对合同条款（包括芙比公司主张的格式条款）的理解更能体现意思自治的原则。在排除胁迫、重大误解或显失公平的基础上，商家在第三方电商平台网签电子合同，说明对电子合同中的各项条款是明知的，应根据诚信原则接受第三方电商平台的各项管理，并在出现违约的情况下自觉按照双方协议接受平台的处罚。

综上所述，本案中寻梦公司因芙比公司虚假发货造成的损失包括消费者赔付款＋抽检及管理成本＋平台商誉损失，芙比公司应当按照双方协议向寻梦公司支付约定的违约金用以弥补寻梦公司的损失，寻梦公司依据双方协议约定扣划芙比公司账户金额299,220元于法不悖，亦予以确认。最终一审判决驳回了芙比公司要求返还货款的诉请。二审维持原判。

## 例案二 | 王某某与上海寻梦信息技术有限公司其他合同纠纷

**【法院】**

上海市长宁区人民法院

**【案号】**

（2017）沪0105民初22313号

**【当事人】**

原告：王某某

被告：上海寻梦信息技术有限公司

法定代表人：孙某，该公司董事长

**【基本案情】**

被告系拼多多网站（域名www.pinduoduo.com）运营方。2017年2月，原告在拼多多网站注册名称为“蜜颜家纺生活馆”的网上店铺，经营家纺家居用品销售业务。《拼多多平台合作协议》及《拼多多货不对版的认定及处理规则》约定商家应当承担如实描述义务，如违约构成A类货不对版的，平台有权要求商家承担抽检订单成团日往前推3个月订单销售总额的3倍作为消费者赔付金。

2017年7月21日，被告委托案外人购买了原告店铺内出售的涉案四件套，并经送检发现商品材质与描述完全不符，构成A类货不对版行为，自被告购买涉案商品所在周的周日向前推至3个月期间,原告在拼多多网站累计销售该款涉案四件套货款总计328,346元。2017年9月,被告对原告店铺内的资金采取限制措施。同年11月,被告从原告店铺资金账户内扣款120,364.17元赔付消费者。原告因不服平台作出的处理,向法院起诉要求返还扣款。

**【案件争点】**

1. 平台规则是否有效。

2. 货不对版的事实是否成立。

3. 被告扣款赔付的金额是否合理。

**【裁判要旨】**

法院认为,依法成立的合同受法律保护。本案中,原告王某某自愿选择并使用被告寻梦公司提供的拼多多网站交易平台,并签订了《平台合作协议》,该协议系双方的真实意思表示,未违反我国法律及行政法规的强制性规定,应为合法有效,双方均应按约履行义务。现原告主张被告返还扣除的货款,被告则以原告在其提供的网络交易平台出售的商品"货不对版"为由要求驳回原告诉请。双方一致确认涉案商品的纤维成分系100%聚酯纤维,但原告认为莱卡棉系聚酯纤维的一种,并提供了深圳市中认检验技术有限公司提供的证明。该说法遭到被告否认,被告认为《中华人民共和国国家标准GB/T 4146.1—2009》"纺织品化学纤维第1部分:属名"中,明确载明聚酯纤维和聚氨酯弹性纤维(氨纶)即属不同属名,聚酯纤维与莱卡系两种不同的纤维成分。对此,法院认为,原告提供的证明系证人证言,在被告提出质疑后,出具该份证明的公司并未委派人员到庭作证,且原告当庭联系该公司时却无法联系,后亦未能联系到该公司,基于此,法院对该份证据不予采信。现被告提供的国家标准已明确载明聚酯纤维和聚氨酯弹性纤维(氨纶)即莱卡分属不同属名,具有不同特征。且根据一般常理来判断,莱卡棉与聚酯纤维应为两种不同的纤维成分,原告称莱卡棉为聚酯纤维的一种,但并未提供证据证明,对原告的该诉称,法院不予采纳。被告就其辩称的涉案四件套在纤维成分上与原告对商品的描述存在不符,已提供了相应的证据予以证明。原告辩称《检测报告》项下的样品并不能确定为其所售商品,仅是一种猜测和辩解,而无任何证据予以佐证。基于此,法院对被告指称原告所售四件套"货不对版"的事实,予以认定。根据《平台合作协议》及其《拼多多商家所售商品货不对版的认定和处理规则》的约定,在原告存在"货不对版"的情况下,被告有权依照协议的约定以原告账户内的货款抵扣违约金。原告虽提出涉案协议系受胁迫签订,应属无效,但原告并未就受胁迫签订提供证据证明，且在《平台合作协议》首部，被告已特别提醒原告签订协议时认真阅读、充分理解，双方当事人均系从事经营活动的商事主体，应了解并知晓其所签署书面合同的内容及含义。原告缔约时充分享有知情权，原告在了解协议内容情形下签约，表明原告愿意接受协议条款的约束。故对原告提出该协议无效的辩称，法院不予采信。根据本案查明的事实来看，原告、被告双方对涉案商品的历史销售总额为328,346元无异议，虽然原告提出被告未经原告同意将涉案商品推送至资源位造成销量激增，但根据原告与被告的聊天记录来看，原告从未对将涉案商品推送至资源位提出过异议，而是反复强调修改涉案商品价格，在被告为其修改价格后，原告并未再提出异议，亦未提出从资源位退出。故原告称涉案商品系被告擅自推送至资源位并无依据，法院对此不予采纳。原告在被告平台销售“货不对版”商品构成违约，被告自原告店铺账户内扣款120,364.17元尚未超过其销售额，被告的做法未违反合同约定。对于原告要求被告返还该款项的诉请，法院依法不予支持。关于原告要求被告恢复正常提现功能的诉请，目前，原告店铺中仅剩余部分保证金，无其他可提现余额，且庭审中，原告已明确恢复正常提现功能即为提取被告的扣款120,364.17元，故对该项诉请，法院亦不予支持。

## 例案三　无锡安妮珍选电子商务有限公司与上海寻梦信息技术有限公司其他合同纠纷

**【法院】**

上海市长宁区人民法院

**【案号】**

(2017)沪0105民初11642号

**【当事人】**

原告：无锡安妮珍选电子商务有限公司

法定代表人：黄某，该公司总经理

被告：上海寻梦信息技术有限公司

法定代表人：孙某，该公司董事长

**【基本案情】**

2016年4月29日至2017年4月1日，原告与被告网签多版本《拼多多平台合作协议》，并在被告平台注册了“安妮珍选”网店。协议约定商家售假需按涉假商品历史销售额的十倍承担违约金,平台有权直接自商家账户扣款。2017年1月11日,被告委托“神秘买家”在原告网店下单购买系争CBB奢姿印章眉粉。被告收到上述眉粉后在通过奢姿官方微信公众号“shezi_xww”扫描查询系争眉粉的防伪二维码,结果显示为:您好!您查询的防伪码是假冒,该产品为假货,该款商品原告共计销售49,065元。2017年2月27日,被告冻结原告账户55,522.91元,理由为原告店铺出售的CBB奢姿品牌眉粉涉嫌售假。2018年5月17日,被告以售假为由扣划原告账户62,246.72元并于当日向消费者赔付相应金额的代金券。原告不服平台采取的处理措施,诉至法院请求返还扣款。

**【案件争点】**

1.原告、被告之间的《拼多多平台合作协议》条款是否有效。

2.原告是否构成售假。

3.被告对原告的违约金处罚是否过高。

**【裁判要旨】**

1.关于案件争点1

与传统“面对面”的缔约方式不同,电商平台拥有大量用户,不可能与所有用户就规则条款进行一对一的沟通。在该种背景下,由平台统一制定格式化的协议和规则,并由用户以在线点击的方式签署成为电商行业惯例。关于格式条款的效力问题,《合同法》第39条、第40条,《合同法司法解释二》第6条、第9条及第10条作了明确规定,其效力判定需从格式条款制定方是否采取了合理方式提请对方注意免除或者限制其责任的内容和条款本身是否存在“免除己方责任、加重对方责任、排除对方主要权利”的无效情形等角度进行审查。本案中,被告设定的平台规则虽然系格式条款,但首先,平台已履行了充分合理的提示与说明义务,在协议文首设定“签约须知”,明确约定:“甲方(被告)在此特别提醒乙方认真阅读、充分理解本协议各条款(对于本协议中以加粗字体显示的内容,应重点阅读),并请乙方审慎考虑并选择接受或不接受本协议。如果乙方一经点击已经阅读并且同意以上协议按钮,即表示其已接受本协议各项条款的约定”,同时对相关售假判定及赔付条款均作了加粗处理。其次,商家与平台均系商事交易主体,商事交易重视外观性,商事主体之间作为更为理性且更加专业的交易对象,在订立合同时双方法律地位更加平等,对合同条款的理解更能体现意思自治原则,相关合同条款不存在免除己方责任、加重对方责任、排除对方主要权利的无效情形。在排除胁迫、重大误解或显失公平的基础上,商家入驻平台签署协议,说明对各项条款是明知的,应当根据诚信原则接受电商平台的各项管理，不得售卖假货，并在出现售卖假货时接受平台依据规则作出的赔付处理。再次，网络交易因其交易量大、涉及跨区域、可不间断经营等特点造成管制难度加剧，单凭国家行政部门乃至司法部门皆成本高昂，在此背景下，网络自治作为社会自治不可或缺的环节显得尤为重要。相关法律法规和政策性文件明确电子商务平台作为交易组织者，一方面负有维系交易秩序、维护交易安全的职责，另一方面也拥有制定商品和服务质量安全标准、消费者权益保护、纠纷处理方式及商家违规经营处罚等规则的权利。最后，电商平台并非垄断行业，无论商家还是消费者均有选择交易平台的自由，有完全的意思自治。商家一旦入驻电商平台并签署协议、接受规则，即视为对自身相关权利的让渡，就需要服从平台自律管理。需要强调的是，平台规则并非一对一的传统合同，不是平台与某一具体商家决定或修改的，而是平台与所有商家共同达成的一致契约。电商平台的规则具有全体成员共同约定的管理规范性质，任何商家或消费者均可通过签订协议，接受规则，加入自律组织。遵守平台规则不单是商家对平台的义务，也是对其他商家的义务，更是对消费者的义务。因此，应当尊重电商平台的自律管理措施，引导商家严守法律及平台规则，合法经营，维护正常的平台管理秩序，保护诚信商家和消费者的合法权益。

综上所述，被告在平台协议中充分履行了提示义务，原告若未点击"同意并接受"选项则无法享受被告平台的各项服务，双方合同关系亦无法建立。原告在被告平台上以电子签章形式签订的《拼多多平台合作协议》条款均有效，对双方产生约束力。因合作协议对相应问题处理规则有明文约定，应当视为原告亦认可《拼多多假货处理规则》《拼多多发货规则》及《拼多多商家客服回复规则》。

2. 关于案件争点2

第一，原告认为，被告打假流程无商家参与，全程由平台单方完成，不具有合法性，不能作为处理商家的依据；被告则主张平台规则已对假货判定及处理标准作了明确约定，且被告提供了假货判定证据，商家的售假事实应当予以确认。对此法院认为：首先，从规则依据角度，案涉平台规则就打假流程和售假金额的判定均作了明确约定，"若经消费者投诉、品牌方投诉、甲方（平台）品控部门调查等途径，发现商家存在下列情形之一：(1)商家销售假冒伪劣商品或者过期商品……甲方有权采取一项或多项措施：……要求商家支付通过拼多多销售的严重问题产品总金额的十倍作为违约金，若商家拒绝支付违约金，则甲方有权以商家账户内的销售额抵扣违约金……"上述约定具体、明确，并不存在法定无效情形，平台通过规则约定的打假流程和赔付方式合法有效。其次,从证据优势角度,《关于民事诉讼证据的若干规定》第73条对民事诉讼高度盖然性原则进行了规定:“双方当事人对同一事实分别举出相反的证据,但都没有足够的依据否定对方证据的,人民法院应当结合案件情况,判断一方提供证据的证明力是否明显大于另一方提供证据的证明力,并对证明力较大的证据予以确认。”《民事诉讼法司法解释》第108条第1款进一步规定:“对负有举证证明责任的当事人提供的证据,人民法院经审查并结合相关事实,确信待证事实的存在具有高度可能性的,应当认定该事实存在。”具体到本案中,被告通过“神秘买家”向原告下订单购买了系争CBB奢姿印章眉粉,收货后录制了拆包视频并通过奢姿官方微信公众号“shezi_xww”扫描查询了系争眉粉的防伪二维码,且在庭审中当庭演示了查询过程。法院详细阅看了拆包视频及送检视频,对相应快递单号、收货人、地址、寄件人及商品信息均予以确认。原告对被告上述“打假”过程不予认可,没有法律及事实依据,法院不予采信。综上,被告发现并鉴定假货的“打假”过程均合法有据。在被告出具了查询结果及商家销售清单等基础证据证明原告存在售假行为后举证义务转移至原告,原告需就其商品来源的合法性进行举证。被告及时联系了原告,并要求原告提供系争CBB奢姿印章眉粉为正品的相应凭证,同时给予原告一定的申诉期限。但原告无论在被告给予的合理申诉期限或整个庭审期间始终未提供涉案商品为正品的相关凭证,其售假事实依法应当予以认定。此外,原告在未充分提供其产品来源的合法合格证明的情况下,在被告平台销售的所有系争CBB奢姿印章眉粉均应认定为“销售假冒伪劣商品”。综上,原告构成双方合作协议约定的售假行为,且售假金额为49,065元。被告依据协议认定原告售假行为及售假金额均于法有据,法院予以确认。

第二,针对原告要求返还因虚假发货被扣款金额的诉请,被告向法庭提交了《安妮珍选(店铺ID:1453)虚假发货订单明细》,同时提交了原告委托的快递公司盖章的与上述虚假发货订单对应的物流信息明细。根据上述材料随机列举的信息,原告从上传物流信息到快递公司实际发货超过72小时,远超双方协议及发货规则约定的时间,如果原告认为其不构成协议及发货规则规定的虚假发货情形,应当提供快递公司相关证据予以证明。综上,法院采信被告提供的关于原告虚假发货的证据,被告依据双方合作协议及发货规则对原告进行处罚具有合同依据。

第三,就客服回复率低造成的扣款,原告虽不认可被告提供的系统截屏,但并未提供相反证据,结合本案所有证据综合考量,法院对被告的截屏数据予以采纳。原、被告协议及客服回复规则约定客服回复率要达到50%以上,而根据双方约定的客服回复率计算公式(106－65)/106得到原告回复率仅为38.68%，显然低于约定，原告应当依约向被告承担相应违约责任。

综上所述，原告构成协议及相应规则规定的售假、虚假发货及客户回复率低等行为。作为违约方，原告无权要求被告解除合同、解冻账户、支付利息、返还扣款及保证金。

3. 关于案件争点3

法院认为，案涉平台设定的"假一赔十"标准的"消费者赔付金"，关涉平台、商家和消费者三方之间的关系，系平台履行自律管理权利的体现，与传统"违约金"存在一定区别，主要表现在：首先，受益主体不同。违约金的受益主体为合同守约方，目的系填补守约方的损失，兼具惩罚性；而平台从商家扣收的款项并没有最终进入平台账户，成为牟利的手段，而是以"消费者赔付金"的形式赔付给消费者。其次，权利来源不同。违约金来源合同法的规定，请求权基础通常是传统"一对一"的合同；而"假一赔十"形成于平台规则，是平台与海量商家就违规处理及消费者权益保护达成的统一契约安排。再次，责任承担对象及方式不同。违约金系违约方向守约方承担，仅涉及合同双方；而"假一赔十"标准则涉及平台、商家和消费者多方，平台通过规则强制违规商家向消费者履行赔付义务。最后，适用标准不同。违约金的确定标准以双方约定及守约方的实际损失为基础；而"假一赔十"标准基于平台规则产生，通过平台规则设定赔付标准，既起到维护网络环境的作用，同时也起到保护消费者合法权益及保护平台商誉的作用，赔付标准的合理性与否交由商事主体自行评估。

此外，从被告的损失构成考虑，原告的售假、虚假发货及客户回复率低等行为均违反了《拼多多平台合作协议》的约定，除增加了被告抽检及管理成本外，还涉及消费者赔偿(售假赔付的62,246.72元及虚假发货赔付的12,395元代金券已大部分使用)及平台商誉损失等成本。值得注意的是，在"互联网+"及大数据时代，人们的选择偏好却越来越高度趋同，人们高度依赖网络平台上各类"销量最高""评价最好""口味最佳"来进行选择，个人的喜好随着互联网和大数据的几何作用无限放大，最终成为群体的选择。在这种情况下，商家为提升销量倾向于寻找人气高的平台，消费者为保证质量倾向于寻找口碑好的平台。如果商家利用平台销售假货，必然损害平台的商誉，而这种损害与传统线下商誉损害相比也是呈几何倍数增加的。本案中，选择在被告拼多多平台上经营的商家超过16万家，涉及商家及消费者众多，交易金额巨大，可以认定拼多多平台在业界有一定的影响，商家的售假行为无疑将对被告的商誉造成较大损失。

综上,在平台规则约定明确的情况下,商家利用网络平台售假构成违约,第三方电商平台按照合同约定对商家进行处罚系自律管理,本案中被告因原告售假造成的损失包括消费者赔付款+抽检及管理成本+平台商誉损失,原告应当按照双方协议约定向被告支付“消费者赔付金”,被告依据双方协议约定冻结并扣划原告账户于法不悖,法院亦予以确认。

## 三、裁判规则提要

### (一)第三方电商平台与入驻商家作为商事交易主体,法律地位对等,双方网签的电子合同真实有效,商家以格式条款为由主张电子合同所涉违规处理、消费者赔付或管辖等条款无效的,不予支持

互联网及电子商务经济的迅猛发展已使电商平台成为人们重要的生活工具,作为服务提供方,平台需通过顶层设计(平台服务协议规则)规范入驻商家行为,保护消费者的合法权益,明确争议解决方式。然而,与传统“面对面”的线下缔约方式不同,网络具有无纸化、虚拟化、技术化等特性,且第三方电商平台拥有海量商家,平台客观上不可能与每个商家就规则条款进行一对一的沟通,在该种背景下,格式条款开始凸显其优势。为更好地运营和管理,由平台统一制定协议和规则,并由入驻商家在线签署已成电商行业惯例。如电子合同未违反法律或行政法规的强制性规定,应当认定为合法有效,司法应给予肯定评价,商家以格式条款为由主张电子合同所涉违规处理、消费者赔付或管辖条款无效的,不应予以支持,具体理由如下:

第一,商家与平台均系商事交易主体,商事交易重视外观性,商事主体之间作为更为理性且更加专业的交易对象,在订立合同时双方法律地位对等,对合同条款(包括违规处理、消费者赔付及管辖条款等)的理解更能体现意识自治原则,相关合同条款不存在免除己方责任,加重对方责任,排除对方主要权利的无效情形。在排除胁迫、重大误解或显失公平的基础上,商家入驻平台签署协议,说明对各项条款是明知的,应当坚持诚实信用原则,遵守平台服务协议及相关规则的约定。

第二,电商平台并非垄断行业,无论商家还是消费者均有选择交易平台的自由,有完全的意思自治。商家一旦入驻电商平台并签署协议、接受规则,即视为对自身相关权利的让渡,需要服从平台自律管理。商家违规,平台有权要求商家承担

消费者赔付及违约责任；商家与平台产生争议协商不成，应按协议约定方式确定管辖法院，解决相关争议。

（二）消费者赔付金制度属于电子商务平台消费者保护规则，直接受益主体是消费者而非平台，违规商家主张援引违约金制度对赔付标准进行调整的，不予支持

电子商务平台经营者根据平台服务协议的约定，主动从违规店铺扣款赔付消费者，该项制度属于新兴的消费者保护模式，法律或司法解释对此未作出明确规定，故而消费者赔付金的法理基础及其定性在审判实践中存在较大争议，有观点认为，消费者赔付金基于平台与商家之间的服务协议产生，其性质属于违约金；亦有观点认为，消费者赔付金制度涉及第三方利益，应按照第三人利益合同对该项制度进行评价；第三种观点认为，该项制度属于平台治理措施，其权利来源平台规则的约定，是平台为保护消费者权益，处理违规商家，维护平台经营秩序设定的一种消费者权益保护资金。笔者同意第三种观点，"新的交易形式逐渐普及，新的合同理念陆续诞生"①是现代合同法的基本特征之一，消费者赔付金制度是对传统平台治理手段和违约金制度的突破，在当今网络治理难的背景下，该项制度设计有利于净化网络交易环境，对违法违规商家形成威慑力，保护消费者的合法权益，应当依法给予支持。

（三）消费者赔付金制度的法理基础

消费者赔付金制度创设自平台规则，平台通过规则设计赋予自身强制商家赔付的法律地位，从而实现对平台商家商品和服务质量的管控，并强制违规商家履行其对消费者作出的赔付承诺，该制度并未违反法律或行政法规的强制性规定，司法应充分尊重商事主体对自己权利义务的安排，在法律框架内肯定消费者赔付制度的效力，具体如下：

第一，从法定职责角度，网络交易因其交易量大、涉及跨区域、可不间断经营等特点造成管制难度加剧，单凭国家行政部门乃至司法部门皆成本高昂，在此背景下，网络自治作为社会自治不可或缺的环节显得尤为重要。《电子商务法》施行前，《消费者权益保护法》《食品安全法》《广告法》等法律法规和政策性文件就已明确

---

① 崔建远主编：《合同法》（第五版），法律出版社2010年版，第6页。

电子商务平台作为交易组织者,一方面负有维系交易秩序,维护交易安全的职责,另一方面也拥有制定商品和服务质量安全标准、消费者权益保护、纠纷处理方式及商家违规经营处罚等规则的权利。2019 年 1 月 1 日,《电子商务法》正式施行,该法共计 89 条,其中 39 处出现"消费者",足见消费者权益保护在电子商务法所占的权重,该法第 58 条更明确规定,国家鼓励电子商务平台经营者建立有利于电子商务发展和消费者权益保护的商品、服务质量担保机制,鼓励电子商务平台经营者与平台内经营者协议设立"消费者权益保证金"。"消费者赔付金"制度创设于《电子商务法》施行之前,同"消费者权益保证金"一样,该制度是电子商务平台经营者履行平台治理职责的表现形式之一,在设计初衷上与"消费者权益保证金"制度的价值高度契合,目的均是营造安全的网络交易环境,保护消费者的合法权益,在效力判断上应参照"消费者权益保证金"制度,给予肯定和支持。

第二,从缔约自由角度,电商平台并非垄断行业,无论商家还是消费者均有选择交易平台的自由,有完全的意思自治。商家入驻平台时,签署平台协议,明确认可相关平台规则,承诺就其违规行为需按约承担消费者赔付责任,就应当按约履行。需要强调的是,平台规则并非一对一的传统合同,不是平台与某一具体商家决定或修改的,而是平台与所有商家共同达成的一致契约。遵守平台规则不单是商家对平台的义务,也是对其他商家的义务,更是对消费者的义务。

第三,从权责一致的角度,在平台上经营的商家不仅享有网络交易便利迅捷、辐射广泛的利益,也须承担在不与消费者见面条件下的诚信经营义务,并对自己的失信违规行为承担责任。商家不能一边破坏平台的交易秩序和规则,一边继续享受平台服务带来的便利。司法应当尊重第三方电商平台对商家采取的管控措施和对消费者的保护体系,引导平台商家严守法律和平台规则,合法合规经营,以维护正常的平台管理秩序,保护诚信经营商家和消费者的合法权益。

综上所述,消费者赔付金制度是合法有效的,在平台协议约定明确的情况下,商家利用平台从事违规行为构成违约,平台按约自商家店铺扣款并赔付给消费者于法不悖,依法应当予以支持。

### (四)消费者赔付金制度与违约金制度和第三人利益合同的区别

1. 消费者赔付金制度与违约金制度的区别

首先,受益主体不同。违约金受益主体为守约方,其目的主要系弥补守约方遭受的损失,而消费者赔付金受益主体为消费者,而非第三方电商平台,是本质上是用于维护平台交易秩序，净化网络交易环境，保护消费者的合法权益的资金。

其次，权利来源不同。违约金的请求权基础通常是传统“一对一”的合同；而消费者赔付金制度形成于平台规则，是平台与海量商家就违规处理及消费者权益保护达成的统一契约安排。

再次，责任承担对象、方式不同。违约金通常是违约方向守约方承担，仅涉及合同双方；而消费者赔付金制度则涉及平台、商家和消费者，平台通过规则设计，强制违规商家向消费者履行赔付义务。

最后，适用标准不同。违约金的确定标准以守约方的实际损失为基础；而消费者赔付金标准基于平台规则产生，既起到保护消费者合法权益的作用，同时也起到威慑违规商家、维护平台管理秩序、保护平台商誉的作用。赔付标准的合理性与否交由商事主体自行评估为宜，平台作为商事交易主体，为招揽商家入驻经营，也有动力结合业务实际和平台治理情况优化、调整平台规则，使其趋于合理。

2. 消费者赔付金制度与第三人利益合同

我国合同法未就第三人利益合同作出明确规定，在大陆法系下，德国《民法典》第 328 条规定，当事人得依契约订定向第三人为给付，第三人有直接请求给付的权利；我国台湾地区“民法”第 269 条规定，以契约订定向第三人为给付者，要约人得请求债务人向第三人为给付，其第三人对于债务人，亦有直接请求给付之权。据此，第三人利益合同的特点在于债务人直接向第三人给付，且第三人有直接请求债务人给付的权利。这与消费者赔付金制度下平台自商家店铺扣款，再赔付给消费者的模式存在明显区别，不宜根据第三人利益合同对消费者赔付金制度进行评价。

### （五）消费者赔付金制度的创新价值

与传统“不告不理”的消费者保护模式不同，消费者赔付金制度特点在于，商家违规事实确认后，平台将依规则强制商家履行其对消费者的赔付承诺，赔付请求无须消费者发起，该种模式可以成为传统消费者保护制度有力补充，一方面可以起到惩罚、震慑违规商家的作用，充分发挥平台的自治管理功能，提高商家违法违规的成本，净化网络交易环境；另一方面平台发现商家违规主动赔付的模式也在一定程度上提高了消费维权效率，降低了消费维权成本，有利于保护消费者的合法权益，促进互联网经济的发展。

## 四、辅助信息

**高频词条:**

**《合同法》**

**第8条** 依法成立的合同,对当事人具有法律约束力。当事人应当按照约定履行自己的义务,不得擅自变更或者解除合同。

依法成立的合同,受法律保护。

**第10条** 当事人订立合同,有书面形式、口头形式和其他形式。

法律、行政法规规定采用书面形式的,应当采用书面形式。当事人约定采用书面形式的,应当采用书面形式。

**第11条** 书面形式是指合同书、信件和数据电文(包括电报、电传、传真、电子数据交换和电子邮件)等可以有形地表现所载内容的形式。

**第93条** 当事人协商一致,可以解除合同。

当事人可以约定一方解除合同的条件。解除合同的条件成就时,解除权人可以解除合同。

**《民事诉讼法司法解释》**

**第90条** 当事人对自己提出的诉讼请求所依据的事实或者反驳对方诉讼请求所依据的事实,应当提供证据加以证明,但法律另有规定的除外。

在作出判决前,当事人未能提供证据或者证据不足以证明其事实主张的,由负有举证证明责任的当事人承担不利的后果。

**《电子商务法》**

**第58条** 国家鼓励电子商务平台经营者建立有利于电子商务发展和消费者权益保护的商品、服务质量担保机制。

电子商务平台经营者与平台内经营者协议设立消费者权益保证金的,双方应当就消费者权益保证金的提取数额、管理、使用和退还办法等作出明确约定。

消费者要求电子商务平台经营者承担先行赔偿责任以及电子商务平台经营者赔偿后向平台内经营者的追偿,适用《中华人民共和国消费者权益保护法》的有关规定。

# 互联网纠纷案件裁判规则第 13 条：

## 电子商务平台经营者通过数据分析判定商家涉嫌虚假交易，且商家无法就其交易异常行为作出合理解释的，平台有权根据电子合同的约定认定虚假交易成立并对商家采取违规处理措施

〔**规则描述**〕：虚假交易，是指用户通过虚构或隐瞒交易事实、规避或恶意利用信用记录规则、干扰或妨害信用记录秩序等不正当方式获取虚假的商品销量、店铺评分、信用积分或商品评论、平台补贴等不当利益的行为。商品销量、评价等均是消费决策的重要参考因素，电子商务经营者从事虚假交易的行为严重损害消费者的知情权和选择权，且会污染平台的大数据，主流电商平台均对平台内经营者的虚假交易行为设定了判断及处理规则。近年来，电商平台基于虚假交易处理商家的纠纷多发，虚假交易的判定及处理规则多引发争议。

### 一、类案检索大数据报告

时间：2019 年 3 月 26 日前，案例来源：Alpha 案例库，案件数量：46 件，数据采集时间：2019 年 3 月 26 日。本次检索获取 2019 年 3 月 16 日前共 46 篇裁判文书。整体情况如图 13－1 所示，从案件年份分布情况可以看出当前条件下案例数量的变化趋势。

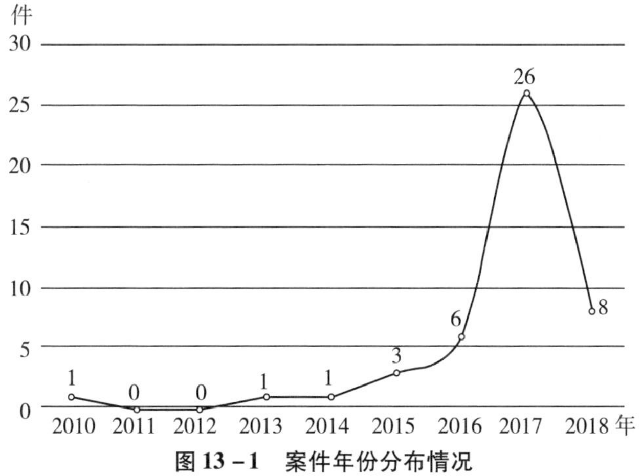


**图 13－1　案件年份分布情况**

如图 13 –2 所示,从案件主要地域分布情况来看,当前案例主要集中在浙江省、北京市、上海市,分别占比约为 64%、13%、11%。其中,浙江省的案件最多,达到 29 件。

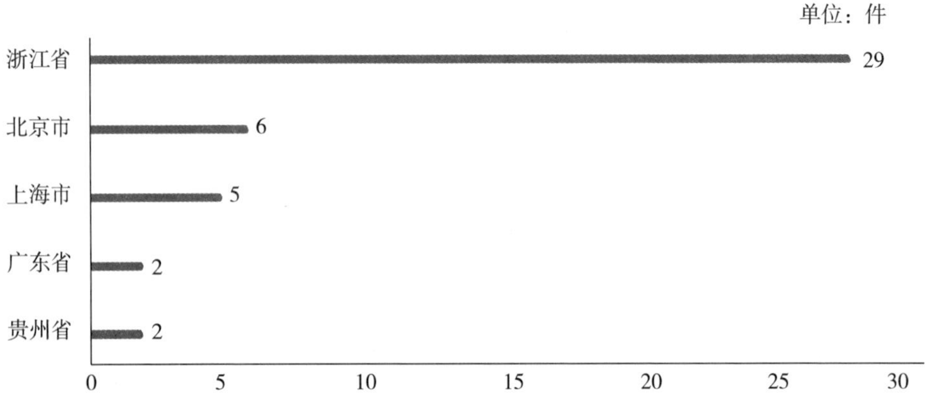


图 13 –2　案件主要地域分布情况

如图 13 –3 所示,从案件审理程序分类统计可以看出,一审案件有 42 件,占比约为 91.3%;二审案件有 4 件,占比约为 8.7%。

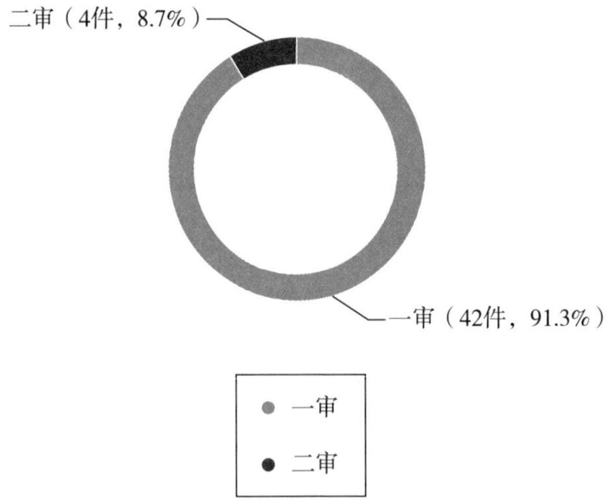


图 13 –3　案件程序分类

如图 13 –4 所示,从案件一审裁判情况可以看出,当前条件下全部/部分支持的有 17 件,占比约为 40.48%;全部驳回的有 15 件,占比约为 35.71%;驳回起诉的有 10 件,占比约为 21.81%。

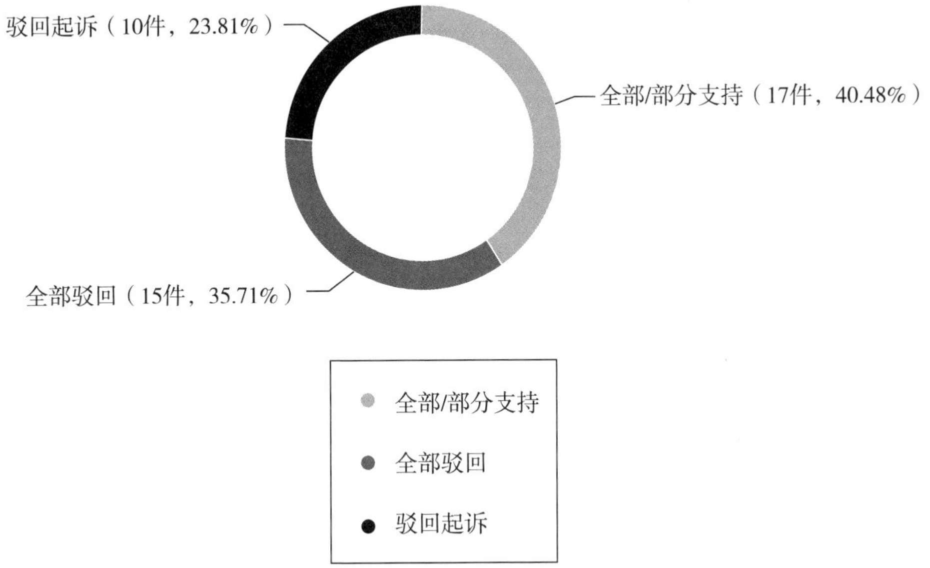


**图 13-4 案件一审裁判结果**

如图 13-5 所示，从案件二审裁判情况可以看出，二审案件总共有 4 件，全部维持原判。

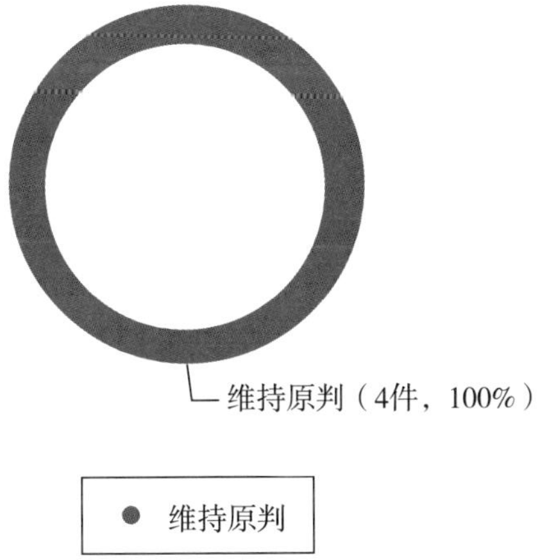


**图 13-5 案件二审裁判结果**

## 二、可供参考例案

### 例案一 | 王某某与上海寻梦信息技术有限公司网络服务合同纠纷

**【法院】**

上海市长宁区人民法院

**【案号】**

(2018)沪0105民初6389号

**【当事人】**

原告:王某某

被告:上海寻梦信息技术有限公司

法定代表人:孙某,该公司董事长

**【基本案情】**

2017年12月26日,原告、被告网签《拼多多平台合作协议》,原告在被告运营的拼多多平台注册了"欧迈现代商城"网店(店铺编号:1352287)。平台协议第10.9条和《拼多多发货规则》第8.5条约定,商家不得从事虚假交易行为,若商家在从事虚假交易的同时套取了平台积分、补贴、红包的,被告有权根据平台协议相关约定要求原告另行承担违约责任,包括但不限于:限制原告账户(包括关联账户)全部资金提现;自原告账户(包括关联账户)保证金及/或未结货款余额中扣收相当于其所套取红包/补贴金额十倍的款项作为违约金。单方解除平台协议,终止与原告的合作。原告行为构成犯罪的,被告还有权向公安部门报案并进一步追究商家刑事责任。《拼多多发货规则》第8.2条约定,平台有权随时对原告的注册信息及交易行为、交易数据和信息进行查阅、监测,有权根据用户数据、海量用户数据的关系及普通人的正常消费习惯、快递物流行业交易习惯、生活常识等因素单方认定商家是否构成虚假交易或存在其他违约违规行为。如发现商家交易行为、交易数据等存在任何异常,平台有权质疑并要求原告提供合理解释,商家有义务在平台指定期限内对交易异常现象进行说明。

被告提供了原告虚假交易订单明细,判定为虚假交易的原因分别为:收货人为原告(用券金额788元)、订单支付账户UID与原告历史订单支付账户UID相同(用券金额703元)及短期大量购买且收货地址与原告收货地址相近、手机号码归属地相同(用券金额122元)。原告认可上述订单中收货人为其本人的订单确为刷单，并确认该类订单累计用券金额为788元，对其余涉诉订单为何存在支付账户相同、短期大量购买及收货地址与原告订单地址相近等情况并未提供合理解释。双方一致确认，原告曾于2018年1月17日以“物流园物流一半以上均没有跟踪信息”及“元旦期间被告大量发放优惠券才导致用户大量购买”为由提出申诉，后被被告认定为没能提供刷单套券订单为由认定申诉不成功。2018年1月25日，被告以刷优惠券扣款为由自原告商铺账户扣款16,130元。原告不服起诉至法院，要求返还扣款。

**【案件争点】**

1.《拼多多平台合作协议》及发货规则部分条款的效力问题。

2.关于原告刷单套券行为的认定。

**【裁判要旨】**

1.关于案件争点1

本案协议中明确约定，原告一经选择“已经阅读并且同意以上协议”选项并点击“同意以上文件并继续”按钮，即表示其已接受本协议，并同意受本协议各项条款的约束。根据签约记录，原告在2017年12月26日签署了V3.0版平台协议，系自愿选择使用被告提供的拼多多网站交易平台并签订平台合作协议。并且被告在平台协议中已经用粗体、下画线等明显方式对“签约须知”以及重点条款进行了明确标识，已经尽到合理的提示注意义务。因此上述协议系双方真实意思表示，未违反法律及行政法规的强制性规定，应为合法有效，双方均应按约履行。

至于《拼多多平台合作协议》第10.9条、《拼多多发货规则》第8.5条，系对刷单套券等虚假交易行为的处罚约定。鉴于网络交易中，交易发生具有便捷性，且交易信息存在不对称性，交易数据对于网络交易的消费者而言是重要的消费决策参考，对于商家而言是积累良好信誉的基础，对于平台而言是影响平台商誉和管理的重要因素。因此，虚假交易行为会对消费者、商家及平台产生恶劣影响，一定程度上危害网络交易的秩序和安全，因此通过平台协议对虚假交易行为进行规制和处罚并无不当，同时鉴于刷单套券行为属于以欺诈方式套取利益的不法行为，对其采取十倍数额的违约金具有一定的惩罚性质和威慑作用，并不存在原告所述的显失公平情形，因此上述协议条款当属有效，原告要求确认上述条款无效的请求，缺乏法律与事实依据，法院不予采纳。

2.关于案件争点2

根据协议及规则约定，对于原告的刷单套券行为，被告有权从商家保证金以及未结货款中扣除相当于补贴金额十倍的款项作为违约金。本案中,被告根据原告的商品订单信息,通过比对收货人、支付账户、收货地址等数据因素,认定涉诉订单中存在收货人为原告(用券金额788元)、订单支付账户与原告支付账户相同(用券金额703元)的情形,因此判定上述订单为刷单套券行为,并将相应的情况及申诉要求告知原告,原告也自认部分订单系为了促进销量而进行的刷单,且并未对支付账户与原告支付账户相同的订单给予合理解释及相应反证证明。因此,对于上述两类订单,被告根据相应刷单套券的用券金额对原告账户资金进行处理具有事实和法律依据。

## 例案二 | 陈某某与浙江淘宝网络有限公司网络服务合同纠纷

**【法院】**

浙江省杭州市中级人民法院

**【案号】**

(2016)浙01民终7362号

**【当事人】**

上诉人(原审原告):陈某某

被上诉人(原审被告):浙江淘宝网络有限公司

法定代表人:陆某某,该公司董事长

**【基本案情】**

陈某某在淘宝网注册淘宝会员名为"cgz131420",并以该会员名开设淘宝店铺"观众高级时装定制",点击确认同意《淘宝平台服务协议》,协议第6条约定了用户的违约及处理,第6.1条违约认定规定:"发生如下情形之一的,视为您违约:(一)使用淘宝平台服务时违反有关法律法规规定的;(二)违反本协议或本协议补充协议(即本协议第22条)约定的。为适应电子商务发展和满足海量用户对高效优质服务的需求,您理解并同意,淘宝可在淘宝平台规则中约定违约认定的程序和标准。如:淘宝可依据您的用户数据与海量用户数据的关系来认定您是否构成违约;您有义务对您的数据异常现象进行充分举证和合理解释,否则将被认定为违约。"第6.2条规定:"违约处理措施【信息处理】您在淘宝平台上发布的信息构成违约的,淘宝可根据相应规则立即对相应信息进行删除、屏蔽处理或对您的商品进行下架、监管。【行为限制】您在淘宝平台上实施的行为,或虽未在淘宝平台上实施但对淘宝平台及其用户产生影响的行为构成违约的，淘宝可依据相应规则对您执行账户扣分、限制参加营销活动、中止向您提供部分或全部服务、划扣违约金等处理措施。如您的行为构成根本违约的，淘宝可查封您的账户，终止向您提供服务……”根据淘宝平台相关规则的规定，虚假交易，是指用户通过虚构或隐瞒交易事实、规避或恶意利用信用记录规则、干扰或妨害信用记录秩序等不正当方式获取虚假的商品销量、店铺评分、信用积分或商品评论等不当利益的行为。卖家进行虚假交易的，淘宝将对卖家的违规行为进行纠正，包括删除虚假交易产生的商品销量、店铺评分、信用积分、商品评论等不当利益；情节严重的，淘宝还将下架卖家店铺内所有商品。在纠正违规行为的同时，淘宝将按照如下规定对卖家进行处理：……淘宝对涉嫌虚假交易的商品，给予卖家30天的单个商品淘宝网搜索降权的处理。

2016年5月，浙江淘宝网络有限公司（以下简称淘宝公司）在查处违规账户的系统排查中，发现淘宝会员名为“cgz131420”的淘宝店铺“观众高级时装定制”内的商品ID为38××××××193的商品涉嫌虚假交易，同年5月7日，淘宝公司对该款商品作出降权处理，降权期间至2016年6月5日。淘宝公司向陈某某发送通知，称：“1.若无虚假交易，建议通过申诉入口申诉；2.若有虚假交易建议立即停止，等待30天左右降权结束。温馨提醒，降权期间请规范交易行为，否则会加重处罚；3.宝贝无法通过编辑修复”。陈某某向淘宝公司提出申诉，并针对淘宝平台抽取的五笔订单（订单编号分别为15358××××××279573、18587××××××78425、180729××××××0127、15549××××××76572、15425××××××87497）分别提交了上述订单的物流底单及系统查询的物流跟踪截图。淘宝公司以“利用第三方炒作团伙，或通过和别人协议交换购买或使用虚假的发货单号或单号重复使用或其他不规范交易行为”为由认为其提交的申诉凭证经核实无效，申诉不成立，并已执行相应处置。另查明，编号为1542505052387497的交易订单，陈某某通过全峰快递发货，快递单号略，收货人为林某，收货地址为上海市某地，经查询该快递于2016年5月1日在杭州江干二部签收。2016年6月7日陈某某向原审法院起诉，请求判令：一、淘宝公司向其赔偿经济损失2000元并承担诉讼费用；二、淘宝公司恢复被降权商品（商品ID：38762954193）搜索公平权，并向陈某某赔礼道歉。

**【案件争点】**

淘宝公司对涉案店铺的商品ID进行降权30日的处理是否符合合同约定。

**【裁判要旨】**

一审法院认为,本案争议焦点是淘宝公司对涉案店铺的商品ID为38762954193的商品做降权30日的处理是否符合合同约定。(1)淘宝公司做出处理措施之基础——是否具有认定陈某某违约的权利。首先,双方协议效力之判定。陈某某和淘宝公司双方权利义务的基础是双方签署的服务协议。《淘宝平台服务协议》规定,本协议内容包括协议正文、法律声明、淘宝规则及所有淘宝已经发布或将来可能发布的各类规则、公告或通知。所有规则为本协议不可分割的组成部分,与协议正文具有同等法律效力。陈某某自愿成为淘宝平台的会员,同意接受淘宝平台的上述规则,双方之间已就该些规则的适用形成合意。而上述规则不违反国家法律、行政法规的强制性规定,属合法有效,对双方均具有约束力。其次,双方协议是否授权淘宝公司对陈某某违规作出判定。根据《淘宝平台服务协议》第6.1条第2款规定:"为适应电子商务发展和满足海量用户对高效优质服务的需求,您理解并同意,淘宝可在淘宝平台规则中约定违约认定的程序和标准。如:淘宝可依据您的用户数据与海量用户数据的关系来认定您是否构成违约;您有义务对您的数据异常现象进行充分举证和合理解释,否则将被认定为违约。"由此可见,淘宝公司有权单方对用户的违规行为作出判定。(2)淘宝公司对陈某某作出的具体处罚措施是否符合合同约定。第一,淘宝公司判定陈某某违规的标准有合同依据。淘宝规则对虚假交易的定义、处罚的情形作了明确规定,该些规则系判定陈某某是否违规的标准。第二,陈某某确有违规行为。淘宝公司在查处违规账户的系统排查中,依据陈某某涉案店铺内的用户数据与海量用户数据的关系、涉案商品的交易异常数据,以普通人的身份结合淘宝平台数据模型出具的信息初步判定涉案店铺涉案商品涉嫌虚假交易。陈某某进行申诉并就淘宝平台抓取的涉嫌虚假交易的5笔订单分别提供了物流底单及物流跟踪查询记录,陈某某陈述上述5笔交易订单均系真实存在,但订单编号为1542505052387497所对应的快递物流存在签收地与预留收货地不一致情形,且陈某某并未给出合理解释。第三,淘宝公司的处罚决定符合合同约定。淘宝相关规则规定:淘宝对涉嫌虚假交易的商品,给予卖家30日的单个商品淘宝网搜索降权的处理。故淘宝公司针对陈某某涉案店铺内涉案商品所作出的降权30日的处罚符合《淘宝平台服务协议》和相关淘宝规则的规定,并无不当。综上所述,淘宝公司对陈某某的违规行为作出的处罚既符合合同约定,亦不违反法律的规定,陈某某的主张不成立,对其诉讼请求,法院均不予支持。

二审法院认为:淘宝公司为了管理淘宝网,制定了《淘宝平台服务协议》等淘宝规则，并在网站上进行公告。任何用户如需注册为淘宝网的会员，必须同意接受上述《淘宝平台服务协议》等淘宝规则的条款。虽然上述协议、规则系淘宝公司单方发布，其部分内容涉及对会员行为作出一些限制，但由于网络销售具有其特殊性，该协议、规则的制定有利于网站的管理、维护正常的交易秩序以及保障广大消费者的合法权益，因此上述协议、规则并未加重对其会员的责任，也不违反法律、行政法规的强制性规定，应确认有效。本案中，淘宝公司排查的陈某某的订单中，其中订单号为1542505052387497的商品，收货地址为上海市某地，但实际该快递在杭州市江干二部被签收。淘宝公司根据该交易的预留收货地址与实际签收地不一致的情形，同时，陈某某在申诉期间又没有给予合理解释，故认定其涉嫌虚假交易，并根据《淘宝规则》第60条的规定，给予陈某某的该单个商品30天的淘宝网搜索降权处理并无不当。

## 例案三 | 穆某某与浙江淘宝网络有限公司网络服务合同纠纷

**【法院】**

浙江省杭州市西湖区人民法院

**【案号】**

(2010)杭西民初字第145号

**【当事人】**

原告：穆某某

被告：浙江淘宝网络有限公司

法定代表人：马某，该公司董事长

**【基本案情】**

2007年2月2日，原告注册为淘宝网会员，会员名为“mu_sandy”。2008年12月，原告在淘宝网开设了店铺“木木的内衣铺”。《淘宝网服务协议》规定，用户应当保证在使用淘宝网网上交易平台进行交易过程中遵守诚实信用的原则，不在交易过程中采取不正当竞争行为，不扰乱网上交易的正常秩序，不从事与网上交易无关的行为。用户不应在淘宝网网上交易平台上恶意评价其他用户，或采取不正当手段提高自身的信用度或降低其他用户的信用度。对于用户在淘宝网网上交易平台上的不当行为或其他任何淘宝认为应当终止服务的情况，淘宝有权随时作出删除相关信息、终止服务提供等处理，而无须征得用户的同意；淘宝有权对用户的注册数据及交易行为进行查阅,发现注册数据或交易行为中存在任何问题或怀疑,均有权向用户发出询问及要求改正的通知或者直接作出删除等处理。用户同意,在淘宝未向用户收取服务费的情况下,淘宝可自行全权决定以任何理由(包括但不限于淘宝认为用户已违反本协议的字面意义和精神,或以不符合本协议的字面意义和精神的方式行事,或用户在超过90天的时间内未以用户的账号及密码登录网站等)终止用户的"服务"密码、账户(或其任何部分)或用户对"服务"的使用,并删除(不再保存)用户在使用"服务"中提交的任何资料。《淘宝网用户行为管理规则(非商城)》中规定有:此规定将于2009年9月15日生效。炒作评价251条以上(包括251条)的,处罚措施为永久封号、限制登录阿里旺旺。《炒作信用度处罚规则》中规定有:"炒作信用度"行为是指交易双方以一方或双方增加"会员累积信用"为目的,虚构交易事实或实施其他足以影响他人"会员累积信用"的行为。淘宝有权根据其自身的判断,认定会员是否存在"炒作信用度"的行为,并有权依据本规则的规定对淘宝认定其存在炒作信用度行为的会员给予处罚。具体处罚规则请详见《淘宝网用户行为管理规则(非商城)》。除给予上述处罚外,对淘宝认定其有炒作信用度行为的会员,淘宝有权删除该会员在淘宝网上发布的所有信息,并永久性拒绝为该会员提供服务。

2009年7月,原告接到被告通知,称原告的大量信用评价涉嫌信用炒作,要求原告删除,并要求提供证据,否则将强行删除。同年8月,原告向被告发送律师函1份,认为被告对于原告涉嫌信用炒作的判断错误,要求被告重新审查此次信用审核行为,并做好相关证据保全工作。9月17日,被告向原告发出通知,以原告违反《淘宝网用户行为管理规则(非商城)》为由,对原告作出"炒作信用度一级"永久封号处理。

**【案件争点】**

1. 原告、被告之间的网络服务合同是否是有偿合同。

2. 被告终止对原告的服务是否具有相应依据。

3. 被告作出对原告终止服务决定的程序是否合理。

**【裁判要旨】**

法院认为:被告创设淘宝网后,就淘宝网的使用制定了《淘宝网服务协议》《淘宝网用户行为管理规则(非商城)》《炒作信用度处罚规则》等,并在淘宝网进行公告,原告注册为淘宝用户,同意接受上述协议及规则,双方网络服务合同成立,对双方具有约束力。根据双方当事人的诉辩主张,法院对本案的争议焦点归纳并评议如下：

关于原告、被告之间的网络服务合同是否是有偿合同的问题，法院认为，根据《淘宝网服务协议》，用户在淘宝网进行注册后，即可登录淘宝网交易平台，查询物品信息、发布交易信息、登录物品、参加网上物品竞买、与其他用户订立物品买卖合同、评价其他用户的信用、参加淘宝的有关活动以及有权享受淘宝提供的其他的有关信息服务。而用户注册系免费，即被告提供上述交易平台基本服务并未向原告收取服务费，故《淘宝网服务协议》系无偿合同。被告在提供无偿服务的前提下，做出“如淘宝认为用户违反协议的字面意义及精神，可自行全权决定终止向用户提供服务”的约定，并无不当。

关于被告终止对原告的服务是否具有相应依据的问题，法院认为，电子商务的基础价值在于诚信，卖家的信用度是买家在淘宝网选择交易对象的重要指标之一。如采用虚假交易的方式获取信用度，将会侵害消费者及其他卖家的正当权益，干扰淘宝网的正常经营秩序。被告作为淘宝网的经营者，有权对此类不当行为进行自主管理。考虑到在淘宝网交易平台上发生的交易量巨大，被告设定一定标准、利用专门软件筛查出符合炒作信用特征的交易，并将其判断为虚假交易，此方式与其作为企业所具有的管理能力相适应，也符合一般企业对管理成本、管理效率的要求。根据被告的后台数据显示，原告的大量交易存在以下现象：多个买家使用同一 IP 地址、非同城交易而无物流信息、大幅改低交易价格、与部分买家交易的其他卖家曾因炒作信用受到处罚等，因此，被告有理由相信原告存在炒作信用的行为。根据《淘宝网服务协议》，用户不应采取不正当手段提高自身的信用度，在淘宝认为用户违反了该协议的情况下可自行全权决定终止服务。故被告据此对原告作出封号处罚、终止对其的服务，具有事实与合同依据。

关于被告作出对原告终止服务决定的程序是否合理的问题，法院认为，被告判断原告的部分交易具有炒作信用嫌疑后，首先通知原告自查并删除，在原告未自行删除相关信用评价，亦未通过被告提供的申诉途径提交相关原始交易凭证供核对的情况下，被告据此对原告进行封号处理，终止对其的服务，该程序已保障了原告提出异议、寻求救济的权利，并无不妥，亦未违反《淘宝网服务协议》的约定。

综上所述，被告的行为并未违反双方合同约定。原告要求被告停止封店行为、恢复网络服务的请求，法院不予支持。由于被告的行为并无过错，亦未违约，原告要求赔偿损失的主张，法院亦不予支持。

## 三、裁判规则提要

### (一)电商平台按约处理商家虚假交易行为的法律依据

1. 合同法的意思自治原则。入驻平台并签署平台服务协议是商家的真实意思表示,电商平台通过服务协议约定虚假交易的判定原则及处理标准,并未违反法律或行政法规的强制性规定,商家应当遵守平台规则的约定,不得从事虚假交易行为,违规即应按约承担责任。

2. 依法制定虚假交易处理规则是电商平台的法定职责。《电子商务法》第 32 条明确规定,电子商务平台经营者应当遵循公开、公平、公正的原则,制定平台服务协议和交易规则,明确进入和退出平台、商品和服务质量保障、消费者权益保护、个人信息保护等方面的权利和义务。商家从事虚假交易行为,损害了消费者的合法权益,扰乱了平台的管理秩序,电子商务平台通过服务协议约定虚假交易的认定标准及处理规则是履行上述职责的体现,该等规则兼有平台自律管理规范的性质,商家应当依法遵循电商平台的自律管理规则。

3. 电子商务法关于虚假交易的禁止性规定。《电子商务法》第 17 条专门就禁止"虚构交易"行为作出明确规定。要求电子商务经营者全面、真实、准确、及时地披露商品或服务信息,保障消费者的知情权和选择权,不得通过虚构交易、编造用户评价等方式进行虚假或者引人误解的商业宣传、欺骗、误导消费者。该条款从法律层面对虚假交易行为作出了否定性评价。

### (二)电子商务平台认定虚假交易行为的事实基础

关于虚假交易的判定标准,《电子商务法》第 17 条并未作出明确规定。在电子商务实践中,多由电商平台利用自身的数据优势,通过商家的注册信息、交易信息、订单物流信息、支付信息、IP 地址、交易习惯等综合判断商家是否存在涉嫌虚假交易的行为。在平台已经初步举证商家存在交易异常的情况下,举证责任转移给商家,商家应当就其交易异常行为提供合理解释,否则就应承担举证不能的法律后果。平台按约认定商家构成虚假交易并对商家作出处理于法不悖,且处理虚假交易违规行为作为电商平台治理的重要措施之一,在法律对虚假交易的判断标准未作出明确限定的情况下,司法不宜对平台虚假交易判定标准的合理性介入过深。

### （三）肯定电商平台按约处理商家虚假交易行为的意义

电子商务属于典型的非“面对面”交易，交易双方信息严重失衡是其主要特征之一，消费者在电子商务平台上所作的消费决策，一方面要借助商品详情介绍中的图片和文字信息，另一方面要借助该项商品的销量及其他在先消费者的评价信息进行判断，且后者是权重更高的参考因素。有鉴于此，部分商家虚构商品交易数据或评价数据，以提升其在电子商务平台的排名，增加交易机会。商家的虚假交易行为污染了平台交易和评价数据，使消费者无法获取真实的商品交易数据和评价状况，严重侵害了消费者的知情权和选择权；商家虚构交易行为给其带来的竞争优势也损害了其他诚信经营商家的利益，扰乱了平台的竞争秩序；除此之外，平台交易“大数据”蕴含了用户行为习惯和喜好，是电子商务平台市场运营、规则制定以及商业决策的基础，该等海量数据的挖掘和研究一直是电子商务平台的核心竞争力，商家的虚假交易行为，污染了电子商务平台的交易和评价数据，为逃避平台监测，商家的虚假交易行为越发隐蔽，加大了监测难度，受囿于技术缺陷，该等虚假交易数据无法完全剔除，会直接干扰平台的商业分析和决策，导致平台经济损失。

电子商务平台聚集了海量信息，且经过多年发展，对虚假交易监测、判定及处理均有着天然优势，司法支持电商平台设定虚假交易判定及处理规则，有利于充分发挥电商平台的自治管理功能，保护消费者的合法权益，维护正常的电子商务经营管理秩序，促进电子商务经济的健康发展。

## 四、辅助信息

**高频词条：**

**《合同法》**

**第 60 条** 当事人应当按照约定全面履行自己的义务。

当事人应当遵循诚实信用原则，根据合同的性质、目的和交易习惯履行通知、协助、保密等义务。

**第 107 条** 当事人一方不履行合同义务或者履行合同义务不符合约定的，应当承担继续履行、采取补救措施或者赔偿损失等违约责任。

**《民事诉讼法司法解释》**

**第 90 条** 当事人对自己提出的诉讼请求所依据的事实或者反驳对方诉讼请求所依据的事实，应当提供证据加以证明，但法律另有规定的除外。

在作出判决前，当事人未能提供证据或者证据不足以证明其事实主张的，由负有举证证明责任的当事人承担不利的后果。

**《电子商务法》**

**第 17 条** 电子商务经营者应当全面、真实、准确、及时地披露商品或者服务信息，保障消费者的知情权和选择权。电子商务经营者不得以虚构交易、编造用户评价等方式进行虚假或者引人误解的商业宣传，欺骗、误导消费者。

**第 32 条** 电子商务平台经营者应当遵循公开、公平、公正的原则，制定平台服务协议和交易规则，明确进入和退出平台、商品和服务质量保障、消费者权益保护、个人信息保护等方面的权利和义务。

# 互联网纠纷案件裁判规则第14条：

## 网购中因卖家过失出现标价错误，在卖家未证明存在重大误解请求撤销合同的情况下，应就标价错误向消费者承担相应责任

〔**规则描述**〕：网络交易具有即时性特点，不少网购平台采取了订单自动确认、自动交易程序，因此商家以标价错误为由不予发货而与消费者产生纠纷在电子商务领域十分常见。出现标价错误的网购合同是否成立生效，商家是否应当继续履行或在履行不能时承担赔偿责任，对于此类纠纷应如何处理，裁判结果各异。

### 一、类案检索大数据报告

时间：2019年3月25日之前，案例来源：Alpha案例库，案件数量：444件，数据采集时间：2019年3月25日。本次检索获取2019年3月25日前共444篇裁判文书。整体情况如图14－1所示，从案件年份分布情况可以看出当前条件下案例数量的变化趋势。

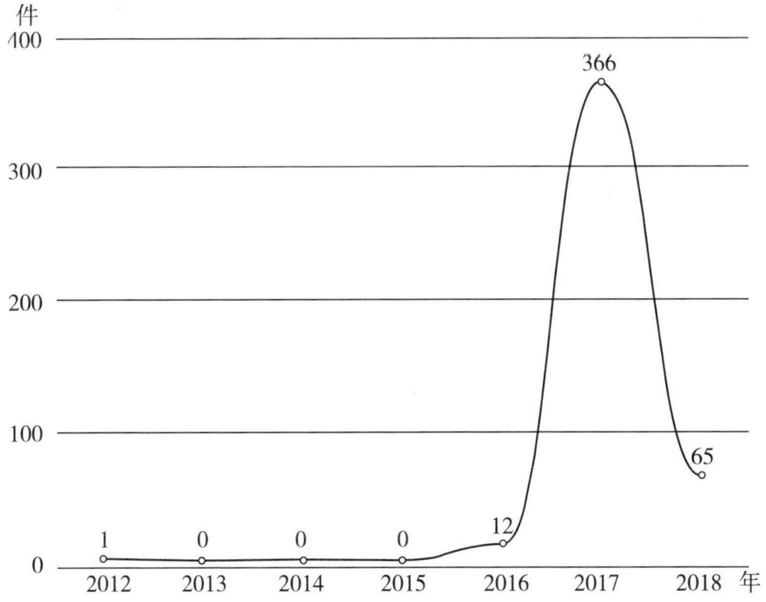


**图14－1　案件年份分布情况**

如图 14 -2 所示,从案件主要地域分布情况来看,当前案例主要集中在北京市、上海市、重庆市,分别占比约为 98% 、1% 、1% 。其中,北京市的案件量最多,达到 435 件。

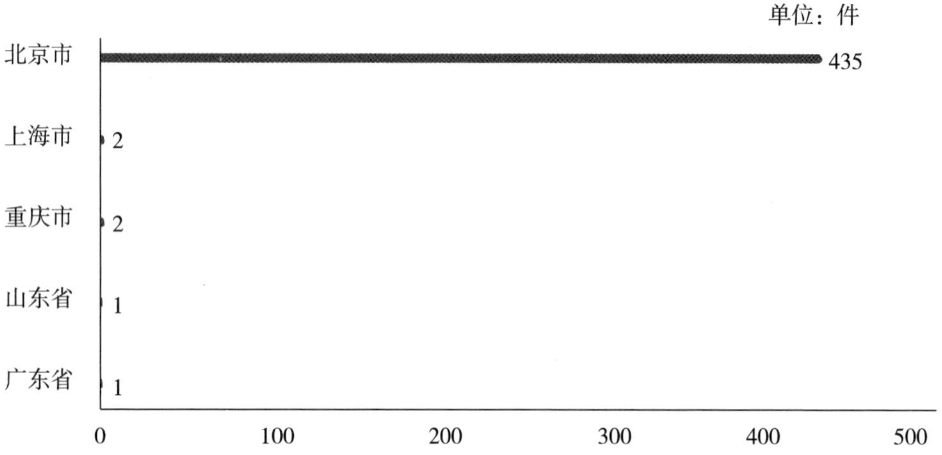


**图 14 -2 案件主要地域分布情况**

如图 14 -3 所示,从案件的程序分类统计可以看出,一审案件有 77 件,占比约为 17. 34% ;二审案件有 367 件,占比约为 82. 66% 。

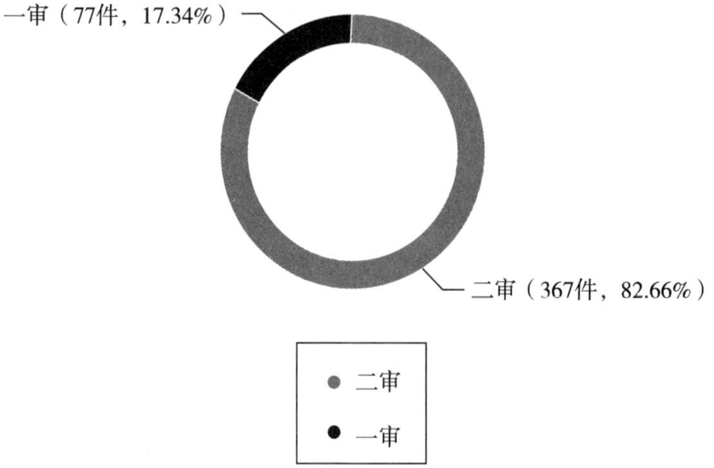


**图 14 -3 案件审理程序分类**

如图 14 -4 所示,从案件一审裁判情况可以看出,当前条件下全部/部分支持的有 41 件,占比约为 53. 25% ;全部驳回的有 35 件,占比约为 45. 45% ;其他的有 1

件，占比约为 1.3%。

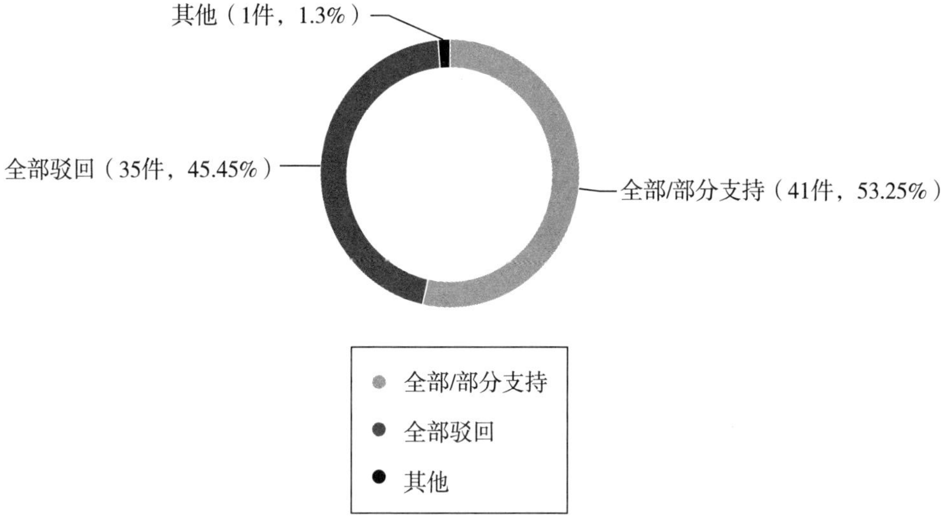


**图 14－4　案件一审裁判结果**

如图 14－5 所示，从案件二审裁判情况可以看出，当前条件下维持原判的有 361 件，占比约为 98.37%；改判的有 6 件，占比约为 1.63%。

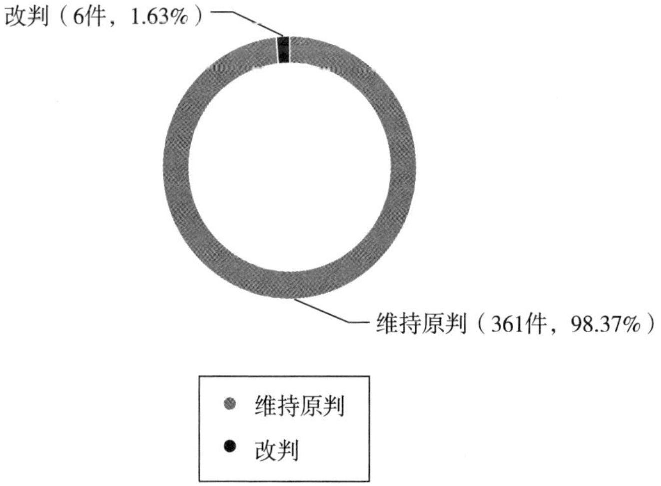


**图 14－5　案件二审裁判结果**

## 二、可供参考例案

### 例案一｜北京世纪卓越信息技术有限公司与齐某某网络购物合同纠纷

**【法院】**

北京市第三中级人民法院

**【案号】**

(2018)京03民终5565号

**【当事人】**

上诉人(原审被告):北京世纪卓越信息技术有限公司

法定代表人:安某,该公司董事长

被上诉人(原审原告):齐某某

**【基本案情】**

北京世纪卓越信息技术有限公司(以下简称世纪卓越公司)系亚马逊网站的所有者。2013年11月26日,齐某某在亚马逊网站下单购买长虹LED3253832英寸LED电视,价格161.99元,在线支付。世纪卓越公司回复邮件称:已经收到订单,商品暂时缺货,可以订购,预计送达日期另行通知。同时也说明邮件仅确认收到订单,并不代表接受订单,只有发出发货确认的邮件双方之间的合同才成立。诉讼中,世纪卓越公司称将电视机的价格标注为161.99元系操作错误,此价格并非电视机的真实售价。双方一致确认该款电视机在本次价格变动之前的售价为1599元。2013年11月28日,亚马逊网站给齐某某的电子邮箱发送邮件称:由于缺货,将无法满足订购意向。世纪卓越公司已向齐某某退还上述相应的款项。

2017年6月9日,齐某某作为委托人(甲方)与受托人(乙方)北京市中理律师事务所签订委托代理合同,合同约定甲方应向乙方支付律师费4000元。齐某某表示律师费目前尚未支付,待庭审结束后收到律师费发票原件即可支付。

**【案件争点】**

1. 世纪卓越公司在合同缔约过程中是否存在过错及是否应承担赔偿责任。

2. 世纪卓越公司是否应承担消费者的律师费损失。

**【裁判要旨】**

法院认为:

首先,在网络购物中,网购平台在某些时段以明显低于原价的价格开展特价优惠、折扣、秒杀等促销活动较为常见，该行为亦是网购平台吸引消费者、提高知名度的常见营销手段。另外，消费者与网购平台对网购商品的信息掌握并不对等，消费者对经营信息难以辨识，无从知悉网站是否存在库存短缺、系统出错等情况。故在网站未有明显标示和提醒的情况下，作为消费者，齐某某在看到网站中标价为161.99元的电视机时并无法判断是该网站标价错误，还是网购平台开展的促销活动，基于对网购的一般认知，其认为该价格为网站的实际销售价格亦具有合理性。从另外一个角度看，若在此种情况下网购平台不承担赔偿责任或仅需承担货款占有期间的利息损失，尤其是在未提示库存量的情形下，将不利于虚假促销、恶意单方砍单行为的规制。故齐某某基于对世纪卓越公司的合理信赖而下单购买商品，而世纪卓越公司未能对网购平台管理尽到自身责任，因自身原因取消订单，由世纪卓越公司承担赔偿商品差价责任，并无不当。

其次，消费者对网络购物的选择，与其个人偏好及网购平台的信誉等因素息息相关。世纪卓越公司作为拥有较高社会知名度及良好商业信誉的大型网络销售平台，对所售商品和提供服务应尽到自身的审查及管理规范责任，对网站上商品的发布、标价、订单、发货等均有经营管理的义务。世纪卓越公司有且应有能力掌握所售商品的动态库存信息，但其未采取基本的技术措施对所售商品库存量进行提示并阻止消费者在缺货的情况下下单，导致订单量远超过库存量，产生大量诉讼并造成损失扩大，应当承担由此带来的不利法律后果。

本案中，亚马逊网站在“使用条件”中约定消费者下单为要约，网站发出送货确认才构成承诺，现消费者购买商品，阅读使用条件并同意，视为双方就此达成合意。在齐某某下单之后，亚马逊网站并未向其发出送货确认信息，故双方之间买卖合同并未成立。齐某某为主张基于合理信赖产生的利益损失，委托律师参加本案诉讼，北京市中理律师事务所为齐某某开具了律师费发票，该费用应为齐某某的实际损失，亦系因世纪卓越公司取消订单行为引发诉讼造成的合理损失，世纪卓越公司应予以赔偿。故无论是标价错误还是库存不足所导致的交易无法实现，均因世纪卓越公司原因造成，而世纪卓越公司对于所售商品信息、标价、库存量的审查及订单管理并不存在技术障碍或使得交易不经济之情形。由世纪卓越公司赔偿差价损失及律师费损失，亦不失公允。

最后，网购平台应遵守诚实信用的原则，承担起保障市场交易实现的责任。世纪卓越公司作为网购平台的经营管理者，其在经营过程中，亦应注意对消费者权益的维护。

## 例案二 | 张某某与南京硕怡捷电子科技有限公司买卖合同纠纷

**【法院】**

北京市顺义区人民法院

**【案号】**

(2017)京0113民初12284号

**【当事人】**

原告:张某某

被告:南京硕怡捷电子科技有限公司

法定代表人:杜某某,该公司总经理

**【基本案情】**

原告于2017年3月23日通过被告在京东商城经营的"华硕硕怡捷台式机专卖店"下单购买了"华硕(ASUS)如意V221ID家用商务办公游戏台式一体机电脑21.5英寸全高清原厂固态群星白"6台,单价1元,共计花费6元。原告正常付款后,被告以价格标示错误为由未实际向原告发货。涉诉商品开庭时被告在京东商城经营的"华硕硕怡捷台式机专卖店"中公示的价格为3199元。

原告认可签署了《京东用户注册协议》,该协议载明:除法律另有强制性规定外,双方约定如下:本站上销售方展示的商品和价格等信息仅仅是交易信息的发布;系统生成的订单信息是计算机信息系统根据您填写的内容自动生成的数据,仅是您向销售方发出的交易诉求;销售方收到您的订单信息后,只有在销售方将您在订单中订购的商品从仓库实际直接向您发出时(以商品出库为标志),方视为您与销售方之间就实际直接向您发出的商品建立了交易关系。

原告请求被告承担缔约过失责任,赔偿商品差价21,588元,并请求法院判令本案诉讼费由被告承担。

**【案件争点】**

1. 原告、被告之间的买卖合同是否成立。

2. 被告是否应当承担商品差价的赔偿责任。

**【裁判要旨】**

法院认为:

首先,原告签署了《京东用户注册协议》,应受其约束,故原告通过京东交易平台发出的订单应为要约，现商品未实际出库，被告未作出承诺，双方买卖合同未成立。故法院在审理过程中，将案由变更为“缔约过失纠纷”。

其次，本案中原告通过京东商城平台在被告经营的店铺内购买涉诉商品，商品信息完整、价格明确，原告按照网上公示的价格下单后，被告以价格标示错误为由未实际向原告发货，导致双方的买卖合同不能成立。在网络购物中，网购平台在特定时段以明显低于原价的价格，开展秒杀、特惠等促销活动比较常见，该行为也是吸引消费者的重要手段，消费者难以判断是标价错误还是特价促销，故原告认为涉诉商品的网上公示价格为当时的实际售价并无不当。被告作为涉诉商品的网店经营者，对所售商品网上发布的信息，尤其是标价具有审查及管理的义务。现被告未尽到管理及审查的义务，因被告过错导致买卖合同不成立，被告应承担相应的缔约过失责任。所以，原告要求被告赔偿商品差价的请求并无不当。

最后，原告提供的证据可以证明涉诉商品的实际价格为 3199 元，故涉诉 6 台商品的差价应为 19,188 元。故对于原告要求被告赔偿其商品差价 19,188 元的诉讼请求予以支持，超过部分不予支持。

## 例案三 | 蒋某与南京金鹰购电子商务有限公司网络购物合同纠纷

**【法院】**

江苏省南京市中级人民法院

**【案号】**

(2018)苏 01 民终 6335 号

**【当事人】**

上诉人(原审原告、反诉被告)：蒋某

被上诉人(原审被告、反诉原告)：南京金鹰购电子商务有限公司

法定代表人：丁某，该公司董事长

**【基本案情】**

2017 年 12 月 29 日，金鹰购公司在金鹰购 App 上推出了 500 升 600 升值券的限时抢购活动。活动当日，金鹰购 App 上 500 升 600 升值券商品详情页面显示情况如下：商品图片栏用大号加粗字体显示 500 升 600 字样；商品名称用黑体字显示为[500 升 600]金鹰世界新年旺 500 升 600 升值券 12 月 29 日 10 时开抢。商品名称下方为一段普通小号字体说明：此券单个 ID 限购 1 份，不可退换，不找零，不兑

现,不享受VIP折扣,本金部分可享受VIP积分,升值部分不享受VIP积分;此券增值部分不开具发票,如遇商品退货,100元增值部分不以现金形式退货。说明下方为金额¥500,在金额旁有一文字框,内有文字“购买返250,000积分”,该部分内容字体为普通小号字体未加粗。蒋某于活动当日购买了500升600升值券,订单号为01712290402197。订单详情页面显示:商品总额¥500,返积分250,000,实付款¥500。蒋某下单后,账户内收到了金鹰购公司返的250,000积分,后金鹰购公司将该积分收回。蒋某购买的500升600升值券已经用于个人消费使用。2017年12月29日下午,金鹰购公司发现系统对500升600升值券的订单发放250,000积分后,随即在系统中进行了修正,收回发放出去的250,000积分,并在原500升600升值券商品页面上发布致歉声明,告知消费者由于工作人员操作失误,系统设定错误,页面显示误返每位订购客户250,000积分,造成重大误解。此后,金鹰购公司向购买的客户发送短信并电话联系,告知客户其愿意给予500元现金券的补偿。

蒋某起诉请求:要求金鹰购公司继续履行双方合同,给付250,000积分。

金鹰购公司反诉请求:撤销其与蒋某之间“500升600升值券,购买返250,000积分”网购合同。

**【案件争点】**

涉案合同是否系因重大误解订立的合同。

**【裁判要旨】**

《民通意见》第71条规定:“行为人因对行为的性质、对方当事人、标的物的品种、质量、规格和数量等的错误认识,使行为的后果与自己的意思相悖,并造成较大损失的,可以认定为重大误解。”重大误解既包括表意人主动发出意思表示时的错误,亦包括相对人受领他人意思表示时的理解错误,但不包括受欺诈而致的错误。一般而言,重大误解应具备以下要件,一是须有意思表示且意思与表示不一致;二是表意人须有不符合事实的认知错误;三是表意人须无使表示与意思不一致之故意;四是错误与意思表示之间须具有因果关系;五是错误须在交易上被认为重大,即错误对表意人造成较大损失。

本案中,“500升600升值券”限时抢购活动系金鹰购公司开展的常规促销活动,金鹰购公司在以往开展的类似促销活动中,从未出现过向消费者赠送250,000积分的情况,而本次活动除“500升600升值券”外,还额外赠送250,000积分,相当于消费者以500元现金,获得600元现金券及可兑换10,700元积分返利券的250,000积分。该促销力度之大前所未有,而金鹰购公司并未在宣传页面中对赠送 250,000 积分这一重大优惠使用显著字体或以其他方式突出显示，相反，从金鹰购公司提供的本次活动细则、企划方案及传送发布的原稿来看，返还 250,000 积分并未在方案中提及或说明，说明金鹰购公司没有向消费者赠送 250,000 积分以作为吸引消费者的重要促销手段的本意，销售页面发出返还 250,000 积分的意思表示与其真实意思表示不一致，金鹰购公司对返还 250,000 积分这一涉及合同法律效果的重要事项存在认识上的重大错误。经查明，金鹰购公司工作人员在金鹰购 App 后台操作时，将本应填写在安全库存项下的“500”输入至积分系数，输入完成复核时，又在安全库存一栏中输入“500”，故出现了返还 250,000 积分的失误，导致本案纠纷的发生。金鹰购公司在发现涉案购物合同积分设置错误后，便立即采取措施，停止购买，冻结积分，发布积分误值致歉声明，足以认定金鹰购公司对涉案购物合同返还 250,000 积分一项事实存在错误认知。按照金鹰会员手册的积分规则，一般情况下百货消费积分是按照 1:1 的比例赠送，部分按照 5:1 或 10:1 的积分，即使购买价值较大的房产，也是 200,000 积分封顶，而参与本次活动的包括蒋某在内的数百名消费者实际消费 500 元，如果按约向所有消费者赠送可兑换 10,700元积分返利券的 250,000 积分，将给金鹰购公司造成数百万元的巨额经济损失。

基于以上分析，金鹰购公司的真实意思是“500 升 600 升值券”活动中消费者可以获得 500 积分，返还 250,000 积分严重背离了其真实意愿，本案完全符合重大误解的构成要件。《民法总则》第 147 条规定，基于重大误解实施的民事法律行为，行为人有权请求人民法院或者仲裁机构予以撤销。金鹰购公司对涉案合同内容存在重大误解，其要求撤销与蒋某之间达成的网络购物合同的主张，具有事实和法律依据。案涉网络购物合同系基于重大误解而撤销，金鹰购公司并不存在违约行为，蒋某主张金鹰购公司承担违约责任依据不足，法院不予支持。案涉合同被撤销，系金鹰购公司工作人员过失操作错误所致，金鹰购公司自愿补偿蒋某 500 元积分返利券，已可弥补蒋某因合同被撤销所造成的损失。如要求金鹰购公司继续履行合同，将造成合同双方当事人给付与对待给付明显不对等，有违公平原则。法院判决：1. 撤销南京金鹰购电子商务有限公司与蒋某于 2017 年 12 月 29 日订立的“500 升 600 升值券，购买返 250,000 积分”合同；2. 南京金鹰购电子商务有限公司自愿补偿蒋某 500 元，于判决发生法律效力之日起 10 日内付清；3. 驳回蒋某的其余诉讼请求。

## 三、裁判规则提要

### (一)商品标价展示和下单行为的法律性质取决于双方合意

明确后续权利义务分配的基础是解决合同的成立及效力问题,反映在网络购物合同中,即如何定义网站商品展示和消费者下单行为的性质。

根据我国《合同法》的规定,当事人订立合同采取要约、承诺方式,承诺生效时合同成立。现有判例中,法院对商品标价页面的性质给出了不同的判断,有认定为要约邀请者,也有认为属于要约者,与之对应消费者下单行为被认定为要约或承诺。尽管认定结果不同,但法院在作出判断时依据了同一标准,即当事人双方合意。如在前例齐某某案、张某某案中,亚马逊和京东商城的注册协议都写明"消费者下单为发出要约,实际出货才构成承诺",消费者签署协议后进行消费视为同意该安排,商品未发货则合同不成立,仅在缔约过失层面讨论后续责任;而在蒋某案中,消费者和商家则一致认可合同已成立,需考察的是合同可否撤销、是否应继续履行的问题。

关于标价网页性质的认定一直争论不休,对这一问题的回答取决于对要约和要约邀请的理解。根据我国《合同法》第 14 条对要约构成要件的规定,其与要约邀请的区别体现在内容是否具体确定、发出者是否有受其意思表示拘束的意思等方面。观察购物网站的商品下单页面,价格、库存、发货、退换信息往往都予以展示,消费者选择购买后,会收到进一步的配送和付款信息完成下单,从这一流程观察,似乎难以解释出商家保留了最终是否订约的可能性,消费者对订单的完成抱有合理信赖。但若一概认定标价页面构成要约、下单即为承诺,商家可能负担无数的合同面临履约不能的风险,对其利益造成威胁。所以,"要约还是要约邀请"更大程度上是一个价值判断的问题,需要综合考量商家利益和消费者利益的保护,而现有裁判规则作出的选择是尊重双方合意作出的安排。这一做法可以避免法院"一刀切"地性质认定违背当事人的本意,体现对民法意思自治原则的维护,同时又有助于实现双方利益的平衡。当然,法院作此裁判的前提是"合意达成",某些购物网站通过用户注册协议和使用条件中的加粗标注提示等手段,告知消费者商品标价展示仅具有要约邀请的效力,消费者同意后才能继续注册和购物,由此可认定双方合意达成。而某些购物网站未与消费者就商品标价展示和下单行为的性质作事前约定,则需根据案件的具体情形和双方当事人的陈述和主张加以判断。

### (二)在卖家未证明存在重大误解请求撤销合同的情况下，卖家应就标价错误向消费者承担相应责任，但买家据此主张卖家构成欺诈的，不予支持

“重大误解”系法定合同可撤销事由之一，根据《民通意见》第 71 条的规定，重大误解是指行为人因对行为的性质，对方当事人，标的物品种、质量、规格和数量等的错误认识，使行为后果与自己的意思相悖，并造成较大损失。重大误解担负着传统民法中错误制度的功能，如蒋某案件所述，若卖家举证证明其发布的相关信息存在重大误解请求撤销合同的，则该合同自始不发生法律效力，卖家可以据此主张免责。但若在诉讼过程中，卖家并未主张撤销合同，则双方之间订立的网络购物合同合法有效，买家有权要求卖家继续履行合同责任，或要求其赔偿损失。

在部分案件中，有买家主张卖家的错误标价行为构成欺诈，但是《消费者权益保护法》第 55 条规定对欺诈行为处以三倍的惩罚性赔偿，目的是对可以获取不正当利益的欺诈行为施以惩戒，让欺诈者无利可图。在错误标价的场景下，卖家作为经营者，履行合同赚取商品的利润是其获利的方式，拒绝发货的行为只是为了利益不受损害，并非想因此获取非法利益，应不属于《消费者权益保护法》惩戒的“欺诈”行为。

### (三)在卖家未举证证明存在重大误解主张撤销合同的情况下，要求卖家就标价错误承担责任有利于保护消费者的合法权益

网络购物的盛行伴随纠纷的增长，标价错误作为其中的常见种类，对其处理将对整个网络交易市场秩序造成显著影响。要求卖家对其自身过失负责，承担标价错误的赔偿责任，是稳定消费信心、平衡各方利益、维护市场秩序的应有之义。一方面，消费者作为信息弱势一方，对于常见的低价促销活动和标价错误缺乏准确的判断能力。另一方面，卖家对所售商品和服务应尽到自身的审查义务和管理规范责任，且有能力掌握并及时调整商品的价格、库存等动态信息，由其承担标价错误的风险，有助于敦促其革新相关技术、规范经营行为，这既是对其自身经济利益的维护，也利于形成良好的市场风气。立法与司法不会不当干涉日常的网络市场交易行为或轻易作出否定评价，但也需要发挥规范、引导的作用，防止网购平台和卖家违背诚实信用原则，损害消费者权益。此标价错误裁判规则的建立，有助于促使商家规范经营行为，实现对消费者权益的有力保护，维持稳定的市场经济秩序。

## 四、辅助信息

**高频词条:**

《合同法》

**第 6 条** 当事人行使权利、履行义务应当遵循诚实信用原则。

**第 8 条** 依法成立的合同,对当事人具有法律约束力。当事人应当按照约定履行自己的义务,不得擅自变更或者解除合同。

依法成立的合同,受法律保护。

**第 13 条** 当事人订立合同,采取要约、承诺方式。

**第 25 条** 承诺生效时合同成立。

**第 39 条** 采用格式条款订立合同的,提供格式条款的一方应当遵循公平原则确定当事人之间的权利和义务,并采取合理的方式提请对方注意免除或者限制其责任的条款,按照对方的要求,对该条款予以说明。

格式条款是当事人为了重复使用而预先拟定,并在订立合同时未与对方协商的条款。

**第 42 条** 当事人在订立合同过程中有下列情形之一,给对方造成损失的,应当承担损害赔偿责任:

(一)假借订立合同,恶意进行磋商;

(二)故意隐瞒与订立合同有关的重要事实或者提供虚假情况;

(三)有其他违背诚实信用原则的行为。

**第 54 条** 下列合同,当事人一方有权请求人民法院或者仲裁机构变更或者撤销:

(一)因重大误解订立的;

(二)在订立合同时显失公平的。

一方以欺诈、胁迫的手段或者乘人之危,使对方在违背真实意思的情况下订立的合同,受损害方有权请求人民法院或者仲裁机构变更或者撤销。

当事人请求变更的,人民法院或者仲裁机构不得撤销。

**第 58 条** 合同无效或者被撤销后,因该合同取得的财产,应当予以返还;不能返还或者没有必要返还的,应当折价补偿。有过错的一方应当赔偿对方因此所受到的损失,双方都有过错的,应当各自承担相应的责任。

**第 60 条** 当事人应当按照约定全面履行自己的义务。

当事人应当遵循诚实信用原则，根据合同的性质、目的和交易习惯履行通知、协助、保密等义务。

**第107条** 当事人一方不履行合同义务或者履行合同义务不符合约定的，应当承担继续履行、采取补救措施或者赔偿损失等违约责任。

**第113条** 当事人一方不履行合同义务或者履行合同义务不符合约定，给对方造成损失的，损失赔偿额应当相当于因违约所造成的损失，包括合同履行后可以获得的利益，但不得超过违反合同一方订立合同时预见到或者应当预见到的因违反合同可能造成的损失。

经营者对消费者提供商品或者服务有欺诈行为的，依照《中华人民共和国消费者权益保护法》的规定承担损害赔偿责任。

**第135条** 出卖人应当履行向买受人交付标的物或者交付提取标的物的单证，并转移标的物所有权的义务。

# 互联网纠纷案件裁判规则第15条:

## 同一当事人长期购买类似产品,并以同样的诉请主张和理由向法院主张惩罚性赔偿,能够证明其并非是以生活消费为目的而购买涉案产品,不属于《消费者权益保护法》所规定的为生活消费所需购买商品的消费者范畴

〔**规则描述**〕:我国《消费者权益保护法》规定,若经营者提供商品或者服务有欺诈行为的,或者消费者受到损害时,可按照消费者的要求增加赔偿其受到的损失,一般情况下,消费者要求商家承担惩罚性赔偿正当合理。但近年来,因同一当事人长期购买类似产品,并以同样的诉请主张和理由向法院主张惩罚性赔偿的纠纷多发,裁判结果各异。

### 一、类案检索大数据报告

时间:2019年3月19日之前,案例来源:Alpha案例库,案件数量:911件,数据采集时间:2019年3月19日。本次检索获取2019年3月19日前共911篇裁判文书。整体情况如图15-1所示,从案件年份分布情况可以看出当前条件下案例数量的变化趋势。

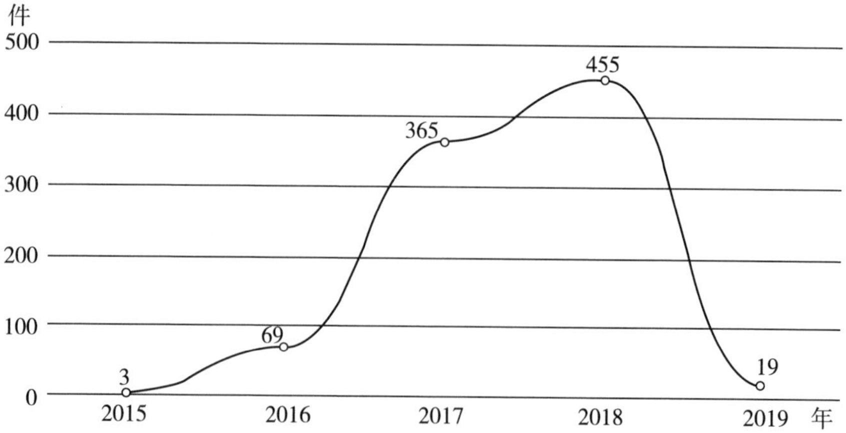


**图15-1 案件年份分布情况**

如图 15－2 所示，从案件主要地域分布情况来看，当前案例主要集中在北京市、广东省、上海市、江苏省、浙江省，分别占比约为 20%、27%、8%、6%、6%，其中，北京市最多，达 292 件。

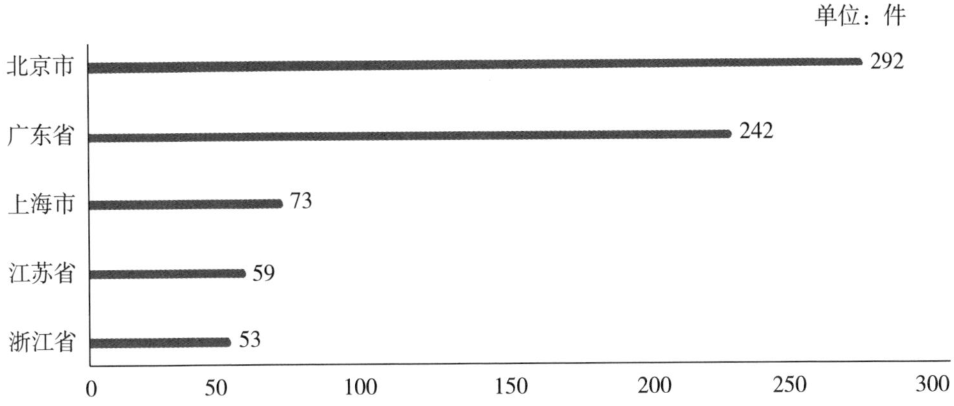


**图 15－2　案件主要地域分布情况**

如图 15－3 所示，从案件的程序分类统计可以看出，一审案件有 550 件，占比约为 60.37%；二审案件有 316 件，占比约为 34.69%；再审案件有 42 件，占比约为 4.61%；其他案件有 3 件，占比约为 0.33%。

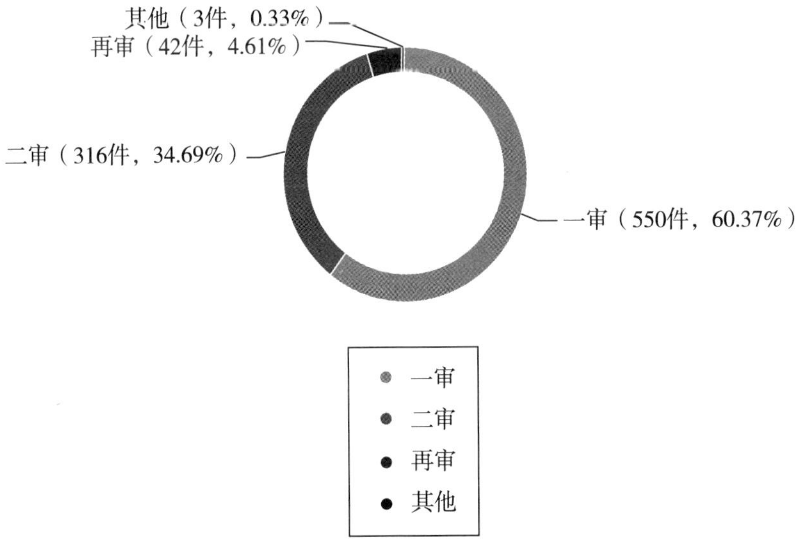


**图 15－3　案件审理程序分类**

如图 15 -4 所示,从案件一审裁判情况可以看到,当前条件下全部/部分支持的有 351 件,占比约为 63.8%;全部驳回的有 133 件,占比约为 24.18%;其他的有 52 件,占比约为 9.46%;驳回起诉的有 13 件,占比约为 2.36%;撤回起诉的有 1 件,占比约为 0.18%。

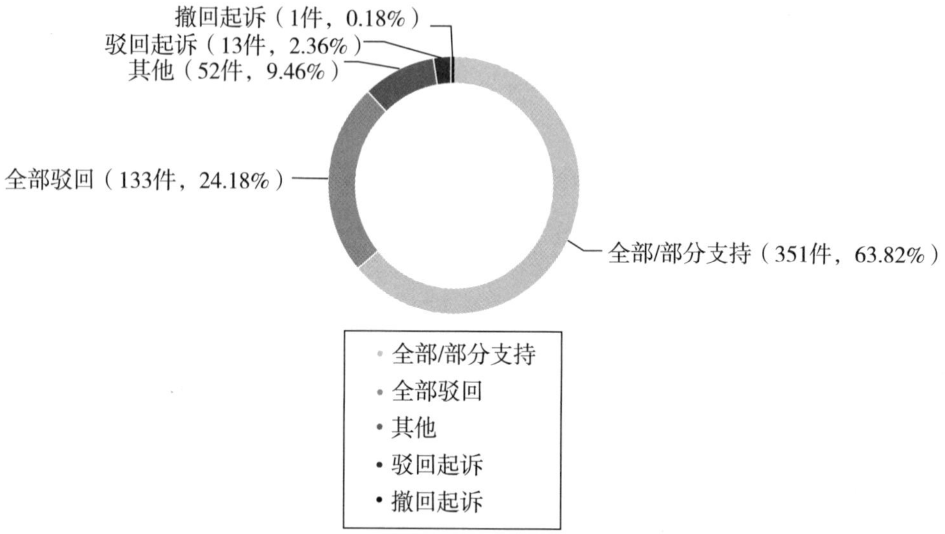


**图 15 -4 案件一审裁判结果**

如图 15 -5 所示,从案件二审裁判情况可以看到,当前条件下维持原判的有 241 件,占比约为 76.27%,改判的有 73 件,占比约为 23.1%;其他的有 2 件,占比约为 0.63%。

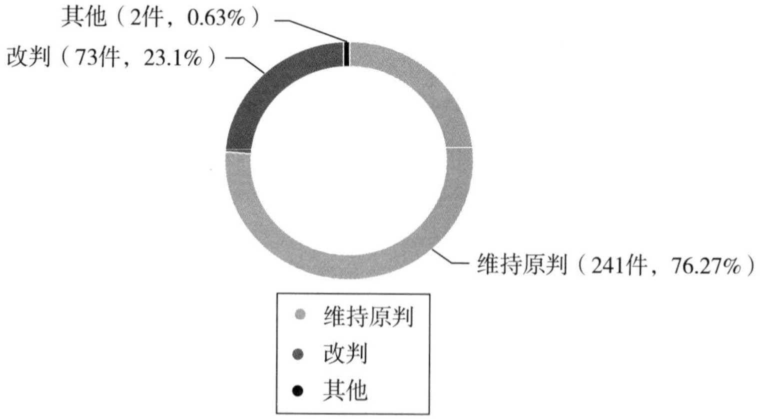


**图 15 -5 案件二审裁判结果**

## 二、可供参考例案

### 例案一 | 邵某与徐某某网络购物合同纠纷

**【法院】**

上海市第三中级人民法院

**【案号】**

(2017)沪03民终34号

**【当事人】**

上诉人(原审被告)：邵某

被上诉人(原审原告)：徐某某

**【基本案情】**

邵某在淘宝网上开设“乐乐妈妈日本代购”淘宝店(淘宝会员名：vickyshao001)。2016年10月26日至11月24日，徐某某分三次在邵某上述淘宝店购买了共计4680元的日本明治固体奶粉。其中，2016年10月26日，徐某某在该店购买日本明治固体奶粉3盒，计款1080元；2016年11月9日，徐某某在该店购买日本明治固体奶粉4盒，计款1440元；2016年11月24日，徐某某在该店购买日本明治固体奶粉6盒，计款2160元。邵某开设的“乐乐妈妈日本代购”淘宝店关于商品详情交易页显示：“【现货】日本明治固体奶粉一段1段便携装0－1岁27g×48条一盒”“价格360元”“原产地：日本”。涉案商品外包装上未见有中文标签。根据原国家质量监督检验检疫总局《进出口食品安全管理办法》的规定，向我国境内出口食品的境外食品生产企业实施注册制度。徐某某经查询我国国家认证认可监督管理委员会发布的《进口食品境外生产企业注册专栏》，在“进口乳品境外生产企业注册名单”中未查见日本。徐某某认为邵某通过网络销售的日本进口奶粉不是我国目前允许准入的食品，且邵某也无法提供进口货物的相关报关单据、入境货物检验检疫证明、产品检验检疫卫生证书、海关发放的通关证明等进口食品所应具备的资料，涉案奶粉属于不符合食品安全标准的食品，徐某某要求退还货款并支付价款十倍的赔偿金。邵某认为徐某某在短时间内购买大量商品并在法院有多起诉讼，目的是通过诉讼获取高额赔偿，故其并非具有消费者身份。

**【案件争点】**

徐某某多次购买及诉讼的行为是否属于知假买假，其是否应认定为消费者。

【裁判要旨】

法院认为,知假买假指的是消费者在明知将购买的商品是假冒伪劣产品时,仍然对这一商品进行购买。假冒伪劣商品是指商品质量不符合国家质量管理相关规定的商品。职业打假人是指专门以知假买假后索赔获利为职业的人。根据《食品药品纠纷案件的规定》第3条的规定,因食品、药品质量问题发生纠纷,购买者向生产者、销售者主张权利,生产者、销售者以购买者明知食品、药品存在质量问题而仍然购买为由进行抗辩的,人民法院不予支持。上述规定明确将知假买假者列入法律保护的范围,对于职业打假人则并未作出明确规定,但并未将职业打假人排除在知假买假者之外。据此,法院认为即使徐某某系知假买假或职业打假人,仍属于消费者范畴,受《消费者权益保护法》及《食品安全法》保护。

## 例案二 | 董某某与广州网铭贸易有限公司网络购物合同纠纷

【法院】

江西省南昌市中级人民法院

【案号】

(2018)赣01民终455号

【当事人】

上诉人(原审原告):董某某

被上诉人(原审被告):广州网铭贸易有限公司

法定代表人:马某某,该公司执行董事兼总经理

【基本案情】

2017年3月16日,董某某在京东公司经营的网络交易平台京东商城上,通过订单51137821611,支付货款4310元,购买了由广东网铭贸易有限公司(以下简称网铭公司)经营的“Awsky旗舰店”中销售的“奥威时(Awsky)”牌、型号为RX920的手表一对。2017年3月16日,网铭公司将案涉手表通过顺丰速运方式寄给董某某。2017年3月20日,董某某签收案涉手表。

一审法院另查明:2017年3月14日,董某某的配偶许某以所购三块手表涉嫌虚假宣传向南昌市青山湖区人民法院起诉京东公司、网铭公司。2017年4月19日,董某某以所购三块手表涉嫌虚假宣传向南昌市青山湖区人民法院起诉京东公司、武汉京东金德贸易有限公司。2017年6月2日,董某某以所购三件电脑处理器

涉嫌虚假宣传向一审法院起诉京东公司。2017年6月28日，董某某以所购一块手表涉嫌虚假宣传向一审法院起诉开平市爱驰贸易有限公司。一审庭审中，童婷婷自认其在南昌地区就同类型案件起诉过京东公司共7件次。

一审法院认为，本案系因网络平台产生的买卖合同纠纷。一审法院在审理期间，发现董某某及其配偶近期提起多起同类型诉讼案件，涉案商品不一，部分已判决驳回董某某的诉讼请求或董某某撤诉。董某某的行为有悖于一般意义的正常消费者，属于知假买假，其动机是通过网络购物利用惩罚性赔偿为自身牟利，违背了诚实信用原则。当然，如网铭公司确实存在法律规定的过错，同样应当承担相应的法律责任。此外，董某某提供的涉案商品的检验报告无法证明系其所网购的涉案商品。现董某某要求网铭公司退还董某某货款4310元，并赔偿商品价款的三倍12,930元，于法无据，一审法院不予支持。

董某某不服原审法院上述民事判决，遂提起上诉。

**【案件争点】**

董某某要求网铭公司返还货款及三倍赔偿的诉讼请求是否有事实和法律依据。

**【裁判要旨】**

法院认为，首先，就一审法院发现董某某及其配偶近期提起多起类似网络诉讼案件可以判断，董某某的行为有悖于一般意义的正常网络购买，法院有理由认为董某某购买涉案产品在很大程度上是想通过诉讼手段为自身牟利，以获取巨大经济利益为目的，其主观上并未受到欺诈。其次，《消费者权益保护法》第2条规定："消费者为生活消费需要购买、使用商品或者接受服务，其权益受本法保护；本法未作规定的，受其他有关法律、法规保护。"董某某在本案中不符合前述条款所规定的"消费者"的身份，不能适用《消费者权益保护法》，当然也不能适用《消费者权益保护法》第55条有关三倍赔偿的规定。最后，最高人民法院办公厅《对十二届全国人大五次会议第5990号建议的答复意见》针对代表提出的关于引导和规范职业打假人的建议提出如下答复意见中提道："……从目前消费维权司法实践中，知假买假行为有形成商业化的趋势，出现了越来越多的职业打假人、打假公司（集团），其动机并非为了净化市场，而是利用惩罚性赔偿为自身牟利或借机对商家进行敲诈勒索。更有甚者针对某产品已经胜诉并获得赔偿，又购买该产品以图再次获利。上述行为严重违背诚信原则，无视司法权威，浪费司法资源，我们不支持这种以恶惩恶、饮鸩止渴的治理模式。"

综上所述,法院认为董某某如果是出于打击假冒伪劣商品的需要,完全可以采取向相关主管部门举报的方式,而其这种以诉讼手段、以法院为工具,名为打假,实为牟利的行为,不仅造成司法资源的巨大浪费,也极大影响法院司法权威。故判决驳回上诉,维持原判。

## 例案三 | 杨某与李某某网络购物合同纠纷

**【法院】**

江苏省苏州市中级人民法院

**【案号】**

(2017)苏05民终5050号

**【当事人】**

上诉人(原审原告):杨某

被上诉人(原审被告):李某某

**【基本案情】**

原审被告李某某在浙江淘宝公司提供服务的淘宝网购物平台上登记为会员商家,开设了名称为"嘉明食品专营店"的店铺,卖家昵称为"迦凌樾"。

2016年4月22日,原审原告杨某使用其妻戴某某的淘宝账户(用户昵称:爱笑的猫2003)在"嘉明食品专营店"下单购买了"意大利费列罗榛仁威化巧克力T30"礼盒100盒,该商品为30粒每盒,单价1.8元/粒,原审原告共支付货款5400元,产品均价为54元/盒,原审原告另支付邮费5元。该巧克力礼盒的外包装上张贴了中文标签,标注了产品的基本信息。原审原告称购买后,已食用了12盒。

另查明,原审原告杨某曾于2016年3月31日使用同一淘宝账户在原审被告处购买与涉案产品同一规格的巧克力一盒,在收到货后,原审原告于4月3日就该笔交易申请退货退款,退款原因:拍错/多拍/不喜欢。

一审法院认为,根据《消费者权益保护法》第2条规定,消费者系为生活需要购买、使用商品或接受服务的个人;根据《食品安全法》(2015年)第148条规定,经营明知是不符合食品安全标准的食品,消费者除要求赔偿损失外,还可以向经营者要求支付价款十倍或者损失三倍的赔偿金。据此,消费者主张十倍惩罚性赔偿金的诉请,于法有据。但是,法律支持消费者知假买假并索赔,其目的在于打击无良商家,维护消费者权益,净化食品市场环境,维护社会经济秩序,而消费者同时亦应当遵守诚实信用原则，符合一般善良消费者的标准。自然人、法人或其他组织以牟利为目的，知假买假，试图通过诉讼来牟取私利的行为为法律所不允许。

原审法院认为原审原告杨某在本案中所购买的产品数量远超正常消费者的日常所需，其关于购买、食用涉案产品、与原审被告交涉、产品致身体损害等方面陈述，多有前后矛盾、不合常理之处，原审原告亦未证明购买涉案产品的正常用途。另外，原审原告杨某在一审法院存有多起诉讼，其在网络购物平台从不同商家购买商品，数量远超一般人生活所需，并以所购商品违反食品安全法为由，提起买卖合同之诉，主张退还货款并索取十倍赔偿金，与本案的诉请、事实及理由相类似。综上所述，一审法院认为，原审原告杨某购买涉案商品并非用于生活消费，其牟利意图较为明显，并非一般善意消费者，故对原审原告要求原审被告支付十倍赔偿金的诉请不予支持。

杨某不服原审法院上述民事判决，遂提起上诉。二审法院查明，杨某通过网络购物平台购买商品还有三起诉讼：一起有中文标签的巧克力案件，一审判决赔偿其十倍货款，对方上诉，现在二审审理中；一起无中文标签的巧克力案件，一审双方和解后，其撤诉了，对方赔偿其货款；一起咖啡案件，一审判决赔偿其十倍货款，已履行。

**【案件争点】**

原审原告是否为消费者，能否要求原审被告支付其所购商品价款的十倍赔偿金。

**【裁判要旨】**

法院认为，消费者应当遵守诚实信用原则，自然人、法人或者其他组织以牟利为目的，知假买假，试图通过诉讼来谋取私益的行为，为法律所不允许。杨某通过网络购物平台在不同商家多次购买类似商品，提起诉讼索取十倍赔偿金，其诉请的事实和理由与本案类似，其购买的商品数量已远超消费者一般生活所需，故本案中可以认定杨某并非以生活消费为目的，而是以牟利为目的购买涉案商品。因此，一审法院对杨某主张的十倍赔偿金不予支持，并无不当。综上，杨某的上诉请求不能成立，应予驳回；一审判决认定事实清楚，适用法律正确，应予维持。

## 三、裁判规则提要

### （一）职业打假人不以生活消费为目的，长期购买同一或类似产品不应认定为消费者，不能主张获得惩罚性赔偿

依据《消费者权益保护法》第 2 条规定，本法所称的“消费者”，是指“为了生活

消费需要购买、使用商品或者接受服务”者。但职业打假人者购买商品并非出于生活需要的目的,而是为了获赔谋利,这些人把打假作为自己的职业,购买商品索取赔偿成为自己牟取利益的工具,因此并不属于《消费者权益保护法》中的消费者。

从法律适用角度来看,惩罚性赔偿适用于经营者对于消费者具有欺诈行为,或者有重大损害的情况。但是知假买假者一般都已经进行了调查,明显了解商品或服务的真实状况,经营者的行为并不会导致其陷入错误或加深其错误,经营者的行为不构成欺诈,不能适用惩罚性赔偿。

从立法目的来看,基于经营者与消费者之间的信息不对称,消费者明显处于弱者的地位,《消费者权益保护法》通过强化对消费者的保护,来实现制约经营者的目的,使消费者因消费行为所造成的损失得到补偿。但知假买假行为并不存在经营者与消费者信息不对称的情况。因此保护知假买假与《消费者权益保护法》的立法目的不符,应不予保护。

(二)职业打假人适用惩罚性赔偿的社会弊端

首先,知假买假行为极易造成行为人以诉讼索赔相威胁,逼迫经营者与其协商赔付,从中牟利的现象泛滥,导致知假买假不再是一种协助监管的手段,而是社会投机分子牟利的手段,扰乱市场正常经营、监管秩序,浪费司法资源。职业打假人以营利为目的而购买存在质量问题的商品,即事先知道其购买的是假冒伪劣产品,其购买的目的是追求在维权过程中获得的经济赔偿。本身该行为即不符合诚实信用原则,在和商家调解达不成一致意见之后,职业打假人一般会提起诉讼,这导致法院受理的大部分消费维权类案件都是由职业打假人发起。这些诉讼加重了法院的负担,增加了诉讼成本。

其次,知假买假行为不利于营造诚实信用的市场氛围,易造成不良的社会职业导向和价值趋向,不利于市场经济健康发展。例如,企业要为职业打假人提出的惩罚性损害赔偿付出高额的赔偿代价,比如,大量的人力、财力以应付职业打假人的索赔诉讼;有些商品仅有微小瑕疵,但是职业打假人抓住这一瑕疵炮火连天,甚至导致整个企业发展受阻,更是不利于市场正常运行。通过一味支持知假买假行为只能在一定时期一定程度上减少制假售假,却不利于长期有效地维护社会经济秩序、促进市场健康发展。

### （三）将知假买假的职业打假人排除在以生活消费为目的消费者之外是促进社会主义经济发展、建立诚实守信的社会风气的重要保障

给予消费者向商家主张惩罚性赔偿的权利的初衷在于促进食品安全，保障公众健康及生命安全，促进社会主义市场经济健康有序发展。但消费者同时亦应当遵守诚实信用原则，符合一般善良消费者的标准。若自然人、法人或其他组织以牟利为目的，知假买假，试图通过诉讼来牟取暴利的行为均得以支持，将会给社会造成错误的导向，树立错误的风向标，导致该类诉讼泛滥，极大浪费司法资源，损害司法权威，最终有损真正消费者的合法权益。因此，为维护社会主义市场经济的稳定发展，建立诚实守信的社会价值取向，法律应该对职业打假人知假买假的行为进行规制，即当同一当事人长期购买类似产品，并以同样的诉请主张和理由向法院主张惩罚性赔偿，且能够证明其并非是以生活消费为目的而购买涉案产品，应将该购买者排除在《消费者权益保护法》所规定的为生活消费所需购买商品的消费者范畴之外。

## 四、辅助信息

**高频词条：**

**《食品安全法》**

**第 67 条**　预包装食品的包装上应当有标签。标签应当标明下列事项：

（一）名称、规格、净含量、生产日期；

（二）成分或者配料表；

（三）生产者的名称、地址、联系方式；

（四）保质期；

（五）产品标准代号；

（六）贮存条件；

（七）所使用的食品添加剂在国家标准中的通用名称；

（八）生产许可证编号；

（九）法律、法规或者食品安全标准规定应当标明的其他事项。

专供婴幼儿和其他特定人群的主辅食品，其标签还应当标明主要营养成分及其含量。

食品安全国家标准对标签标注事项另有规定的，从其规定。

**第71条** 食品和食品添加剂的标签、说明书,不得含有虚假内容,不得涉及疾病预防、治疗功能。生产经营者对其提供的标签、说明书的内容负责。

食品和食品添加剂的标签、说明书应当清楚、明显,生产日期、保质期等事项应当显著标注,容易辨识。

食品和食品添加剂与其标签、说明书的内容不符的,不得上市销售。

**第92条** 进口的食品、食品添加剂、食品相关产品应当符合我国食品安全国家标准。

进口的食品、食品添加剂应当经出入境检验检疫机构依照进出口商品检验相关法律、行政法规的规定检验合格。

进口的食品、食品添加剂应当按照国家出入境检验检疫部门的要求随附合格证明材料。

**第97条** 进口的预包装食品、食品添加剂应当有中文标签;依法应当有说明书的,还应当有中文说明书。标签、说明书应当符合本法以及我国其他有关法律、行政法规的规定和食品安全国家标准的要求,并载明食品的原产地以及境内代理商的名称、地址、联系方式。预包装食品没有中文标签、中文说明书或者标签、说明书不符合本条规定的,不得进口。

**《消费者权益保护法》**

**第2条** 消费者为生活消费需要购买、使用商品或者接受服务,其权益受本法保护;本法未作规定的,受其他有关法律、、法规保护。

**第20条** 经营者向消费者提供有关商品或者服务的质量、性能、用途、有效期限等信息,应当真实、全面,不得作虚假或者引人误解的宣传。

经营者对消费者就其提供的商品或者服务的质量和使用方法等问题提出的询问,应当作出真实、明确的答复。

经营者提供商品或者服务应当明码标价。

**第44条** 消费者通过网络交易平台购买商品或者接受服务,其合法权益受到损害的,可以向销售者或者服务者要求赔偿。网络交易平台提供者不能提供销售者或者服务者的真实名称、地址和有效联系方式的,消费者也可以向网络交易平台提供者要求赔偿;网络交易平台提供者作出更有利于消费者的承诺的,应当履行承诺。网络交易平台提供者赔偿后,有权向销售者或者服务者追偿。

网络交易平台提供者明知或者应知销售者或者服务者利用其平台侵害消费者合法权益,未采取必要措施的,依法与该销售者或者服务者承担连带责任。

**第 55 条** 经营者提供商品或者服务有欺诈行为的，应当按照消费者的要求增加赔偿其受到的损失，增加赔偿的金额为消费者购买商品的价款或者接受服务的费用的三倍；增加赔偿的金额不足五百元的，为五百元。法律另有规定的，依照其规定。

经营者明知商品或者服务存在缺陷，仍然向消费者提供，造成消费者或者其他受害人死亡或者健康严重损害的，受害人有权要求经营者依照本法第四十九条、第五十一条等法律规定赔偿损失，并有权要求所受损失二倍以下的惩罚性赔偿。

# 互联网纠纷案件裁判规则第 16 条：

## 进口食品中文标签问题与影响食品安全之间不存在必然的因果关系，如不符合“经营不符合安全标准的食品”的实质要件，不应适用《食品安全法》关于惩罚性赔偿的规定

〔**规则描述**〕：随着网络购物的发展，进口食品的数量与日俱增，因进口食品中文标签问题提出请求适用食品安全惩罚性赔偿的纠纷层出不穷，而中文标签问题与食品安全之间是否存在因果关系，何种情况下可以判决适用《食品安全法》中十倍价款的惩罚性赔偿开始引起关注。

### 一、类案检索数据大报告

时间：2019 年 3 月 19 日之前，案例来源：Alpha 案例库，案件数量：977 件，数据采集时间：2019 年 3 月 19 日。本次检索获取 2019 年 3 月 19 日前共 977 篇裁判文书。整体情况如图 16－1 所示，从案件年份分布情况可以看出当前条件下案例数量的变化趋势。

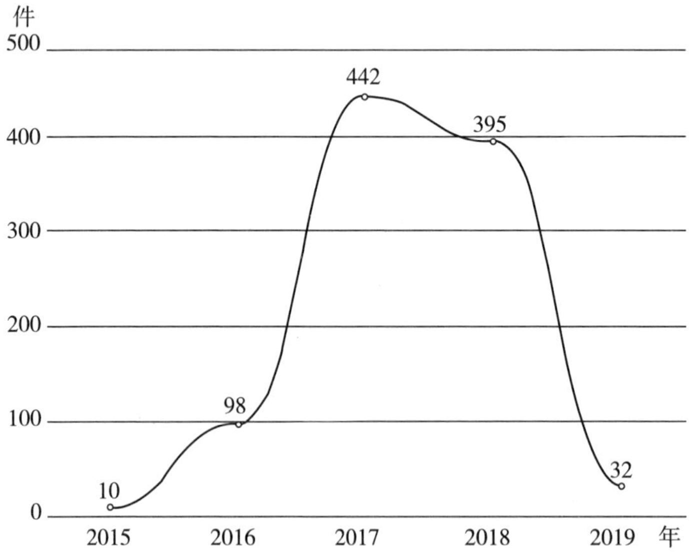


图 16－1　案件年份分布情况

如图 16－2 所示，从案件主要地域分布情况来看，当前案例主要集中在广东省、北京市、上海市，分别占比约为 29%、19%、17%。其中，广东省的案件量最多，达到 287 件。

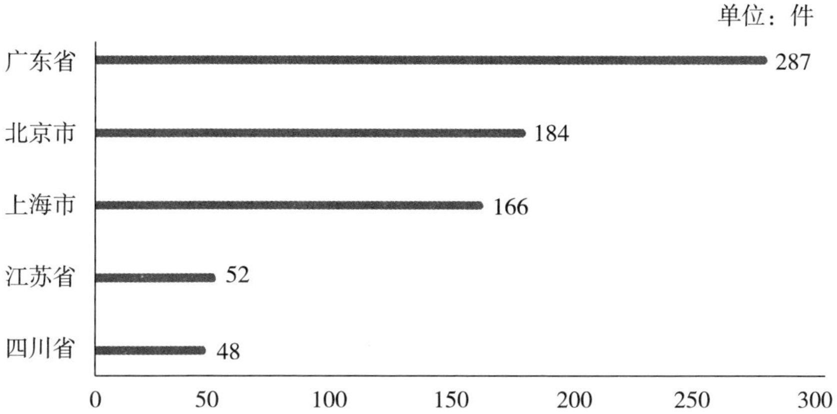


**图 16－2 案件主要地域分布情况**

如图 16－3 所示，从案件的程序分类统计可以看出，一审案件有 741 件，占比约为 75.85%；二审案件有 214 件，占比约为 21.9%；再审案件有 15 件，占比约为 1.54%；执行案件有 1 件，占比约为 0.1%，其他案件有 6 件，占比约为 0.61%。

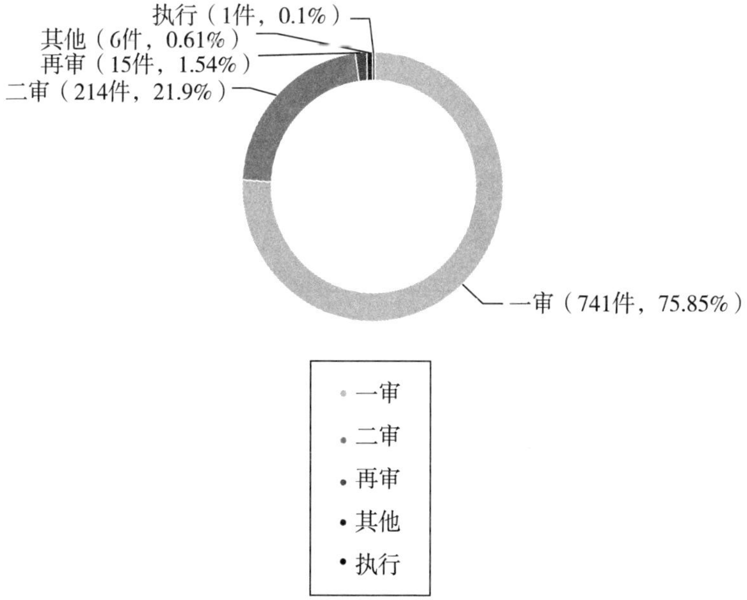


**图 16－3 案件审理程序分类**

如图 16 -4 所示,从案件一审裁判情况可以看出,当前条件下全部/部分支持的有 488 件,占比约为 65.86%;全部驳回的有 120 件,占比约为 16.19%,驳回起诉的有 44 件,占比约为 5.94%;不予受理的有 9 件,占比约为 1.21%;其他的有 80 件,占比约为 10.8%。

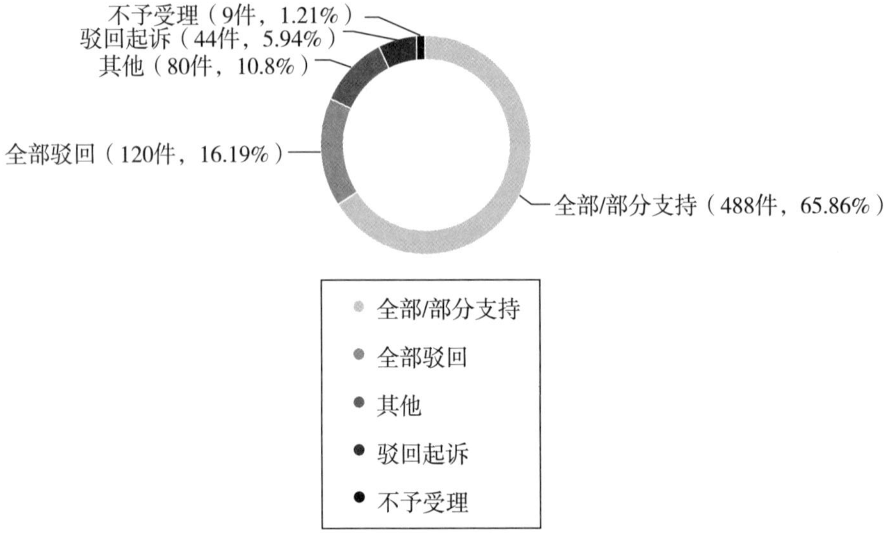


**图 16 -4　案件一审裁判结果**

如图 16 -5 所示,从案件二审裁判情况可以看出,当前条件下维持原判的有 154 件,占比约为 71.96%;改判的有 56 件,占比约为 26.17%;其他的有 4 件,占比约为 1.87%。

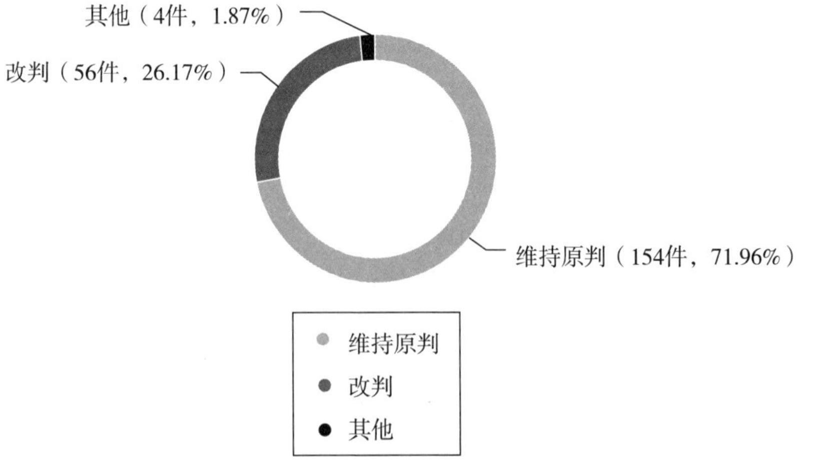


**图 16 -5　案件二审裁判结果分布情况**

## 二、可供参考例案

### 例案一｜杨某与鲍某某网络购物合同纠纷

**【法院】**

上海市第二中级人民法院

**【案号】**

(2017)沪02民终7980号

**【当事人】**

上诉人(原审原告)：杨某

被上诉人(原审被告)：鲍某某

**【基本案情】**

杨某使用淘宝会员名“yangchaosz”，于2017年3月20日通过淘宝网，向店铺名为“溪妈澳洲代购”(ID：老妈年轻)购买“现货澳洲康维他蜂胶润喉糖”20袋，金额为3700元，涉案产品均无中文标签和出入境检验检疫证明。根据原卫生部《关于进一步规范保健食品原料管理的通知》《关于“黄芪”等物品不得作为普通食品原料使用的批复》规定，蜂胶不得作为普通食品原料生产经营。案涉交易快照中显示，涉案产品为“澳洲comvita康维他”“澳洲当地采购”“可直邮，可现货”“店内产品国内部分现货，默认国内运费优先发国内现货，也可发澳洲直邮。如需澳洲直邮，请做备注说明，拍下并通知客服改澳洲直邮运费”。

经淘宝网披露，会员名为“溪妈澳洲代购”的认证人为鲍某某。

杨某认为，鲍某某无法提供涉案产品的出入境检验检疫证明，而经淘宝网披露卖家信息，上述网店由鲍某某注册并经营。鲍某某违反《食品安全法》(2015年)第34条第1项、第92条、第97条规定，以注册产品名为“老妈年轻”在淘宝网开设网店，销售非法添加了蜂胶的无中文标签、无出入境检验检疫卫生证的进口普通食品，严重侵犯了包括原告在内的广大消费者的合法权益。故依据《食品安全法》(2015年)第148条、《食品药品纠纷案件的规定》第15条的规定，请求鲍某某退一赔十。

二审期间，鲍某某提交杨某与另案当事人周某某的起诉状和聊天记录、本案系争当事人的域外购物发票等。其中，杨某与周某某一案中，杨某因2016年12月12日购买“健生堂巴西蜂胶”后以产品全英文、含有蜂胶制品等为由提起诉讼。对此，杨某表示,对起诉状和聊天记录真实性没有异议,对购物小票有异议,没有经过翻译,也没有经过公证认证,不能作为域外书证。同时,杨某认为,证据中所提到其是明知产品有问题才购买的,但根据最高人民法院的相关司法解释,即使消费者明知产品质量有问题,销售者以此为抗辩理由的,法院不予支持。

**【案件争点】**

杨某明知蜂胶润喉糖无中文标签,且无法证明该润喉糖对人体健康构成危害,是否能够适用《食品安全法》惩罚性赔偿。

**【裁判要旨】**

《食品安全法》(2015 年)第 148 条规定,生产不符合食品安全标准的食品或者经营明知是不符合食品安全标准的食品,消费者除要求赔偿损失外,还可以向生产者或者经营者要求支付价款十倍的赔偿金。但是,食品的标签、说明书存在不影响食品安全且不会对消费者造成误导的瑕疵的除外。根据网上交易图片与聊天记录等在案证据所显示之内容,可以认定杨某对所欲购买的蜂胶产品系域外制造形成并转入国内进行"现货"出售的事实具有清楚的认识与了解,其中包括对从外国取得之商品的品种、类型、价格、包装等事项的认知,故而其也应对该产品可能不存在中文标签或无法经由我国相关机构检验检疫等事实具有充分的预期。由此,杨某对于购买系争域外商品的性征状况及其与境内商品的区别是明知的,并不存在"被误导消费"的情形。同时,杨某于一审、二审期间也均未提供证据证明系争商品存在对人体健康构成危害的事实,其提出系争商品不符合食品安全的主张依据不足。因此,上诉人于本案中的主张并不满足适用食品安全法十倍赔偿的法定要件。原审法院依据现有在案证据所作出的裁判准确,并无不当,应予维持。

## 例案二 | 张某某与黄某网络购物合同纠纷

**【法院】**

广东省广州市荔湾区人民法院

**【案号】**

(2017)粤 0103 民初 5660 号

**【当事人】**

原告:张某某

被告:黄某

【基本案情】

原告于2017年7月11日在淘宝网上张某某经营的网店购买了久保田万寿清酒720ml共5支，共支付2400元货款。网店所列涉案商品名称为“日本清酒久保田万寿清酒720ml纯米大吟酿原装正品进口洋酒包邮”，价格480元。涉案产品外包装无中文标识，有“新潟県産米100%使用”字样。原告主张涉案产品存在如下问题：涉案清酒是日本新泻县生产的，属于不安全食品，根据原国家质量监督检验检疫总局发布的《关于进一步加强从日本进口食品农产品检验检疫监管的公告》，禁止从日本福岛县、群马县、枥木县、茨城县、官城县、山形县、新泻县、长野县、山梨县、琦玉县、东京都、千叶县等12个都县进口食品、食用农产品及饲料，而涉案产品的产地正是“新泻县”，且明显标注“新泻县原产米100%使用”实属不安全食品。原告诉请要求：判令被告退还原告货款2400元，并赔偿24,000元（2400×10），以上合计26,400元。

【案件争点】

原告能否以商品无中文标签为由主张十倍赔偿。

【裁判要旨】

法院认为：原被告之间的购物合同关系依法成立。涉案产品没有中文标签，存在产品瑕疵，故原告要求退货退款法院予以支持。由于本案中涉案产品没有中文标识，原告亦没有提供经认证的翻译文本，涉案产品是否属于禁止进口产品和不安全食品，应由相关行政机关依职权作出认定，因此对原告主张按《食品安全法》（2015年）第148条规定进行十倍赔偿的请求，法院不予支持。法院判令被告黄某向原告张某某退回货款2400元；原告张某某应同时向被告黄某退回久保田万寿清酒720ml共5瓶，如不能退回，则以上述产品单价480元计算折抵货款，驳回原告的其余诉请。

## 例案三 | 黄某与延边天雅珍商贸有限公司网络购物合同纠纷

【法院】

江苏省张家港市人民法院

【案号】

（2017）苏0582民初2380号

**【当事人】**

原告:黄某

被告:延边天雅珍商贸有限公司

法定代表人:崔某某,该公司执行董事兼经理

**【基本案情】**

2017年2月6日,黄某通过淘宝网站向延边天雅珍商贸有限公司购买"韩国进口零食READY-Q芒果味笑脸解酒糖婚宴应酬醒酒糖10包120g"10件,合计花费1580元,该商品包装标示为韩文,未有中文标签。

**【案件争点】**

原告能否以商品无中文标签为由主张十倍赔偿。

**【裁判要旨】**

法院认为,《食品安全法》(2015年)第148条第2款规定:"生产不符合食品安全标准的食品或者销售明知是不符合食品安全标准的食品,消费者除要求赔偿损失外,还可以向生产者或者销售者要求支付价款十倍的赔偿金。"这一规定采用了惩罚性赔偿制度,其目的是制裁食品生产经营者生产或者经营不符合食品安全标准的食品的违法行为,以维护消费者的合法权益,但这一款规定针对的是已经或者可能危害人体健康的食品生产或者经营行为,因此,该惩罚性赔偿条款是针对食品安全的实质标准,而非与食品安全有关的标准。根据《食品安全法》(2015年)第150条"食品安全,指食品无毒、无害,符合应当有的营养要求,对人体健康不造成任何急性、亚急性或者慢性危害"的规定,《食品安全法》(2015年)第148条规定的"不符合食品安全标准"宜作实质性审查,即生产、销售的食品一般应存在有毒、有害、不符合应当有的营养要求,对人体健康可能造成任何急性、亚急性或者慢性危害等可能影响人体健康的有关问题。因此,消费者依据《食品安全法》(2015年)第148条规定请求生产者或者销售者支付价款十倍赔偿金的,应当举证证明其所购买的食品存在上述不符合食品安全标准的事实。具体到本案,原告购买涉案商品后并未食用,未对其身体造成损害,同时原告也无任何证据证明涉案商品存在"对人体健康造成任何急性、亚急性或者慢性危害等可能影响人体健康的有关问题"的情形,故原告诉请支付价款十倍赔偿金之主张,缺乏依据,法院不予支持。但进口的预包装食品应当有中文标签、中文说明书,预包装食品没有中文标签、中文说明书或者标签、说明书不符合规定的,不得进口。案涉商品的包装标签确实不符合相关规定,原告要求退还货款1580元之主张,法院予以支持。

## 三、裁判规则提要

### （一）进口食品中文标签问题与影响食品安全之间不存在必然的因果关系

依据《食品安全法》第 150 条规定，食品安全，指食品无毒、无害，符合应当有的营养要求，对人体健康不造成任何急性、亚急性或者慢性危害。而各个行业的具体食品安全标准，由《食品安全法》第三章规定，“食品安全标准”必须是国家或地方卫生部门经法定程序制定并公布实施的强制性标准，除此之外不存在也不得制定其他的食品安全强制性标准。故判断食品是否符合安全标准，首先应当判断是否满足国家或地方食品安全标准，而缺乏具体标准时，则依照《食品安全法》第 150 条规定的食品安全的实质要件进行判断，即食品安全问题是指食品有毒、有害，对人体健康造成急性、亚急性或者慢性危害，是食品本身质量有高度瑕疵的表现。此外，此类瑕疵必须通过专门机构经过规范科学的检验才可验证，为保障进口食品的安全性，根据《食品安全法》进出口有关规定，国家检验检疫部门是进口食品安全监管部门，贯彻“合格准入”的通关原则。对符合我国国家标准的进口食品、食品添加剂和食品相关产品发放检验检疫合格书，对进口时尚无食品安全国家标准的食品由国家卫生行政部门审查后认为符合标准的，检验检疫部门方可发放检验检疫合格书，允许通关。故与食品安全存在必然因果关系的是入境货物检疫检验证明。而中文标签作为进口食品的身份证明，是向消费者说明有关食品特征、成分和功能的主要载体，也是依法保护消费者合法权益的重要途径，所以《食品安全法》第 97 条规定，进口的预包装食品、食品添加剂应当有中文标签；依法应当有说明书的，还应当有中文说明书。预包装食品没有中文标签、中文说明书或者标签、说明书不符合本条规定的，不得进口。缺失中文标签的进口食品不得进口，但是中文标签本身在产地、成分、保质期限上的某些瑕疵，与该进口食品的安全并无必要联系。《食品安全法》第 97 条还规定，标签和说明书应当载明食品的原产地以及境内代理商的名称、地址、联系方式。该条印证，进口食品的中文标签意在使消费者了解食品的来历、成分等事项，方便合理使用以及出现食品问题后进行责任追究，其核心意义是为了保证消费者对进口产品的理解，所以无法推定起到说明作用的中文标签问题，与食品本身的质量有当然的联系。判断进口食品是否符合食品安全，还需回归《食品安全法》本身对食品安全的规定，当进口食品缺乏入境检验检疫合格证，或者不符合法律对具体某项食品质量的规定的时候，才能认定其是不符合食品安全标准的食品。

(二)有中文标签问题的进口食品,若是不符合食品安全标准,则适用食品惩罚性赔偿

《食品安全法》第148条第2款“生产不符合食品安全标准的食品或者经营明知是不符合食品安全标准的食品,消费者除要求赔偿损失外,还可以向生产者或者经营者要求支付价款十倍或者损失三倍的赔偿金;增加赔偿的金额不足一千元的,为一千元”的规定是关于食品纠纷惩罚性赔偿的规定。另外,《食品药品纠纷案件的规定》第5条第2款规定:“消费者举证证明因食用食品或者使用药品受到损害,初步证明损害与食用食品或者使用药品存在因果关系,并请求食品、药品的生产者、销售者承担侵权责任的,人民法院应予支持,但食品、药品的生产者、销售者能证明损害不是因产品不符合质量标准造成的除外。”该条适用于所有的进口食品,无论是否存在中文标签问题,只要满足适用惩罚性赔偿的实质要件,可以适用十倍价款的惩罚性赔偿规定。

(三)没有中文标签的进口食品,若符合食品安全标准,则不适用食品安全法惩罚性赔偿

尽管标签问题与食品安全之间没有必然的因果关系,但是本身具有指引消费者安全食用食品的作用,若是进口食品缺乏中文标签,则可能在食品本事满足食品安全标准的前提下,导致消费者受有损害。《食品安全法》第148条第2款最后规定的例外规则——“但是,食品的标签、说明书存在不影响食品安全且不全对消费者造成误导的瑕疵的除外”,表明标签瑕疵不会造成误导的情况下,不可以凭借这项原因获得惩罚性赔偿。原因在于进口食品的中文标签与食品本身的品质没有必然联系,若是因缺乏中文标签的指引而导致人身损害需要进一步证明其中的因果关系,即受到的损害是缺乏中文标签导致,可以适用惩罚性赔偿。而如果消费者对缺乏中文标签的事实在一开始即为明知,则可以认定为其购买商品,接受服务之初即了解该商品种类、类型,以及价格,缺少中文标签的事实不会对消费者造成误导的瑕疵,不会使消费者因为没有中文标签的指引,而错用该食品而受到人身或财产损害,此时若消费者无法提供证据证明食品本身不符合食品安全标准并使其受到损害,则不能支持其价款十倍的惩罚性赔偿请求。但是依照《食品安全法》第34条无标签的预包装食品禁止生产经营的规定,以及《消费者权益保护法》第55条“经营者提供商品或者服务有欺诈行为的,应当按照消费者的要求增加赔偿其受到的

损失，增加赔偿的金额为消费者购买商品的价款或者接受服务的费用的三倍；增加赔偿的金额不足五百元的，为五百元”的规定，不满足食品惩罚性赔偿的案件，消费者可以通过《消费者权益保护法》的规定维护自己的权益。

（四）中文标签问题不必然与食品安全存在因果关系有利于保护消费者本身和促进诚信原则在网络购物市场的确认

海淘和淘宝代购等进口渠道的快速发展，使进口食品的数量与日俱增，网络购物合同纠纷的数量亦随之大量增长，在此种背景下，必然要进一步加强消费者权益的保护。但是对其保护并不应当是无原则无底线的，否则将会伤害进口食品销售者从事进口食品业务的成本和信心，有害于诚信原则在网络进口食品交易中的发展和确认。明确食品惩罚性赔偿的适用范围和适用条件，有利于生产者和销售者依法履行义务，合理行使权利。惩罚性赔偿的适用前提一定是食品本身不符合食品安全的实质要求，而且导致了消费者受到损害。而中文标签作为进口食品必须拥有的身份证明，与惩罚性赔偿之间的联系，需要回归到惩罚性赔偿本身的适用要件。明确其与进口食品的质量安全之间没有必然的因果关系，则将判断是否适用惩罚性赔偿的焦点转移到惩罚性赔偿本身。缺乏中文标签时，若消费者明知此事实，则说明中文标签是否存在对该消费者来说并无区别，中文标签的内容无非是为了加强消费者对食品本身的了解，若其明知，则推定其对中文标签内容已知且应当为购买无中文标签的食品所存在的风险自行负责。从而使惩罚性赔偿能够真正保护消费者，即为生活消费需要购买商品的人，使该规定不至于成为有心之人牟利的工具。通过法律督促经营者和消费者遵循诚实守信义务，亦增加对彼此诚实购买商品，依法维护权利的信心，从而打击不良风气，促进诚信之风的流行，借助网络平台，将进口食品交易推向新的繁荣。

## 四、辅助信息

**高频词条：**

**《食品安全法》**

**第 92 条**　进口的食品、食品添加剂、食品相关产品应当符合我国食品安全国家标准。

进口的食品、食品添加剂应当经出入境检验检疫机构依照进出口商品检验相关法律、行政法规的规定检验合格。

进口的食品、食品添加剂应当按照国家出入境检验检疫部门的要求随附合格证明材料。

**第97条** 进口的预包装食品、食品添加剂应当有中文标签;依法应当有说明书的,还应当有中文说明书。标签、说明书应当符合本法以及我国其他有关法律、行政法规的规定和食品安全国家标准的要求,并载明食品的原产地以及境内代理商的名称、地址、联系方式。预包装食品没有中文标签、中文说明书或者标签、说明书不符合本条规定的,不得进口。

**第148条** 消费者因不符合食品安全标准的食品受到损害的,可以向经营者要求赔偿损失,也可以向生产者要求赔偿损失。接到消费者赔偿要求的生产经营者,应当实行首负责任制,先行赔付,不得推诿;属于生产者责任的,经营者赔偿后有权向生产者追偿;属于经营者责任的,生产者赔偿后有权向经营者追偿。

生产不符合食品安全标准的食品或者经营明知是不符合食品安全标准的食品,消费者除要求赔偿损失外,还可以向生产者或者经营者要求支付价款十倍或者损失三倍的赔偿金;增加赔偿的金额不足一千元的,为一千元。但是,食品的标签、说明书存在不影响食品安全且不会对消费者造成误导的瑕疵的除外。

**第150条** 本法下列用语的含义:

食品,指各种供人食用或者饮用的成品和原料以及按照传统既是食品又是中药材的物品,但是不包括以治疗为目的的物品。

食品安全,指食品无毒、无害,符合应当有的营养要求,对人体健康不造成任何急性、亚急性或者慢性危害。

预包装食品,指预先定量包装或者制作在包装材料、容器中的食品。

食品添加剂,指为改善食品品质和色、香、味以及为防腐、保鲜和加工工艺的需要而加入食品中的人工合成或者天然物质,包括营养强化剂。

用于食品的包装材料和容器,指包装、盛放食品或者食品添加剂用的纸、竹、木、金属、搪瓷、陶瓷、塑料、橡胶、天然纤维、化学纤维、玻璃等制品和直接接触食品或者食品添加剂的涂料。

用于食品生产经营的工具、设备,指在食品或者食品添加剂生产、销售、使用过程中直接接触食品或者食品添加剂的机械、管道、传送带、容器、用具、餐具等。

用于食品的洗涤剂、消毒剂,指直接用于洗涤或者消毒食品、餐具、饮具以及直接接触食品的工具、设备或者食品包装材料和容器的物质。

食品保质期,指食品在标明的贮存条件下保持品质的期限。

食源性疾病，指食品中致病因素进入人体引起的感染性、中毒性等疾病，包括食物中毒。

食品安全事故，指食源性疾病、食品污染等源于食品，对人体健康有危害或者可能有危害的事故。

## 互联网纠纷案件裁判规则第 17 条:

### 消费者以网络购物合同纠纷起诉实际销售者及网络交易平台或单独起诉网络交易平台的,基于合同相对性原则,网络交易平台并非适格被告。经法院释明后,原告仍不撤回对网络交易平台起诉的,可以裁定驳回对网络交易平台的起诉

〔**规则描述**〕:电子商务交易平台的提供者仅是为交易双方提供虚拟的交易场所,并未参与交易本身,不属于交易的相对方,在交易双方的网络购物合同纠纷中,根据合同相对性原则,平台提供者不是适格被告。

**一、类案检索数据大报告**

时间:2019 年 3 月 19 日之前,案例来源:Alpha 案例库,案件数量:365 件,数据采集时间:2019 年 3 月 19 日。本次检索获取 2019 年 3 月 19 日前共 365 篇裁判文书。整体情况如图 17 - 1 所示,从案件年份分布情况可以看出当前条件下案例数量的变化趋势。

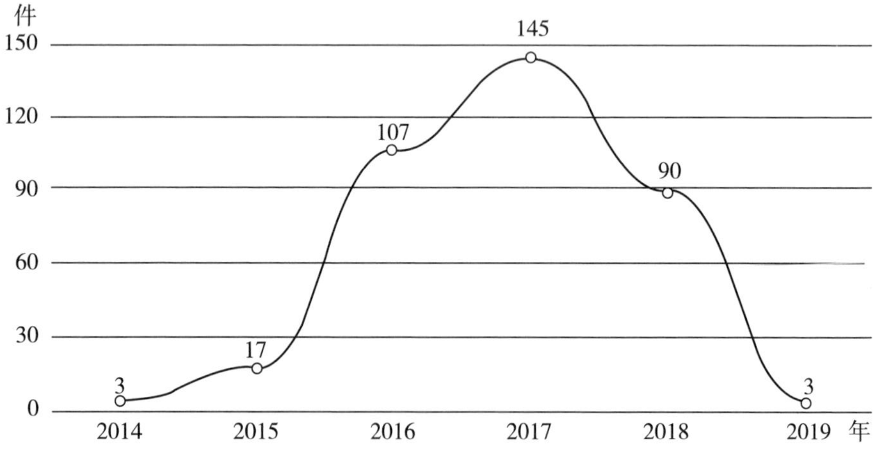


**图 17 - 1　案件年份分布情况**

如图 17 - 2 所示,从案件主要地域分布情况来看,当前案例主要集中在广东省、北京市、浙江省,分别约占比 43%、17.8%、9%。其中,广东省的案件量最多,达

到 157 件。

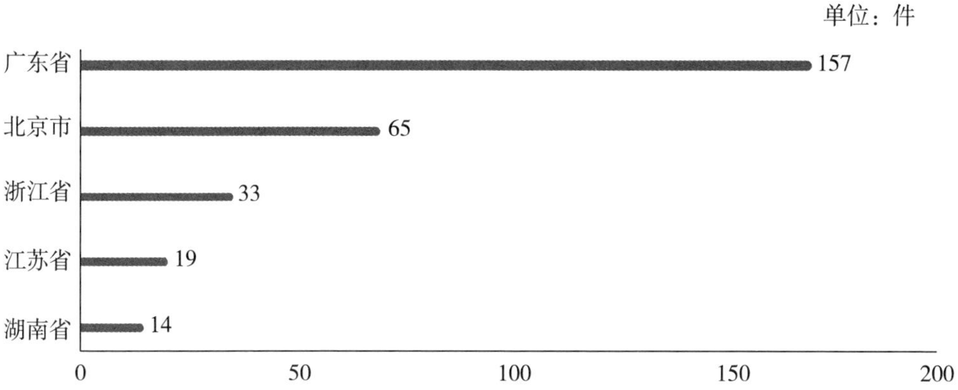


**图 17－2　案件主要地域分布情况**

如图 17－3 所示，从案件的程序分类统计可以看出，一审案件有 297 件，占比约为 81.37%；二审案件有 67 件，占比约为 18.36%；再审案件有 1 件，占比约为 0.27%。

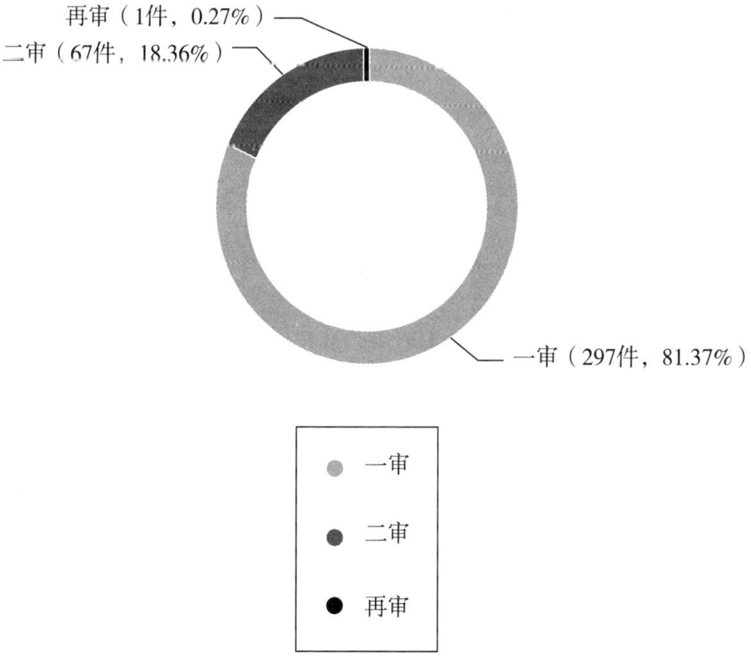


**图 17－3　案件审理程序分类**

如图 17 -4 所示,从案件一审裁判情况可以看出,当前条件下全部/部分支持的有 190 件,占比约为 63.97%;全部驳回的有 83 件,占比约为 27.95%;驳回起诉的 18 件,占比约为 6.06%;其他的有 6 件,占比约为 2.02%。

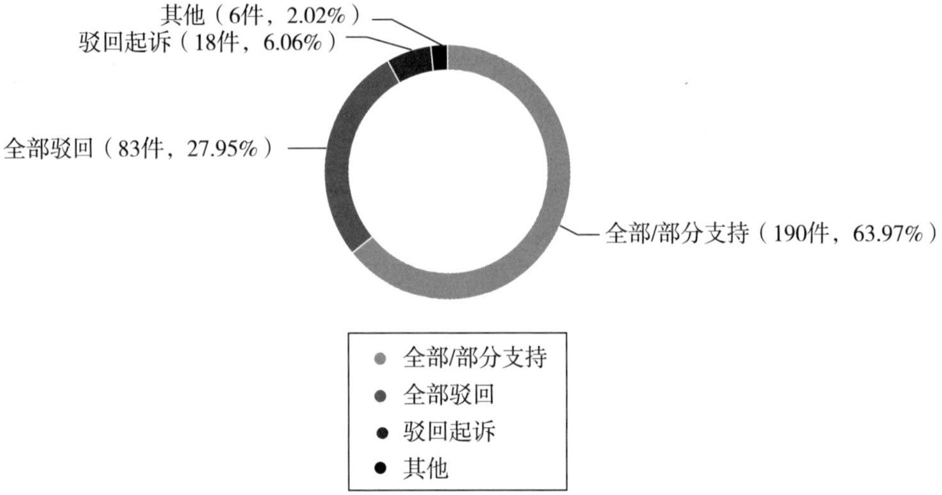


**图 17 -4　案件一审裁判结果**

如图 17 -5 所示,从案件二审裁判情况可以看出,当前条件下维持原判的有 52 件,占比约为 77.61%;改判的有 10 件,占比约为 14.93%,另有其他 5 件,占比约为 7.46%。

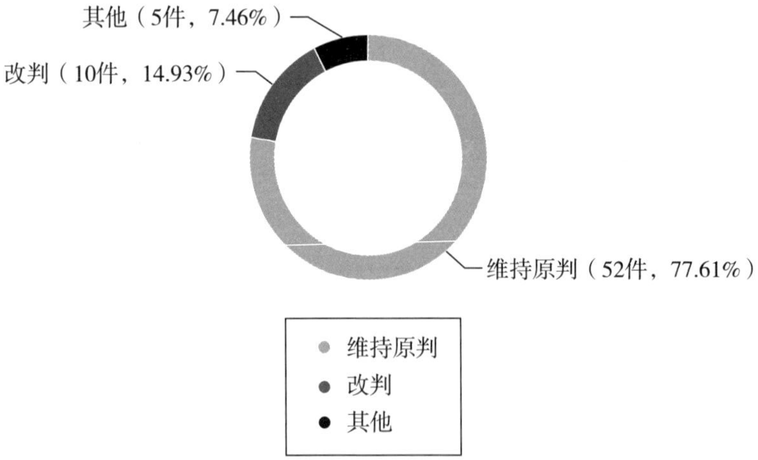


**图 17 -5　案件二审裁判结果分布情况**

## 二、可供参考例案

### 例案一　邹某某与上海宝尊电子商务有限公司、浙江天猫网络有限公司网络购物合同纠纷

**【法院】**

杭州市余杭区人民法院

**【案号】**

(2015)杭余商初字第791号

**【当事人】**

原告：邹某某

被告：上海宝尊电子商务有限公司

法定代表人：仇某某，该公司执行董事

被告：浙江天猫网络有限公司

法定代表人：陆某某，该公司董事长

**【基本案情】**

邹某某于2015年3月5日使用家人的天猫注册账号在浙江天猫网络有限公司（以下简称天猫公司）开办的天猫网向上海宝尊电子商务有限公司（以下简称宝尊公司）经营的“夏普官方旗舰店”购买“夏普KC－W380SW－W空气净化器”2台，货款共计6998元，邹某某于当日通过天猫网提供的“天猫分期付款”服务进行了付款。此后，宝尊公司在天猫网进行了发货操作，但实际确未发货，致使交易状态变成成功，邹某某需每期支付824.2元，共9期，总共7417.8元，其中6998元为货款，419.8元是手续费。直至起诉日，邹某某仍未收到货物。邹某某认为其与宝尊公司存在买卖合同关系，宝尊公司作为销售方应按约履行发货义务。宝尊公司在线上通过操作发货获取货款，在线下不向邹某某发货之行为，侵害了邹某某的合法权益，构成对邹某某的欺诈，也与夏普这一国际著名品牌形象严重不符，是对电子商务最基本诚信体系的严重挑战，应按照消费者的要求增加赔偿其受到的损失。为此，邹某某诉至法院，请求判令：(1)宝尊公司退回其货款6998元；(2)宝尊公司赔偿其三倍的赔偿金20,944元；(3)宝尊公司、天猫公司退还其手续费419.8元；(4)宝尊公司、天猫公司承担全部诉讼费用。

【案件争点】

天猫公司是否是适格被告。

【裁判要旨】

法院认为,本案系网络购物合同纠纷,根据邹某某起诉所称,邹某某因在天猫公司开办的天猫网向宝尊公司经营的天猫店铺“夏普官方旗舰店”购物而引起纠纷,而众所周知,天猫公司为涉案网络交易平台天猫网(www. tmall. com)的提供者,系为买卖双方提供虚拟的交易场所,其本身并不参与交易,由此可见,本案中,涉案买卖合同的交易双方应为邹某某与宝尊公司,天猫公司并非涉案买卖合同的相对方。邹某某主张天猫公司与宝尊公司构成共同销售,理由为涉案交易使用天猫分期的方式付款,而天猫分期是天猫联合商家共同推出的赊购服务。法院认为,分期付款仅是买卖双方就合同付款方式所作的约定,本质上不会改变合同的主体与性质,天猫公司仅是为买卖双方提供分期付款平台的网络服务提供者,并非买卖合同相对方,因此,邹某某关于天猫公司与宝尊公司构成共同销售的主张,不能成立。综上,在网络购物合同纠纷中,将网络交易平台列为共同被告有违合同相对性原则。邹某某在诉请中也明确其与宝尊公司存在买卖合同关系,由此可见,其明知天猫公司并非涉案交易的相对方,却仍然在与宝尊公司的买卖合同纠纷中将天猫公司列为共同被告,其目的显然是通过虚列被告以达到制造管辖连结点的目的。综上,天猫公司在本案中并非适格的被告。为此,裁定驳回邹某某对天猫公司的起诉。鉴于本案所涉合同的履行地及被告所在地均不在法院管辖区,为此,裁定案件移送宝尊公司住所地上海市闸北区人民法院审理。

## 例案二 | 杨某与居某某等网络购物合同纠纷

【法院】

北京市西城区人民法院

【案号】

(2017)京0102民初22598号

【当事人】

原告:杨某

被告:居某某

被告:浙江淘宝网络有限公司

法定代表人：陆某某，该公司董事长

**【基本案情】**

2017年7月10日，杨某在淘宝网从居某某经营网店“英国食品超市”（ID：dragonmate）下单购买了29件“现货英国代购进口传统约克红茶YorkshireTea80袋250克”商品，订单编号：35834030928972193，商品单价59.80元，价款为1734.20元；购买了“现货英国进口传统约克红茶YorkshireTea礼盒铁盒装80袋”商品11件，订单编号：35835030045972193，价款为1098.9元，两订单金额共计2833.1元。居某某于2017年7月11日通过快递发货，杨某于2017年7月13日签收涉案商品。

原告诉称，收货后质询居某某，发现涉案产品无中文标签及相关出入境检验检疫证明。经淘宝网披露卖家信息，上述网店由居某某注册并经营。被告居某某销售无中文标签、无出入境检验检疫证明的进口普通食品，严重侵犯了原告合法权益，被告浙江淘宝网络有限公司（以下简称淘宝公司）对居某某注册并经营的网店“英国食品超市”管理不善、审查不严，致使不符合食品安全标准的食品流入市场，应与被告居某某承担连带责任。

被告淘宝公司辩称：不同意原告的诉讼请求。理由：1.淘宝并非本案所涉合同当事方，不应该承担合同义务。本案为买卖合同，基于合同的相对性，该合同效力只及于买卖双方，故淘宝公司并非承担赔偿责任的主体。2.淘宝公司在本案中为网络交易平台，淘宝公司已经根据《消费者权益保护法》第44条的规定，向本案原告披露了卖家的真实信息，且不存在披露错误的情况，因此不应当承担连带责任。

**【案件争点】**

淘宝公司非合同当事方，是否应当承担连带责任。

**【裁判要旨】**

在淘宝公司是否应当承担连带责任部分，法院认为：《消费者权益保护法》第44条规定：“消费者通过网络交易交易平台购买商品或者接受服务，其合法权益受到损害的，可以向销售者或者服务者要求赔偿。网络交易平台提供者不能提供销售者或者服务者的真实名称、地址和有效联系方式的，消费者也可以向网络交易平台提供要求赔偿；网络交易平台提供者作出更有利于消费者的承诺，应当履行承诺。网络交易平台提供者赔偿后，有权向销售者或者服务者追偿。网络交易平台提供者明知或者应知销售者或者服务者利用其平台侵害消费者合法权益，未采取必要措施的，依法与该销售者或者服务者承担连带责任。”本案中，淘宝公司向杨某披露居某某的真实姓名、地址和联系方式，杨某亦未提供证据证明淘宝公司向其作出有利于消费者的承诺及明知或者应当知道销售者或者服务者利用其平台侵害消费者权益未采取必要措施。故关于杨某要求淘宝公司承担连带责任的诉讼请求,法院不予支持。

## 例案三 王某与绍兴市客大进出口有限公司、浙江淘宝网络有限公司网络购物合同纠纷

**【法院】**

杭州铁路运输法院

**【案号】**

(2017)浙8601民初2874号

**【当事人】**

原告:王某

被告:绍兴市客大进出口有限公司

法定代表人:闵某某,该公司经理

被告:浙江淘宝网络有限公司

法定代表人:陆某某,该公司董事长

**【基本案情】**

2017年6月2日,原告在被告浙江淘宝网络有限公司(以下简称淘宝公司)运营的淘宝网网络购物平台上购买了由被告绍兴市客大进出口有限公司(以下简称客大公司)销售的“澳洲进口儿童牛排原切家庭牛排套餐团购新鲜牛扒黑椒牛排单片包邮”。该商品在网页上介绍为“净含量:1000g”“套餐分量:5人份”。6月3日,原告收到商品后,发现牛肉净含量只有130g,与销售网页上介绍的1000g明显不符。原告遂以网络购物合同纠纷为案由诉至法院,要求二被告承担赔偿责任。

**【案件争点】**

淘宝公司非案涉合同当事人,是否为适格被告。

**【裁判要旨】**

法院经审查认为,原告以网络购物合同之诉起诉实际销售者及电子商务平台淘宝公司,但淘宝公司并非案涉购物合同当事人,基于合同相对性原则,不是适格的被告,且不能以淘宝公司作为本案管辖依据。原告对销售者的起诉应当依照《民事诉讼法》及其司法解释的规定确定管辖,故应驳回原告对被告淘宝公司的起诉,

将本案移送至被告客大公司所在地法院管辖。

## 三、裁判规则提要

### （一）网络购物合同纠纷中，原告应当基于合同的相对性确定被告

合同一方基于合同起诉另一方时，应当基于合同的相对性原则确定合同被告。所谓合同相对性原则是指合同项下的权利义务只能赋予当事人或加在当事人身上，合同只能对合同当事人产生拘束力，而非合同当事人不能诉请强制执行合同。此项原则自然亦适用于网络购物合同，消费者因为网络购物合同纠纷起诉时，不应将实际销售者及网络交易平台作为共同被告或者单独起诉网络交易平台。基于合同相对性判断原被告，符合法律应当实现的公平、正义的价值追求。合同通常被界定为“（对同一权利或财产）有合法利益的人之间的关系”，是合同当事人根据合意订立的当事人之间的法律，所以法律仅承认当事人可以根据合同起诉和被起诉。在网络购物合同中，合同的双方为销售者和消费者，二者为建立买卖法律关系而订立合同，买方拥有获得货物的权利和支付价款的义务，卖方拥有获得价款的权利和给付货物的义务，当出现权利义务纠纷时，毫无争议的应当由销售者和消费者成为诉讼的原告和被告，即使网络购物合同和传统的购物合同有所区别，但是并不能改变合同的相对性，合同的两方主体不会因为交易平台的变化而变化，故在以合同相对性认定诉讼的适格被告时，应当落脚于销售者或消费者。

### （二）网络交易平台非网络购物合同的当事人，其仅在特殊情况下承担责任，非网络购物合同纠纷的适格被告

网络购物行为基于网络交易平台而发生，网络交易平台的提供者作为平台的所有者，仅为在其网络平台上进行的交易提供必要的网络空间与技术支持，不参与消费者与销售者或服务者之间的买卖行为，故在消费者与销售者或者服务者在网络交易平台进行交易的过程中，网络交易平台提供者并无法定义务的发生，而仅仅承担协助义务，即使在消费者与销售者或者服务者之间发生争议时，网络交易平台提供者也不发生义务，如《电子商务法》第 61 条规定：“消费者在电子商务平台购买商品或者接受服务，与平台内经营者发生争议时，电子商务平台经营者应当积极协助消费者维护合法权益。”只有在消费者因在网络交易平台上购买商品或接受服务时合法权益受损，却无法找到网络交易的销售者或者服务者或者网络交易平台实施了侵权行为的时候，平台才应当依据《电子商务法》《消费者权益保护法》或者

《侵权责任法》等承担相应的责任。如在《消费者权益保护法》第 44 条规定:“消费者通过网络交易平台购买商品或者接受服务,其合法权益受到损害的,可以向销售者或者服务者要求赔偿。网络交易平台提供者不能提供销售者或者服务者的真实名称、地址和有效联系方式的,消费者也可以向网络交易平台提供者要求赔偿;网络交易平台提供者作出更有利于消费者的承诺,应当履行承诺。网络交易平台提供者赔偿后,有权向销售者或者服务者追偿。网络交易平台提供者明知或者应知销售者或者服务者利用其平台侵害消费者合法权益,未采取必要措施的,依法与该销售者或者服务者承担连带责任。”该条第 1 款规定,网络交易平台提供者与销售者或者服务者之间承担的民事责任的性质,是附条件的不真正连带责任。消费者在其合法权益受到侵害后享有两个请求权,一个是对销售者或者服务者的请求权,另一个是对网络交易平台提供者的请求权。两个请求权消费者可以选择其中一个行使,当一个请求权满足后,另一个请求权即行消灭。这是因为网络交易平台提供者与销售者或服务者各自基于不同的原因或行为致使同一消费者的合法权益受到损害。消费者与销售者或服务者是买卖合同的双方当事人,后者对其销售的商品或提供的服务负有瑕疵担保责任。当消费者因商品或服务致使合法权益受损时,销售者或服务者理应承担赔偿责任;而网络交易平台提供者并非买卖合同中的当事人,之所以应就消费者的请求承担赔偿责任,在于其未履行在销售者或服务者侵害消费者合法权益时及时向消费者提供与其进行网络交易的商品销售者或服务提供者真实的名称、地址和有效的联系方式的告知义务,或是由于网络交易平台的提供者事前作出了更有利消费者权益保护的承诺,其有义务履行这种法定义务或者约定义务,承担对消费者的赔偿责任,故即使网络平台在网络交易活动中应当承担责任,亦非源于网络购物合同,不宜在因网络购物合同提出的诉讼中,成为适格被告。

### (三)网络交易平台非基于网络购物合同所提起诉讼的适格被告有利于维护诉讼秩序和节约司法资源

各大电商平台的迅速崛起和网络购物交易额的持续飞涨,标志着我国现今进入了网购时代,线下简单的双方交易在网购时代下发生了变化,即加入了网络交易平台的参与,网络交易平台在网络交易活动中的角色担当和责任承担已经由《消费者权益保护法》《电子商务法》等法律进行较为清晰的规制,而在诉讼领域,消费者因购物合同起诉销售者时,往往会捎带着起诉经济实力更为强大,责任承担基础更为雄厚的电商平台，而依照我国法律的规制，网络交易平台的责任承担法律依据非《合同法》，在消费者依据购物合同起诉网络平台时，是不符合适格被告的要求的，若受理后一并作出裁判，不但是对司法资源的一种浪费，而且将损害正常的司法诉讼秩序。依照合同起诉的诉讼，应当严格依照合同的相对性确定原被告和审理案件，其他的非合同责任承担依照相关的法律规制起诉和应诉。确定被告是诉讼程序审理的开始阶段，是维护诉讼秩序和降低司法资源浪费的重要阶段。将网络交易平台排除在依据购物合同提起的诉讼外，更源于现实中责任承担主体多在销售者，而不在网络平台，将争议解决在消费者和销售者之间，减少不必要的诉讼活动，是对网络交易平台权益的保护，亦是对司法资源的节约。若网络交易平台需要承担责任，则需根据相应的法律规定提起诉讼，使合同归合同，平台归其他，责任划分清晰，而法院的释明义务规定更有利于保障当事人充分参与诉讼活动，亦有益于当事人诉讼能力的不断提高。

## 四、辅助信息

**高频词条：**

**《民事诉讼法》**

**第13条**　民事诉讼应当遵循诚实信用原则。

当事人有权在法律规定的范围内处分自己的民事权利和诉讼权利。

**第64条**　当事人对自己提出的主张，有责任提供证据。

当事人及其诉讼代理人因客观原因不能自行收集的证据，或者人民法院认为审理案件需要的证据，人民法院应当调查收集。

人民法院应当按照法定程序，全面地、客观地审查核实证据。

**第119条**　起诉必须符合下列条件：

（一）原告是与本案有直接利害关系的公民、法人和其他组织；

（二）有明确的被告；

（三）有具体的诉讼请求和事实、理由；

（四）属于人民法院受理民事诉讼的范围和受诉人民法院管辖。

**《消费者权益保护法》**

**第44条**　消费者通过网络交易平台购买商品或者接受服务，其合法权益受到损害的，可以向销售者或者服务者要求赔偿。网络交易平台提供者不能提供销售者或者服务者的真实名称、地址和有效联系方式的，消费者也可以向网络交易平台提供者要求赔偿;网络交易平台提供者作出更有利于消费者的承诺的,应当履行承诺。网络交易平台提供者赔偿后,有权向销售者或者服务者追偿。

网络交易平台提供者明知或者应知销售者或者服务者利用其平台侵害消费者合法权益,未采取必要措施的,依法与该销售者或者服务者承担连带责任。

# 互联网纠纷案件裁判规则第 18 条:
## 网络交易平台提供者产品责任需要综合信息提供义务的履行、是否作出承诺和是否明知或应知进行判断

〔**规则描述**〕:网络交易平台对平台上的商户出售的产品是否需要承担产品责任,需要综合以下要素判断:(1)网络交易平台提供者不能提供销售者或者服务者的真实名称、地址和有效联系方式的;(2)网络交易平台提供者作出更有利于消费者的承诺,未履行承诺的;(3)明知或者应知销售者或者服务者利用其平台侵害消费者合法权益,未采取必要措施的。

### 一、类案检索大数据报告

时间:2019 年 3 月 27 日之前,案例来源:Alpha 案例库,案件数量:1410 件,数据采集时间:2019 年 3 月 27 日。本次检索获取 2019 年 3 月 27 日前共 1410 篇裁判文书。整体情况如图 18 - 1 所示,从案件年份分布情况可以看出当前条件下案例数量的变化趋势。

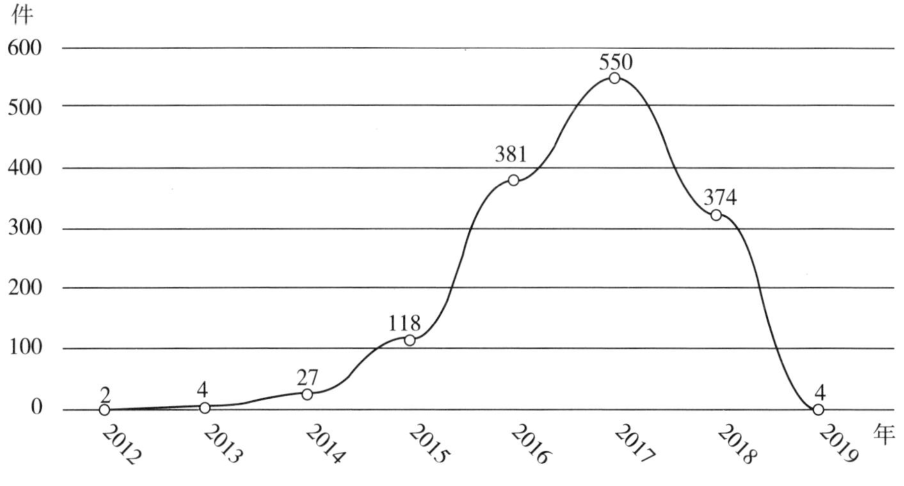


**图 18 - 1 案件年份分布情况**

如图 18 - 2 所示,从案件主要地域分布情况来看,当前案例主要集中在浙江

省、广东省、江苏省,分别占比约为54%、14%、5%。其中,浙江省的案件量最多,达到762件。

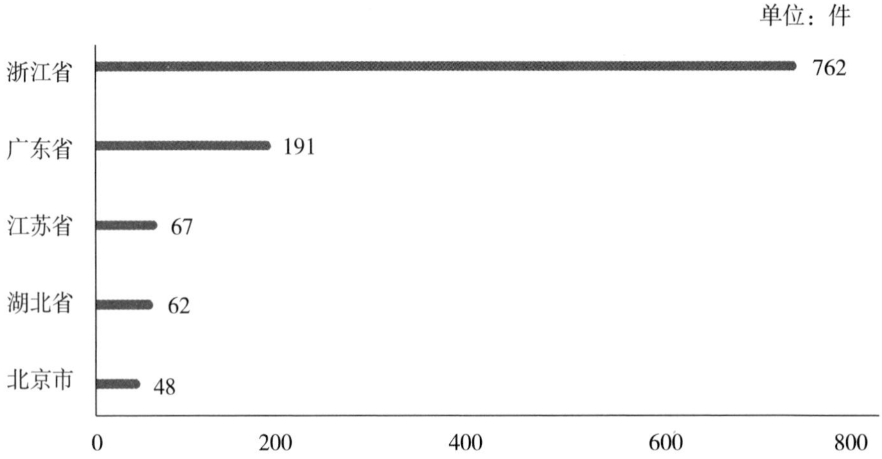


**图18-2 案件主要地域分布情况**

如图18-3所示,从案件审理程序分类统计可以看出,一审案件有1078件,占比约为76.46%;二审案件有329件,占比约为23.33%;再审案件有3件,占比约为0.21%。

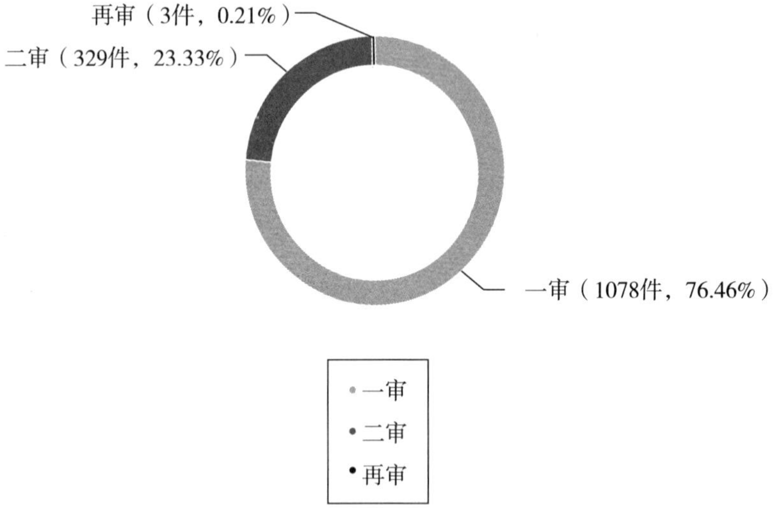


**图18-3 案件审理程序分类**

如图18-4所示,从案件一审裁判情况可以看出,当前条件下全部/部分支持的有759件，占比约为70.41%；全部驳回的有297件，占比约为27.55%；其他的有20件，占比约为1.85%。

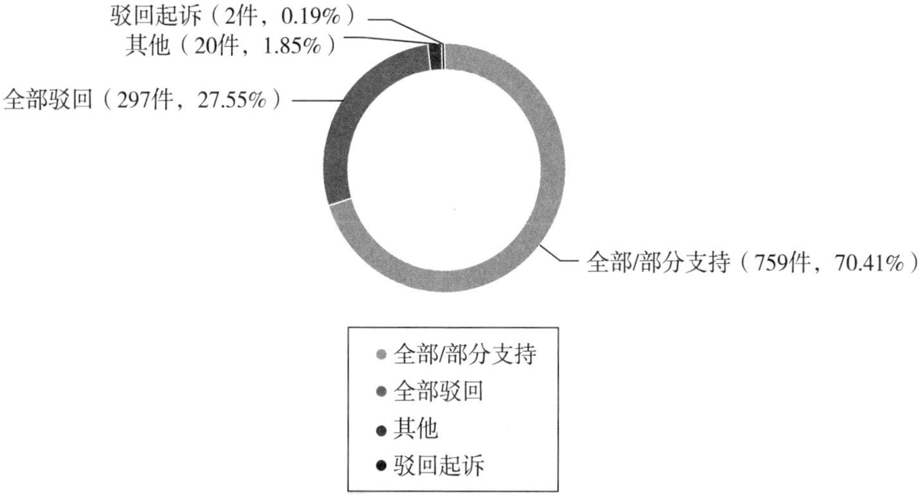


**图18-4 案件一审裁判结果**

如图18-5所示，从案件二审裁判情况可以看到，当前条件下维持原判的有249件，占比约为75.68%；改判的有73件，占比约为22.19%；其他的有7件，占比约为2.13%。

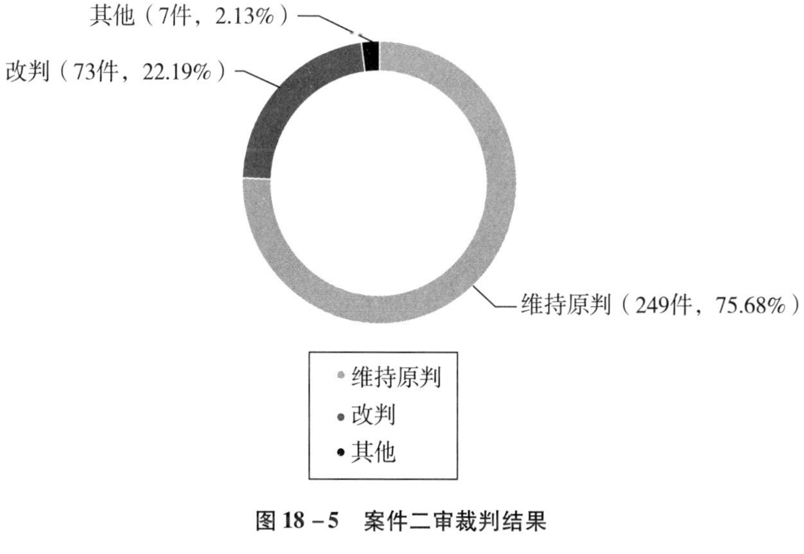


**图18-5 案件二审裁判结果**

## 二、可供参考例案

### 例案一 | 姜某某与浙江淘宝网络有限公司产品责任纠纷

**【法院】**

浙江省杭州市中级人民法院

**【案号】**

(2018)浙01民终5645号

**【当事人】**

上诉人(原审原告):姜某某

被上诉人(原审被告):浙江淘宝网络有限公司

法定代表人:张某,该公司董事长

**【基本案情】**

2011年12月18日,姜某某在淘宝网注册成为会员,会员名为jidianqi10。2013年4月29日,邓某某在淘宝网注册成为会员,会员名为“邓某某2013”。2015年7月29日,姜某某使用其注册淘宝会员名“jidianqi10”在邓某某以注册淘宝会员名邓某某2013经营的淘宝店铺购买了一盒电池“正品天球9v电池6F22X麦克风无线话筒万用表遥控器用一盒10节”,支付货款14元,交易订单号为1124334613497183。同日,邓某某发货。2015年8月2日,姜某某在淘宝网发起仅退款申请,金额:14元。卖家拒绝退款协议,后卖家超时退款成功,给买家打款4元。经姜某某申请,浙江淘宝网络有限公司(以下简称淘宝公司)于2016年2月、2016年10月、2017年8月均披露了卖家真实名称、地址和有效联系方式。2016年10月淘宝公司通过邮件披露卖家的信息为,对方ID:邓某某2013,真实姓名:邓某某,身份证,手机号码:159××××1260,地址:湖北省武汉市黄陂区××大道×号×室。姜某某于2018年3月诉至法院,请求判令:(1)淘宝公司支付赔偿金500元;(2)淘宝公司支付车费12元、时间费100元;(3)淘宝公司支付误工费300元、车费200元;(4)本案诉讼费用由淘宝公司承担。

**【案件争点】**

淘宝公司是否需要承担责任骇。

**【裁判要旨】**

淘宝公司依姜某某的申请三次披露案涉卖家真实名称、地址和有效联系方式,

2016年2月以及2016年10月披露卖家的地址为湖北省武汉市黄陂区××大道×号×室,该地址为商家确认收货地址。根据《消费者权益保护法》第44条之规定,消费者通过网络交易平台购买商品或者接受服务,其合法权益受到损害的,可以向销售者或者服务者要求赔偿。网络交易平台提供者不能提供销售者或者服务者的真实名称、地址和有效联系方式的,消费者也可以向网络交易平台提供者要求赔偿。该条规定并未要求网络交易平台经营者必须提供销售者身份证上登记的地址。淘宝公司作为网络商品交易平台,对案涉卖家邓某某入驻平台进行了身份审查义务,并且能够提供案涉卖家的真实姓名、地址及联系方式,且多次向姜某某提供了案涉卖家的真实姓名、地址及联系方式。另外,姜某某亦未提供证据证明淘宝公司存在明知案涉卖家利用其平台侵害消费者利益而放任的情形。综上所述,姜某某的诉讼请求,依据不足,法院不予支持。

### 例案二 | 罗某某与深圳市易景达商贸有限公司、浙江天猫网络有限公司产品责任纠纷

**【法院】**

江西省萍乡市安源区人民法院

**【案号】**

(2016)赣0302民初1911号

**【当事人】**

原告:罗某某

被告:深圳市易景达商贸有限公司

法定代表人:吕某某,该公司总经理

被告:浙江天猫网络有限公司

法定代表人:陆某某,该公司董事长

**【基本案情】**

深圳市易景达商贸有限公司(以下简称深圳易景达公司)在浙江天猫网络有限公司(以下简称天猫网络公司)平台上以名称为“易景达数码专营店”的店铺出售手机,罗某某通过该网络店铺产品介绍为“纽曼V18三防老人老年手机移动电信版大声正品军工全网通老人机(套餐一支持电信、套餐二支持移动联通电信)”的页面,于2016年8月20日、8月23日、8月26日、8月29日、8月31日分别下单购

买2台、2台、2台、2台、1台套餐一手机,手机单价269元,该手机“商品详情”页面包含产品名称为“纽曼V18”,网络模式为“双卡单模”等内容;“套餐介绍”页面介绍官方套餐为联通移动卡使用;套餐一为电信卡使用;套餐二为双卡双模版:电信+移动/联通三网均可使用。罗某某下单成功后,通过网上物流信息查询显示五笔订单分别于2016年8月22日、8月25日、8月29日、8月30日、9月2日由申通快递广东深圳罗湖清湖分部收件员揽件,但无后续物流信息。2016年9月5日,罗某某与深圳易景达公司公司通过网络聊天工具联系,罗某某说物流公司称五个快件均已遗失,深圳易景达公司表示经询问快递公司,五个快件均丢失,罗某某要求补发手机,深圳易景达公司表示罗某某所购买型号的手机已经缺货好几天了,并告知罗某某可以申请退款,深圳易景达公司会把购机款退给罗某某。2016年9月24日,罗某某通过网络确认上述五笔手机订单收货,货款因此付至深圳易景达公司账户。

深圳易景达公司经营范围为:电子产品、办公设备、安防产品、服装、鞋、帽、工艺品、化妆品的销售;国内贸易,货物及技术进出口;经营电子商务;网络技术开发(法律、行政法规禁止的项目除外;法律、行政法规限制的项目须取得许可后方可经营)。纽曼V18手机设备名称为GSM数字移动电话机,深圳易景达公司欲出售给罗某某的手机为纽曼L8手机,该手机设备名称为CDMA1X数字移动电话机。原告罗某某陈述其在第一次下单后又连续下了四次订单,是因为在第一次下单后被告知快件丢失,原告罗某某要求被告补发,所以又拍了四单。深圳易景达公司确认罗某某通过天猫网络平台向其购买手机时,罗某某所购手机缺货的事实,并同意按购机款30%赔偿罗某某的损失。

**【案件争点】**

1. 被告深圳易景达公司是否要承担赔偿责任。

2. 被告天猫网络公司是否要承担赔偿责任。

**【裁判要旨】**

法院认为,根据天猫网络公司正品保障相关网页显示的内容,其提供的正品保障服务内容为“商家未履行正品保障服务的,需按以下标准向消费者进行赔偿:(1)商家需向消费者退还商品的实际成交金额;(2)商家需向消费者支付商品实际成交金额的四倍作为赔偿,该赔付义务将根据商品违规情形不同由中国人保保险公司或商家(以商家账户保证金可用余额为限)进行承担”。从该内容显示,被告天猫网络公司不是承诺四倍赔偿的赔偿义务人,故对于原告罗某某的该主张法院不予支持。

一方面，被告天猫网络公司提供的服务属于网络交易平台，对被告深圳易景达公司涉及欺诈的行为并未参与制作、编辑或者给予推荐，也不涉及具体商品的服务，因此被告天猫网络公司并不是商品经营者。另一方面，被告天猫网络公司对于被告易景达公司销售与宣传不一致产品的行为并无预见能力，也没有证据证明被告天猫网络公司直接参与或实施本案涉及的侵权行为，故应限制被告天猫网络公司对商品经营者的侵权行为承担连带责任的条件。

在本案中，其一，被告天猫网络公司已经提供了被告深圳易景达公司的厂家信息，原告罗某某依法应得的赔偿可以得到保障；其二，原告罗某某没有提供证据证明其在提起本案诉讼前就其主张的虚假宣传、欺诈行为等通知天猫网络公司；其三，深圳易景达公司发布在天猫网上的涉诉商品信息不存在明显违法或侵权的行为，亦没有证据证明被告天猫网络公司存在明知或应知侵权行为存在而不采取措施的情形。因此，原告罗某某要求天猫网络公司在本案中承担连带责任不符合法定条件，法院不予支持。

## 例案三 王某某、马某某等与浙江淘宝网络有限公司等生命权、健康权、身体权纠纷

**【法院】**

天津市宝坻区人民法院

**【案号】**

(2017)津0115民初8277号

**【当事人】**

原告：王某某

原告：马某某

被告：浙江淘宝网络有限公司

法定代表人：张某，该公司董事长

被告：湘潭市雨湖区文术球健康食品店

经营者：文某某

**【基本案情】**

原告王某某系被告浙江淘宝网络有限公司（以下简称淘宝公司）经营的淘宝网

注册会员,会员名称为“南方有佳人ZW”。2017年4月12日,王某某在淘宝网上从被告湘潭市雨湖区文术球健康食品店(以下简称文术球食品店)购买“一灸瘦”减肥贴和“减肥伴侣”,实付价款68元。“一灸瘦”减肥贴为买1盒赠2盒,每盒十贴。“减肥伴侣”为胶囊样式,置于透明包装袋内,无任何产品信息。王某某自述使用“一灸瘦”减肥贴并服用“减肥伴侣”胶囊后自身出现头晕、耳鸣、乏力、虚汗等不良反应。但之后王某某仍然于2017年5月5日、2017年5月12日、2017年5月22日分三次从文术球食品店购买“一灸瘦”减肥贴和“减肥伴侣”胶囊,每次实付款68元,四次合计实付款272元。王某某还将上述产品推荐给马某某及其他人使用。2017年9月3日,王某某以他人淘宝网账号“王思静00”从文术球食品店购买“KONEYA减肥酵素”,实付价款391.81元。该产品为预包装食品,上载文字为日文,没有中文标签及中文说明书。文术球食品店另赠送“陈老师荷芝茶”2盒。王某某五次购买文术球食品店产品共计花费663.81元。购买涉诉产品期间,王某某多次向淘宝网客服投诉文术球食品店。庭审中马某某认可未从文术球食品店购买过相关产品,其所使用的涉诉产品均从王某某处获得。

王某某于2017年6月12日向湘潭市食品药品监督管理局投诉举报文术球食品店涉嫌销售不合格产品。2017年8月15日,湘潭市食品药品监督管理局作出回复,称“……鉴于被投诉人并未经许可核准网络经营而在淘宝网进行网络销售的行为,我局已致函淘宝网注册地杭州市市场监督管理局,请求其协助督促网络食品交易第三方平台提供者淘宝网对‘湘潭市雨湖区文术球健康食品店’立即停止提供网络交易平台服务。被投诉人《食品经营许可证》登记的地址已无经营迹象,我局认为其已经终止食品经营”。

**【案件争点】**

淘宝公司是否对二原告诉请的上述损失承担连带赔偿责任。

**【裁判要旨】**

法院认为:淘宝公司经营的淘宝网系网络交易平台提供者,为淘宝买家和卖家交易提供服务,其本身并不参与涉诉交易。淘宝公司并无对网络销售者及其销售产品负有法定的实质审查义务。依据《消费者权益保护法》第44条规定,网络交易平台提供者仅在不能提供销售者或者服务者的真实名称、地址和有效联系方式的情况下,承担赔偿责任。本案中,淘宝公司作为网络交易平台提供者,确已提供了文术球食品店及文某某本人的真实名称、地址和有效联系方式,不存在违反上述法律的情形。同时,王某某及马某某未提交证据证实淘宝公司在本案中存在明知或者应知文术球食品店利用淘宝网侵害消费者合法权益未采取必要措施的情形，故对于二人要求淘宝公司承担连带赔偿责任的请求，法院不予支持。

## 三、裁判规则提要

伴随网络购物的兴盛，消费者与销售者或服务者之间的产品责任纠纷日渐增多，网络交易平台提供者在此类纠纷中处于什么角色？在什么情况下将承担相应责任？根据法院的主流观点，当存在以下几种情况时，网络交易平台提供者将承担相应的责任：(1)网络交易平台提供者不能提供销售者或者服务者的真实名称、地址和有效联系方式的；(2)网络交易平台提供者作出更有利于消费者的承诺，未履行承诺的；(3)明知或者应知销售者或者服务者利用其平台侵害消费者合法权益，未采取必要措施的。

### (一)网络交易平台提供者不能提供销售者或者服务者的真实名称、地址和有效联系方式的，应当承担赔偿责任，赔偿后，有权向销售者或者服务者追偿

网络交易平台提供者负有向消费者提供销售者或者服务者的真实名称、地址和有效联系方式等基本身份信息的义务，该义务设定之目的在于保障消费者确定侵权人，畅通消费者的维权渠道。网络交易平台提供者能否披露商家信息，直接关系消费者权利的实现，因此不能提供销售者或者服务者的真实名称、地址和有效联系方式的，应当承担赔偿责任。需要指出的是：

1. 关于提供信息的“有效性”判断：网络交易平台披露的入驻商家信息是否有效，原则上应当以平台提供者在商家入驻平台之初进行信息登记时为时间点，在销售者或服务者进驻平台时，平台已对经营主体身份、经营地址、联系方式等信息进行了审查，平台据此提供的信息符合“有效性”的要求，其后商家更换联系方式、改变经营地址则超出了平台的控制范围，由此导致消费者无法与销售者或服务者取得联系，平台不存在过错。

2. 关于信息披露的程序要求：从保护销售者或者服务者的隐私考虑，平台内部设有披露程序的要求，消费者应当按照程序提供其自身的联系方式、平台账号、交易订单信息等。消费者未通过信息披露申请程序向平台提出申请的情况下，由于此时平台不知晓争议的存在或即使知晓争议的存在但难以就争议作出判断时，其未提供销售者或者服务者的真实名称、地址和有效联系方式不具有可谴责性，只要

平台在庭审中能够提供涉案销售者或服务者的上述信息,即履行了相应义务。[①]

(二)网络交易平台提供者作出更有利于消费者的承诺的,应当履行承诺

从司法判决的角度来看,网络交易平台提供者是否作出更有利于消费者的承诺的争议主要集中于“先行赔付”与“正品保障”条款。主流裁判规则主要从承诺主体角度对该问题作出阐释,一般认为,“先行赔付”与“正品保障”条款并非平台作出的代为赔付的担保承诺,而是平台内销售者或服务者基于自身选择参与平台提供的这一服务,并向平台支付质量保证金,由此作出更有利于消费者的承诺,平台作为规则制定者在符合赔付条件的前提下从销售者或服务者的账户划转相应金额给消费者系平台的权利,而非平台的义务。

(三)网络交易平台提供者明知或者应知销售者或者服务者利用其平台侵害消费者合法权益,未采取必要措施的,依法承担连带责任

网络服务提供者对于用户上传内容不负有审查义务已在立法与理论界达成共识[②],司法实践也基本秉持这一理念。主流法院观点认为,网络交易平台提供者对于商家发布虚假信息、出售不符合产品质量的商品等违法行为无预见能力,消费者据此主张平台未尽审查义务进而要求平台承担连带责任不能获得支持。

从举证责任来看,法院判决大都认为应当由消费者承担证明平台存在明知或应知销售者或者服务者利用其平台侵害消费者合法权益的情形,消费者未举证证明平台存在明知或应知侵权行为存在而不采取措施的情形,平台无须承担连带责任。

通常情况下,在接到被侵权人的首次通知之前,平台对于侵权行为的存在是未知的,因此在消费者未就侵权行为通知平台时,平台不构成对销售者侵权行为的明知。由于在消费者首次向平台投诉到向法院起诉前,销售者或服务者是否存在侵权事实尚未认定,不应推定平台对侵权行为构成明知。

---

① (2015)渝五中法民终字第05107号、(2014)宝民一(民)初字第8617号、(2016)豫0311民初3923号、(2017)豫0311民初2275号、(2016)豫0311民初3920号民事判决。

② 参见徐伟:《网络服务提供者“知道”认定新诠——兼驳网络服务提供者“应知论”》,载《法律科学》(西北政法大学学报)2014年第2期。

### （四）网络交易平台提供者产品责任认定的裁判规则力求在消费者合法权益保护与平台自身发展特点之间寻求利益平衡点

一方面，网络交易平台提供者产品责任认定的裁判规则为消费者维权提供了有力支持，如为网络交易平台提供者设定向消费者提供销售者或者服务者的真实名称、地址和有效联系方式等基本身份信息的义务，畅通消费者维权渠道；赋予了特定条件下，消费者向平台索赔的权利。

另一方面，相关裁判规则充分考虑了网络行业的发展特点和平台的能力范围，仅在平台明知或者应知销售者或者服务者利用其平台侵害消费者合法权益，未采取必要措施，或平台作出更有利于消费者的承诺未履行承诺的情况下才会被判令担责，最大程度上限制了平台责任。由此实现了网络交易主体之间的良性互动和参与各方的利益平衡。

## 四、辅助信息

**高频词条：**

**《侵权责任法》**

**第 36 条**　网络用户、网络服务提供者利用网络侵害他人民事权益的，应当承担侵权责任。

网络用户利用网络服务实施侵权行为的，被侵权人有权通知网络服务提供者采取删除、屏蔽、断开链接等必要措施。网络服务提供者接到通知后未及时采取必要措施的，对损害的扩大部分与该网络用户承担连带责任。

网络服务提供者知道网络用户利用其网络服务侵害他人民事权益，未采取必要措施的，与该网络用户承担连带责任。

**《消费者权益保护法》**

**第 44 条**　消费者通过网络交易平台购买商品或者接受服务，其合法权益受到损害的，可以向销售者或者服务者要求赔偿。网络交易平台提供者不能提供销售者或者服务者的真实名称、地址和有效联系方式的，消费者也可以向网络交易平台提供者要求赔偿；网络交易平台提供者作出更有利于消费者的承诺的，应当履行承诺。网络交易平台提供者赔偿后，有权向销售者或者服务者追偿。

网络交易平台提供者明知或者应知销售者或者服务者利用其平台侵害消费者合法权益，未采取必要措施的，依法与该销售者或者服务者承担连带责任。

《电子商务法》

**第 38 条** 电子商务平台经营者知道或者应当知道平台内经营者销售的商品或者提供的服务不符合保障人身、财产安全的要求,或者有其他侵害消费者合法权益行为,未采取必要措施的,依法与该平台内经营者承担连带责任。

对关系消费者生命健康的商品或者服务,电子商务平台经营者对平台内经营者的资质资格未尽到审核义务,或者对消费者未尽到安全保障义务,造成消费者损害的,依法承担相应的责任。

# 互联网纠纷案件裁判规则第 19 条：
## 互联网环境下市场支配地位可以通过妨碍或排除竞争的行为评估市场支配地位和行为的市场影响

〔**规则描述**〕:滥用市场支配地位的案件中,界定相关市场是评估经营者的市场力量及被诉垄断行为对竞争影响的工具,其本身并非目的。如果通过排除或者妨碍竞争的直接证据,能够对经营者的市场地位及被诉垄断行为的市场影响进行评估,则不需要在每一个滥用市场支配地位的案件中,都明确而清楚地界定相关市场。

### 一、类案检索大数据报告

时间:2019 年 3 月 28 日之前,案例来源:Alpha 案例库,案件数量:177 件,数据采集时间:2019 年 3 月 28 日。本次检索获取 2019 年 3 月 28 日前共 177 篇裁判文书。整体情况如图 19 – 1 所示,从案件年份分布情况可以看出当前条件下案例数量的变化趋势。

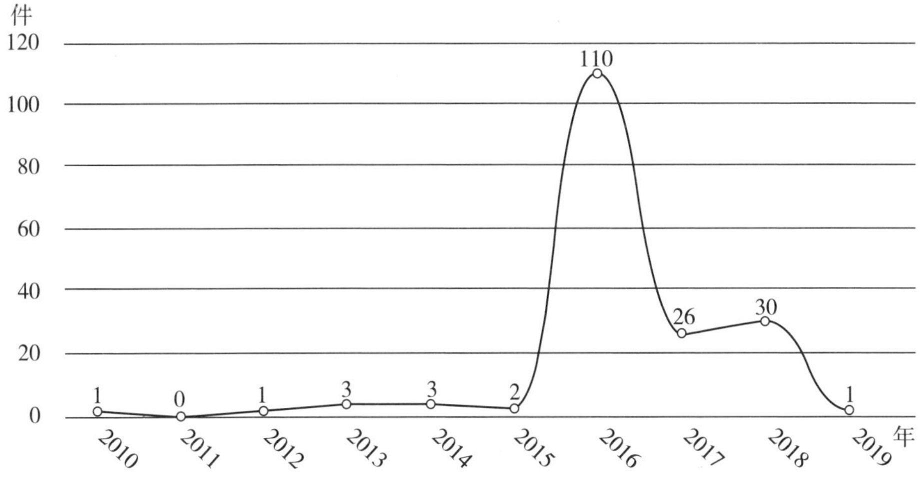


**图 19 – 1　案件年份分布情况**

如图 19 – 2 所示,从案件主要地域分布情况来看,当前案例主要集中在北京市、浙江省、广东省,分别占比约为 86%、4%、3%。其中,北京市的案件量最多,达到 153 件。

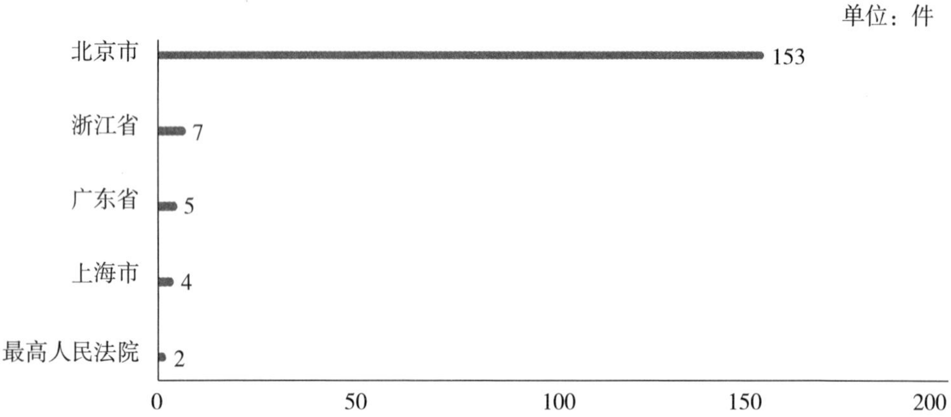


**图 19-2 案件主要地域分布情况**

如图 19-3 所示,从案件审理程序分类统计可以看出,一审案件有 150 件,占比约为 84.75%,二审案件有 26 件,占比约为 14.69%;其他案件有 1 件,占比约为 0.56%。

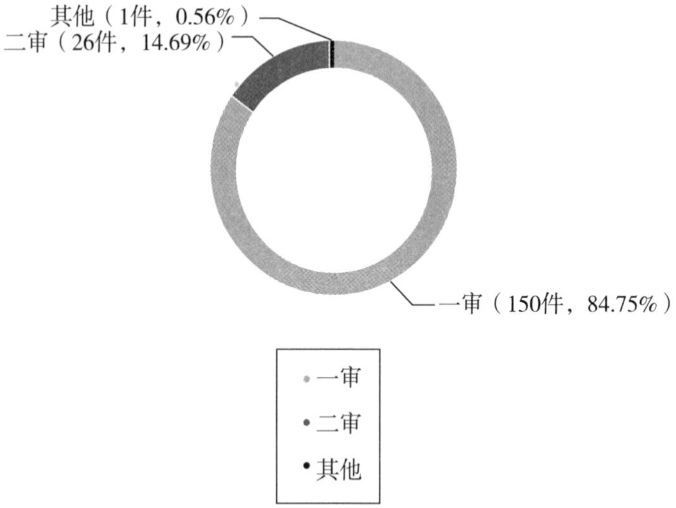


**图 19-3 案件审理程序分类**

如图 19-4 所示,从案件一审裁判情况可以看出,当前条件下全部驳回的有 149 件,占比约为 99.33%;全部/部分支持的有 1 件,占比约为 0.67%。

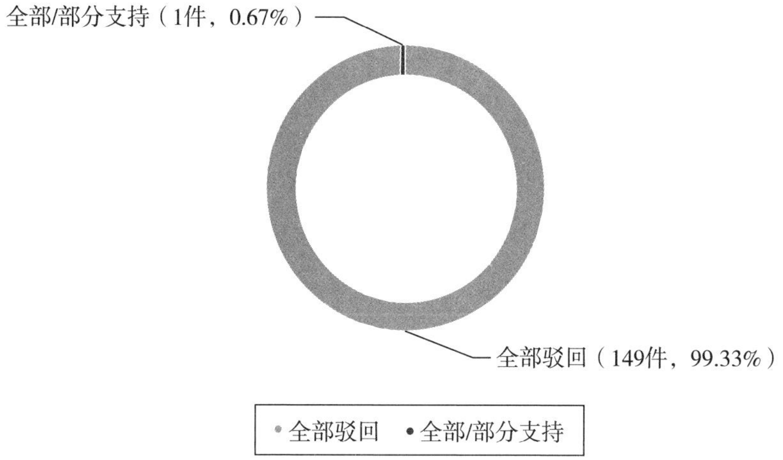


**图19－4　案件一审裁判结果**

如图19－5所示，从案件二审裁判情况可以看出，当前条件下维持原判的有25件，占比约为96.12%；改判的有1件，占比约为3.88%。

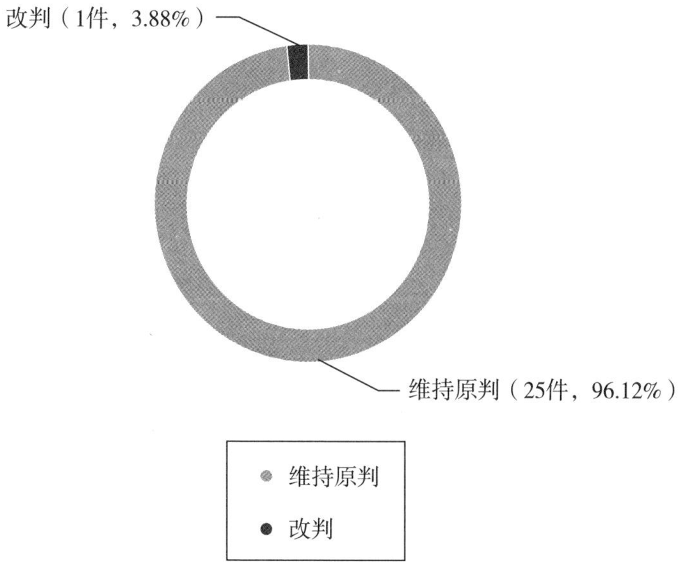


**图19－5　案件二审裁判结果**

## 二、可供参考例案

### 例案一 北京奇虎科技有限公司与腾讯科技(深圳)有限公司、深圳市腾讯计算机系统有限公司滥用市场支配地位纠纷

**【法院】**

最高人民法院

**【案号】**

(2013)民三终字第4号

**【当事人】**

上诉人(原审原告):北京奇虎科技有限公司

法定代表人:齐某某,该公司执行董事

被上诉人(原审被告):腾讯科技(深圳)有限公司

法定代表人:马某某、该公司董事长

被上诉人(原审被告):深圳市腾讯计算机系统有限公司

法定代表人:马某某,该公司总经理

**【基本案情】**

北京奇虎科技有限公司(以下简称奇虎公司)、奇智软件(北京)有限公司于2010年10月29日发布扣扣保镖软件,对腾讯科技(深圳)有限公司和深圳市腾讯计算机系统有限公司(以下合称腾讯公司)的QQ软件及其服务的正常运行造成不良影响。

2010年11月3日,腾讯公司发布《致广大QQ用户的一封信》,在装有360软件的电脑上停止运行QQ软件。11月4日,奇虎公司宣布召回扣扣保镖软件。同日,360安全中心亦宣布,QQ和360软件已经实现了完全兼容。

2010年9月,腾讯QQ即时通信软件与QQ软件管理一起打包安装,安装过程中并未提示用户将同时安装QQ软件管理。2010年9月21日,腾讯公司发出公告称,正在使用的QQ软件管理和QQ医生将自动升级为QQ电脑管家。

奇虎公司诉至广东省高级人民法院,指控腾讯公司滥用其在即时通信软件及服务市场的支配地位,请求判令腾讯公司立即停止滥用市场支配地位的垄断行为,赔偿奇虎公司经济损失1.5亿元。广东省高级人民法院一审判决驳回奇虎公司的诉讼请求,但并未明确界定本案相关商品市场的具体范围。奇虎公司不服,提出上

诉。最高人民法院二审判决驳回上诉、维持原判。

【案件争点】

腾讯公司是否滥用其在即时通信软件及服务市场的支配地位。

【裁判要旨】

法院认为，并非在任何滥用市场支配地位的案件中均必须明确而清楚地界定相关市场。竞争行为都是在一定的市场范围内发生和展开的，界定相关市场可以明确经营者之间竞争的市场范围及其面对的竞争约束。在滥用市场支配的案件中，合理界定相关市场，对于正确认定经营者的市场地位、分析经营者的行为对市场竞争的影响、判断经营者行为是否违法以及在违法情况下需承担的法律责任等关键问题，具有重要意义。因此，在反垄断案件的审理中，界定相关市场通常是重要的分析步骤。尽管如此，是否能够明确界定相关市场取决于案件具体情况，尤其是案件证据、相关数据的可获得性、相关领域竞争的复杂性等。同时，法院认为，在滥用市场支配地位案件的审理中，界定相关市场是评估经营者的市场力量及被诉垄断行为对竞争的影响的工具，其本身并非目的。即使不明确界定相关市场，也可以通过排除或者妨碍竞争的直接证据对被诉经营者的市场地位及被诉垄断行为可能的市场影响进行评估。因此，并非在每一个滥用市场支配地位的案件中均必须明确而清楚地界定相关市场。

## 例案二 | 徐某某与深圳市腾讯计算机系统有限公司滥用市场支配地位纠纷

【法院】

最高人民法院

【案号】

(2017)最高法民申 4955 号

【当事人】

再审申请人(一审原告、二审上诉人)：徐某某

被申请人(一审被告、二审被上诉人)：深圳市腾讯计算机系统有限公司

法定代表人：马某某，该公司董事长

被上诉人(一审被告)：腾讯科技(深圳)有限公司

法定代表人：马某某，该公司董事长

【基本案情】

表情商城(精选表情)和表情开放平台(投稿表情)系由深圳市腾讯计算机系统有限公司(以下简称腾讯计算机公司)、腾讯科技(深圳)有限公司(以下简称腾讯科技公司)经营的平行并列微信表情栏目。腾讯计算机公司的经营范围为互联网信息服务,腾讯科技公司的经营范围为计算机技术服务及信息服务。

2015年10月10日,徐某某自愿向国家版权局申请名称为"问问"的美术作品著作权并获得登记。国家版权局出具的《作品登记证书》(登记号国作登字-2015-F-00229640)记载:作品名称为"问问";著作权人为徐某某;作品创作完成时间是:2015年7月28日;作品登记日为:2015年10月10日。

腾讯计算机公司、腾讯科技公司企业经营管理模式如下:腾讯计算机公司、腾讯科技公司在互联网上公布《服务协议》《制作指引》《审核标准》。微信用户均可自由从表情商城(精选表情)和表情开放平台(投稿表情)的表情资源里下载自己喜欢的微信表情。表情商城(精选表情)和表情开放平台(投稿表情)包含少量付费表情,用户喜欢付费表情也可自由购买。普通微信用户获取微信表情,无须区分表情商城(精选表情)和表情开放平台(投稿表情)。普通微信用户在承诺腾讯计算机公司、腾讯科技公司在互联网上公布的《服务协议》《制作指引》《审核标准》后,成为注册微信用户。

徐某某通过互联网阅知上述《制作指引》《审核标准》的内容,经同意《服务协议》后,注册成为微信表情开放平台投稿人。

徐某某向腾讯计算机公司、腾讯科技公司提交了由"问问"美术作品演绎的24个微信表情包,其中第10个演绎表情包旁有"记得付律师费哦"的一行文字,但未获审核通过。腾讯计算机公司、腾讯科技公司总体驳回理由是:"感谢投稿,你的表情违反了微信表情开放平台表情审核标准,作品内容不允许含有任何组织机构、个人、产品或服务的名称、标识、产品包装、吉祥物及相关信息或推广目的。表情为'问律师'网站推广形象。"另,审核的表情专辑对应注册资料,姓名徐某某,并附有徐某某的身份证正面照;运营公司"苏州逸丹传媒""问律师"强势登录。广东省盐田公证处公证员及其公证人员,见证了上述内容,并于2016年3月21日出具了该份公证书。

腾讯计算机公司、腾讯科技公司《制作指引》约定,"表情应充分考虑微信用户的聊天场景,适合会话中使用;表情设计不能违反《审核标准》";腾讯计算机公司、腾讯科技公司《审核标准》总则第1条、第2条约定,表情"不得包含与表情内容不相关的其他信息及任何形式的推广信息";《审核标准》细则第1.1条约定,作品的设计形式“符合《制作指引》”;《审核标准》第 3.2 条约定,作品内容不允许含有“任何组织机构、产品或服务的名称、标识、产品包装、吉祥物及其他推广相关信息”;《审核标准》第 3.3 条约定,作品内容不允许含有“用于任何应用程序、组织机构、产品、服务等推广”;除上述情况外,被微信判定为不适合发布的表情,也将不会被审核通过;同时,腾讯计算机公司、腾讯科技公司《服务协议》第 2.4.2 条约定,作品要求是“你的表情作品,应符合相关法规、规范或标准等,同时,还应符合表情开放平台对表情作品制作与上传等方面的统一要求”“腾讯客服:用于推广自己商标、产品或服务的表情可以通过审核吗? 不可以推广自己商标、产品或服务的表情。我们希望您是为了增加用户在微信聊天中的乐趣而设计表情,含有其他与之无关目的的作品将不被审核通过,已经审核通过的表情将驳回审核结果。已经上架的表情如果发现含有推广目的,我们会发邮件告知你,并对表情进行下架处理”。

**【案件争点】**

1. 腾讯计算机公司、腾讯科技公司的被诉行为是否属于滥用市场支配地位行为的问题;

2. 腾讯计算机公司、腾讯科技公司被诉行为是否具有正当理由的问题。

**【裁判要旨】**

第一,关于市场支配地位的认定。首先,关于市场支配力的一般认定标准。市场支配地位是指经营者在相关市场内具有能够控制商品价格、数量或者其他交易条件,或者能够阻碍、影响其他经营者进入相关市场能力的市场地位。根据《反垄断法》第 18 条的规定,市场支配地位的认定是综合评估多个因素的结果,包括但不限于如下因素:该经营者在相关市场的市场份额以及相关市场的竞争状况、该经营者控制销售市场或者原材料采购市场的能力、该经营者的财力和技术条件、其他经营者对该经营者在交易上的依赖程度、其他经营者进入相关市场的难易程度等。上述因素需要根据个案情况具体考量,每一个均不一定具有决定性作用。此外,《反垄断法》第 19 条规定了市场支配地位的推定规则,即经营者在相关市场的市场份额达到 1/2 的,可以推定其具有市场支配地位,但是这一推定可以被推翻。可见,市场支配地位是多因素综合评估的结果。其次,关于市场份额与市场支配力的关系。市场份额在认定市场支配力方面的地位和作用必须根据案件具体情况确定。一般而言,市场份额越高,持续的时间越长,就越可能预示着市场支配地位的存在。尽管如此,市场份额只是判断市场支配地位的一项比较粗糙且可能具有误导性的指标。在市场进入比较容易,或者高市场份额源于经营者更高的市场效率或者提供了更优异的产品,或者市场外产品对经营者形成较强的竞争约束等情况下,高的市场份额并不能直接推断出市场支配地位的存在。特别是,互联网环境下的竞争存在高度动态的特征,相关市场的边界远不如传统领域那样清晰,在此情况下,更不能高估市场份额的指示作用。最后,关于腾讯计算机公司和腾讯科技公司的市场份额。前已述及,本案相关服务市场是互联网表情推广服务市场。腾讯计算机公司和腾讯科技公司所经营的微信表情开放平台仅仅是互联网表情推广服务市场的一部分。因此,即便腾讯计算机公司和腾讯科技公司是微信表情开放平台的唯一经营主体,在缺乏其他证据的情况下,亦不能由此当然得出其在互联网表情推广服务市场具有垄断性市场份额的结论。

第二,关于腾讯计算机公司和腾讯科技公司是否滥用市场支配地位。判断被诉垄断行为是否属于《反垄断法》所禁止的拒绝交易行为,除首先需要分析被诉垄断行为人是否在相关市场上具有支配地位外,还可以综合分析如下因素:垄断行为人是否在适当的市场交易条件下能够进行交易却仍然拒绝交易;拒绝交易是否实质性地限制或者排除了相关市场的竞争并损害了消费者利益;拒绝交易缺乏合理理由。前已论及,本案证据不能证明腾讯计算机公司和腾讯科技公司在相关市场具有支配地位。对于可能影响判断的其他因素,法院分析如下:首先,关于腾讯计算机公司和腾讯科技公司拒绝交易时的交易条件。腾讯计算机公司和腾讯科技公司对于微信表情推广平台制定了多项管理规则,包括《服务协议》《制作指引》《审核标准》等。微信表情投稿人在阅知上述《制作指引》《审核标准》后,通过同意《服务协议》,可以注册成为微信表情开放平台投稿人。上述《服务协议》《制作指引》《审核标准》等约定了关于微信表情投稿的交易条件,包括如下内容:表情应充分考虑微信用户的聊天场景,适合会话中使用;表情不得包含与表情内容不相关的其他信息及任何形式的推广信息;作品不允许含有任何组织机构、产品或服务的名称、标识、产品包装、吉祥物及其他推广相关信息;作品不允许含有用于任何应用程序、组织机构、产品、服务等推广等。徐某某投稿的"问问"表情包所体现的形象系用于推广其法律服务的标识,且部分表情包含广告语,因此徐某某投稿时实质给出的交易条件是,希望腾讯计算机公司和腾讯科技公司接受其用于商业广告的微信表情包投稿。显然,这一交易条件不符合腾讯计算机公司和腾讯科技公司所设定的交易要求。其次,关于拒绝交易对竞争可能造成的实际或者潜在影响。拒绝交易行为违法性的关键在于,被诉垄断行为人的拒绝交易行为对相关市场上的竞争产生了实质性的排除或者限制效果,并因此损害了消费者的利益。仅仅排除某个具体经营者的特定交易的行为，通常不会对相关市场上的竞争造成实质性不利影响。本案中，被拒绝交易的对象仅仅是徐某某的涉及商业推广目的的“问问”表情包这一特定微信表情投稿。显而易见的是，腾讯计算机公司和腾讯科技公司的涉嫌拒绝交易行为完全不会对微信表情投稿人推广其作品的竞争造成实质性不利影响。对于此类明显不会对相关市场竞争造成实质影响的合同纠纷，应该优选在《合同法》框架下解决，而不是直接诉诸《反垄断法》。最后，关于拒绝交易行为的理由。对于任何平台经营者而言，合理规制平台使用者的行为，防止个别使用者对平台整体具有负外部性的不当行为发生和蔓延，有利于提升平台经营者的利益和平台用户的长远利益。因此，平台经营者有权设定合理的平台管理和惩戒规则，以实现良好的平台管理。腾讯计算机公司和腾讯科技公司设定关于微信表情不得包含与表情内容不相关的其他信息及任何形式的推广信息等投稿要求，其目的显然在于保证微信投稿表情纯粹用于增加用户在微信聊天中的乐趣，防止微信表情开放投稿平台被用于商业推广的微信表情所充斥，进而影响用户的聊天体验。而徐某某投稿的“问问”表情包所体现的形象早已被用于推广其法律服务，且部分“问问”表情包还包含“问律师强势登场”“记得付律师费哦”等广告语，明显不符合腾讯计算机公司和腾讯科技公司约定的投稿要求。腾讯计算机公司和腾讯科技公司对徐某某投稿的“问问”表情包不予审核通过，具有正当理由。

因此，即使无法确定被申请人是否占据市场支配地位，由于被诉行为明显非滥用市场支配地位的行为，被申请人未滥用市场支配地位。

## 三、裁判规则提要

### （一）综合多种因素划定相关市场，判断市场支配地位、滥用行为，以判断是否构成滥用市场支配地位

首先，在互联网领域，零价竞争和平台竞争的出现，使网络环境下的相关市场边界模糊，划定困难。这是由于网络领域差异化明显，每个产品往往都有一些自己独特的特性，均有可以给消费者带来更大吸引力的地方。即使产品的功能和用途相同，消费者体验也有很大差异。同时，平台竞争加剧市场边界模糊性也是原因之一。网络竞争的核心是用户注意力，①即使用途或者性能具有较大差异的平台之间

---

① 参见[美]戴维·S.埃文斯：《在线平台的注意力竞争》，载时建中、张艳华主编：《互联网产业的反垄断法与经济学》，法律出版社2018年版，第60～112页。

往往也存在某种程度的竞争,因此,相关市场的界定更加困难。[①]

其次,网络环境下市场份额的评估标准选择不易。独立用户数、市场渗透率、有效使用时间,哪一个标准才能真正反映经营者真实的市场力量,需要考虑不同涉案垄断行为的特点,考虑产品的性质和服务的特点,才能找到比较好的评价标准。比如,在安全领域,如果涉案垄断行为涉及安全软件的话,由于每一个网络用户通常都要启动安全软件,这时有效的使用时间可能就不是一个合适的评价标准,独立的用户数就是一个比较恰当的标准。如果涉案垄断行为涉及的产品或者服务是社交软件的话,情况则会有所不同。因为对于社交软件经营者而言,最重要的是软件的有效时间。使用时间越长,软件经营者投放广告营利性才会越大,有效使用时间就能比较准确地反应经营者市场的力量。[②]

以上两点都说明传统的相关市场—市场支配地位—滥用行为的三步认定法难以操作。

更为重要的是,网络环境下,相关市场和市场支配力的关联更加脆弱。传统的竞争法理论认为,在相关市场占据一定市场份额的主体即具有市场支配地位,换言之,市场份额与支配地位之间有很强的相关性。但是,在互联网这一创新频繁、竞争每时每刻都在持续的环境中,市场支配地位不一定可以用市场份额来说明,相反,企业为了维持其市场份额需要不断开发新产品、新服务以争取用户。比如,谷歌在全球搜索引擎市场上具有比较大的市场份额,但谷歌每时每刻都在创新,这种由于不断创新获得的市场份额,并不一定意味着有很强的市场力量。这就削弱了市场份额作为市场支配力指标的作用。另外,在较高市场份额的情况下,判断经营者当前是不是实际上具有市场支配力,还要考虑很多因素,例如,竞争对手或者客户对竞争者提价或者降低质量的行为反应如何,相关市场进入的难易程度如何等。市场份额和市场支配力之间的关联关系不仅具有脆弱性,而且这种关联关系在网络环境下越来越遥远。[③]

从实质上来看,由于相关市场界定、市场支配力确定和竞争效果评估三个步骤难以独立进行,操作性差,并不适于法院裁判推理。并且,相关市场界定和市场支

---

① 参见朱理:《互联网环境下相关市场界定及滥用市场支配地位的分析方法与思路》,载《人民司法(案例)》2016 年第 11 期。

② 参见朱理:《互联网环境下相关市场界定及滥用市场支配地位的分析方法与思路》,载《人民司法(案例)》2016 年第 11 期。

③ 参见朱理:《互联网环境下相关市场界定及滥用市场支配地位的分析方法与思路》,载《人民司法(案例)》2016 年第 11 期。

配地位之间通过市场份额连接的关联性脆弱，行为带来的排除、限制竞争的效果也并不一定需要占据多大的市场份额。在高度竞争的网络环境下，通过相关市场界定、市场支配力确定和竞争效果评估三个分立的步骤，很可能割裂市场支配力、竞争行为以及违法行为之间的关联性。从行为性质上看，行为的违法性越强，企业实施的行为对市场的竞争影响越强烈，认定违法所需要的市场力量就不需要那么强。相反，虽然企业的市场份额很大，但行为的违法性较弱，其可能不会对市场竞争造成比较强烈的损害效果。①

综合以上，相关市场界定、市场支配力确定和竞争效果评估三个步骤不再具有先后的逻辑关系，而更多是一种并列的判断要素，三者之间相互补足和分析，可以综合起来判断滥用市场支配地位的行为。因此，在传统的三步骤从实操上困难、理论上不可行的时候，可以选择市场支配力—竞争效果评估方法（M－C），绕过相关市场界定，直接对市场支配力进行认定；或者选择行为—竞争效果评估分析法（C－C），直接从市场行为造成实际或者可能的影响来评估相关行为是否违法。在网络领域，如果有可能直接获得市场支配力的证据，或者从市场行为当中推断出市场竞争可能具有的积极或者消极的影响，这时就可以不界定相关市场，也不需要传统的分析方式了。②

## （二）市场支配地位和限制竞争的效果不需要借助相关市场来判断

在网络领域，如果有可能直接获得市场支配力的证据，或者从市场行为当中推断出市场竞争可能具有的积极或者消极的影响，这时就可以不界定相关市场，也不需要传统的分析方式了。③

在立法上，根据《反垄断法》第18条的规定，市场支配地位的认定是综合评估多个因素的结果，包括但不限于如下因素：该经营者在相关市场的市场份额以及相关市场的竞争状况、该经营者控制销售市场或者原材料采购市场的能力、该经营者的财力和技术条件、其他经营者对该经营者在交易上的依赖程度、其他经营者进入相关市场的难易程度等。上述因素需要根据个案情况具体考量，每一个均不一定

① 参见朱理：《互联网环境下相关市场界定及滥用市场支配地位的分析方法与思路》，载《人民司法（案例）》2016年第11期。

② 参见朱理：《互联网环境下相关市场界定及滥用市场支配地位的分析方法与思路》，载《人民司法（案例）》2016年第11期。

③ 参见朱理：《互联网环境下相关市场界定及滥用市场支配地位的分析方法与思路》，载《人民司法（案例）》2016年第11期。

具有决定性作用。此外,《反垄断法》第19条规定了市场支配地位的推定规则,即经营者在相关市场的市场份额达到1/2的,可以推定其具有市场支配地位;但是这一推定可以被推翻。可见,市场支配地位是多因素综合评估的结果。①

司法实践中也采纳如上观点。在北京奇虎科技有限公司诉腾讯科技(深圳)有限公司、深圳市腾讯计算机系统有限公司滥用市场支配地位纠纷中,法院在认定市场支配地位时综合考量了以下几个要素:(1)中国大陆地区即时通信领域的竞争状况;(2)腾讯公司控制商品价格、数量或者其他交易条件的能力;(3)腾讯公司的财力和技术条件;(4)其他经营者对腾讯公司在交易上的依赖程度;(5)其他经营者进入相关市场的难易程度;(6)腾讯公司实施不兼容行为、迫使用户进行"二选一"行为本身是否意味着其具有市场支配地位。② 以上几个要素中,(1)~(3)是正面判断市场支配地位的要件。(1)是从正面界定市场竞争状况,判断竞争关系是否充分,在竞争充分的环境下,腾讯不可能占据市场支配地位。(2)、(3)则是从腾讯的实力正面判断是否存在市场支配力的可能。(4)、(5)这两个要素从市场支配力带来的经济后果反推,腾讯如果具备市场支配地位,则应该会产生其他经营者的依赖、进入市场困难的消极后果。(6)是从行为对竞争关系产生的影响分析是否具有市场支配地位,这一因素很好地说明了支配地位和排除竞争的效果之间并不是递进的逻辑关系,而是具有关联性的要素。

而如果借助市场支配力—效果评估方法(M-C)或行为—竞争效果评估分析法(C-C)无法认定是否滥用市场支配地位,则仍然需要回到相关市场划定上。但是需要注意的是(同时也是立法和司法的观点),此时不需要把相关市场、市场支配力和竞争效应的分析作为前后割裂的步骤,而应该看作具有关联性的三个要素。如果对市场支配力判断的标准能够反过来验证相关市场以及市场份额判断,就可以增加判断结论的说服力。③

### (三)判断的客观性:行为不产生限制、排除竞争效果

在上述判断思路的基础上,还需注意网络环境下的滥用市场支配地位分析更

---

① 参见朱理:《互联网环境下相关市场界定及滥用市场支配地位的分析方法与思路》,载《人民司法(案例)》2016年第11期。

② 最高人民法院(2013)民三终字第4号民事判决书。

③ 朱理:《互联网环境下相关市场界定及滥用市场支配地位的分析方法与思路》,载《人民司法(案例)》2016年第11期。

需要客观化效果导向的分析进路。《反垄断法》以经济效果作为判断行为是否合法的标准,也就是所谓的客观取向。在这里没有所谓的道德思维,《反垄断法》也没有涉及任何道德内容。因此,在反垄断案件分析中,需要更多地考虑垄断行为的性质如何、对实际或者潜在竞争的影响如何,这才是判断识别某行为最终是否合法的最终标准。①

### (四)行为是否有正当理由是重要的因素,包括遵守政策、提高服务质量等

正当理由是排除行为违法性的关键,它来源于相关法律法规的规定,根据国家市场监督管理总局《禁止滥用市场支配地位行为暂行规定》第20条规定,应当综合考虑下列因素:(一)有关行为是否为法律、法规所规定;(二)有关行为对社会公共利益的影响;(三)有关行为对经济运行效率、经济发展的影响;(四)有关行为是否为经营者正常经营及实现正常效益所必须;(五)有关行为对经营者业务发展、未来投资、创新方面的影响;(六)有关行为是否能够使交易相对人或者消费者获益。又如《保险法》第125条"个人保险代理人在代为办理人寿保险业务的时候业务时,不得同时接受两个以上保险人的委托"的规定,包含限定交易和地域划分等垄断性要素,但是其合理性主要是由特定时期内的规模经济、能源安全、健康等因素决定的。

就主体上而言,公有事业、专营企业或涉及公共利益的企业,其市场准入或在位企业的行为,法律所做的相关限制都属于合法的限制依据。

综上所述,通过打破传统的三步骤认定,采用三个相关联要素综合判断的方式,借助市场支配力—效果评估方法(M-C)或行为—竞争效果评估分析法(C-C)的简易判断,借助正当理由抗辩排除滥用市场支配行为的成立,不仅可以节约司法资源,实现司法审理和裁判的高效率、增强裁判文书的说服力;更为重要的是,能绕开相关市场认定的模糊和困难,更精准、更客观地判读滥用市场支配地位是否构成。

---

① 参见朱理:《互联网环境下相关市场界定及滥用市场支配地位的分析方法与思路》,载《人民司法(案例)》2016年第11期。

## 四、辅助信息

**高频词条：**

**《反垄断法》**

**第 18 条**　认定经营者具有市场支配地位，应当依据下列因素：

(一)该经营者在相关市场的市场份额，以及相关市场的竞争状况；

(二)该经营者控制销售市场或者原材料采购市场的能力；

(三)该经营者的财力和技术条件；

(四)其他经营者对该经营者在交易上的依赖程度；

(五)其他经营者进入相关市场的难易程度；

(六)与认定该经营者市场支配地位有关的其他因素。

**第 19 条**　有下列情形之一的，可以推定经营者具有市场支配地位：

(一)一个经营者在相关市场的市场份额达到二分之一的；

(二)两个经营者在相关市场的市场份额合计达到三分之二的；

(三)三个经营者在相关市场的市场份额合计达到四分之三的。

有前款第二项、第三项规定的情形，其中有的经营者市场份额不足十分之一的，不应当推定该经营者具有市场支配地位。

被推定具有市场支配地位的经营者，有证据证明不具有市场支配地位的，不应当认定其具有市场支配地位。

**《禁止滥用市场支配地位行为暂行规定》**

**第 20 条**　反垄断执法机构认定本规定第十四条所称的“不公平”和第十五条至第十九条所称的“正当理由”，还应当考虑下列因素：

(一)有关行为是否为法律、法规所规定；

(二)有关行为对社会公共利益的影响；

(三)有关行为对经济运行效率、经济发展的影响；

(四)有关行为是否为经营者正常经营及实现正常效益所必须；

(五)有关行为对经营者业务发展、未来投资、创新方面的影响；

(六)有关行为是否能够使交易相对人或者消费者获益。

# 互联网纠纷案件裁判规则第 20 条：

## 提供有偿网约代驾服务的主体并不具有车损险被保险人地位，代驾过程中发生事故造成车损，代驾司机负有责任的，保险人向被保险人赔偿后，有权在赔偿金额范围内行使代位求偿权

〔**规则描述**〕：有偿网约代驾服务行业由于事故频发产生了许多法律纠纷，近年来关于此类纠纷的裁判结果各异。主要争议焦点在于：其一，保险人能否在向被保险人赔偿后取得对有偿网约代驾司机的代位求偿权；其二，有偿网约代驾司机在保险法上属于何种法律主体的界定问题。

### 一、类案检索数据大报告

时间：2019 年 3 月 19 日之前，案例来源：Alpha 案例库，案件数量：64 件，数据采集时间：2019 年 3 月 19 日。本次检索获取 2019 年 3 月 19 日前共 64 篇裁判文书。整体情况如图 20－1 所示，从案件年份分布情况可以看出当前条件下案例数量的变化趋势。

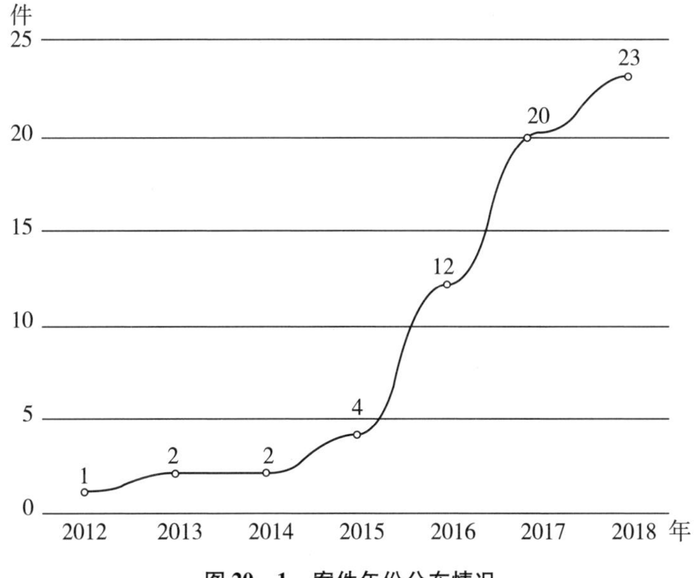


**图 20－1　案件年份分布情况**

如图20－2所示,从案件主要地域分布情况来看,当前案例主要集中在浙江省、上海市、广东省,分别占比约为25%、14%、11%。其中,浙江省的案件量最多,达到16件。

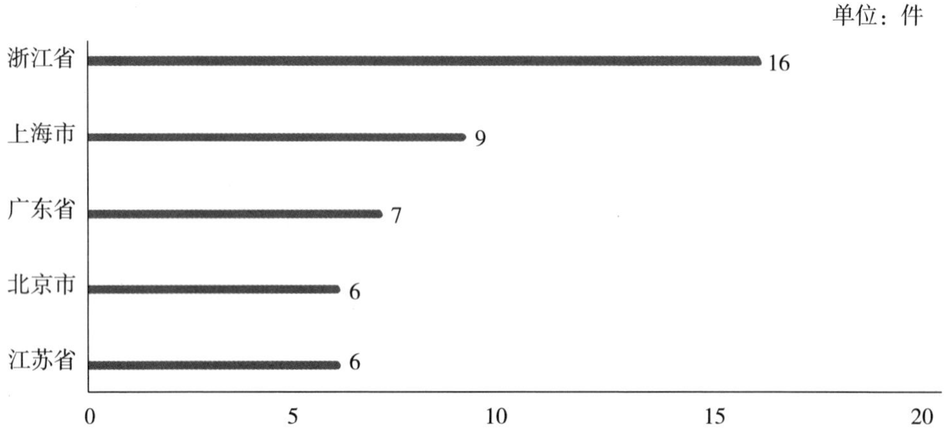


**图20－2　案件主要地域分布情况**

如图20－3所示,从案件审理程序分类统计可以看出,一审案件有41件,占比约为64.06%;二审案件有20件,占比约为31.25%;再审案件有3件,占比约为4.69%。

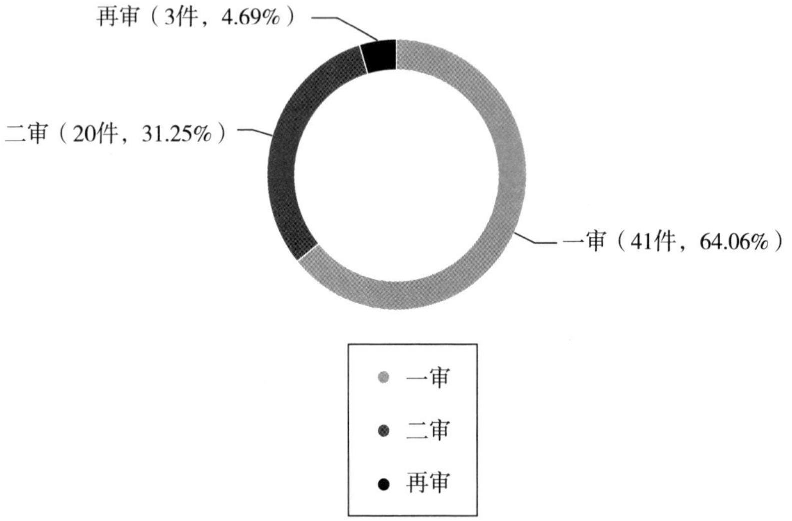


**图20－3　案件审理程序分类**

如图 20－4 所示，从案件一审裁判情况可以看出，当前条件下全部/部分支持的有 26 件，占比约为 63.41%；全部驳回的有 8 件，占比约为 19.51%；其他的有 3 件，占比约为 7.32%；撤回起诉的有 2 件，占比约为 4.88%；驳回起诉的有 2 件，占比约为 4.88%。

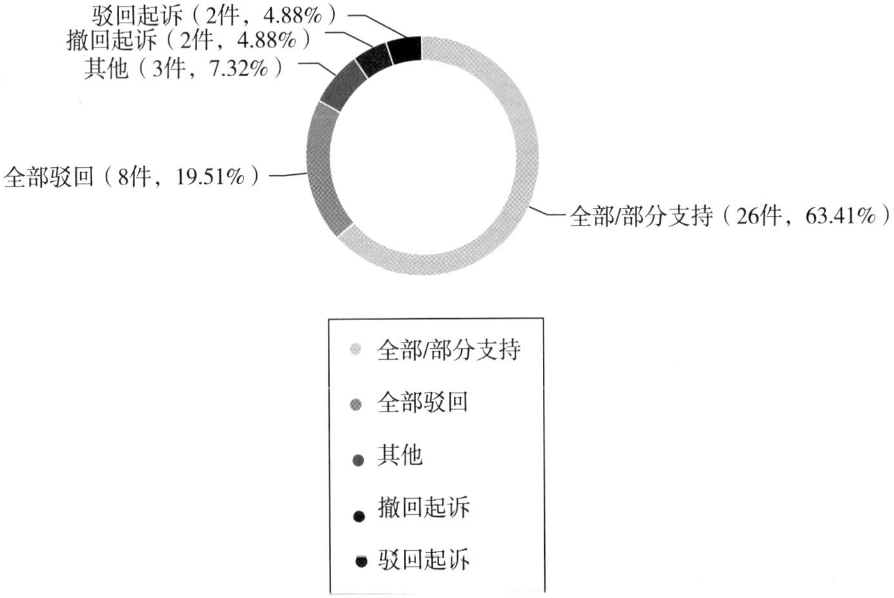


**图 20－4　案件一审裁判结果**

如图 20－5 所示，从案件二审裁判情况可以看出，当前条件下维持原判的有 14 件，占比为 70%；改判的有 6 件，占比为 30%。

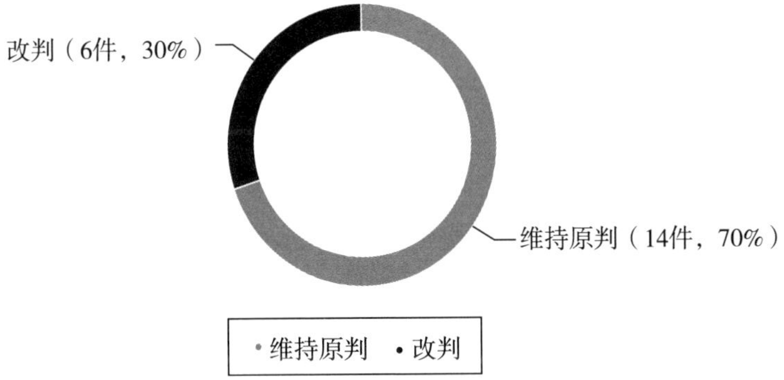


**图 20－5　案件二审裁判结果**

## 二、可供参考例案

### 例案一 吴某某、北京亿心宜行汽车技术开发服务有限公司保险人代位求偿权纠纷

**【法院】**

广东省广州市中级人民法院

**【案号】**

(2017)粤01民终13837号

**【当事人】**

上诉人(原审被告):吴某某

上诉人(原审被告):北京亿心宜行汽车技术开发服务有限公司

法定代表人:黄某,该公司职务总经理

被上诉人(原审原告):中国平安财产保险股份有限公司广东分公司

负责人:吴某,该分公司总经理

原审第三人:王某某

**【基本案情】**

中国平安财产保险股份有限公司广东分公司(以下简称平安保险公司)承保王某某名下车辆。保险期间内,王某某因饮酒不能驾驶,遂通过"e代驾"网络平台向北京亿心宜行汽车技术开发服务有限公司(以下简称亿心公司)请求有偿代驾服务,亿心公司接受后指派了吴某某提供代驾服务。王某某签署了由吴某某提供的《委托代驾服务协议》,王某某在委托方署名,吴某某、亿心公司在被委托方签名和签章。吴某某提供代驾服务时发生交通事故,据交警部门作出的事故认定书,吴某某负事故全部责任。此次交通事故,经平安保险公司定损并向王某某赔付了保险金159,194元。王某某承诺将已获赔部分的追偿权转给平安保险公司。平安保险公司遂将吴某某、亿心公司起诉至法院,要求连带赔偿平安保险公司经济损失159,194元。

**【案件争点】**

1.代驾人是否为讼争保险合同的被保险人。

2.平安保险公司能否行使代位求偿权。

3.有偿代驾法律关系中的代驾人能否成为代位求偿的求偿对象。

4. 涉案《委托代驾服务协议》的责任条款是否有效，能否限制平安保险公司的代位求偿权。

5. 本案的代驾人是否为亿心公司，或吴某某，还是两者为共同的代驾人。

**【裁判要旨】**

一审法院认为：

1. 关于案件争点1

《保险法》第12条规定："人身保险的投保人在保险合同订立时，对被保险人应当具有保险利益。财产保险的被保险人在保险事故发生时，对保险标的应当具有保险利益。人身保险是以人的寿命和身体为保险标的的保险。财产保险是以财产及其有关利益为保险标的的保险。被保险人是指其财产或者人身受保险合同保障，享有保险金请求权的人。投保人可以为被保险人。保险利益是指投保人或者被保险人对保险标的具有的法律上承认的利益。"首先，本案中车辆损失保险的保险利益系王某某基于其对涉案车辆即保险标的投保而享有的经济利益，代驾人显然不具有该经济利益，即不具有涉案车辆损失保险的保险利益，因此不能取得被保险人的法律地位。其次，在保险事故发生时，代驾人虽经王某某委托使用保险车辆，但代驾人系受王某某的指示而完成驾驶行为，保险车辆实际并未脱离王某某的控制，保险车辆并未转移代驾人占有，代驾人不因据此取得保险车辆的占有权而获得保险利益。代驾人系基于有偿商业服务而取得王某某的许可驾驶车辆，代驾人的驾驶行为系为自身谋利而为，而非为被保险人利益所为，亦不存在对保险车辆的占有利益，在此种情形下，代驾人不具备成为被保险人的事实基础。因此，代驾人并非讼争保险合同的被保险人。

2. 关于案件争点2

《保险法》第60条第1款规定："因第三者对保险标的的损害而造成保险事故的，保险人自向被保险人赔偿保险金之日起，在赔偿金额范围内代位行使被保险人对第三者请求赔偿的权利。"该款使用的是"因第三者对保险标的的损害而造成保险事故"的表述，并未限制规定为"因第三者对保险标的的侵权损害而造成保险事故"，故保险人行使代位求偿权，应以被保险人对第三者享有损害赔偿请求权为前提，这里的赔偿请求权既可因第三者对保险标的实施的侵权行为而产生，亦可基于第三者的违约行为等产生，不应仅限于侵权赔偿请求权。本案代驾人作为"第三者"在提供有偿代驾服务过程中发生事故造成投保车辆受损，并对此负全责，对被保险人王某某的财产构成侵权，王某某享有向其请求赔偿的权利。在王某某向平安保险公司取得保险赔偿款,并向平安保险公司出具了《机动车辆保险权益转让书》后,平安保险公司取得代位求偿的权利,故平安保险公司依法可行使代位求偿权。

3. 关于案件争点3

代驾人既非保险车辆的被保险人,又系导致保险车辆受损的直接责任主体,则平安保险公司依照《保险法》的规定向代驾人行使代位求偿权并无不当,故平安保险公司有权以代驾人作为代位求偿的求偿对象提起本案诉讼。

4. 关于案件争点4

涉案《委托代驾服务协议》中"驾驶服务中,如遇意外交通事故发生,代驾车辆负有责任,委托方同意先行使用车辆保险理赔,属于保险责任范围内单未能赔付部分由e代驾承担"的约定,虽对委托方的理赔顺序作了限制,并非完全免除代驾人的民事责任,该种约定并未加重合同相对方的责任或排除合同相对方的权利,且无违反法律法规的强制性规定,该条款并非无效条款,但上述约定并未约束平安保险公司的代位求偿权,因此《委托代驾服务协议》不能限制平安保险公司的代位求偿权,故一审法院对亿心公司提出平安保险公司的诉讼请求不属于亿心公司和王某某之间的合同的赔偿范围抗辩主张不予采纳。

5. 关于案件争点5

由于吴某某未能向原审法院提供其受雇亿心公司的证据,且从本案事实来看,吴某某没有固定的工作场所,工作时间自行掌握,并非按月从亿心公司获取劳动报酬,原审法院认为吴某某与亿心公司之间并非雇佣关系,故对吴某某提出其与亿心公司有雇佣关系的主张不予采纳。而依据亿心公司、吴某某共同在《委托代驾服务协议》中的"被委托方"一栏署名及签章,亿心公司与吴某某是通过对代驾服务费进行内部分成的方式取得代驾服务收益,且亿心公司于2015年3月12日签订《赔偿协议书》向王某某赔偿38,360元等事实,一审法院依法认定亿心公司与吴某某共同为王某某通过有偿代驾服务,应为共同代驾人。

责任保险属于财产保险范畴,财产保险的保险人依法享有代位求偿权。本案中,亿心公司、吴某某共同为王某某提供代驾服务而导致保险车辆受损。平安保险公司作为涉案保险车辆的保险人,在保险责任范围内为王某某进行理赔。根据保险损失补偿原则,平安保险公司作为保险人即法定受让人,取得了被保险人向致害第三人的赔偿请求权,因亿心公司、吴某某对案涉事故负全部赔偿责任,故亿心公司、吴某某是导致被保险人财产损失的致害方,全部赔偿责任应由亿心公司、吴某某共同承担。平安保险公司要求亿心公司、吴某某支付赔偿款合理合法，一审法院予以支持。但鉴于亿心公司已于2015年3月12日向王某某赔偿了因交通事故导致保费上浮4000元以外的涉案赔偿款34,360元的事实，故亿心公司、吴某某应共同向平安保险公司赔偿损失124,834元。至于平安保险公司与王某某之间因理赔而产生赔偿数额差异的争议，可由平安保险公司与王某某循另一法律关系解决。一审法院依照《保险法》第12条、第60条，《民事诉讼法》第64条的规定，判决亿心公司、吴某某向平安保险支付赔偿款124,834元，驳回平安保险的其他诉讼请求。

二审中，亿心公司主张其与吴某某是合作关系，其仅是代驾服务的居间方，不应承担赔偿责任；而吴某某主张其与亿心公司是雇佣关系，其提供代驾服务是职务行为，应由亿心公司承担赔偿责任。

二审法院审理后认为：依据现有证据结合各方当事人的陈述，亿心公司与吴某某之间应属雇佣关系，吴某某提供代驾服务系职务行为。理由如下：第一，在案涉《委托代驾服务协议》中，吴某某与亿心公司均在被委托方一栏签名和盖章。居间关系中居间人仅向委托人报告订立合同机会或提供订立合同媒介服务，不会成为合同的当事人。如果亿心公司是居间人，则与其在服务协议上盖章确认的行为相矛盾，亿心公司对此不能作出合理解释。第二，亿心公司认可王某某在事故发生后通过电话与亿心公司事故专员沟通以及双方达成赔偿协议的事实。如果亿心公司仅是居间人，则与其依据服务协议承责的事实相矛盾，佐证了其为代驾服务协议的当事方。亿心公司亦认可吴某某是代表亿心公司与王某某签订《赔偿协议书》且赔偿款由亿心公司支付，表明了吴某某是履行职务行为。第三，吴某某对于代驾服务无议价权，代驾费用标准由亿心公司制定。如果亿心公司是居间人，则只是为双方提供订立合同的机会或媒介，具体收费标准应由合同双方约定，显然与上述事实相矛盾。而吴某某按照亿心公司制定的标准向王某某收费，也印证了其为履行职务行为。第四，王某某向亿心公司的e代驾平台请求代驾服务，亿心公司接受后，吴某某提供服务时持有e代驾标识的证件，表明吴某某是受亿心公司指派提供代驾服务。如果亿心公司是居间人，显然与其为吴某某提供有e代驾标识证件的事实相矛盾。第五，工作场所、工作时间以及按月获取劳动报酬均属于认定双方之间是否存在劳动关系的考量因素，但不妨碍双方之间成立雇佣关系。吴某某接受亿心公司的指派为有需求的客户提供代驾服务，且无权与客户商议收费标准，本质上还是不定期地通过接受亿心公司安排而向客户提供劳务获取报酬，符合雇佣关系的一般特征。第六，亿心公司在每次代驾服务中均扣除2元的保险费，而且其在公众广告宣传中也表述了向客户提供高额代驾险。法院认为,亿心公司从服务费中收取保险费购买代驾保险,目的是分散营业风险,以便在事故发生后通过保险赔偿。如果亿心公司仅是居间人,显然无此必要。而且,该保险费实际上从代驾司机的佣金中提取,交通事故发生后,亿心公司却要求代驾司机承责,有违公平原则。二审法院认为,尽管在《e代驾信息服务平台用户使用规则》《代驾服务协议》《信息服务协议》中亿心公司强调其仅为代驾服务的居间方,但是该约定与双方具体履约的客观事实不符,依据本案查明的事实,代驾人应为亿心公司,吴某某主张其是履职行为有事实及法律依据,法院予以支持。依照《侵权责任法》第34条第1款"用人单位的工作人员因执行工作任务造成他人损害的,由用人单位承担侵权责任"的规定,本案应由亿心公司承担赔偿责任。交警部门出具的事故认定书无法证实吴某某存在故意或重大过失行为,故吴某某无须承担赔偿责任。

## 例案二 | 中国人民财产保险股份有限公司广州市分公司与郭某某、北京亿心宜行汽车技术开发服务有限公司广州分公司保险人代位求偿权纠纷

**【法院】**

广东省广州市天河区人民法院

**【案号】**

(2017)粤0106民初第15696号

**【当事人】**

原告:中国人民财产保险股份有限公司广州市分公司

负责人:叶某某,该分公司总经理

被告:郭某某

被告:北京亿心宜行汽车技术开发服务有限公司广州分公司

法定代表人:孙某某,该公司总经理

被告:北京亿心宜行汽车技术开发服务有限公司

法定代表人:黄某,该公司职务总经理

**【基本案情】**

廖某为其号牌为粤B×××××的轿车向原告投保交强险及商业险。2015年7月1日,廖某因饮酒通过"e代驾"聘请司机为其提供车辆代驾服务。被告郭某某为"e代驾"签约司机,其收到调度指令后到达现场为廖某驾驶被保险车辆。当该

车辆驶至天河区中山大道棠东东路路口附近时，因操作不当，发生单方事故，经交警部门认定，被告郭某某承担事故全部责任。事故发生后因维修车辆产生修理费35,642元，原告向廖某作出赔付。

被告北京亿心宜行汽车技术开发服务有限公司（以下简称亿心宜行公司）是“e代驾”App软件的开发和实际运营方。诉讼过程中，其提供《e代驾信息服务平台用户使用规则》《信息服务协议》及《代驾协议》以证明其仅提供代驾居间服务，与被告郭某某之间为合作关系，并非劳动或劳务关系。其中《e代驾使用规则》申明：“在我们的平台，用户可以实现发布和（或）获取汽车代驾需求信息以及与代驾相关的订单记录、费用结算、体验评价等活动，但平台不实际提供代驾服务，不代理任何用户一方提供代驾服务，仅充当用户之间的中间人，用户之间使用或提供代驾服务受其订立（将要）的协议约束，平台不是此类协议中的一方主体。”第4.1条规定：“除本规则载明责任外，平台不对代驾服务中产生的争议及遭受的损失承担责任。”第4.2条及《代驾服务协议》（甲方为代驾服务使用方、乙方为代驾服务提供方）第4.2条均规定：“代驾服务提供方为代驾服务使用方同意的车辆驾驶员，如在代驾过程中发生交通事故，应首先使用代驾服务使用方车辆的第三者责任险或者其他保险对相关人身、财产损失急性赔偿。不足部分，根据交警部门的交通事故责任认定，代驾服务提供方存在过错的，由其在交警部门认定的责任范围内承担补充责任；非代驾服务提供方过错的，由代驾服务使用方直接向相应责任方进行追偿。”

被告亿心宜行公司与代驾司机之间的《信息服务协议》第1.1条规定：“甲方为乙方提供代驾信息有偿服务，即乙方通过甲方平台及认可方式接单，与代驾服务使用方达成并履行代驾服务协议，由平台记录代驾服务过程中的各项信息数据（时间、里程、费用等）。乙方以平台数据为依据，向代驾服务使用方收取代驾服务费，向甲方支付信息服务费。”第2.2条规定：“甲方有权根据注册审核结果确定乙方在平台的用户资格。”第2.3条规定：“甲方有权根据平台规则，对乙方代驾服务活动及收费情况进行监督。”第2.4条规定：“甲方有权根据平台用户意见反馈，对乙方的代驾服务活动进行评价（评级），以及进行相应的调查、处理。具体实施办法由甲方另行制定。”第3.2条规定：“乙方保证不使用与甲方同类或有竞争关系的公司、个人合作或任职。”第3.3条规定：“为便于用户识别身份，乙方应穿着佩戴平台标识服装及胸牌。”第3.5条规定：“乙方接单后应独立完成代驾服务，不得转托他人。”第3.8条规定：“为及时掌握平台最新规则或动态，乙方应当参加甲方的各项培训。”第4.1条规定：“乙方通过平台认可的方式接单后，甲方有权根据《e代驾信息服务平台用户使用规则》从乙方预存账户中直接划去当次代驾信息服务费。具体收费标准为按乙方每次应向代驾服务使用方收取的代价服务费的20%作为信息服务费。”第4.2条规定:“乙方应按照甲方要求开设预存账户并预存足额款项。乙方须保证该账户余额不低于甲方要求,否则甲方有权暂停或终止向乙方提供代驾信息服务。”第4.4条规定:“甲方有权合理调整代驾信息服务收费比例及其他相关费用的收取,并通过平台予以公告,乙方应注意查看并遵照执行。”第5.2条规定:“乙方接单后逃单的,甲方有权从乙方预存账户划取当次代驾信息服务费,并另行划取100元违约金。”

**【案件争点】**

1. 原告是否享有代位求偿权;

2. 如原告有权代位求偿,则由谁承责。

**【裁判要旨】**

1. 关于案件争点1

原告是否享有代位求偿权取决于保险事故发生时驾驶人是否属于被保险人。依据《保险法》第12条之规定,财产保险的被保险人在保险事故发生时,对保险标的应当具有保险利益;保险利益是指投保人或者被保险人对保险标的具有的法律上承认的利益。本案中车辆损失保险的保险利益系廖某基于其对涉案车辆即保险标的投保而享有的经济利益,代驾人显然不具有该经济利益,即不具有涉案车辆损失保险的保险利益,因此不能取得被保险人的法律地位。另外,在保险事故发生时,代驾人虽经廖某委托使用保险车辆,但代驾人系受廖某的指示而完成驾驶行为,保险车辆实际并未脱离廖某的控制,保险车辆并未转移代驾人占有,代驾人不因据此取得保险车辆的占有权而获得保险利益。代驾人系基于有偿商业服务而取得廖某的许可驾驶车辆,代驾人的驾驶行为系为自身谋利而为,而非为被保险人利益所为,亦不存在对保险车辆的占有利益,在此种情形下,代驾人不具备成为被保险人的事实基础。因此,代驾人并非讼争保险合同的被保险人。原告基于向廖某支付保险赔偿金的事实有权代位行使廖某之损害赔偿请求权。

2. 关于案件争点2

廖某通过手机在“e代驾”App下单购买代驾服务,该App由被告亿心宜行公司统一运营,原告无证据证明被告北京亿心宜行汽车技术开发有限公司广州分公司(以下简称亿心宜行广州分公司)与本案代驾服务间存在关联,故原告要求该分公司在本案中承责,缺乏事实依据,应予驳回。被告郭某某与被告亿心宜行公司由谁承责，则取决于廖某与该两被告之间的法律关系，即被告亿心宜行公司与双方之间是否确为信息服务合同关系。其一，从法律规范的应然性层面看，《网络预约出租汽车经营服务管理暂行办法》第16条规定："网约车平台公司承担承运人责任，应当保证运营安全，保障乘客合法权益。"第18条第1款规定："网约车平台公司应当保证提供服务的驾驶员具有合法从业资格，按照有关法律法规规定，根据工作时长、服务频次等特点，与驾驶员签订多种形式的劳动合同或者协议，明确双方的权利和义务……"据此，被告亿心宜行公司依法应承担承运人责任，向客户提供代驾服务并在服务过程中履行保障乘客财产和人身安全的法律义务，而并非仅向客户提供代驾司机的信息。该公司与代驾司机之间亦并非信息服务合同关系，而是应与之订立劳动或劳务合同，承担用工者的相关法律责任。其二，从合同内容上看，在合同履行过程中，被告亿心宜行公司并非仅作为居间方提供代驾信息。依据《e代驾信息服务平台用户使用规则》《信息服务协议》《代驾服务协议》等合同文本，首先，对客户而言该公司并非仅提供代驾信息，客户仅能依照该公司发布的价格标准接受代驾服务，而无与代驾司机自行协商改变合同细节的权利。其次，对于代驾司机而言，该公司有权审核代驾司机的从业资格，要求司机佩戴平台标识、服装及胸牌，有权对代驾服务过程及收费进行监督，收集客户对司机的服务评价、对违约逃单行为作出处罚，代驾司机亦只能依据其定价标准提供代驾服务。最后，从该公司收费情况看，代驾司机必须在该公司开立预存账户，预交足额款项。每次代驾服务，该公司均从代驾收费中提取20%的费用。综合以上特征，被告亿心宜行公司与其他各方之间并非其所称之信息服务合同关系，其与客户之间应成立承揽合同，即按照客户要求为其配备具有驾驶资质的代驾司机，并将其安全快捷送达指定的目的地址。被告亿心宜行公司与被告郭某某之间具备指挥、控制、考核等从属性特征，应认定为雇佣合同关系，被告郭某某依其指示从事代驾活动并获取劳动报酬。故被告郭某某受该公司指派履行代驾合同系执行职务之行为，其责任应转承被告亿心宜行公司负担。据此，原告要求被告亿心宜行公司承责有据，应予支持，其要求被告郭某某承责无据，法院不予支持并予以驳回。

关于原告各项诉请，其要求被告亿心宜行公司赔偿35,642元并自该笔保险金赔付之日起按年利率6%的标准支付利息损失合理，法院予以支持。因其享有之请求权系代位产生，其关于调查费的赔偿请求超出廖某所享有之违约损害赔偿请求权范围，法院不予支持并予以驳回。最终判决亿心公司向原告支付赔偿金35,642元及利息，驳回原告其余诉请。

## 例案三 北京亿心宜行汽车技术开发服务有限公司与中国平安财产保险股份有限公司上海分公司保险人代位求偿权纠纷

**【法院】**

上海市第一中级人民法院

**【案号】**

(2017)沪01民终10965号

**【当事人】**

上诉人(原审被告):北京亿心宜行汽车技术开发服务有限公司

法定代表人:黄某,该公司总经理

被上诉人(原审原告):中国平安财产保险股份有限公司上海分公司

负责人:陈某某,该公司总经理

**【基本案情】**

2014年9月10日,案外人周某为其所有的沪L×××××车辆向中国平安财产保险股份有限公司上海分公司(以下简称平安保险公司)投保车辆损失险、商业第三者责任险及不计免赔,保险期间自2014年9月23日至2015年9月22日。

2014年10月22日21时33分,周某联系北京亿心宜行汽车技术开发服务有限公司(以下简称亿心宜行公司)提供代驾服务。同日21时45分,代驾驾驶员汤某到达周某所在地点。因周某饮酒,其朋友蔡某与亿心宜行公司签订《委托代驾服务协议》。协议第2条载明:“委托方通过代驾客户软件或者4006-91-3939电话向e代驾预约,e代驾利用代驾运营系统、代驾驾驶员接单软件系统,按时到达委托方预约地点。”第6条载明:“对于意识不清醒、醉酒的委托方必须有清醒同伴的陪同,陪同人员在本服务协议上签字方可提供服务,并具有等同于委托方一样的权利与义务,所签署的协议视为委托方本人签署……”第9条载明:“e代驾不承担责任项:代驾过程中因车辆自燃、方向盘及刹车失灵、爆胎、机件老化、涉水、外界掉落异物对车辆损伤、轮胎扎钉及压石子等,非人员操作造成的车辆故障及交通事故,e代驾均不承担相应责任及赔偿义务。”第11条载明:“本协议由e代驾盖章、委托方签字即时生效。本协议附件《e代驾服务确认单》与本协议具有同等的法律效力……”第12条载明:“驾驶服务中,如遇意外交通事故发生,代驾车辆负有责任,委托方同意先行使用车辆保险理赔。属于保险责任范围内但未能赔付部分由e代驾承担；非代驾车辆负有责任，e代驾不负责损失赔偿。(1)委托方同意使用车辆保险理赔，车辆保险因理赔影响次年保费涨幅，按照车辆保险次年实际涨幅情况由e代驾赔偿……”协议被委托方落款处加盖亿心宜行公司的印章。

同日21时50分，汤某驾驶沪L×××××车辆在上海市闵行区吴中路金雨路发生与其他两辆车辆追尾的交通事故，事故造成沪L×××××车辆及其他两辆车辆受损，交警部门认定汤某负事故全部责任。事故发生后，周某向平安保险公司申请保险理赔。平安保险公司在车辆损失险及商业第三者责任险项下向周某赔付53,300元，并取得权益转让书。

**【案件争点】**

1. 亿心宜行公司与案外人周某之间是否存在委托合同关系。

2. 亿心宜行公司得否依据《委托代驾服务协议》第9条、第12条免除己方赔偿责任。

**【裁判要旨】**

1. 关于案件争点1。在案证据显示，上诉人亿心宜行公司在《委托代驾服务协议》“被委托方”处加盖公章，案外人蔡某在《e代驾服务确认单》“客户确认”处签字。亿心宜行公司对案外人周某将需要代驾的信息发送给该公司并无异议，同时，根据《委托代驾服务协议》第6条、第11条的约定，陪同人员签署的协议视为委托方本人签署，该协议由e代驾盖章、委托方签字即时生效，协议附件《e代驾服务确认单》与该协议具有同等法律效力，据此，周某与亿心宜行公司就《委托代驾服务协议》达成合意，《委托代驾服务协议》已生效。也即，在本案中，周某系与亿心宜行公司建立了委托合同关系。亿心宜行公司主张其只是促成代驾驾驶员与委托代驾人达成委托代驾协议的居间方，与事实并不相符，法院不予采信。被上诉人平安保险公司系基于亿心宜行公司与周某之间的合同关系主张代位求偿权，至于亿心宜行公司系因雇佣关系抑或合作关系指派代驾驾驶员提供代驾服务，并不影响本案所涉法律关系的判定。

2. 关于案件争点2。根据《合同法》第406条的规定，有偿的委托合同，因受托人的过错给委托人造成损失的，委托人可以要求赔偿损失。本案中，上诉人亿心宜行公司提供的是有偿代驾服务，其指派的代驾驾驶员在代驾过程中发生交通事故且承担全责，显然亿心宜行公司在履行合同过程中存在过错，应当赔偿委托人周某的损失。现亿心宜行公司上诉称，根据《委托代驾服务协议》第9条、第12条的约定，可免除其赔偿责任。法院认为，根据《合同法》第39条的规定，采用格式条款订立合同的,提供格式条款的一方应当遵循公平原则确定当事人之间的权利和义务,并采取合理的方式提请对方注意免除或者限制其责任的条款,按照对方的要求,对该条款予以说明。《委托代驾服务协议》系亿心宜行公司提供的格式合同,该协议第12条约定委托方周某应当先行使用车辆保险理赔,亿心宜行公司仅对"属于保险责任范围内但未能赔付部分""次年保费涨幅"以及"交通补偿款"进行赔偿,属于限制了己方责任。对此,亿心宜行公司在协议中并未采取加黑、加粗等合理方式提请委托方注意。亿心宜行还称通过网站注册时的告知以及发送短信等方式向客户进行提示,但并未提供证据予以证明,对其该项主张,法院不予采信。因此,《委托代驾服务协议》第12条因亿心宜行公司未尽提示说明义务而不生法律效力。由于代驾驾驶员在涉案交通事故中承担全部责任,故本案亦不存在该协议第9条"非人员操作造成的交通事故"等不承担责任的情形。最终,二审法院维持原判,即判决亿心宜行公司赔偿平安保险公司保险金损失53,300元。

## 三、裁判规则提要

### (一)提供有偿网约代驾服务的主体并不具有车损险被保险人地位,应属于保险法中的"第三者"

第一,有偿网约代驾人不具有"被保险人"的法律地位,因为有偿网约代驾人对投保车辆不具有车损险的保险利益。首先,根据《保险法》第12条规定,被保险人是指其财产或人身受保险合同保障,享有保险金请求权的人;财产保险的被保险人在保险事故发生时,对保险标的应当具有保险利益;保险利益是指投保人或者被保险人对保险标的具有的法律上承认的利益。车损险的保险利益系被保险人基于其对车辆即保险标的的所有权而享有的经济利益,有偿网约代驾人显然不具有该等经济利益,即其不具有车损险的保险利益,因此不能取得被保险人地位。其次,在保险事故发生时,有偿网约代驾人虽然经过被保险人的委托使用保险车辆,当其受被保险人的指示完成驾驶行为时,保险车辆实际并未脱离被保险人的控制,保险车辆并未转移代驾人占有,有偿网约代驾人不因据此取得保险车辆的占有权而获得保险利益。因此将有偿网约代驾人界定为《保险法》第61条第1款规定的"第三者"较为符合法理。不能仅因代驾人是保险车辆的驾驶人,就片面地认定其不是造成保险事故的第三者。

第二,有偿网约代驾人也不属于法定不允许追偿的对象。有偿网约代驾人并非被保险人的家庭成员或其组成人员,其服务收取对价,系为自身利益,与被保险人不存在财产利益的一致性，不属于法定不允许追偿的对象。根据《保险法》第 62 条规定，保险人不得对被保险人的家庭成员或者其组成人员非故意造成的保险标的损失请求代位赔偿。法律之所以作此限制，系因被保险人的家庭成员或其组成人员与被保险人对保险标的在经济上具有一定程度的共同利益，这种利益的一致性使保险人向其追偿时减损了被保险人从保险金中获取的补偿，使保险对于被保险人的保障功能发生较大减损，有损于保险补偿原则。有偿网约代驾人显然不属于被保险人的家庭成员。至于是否属于被保险人的组成人员，从条文文义来看，组成人员一般应当针对“组织”而言，被保险人系自然人，对“个体”显然难言组成人员；保险法上所指被保险人的组成人员，一般应系非自然人民事主体的工作人员等，自然人不具备存在组成人员的事实基础。与自然人发生委托、雇佣等法律关系的民事主体，仅系该自然人在相应的法律关系中的相对方，并不因该种法律关系的发生而成为法律意义上的组成人员。再者，从立法目的来看，如前所述，有偿网约代驾人与被保险人对涉案车辆显然不具有上述程度的利益 致性，被保险人与有偿网约代驾人基于涉案车辆仅存在代驾服务合同关系，保险人向有偿网约代驾人追偿显然不会影响被保险人从保险金中获取的损失补偿，无损车损险对被保险人的保障。因此，有偿网约代驾人不应纳入《保险法》第 62 条规定的范围。保险人依旧有权根据《保险法》第 61 条第 1 款的规定取得对有偿网约代驾人的代位求偿权。

### （二）有偿网约代驾人对事故负有责任的，保险人向被保险人赔偿后可行使代位求偿权

保险法中保险人的代位求偿制度体现了两个法律基本原则：一是财产保险中的损失补偿原则，即被保险人得到的保险金不得大于其在保险事故中的损失。因为，若被保险人既从保险人处取得赔付，又从致害人处取得赔偿，那么其收益很有可能高于损失，极易引发道德风险。二是民法中的公平原则，即因第三者的行为致使保险标的发生损失，第三者应负民事赔偿责任。若第三方不承担任何赔偿责任，不为其致害行为付出成本，那么从法律上来讲是不公平的，影响了公平的社会秩序。由此可见，保险人取得对有偿网约代驾人的代位求偿基于两个条件：一是有偿网约代驾人必须对代驾过程中发生的事故负有责任。二是必须要在保险人向被保险人履行了赔偿责任之后才有权在赔偿金额范围内行使代位求偿权。网约代驾服务的有偿性决定了一旦代驾人没有按照双方的网约代驾服务合同的约定安全且毫无损失地将车主带至目的地，即构成违约行为，被保险人基于有偿网约代驾司机的

违约行为对其享有损害赔偿请求权,为避免被保险人既从保险人处取得赔付,又从致害人处取得赔偿,导致其收益高于损失,此时赋予保险人对有偿网约代驾司机的代位求偿权符合保险法中的损失补偿原则。有偿网约代驾司机必须对事故的发生负有责任,无论是故意还是过失,都对被保险人造成了损失,基于民法的公平原则,负有责任的有偿网约代驾司机应当为其导致车辆损害的行为付出成本,承担赔偿责任。

(三)保险人取得对有偿网约代驾人的代位求偿权有利于网约代驾服务平台有序发展

关于"保险人若在交通事故发生后都可以向代驾人求偿,这将导致代驾这一合理合法的业务可能随时面临保险人可怕的追偿而无法存续"的主张,实质剥夺了保险人向提供有偿服务的代驾人求偿的权利,免除了目前大量存在的代驾人不当驾驶应承担的责任,与法律创设保险代位制度的目的相悖。随着网约代驾服务行业的兴起,国家应当制定相应的法律规范来约束其经营行为,以减少网约代驾过程中事故的发生,维护社会秩序的稳定。

与亲友之间无偿借用不同,有偿代驾以营利为目的,由经营者自担经营风险更符合社会责任的公正分配。认可保险人在赔偿被保险人之后享有向代驾人代位求偿的权利,有利于维护被保险人的人身安全以及保险人的财产利益及正当权益。符合保险法中的损失补偿原则及民法中的公平原则。有助于代驾人提高风险意识,加强内部管理,规范经营行为,促进代驾行业的健康发展。代驾人亦可通过另行购买责任保险的形式分摊风险,以保障其合法权益。

## 四、辅助信息

**高频词条:**

**《保险法》**

**第12条** 人身保险的投保人在保险合同订立时,对被保险人应当具有保险利益。

财产保险的被保险人在保险事故发生时,对保险标的应当具有保险利益。

人身保险是以人的寿命和身体为保险标的的保险。

财产保险是以财产及其有关利益为保险标的的保险。

被保险人是指其财产或者人身受保险合同保障,享有保险金请求权的人。投保人可以为被保险人。

保险利益是指投保人或者被保险人对保险标的具有的法律上承认的利益。

**第 60 条**　因第三者对保险标的的损害而造成保险事故的，保险人自向被保险人赔偿保险金之日起，在赔偿金额范围内代位行使被保险人对第三者请求赔偿的权利。

前款规定的保险事故发生后，被保险人已经从第三者取得损害赔偿的，保险人赔偿保险金时，可以相应扣减被保险人从第三者已取得的赔偿金额。

保险人依照本条第一款规定行使代位请求赔偿的权利，不影响被保险人就未取得赔偿的部分向第三者请求赔偿的权利。

**第 62 条**　除被保险人的家庭成员或者其组成人员故意造成本法第六十条第一款规定的保险事故外，保险人不得对被保险人的家庭成员或者其组成人员行使代位请求赔偿的权利。

# 后　　记

近20年来，中国经济飞速发展，已经成为国际社会舞台上一道亮丽的风景线。在这个过程中，最引人注目的就是互联网经济的蓬勃发展。经过近20年的快速发展，中国的互联网经济已经从模仿者、跟随者，逐渐成为世界各国的引领者、创新者，并继续为中国经济的持续发展提供强劲动力。

在中国互联网产业的发展过程中，法治环境逐步完善，也积累了诸多可供推广的裁判规则，为互联网经济的健康发展提供了较为完善的规则依据。从某种意义上说，正是这些规则的探索和总结，保证了中国的互联网产业能够在起步较晚的情况下后来居上，在很多方面已经成为其他国家效仿的对象。因此，总结这些实践中的互联网案件裁判规则，不仅对于统一司法有着不言而喻的意义，而且对于规范互联网经济的健康发展、为互联网产业的发展营造良好的营商环境均有着战略意义。

本书是最高人民法院中国应用法学研究所策划的“最高人民法院审判理论研究会类案同判专项研究”丛书的组成部分。在撰写前，中国应用法学研究所所长、本书主编曹士兵设定了全书框架并遴选了所有裁判规则，在成书后逐字逐句审定稿件；时任上海市高级人民法院党组副书记、副院长，本书副主编盛勇强直接参与了审定所有的裁判规则，并参与了稿件的最后审定工作。

上海市高级人民法院副院长陈萌、最高人民法院中国应用法学研究所副研究员代秋影、上海市高级人民法院研究室主任顾全、中国社会科学院大学中国互联网法治研究中心执行主任刘晓春、中国政法大学助理教授任启明、上海对外经贸大学副教授郏立军参与了全书撰写工作。

可以说，作为当前制度产出比较匮乏的互联网司法领域，每一个经得住考验的案例，每一个受到承认的规则，都是一笔推动立法和司法统一、促进实体经济健康发展的财富。本书的作者们正是从这一理念出发，选取社会关注度较高、裁判说理充分、行业和社会影响良好的案例，从中提炼出值得推广的裁判规则，并用清晰简洁的文字表述出来，希望以此推动中国互联网司法裁判规则的统一和司法能力的提升。

由于水平有限、时间仓促,本书可能存在诸多错漏之处,希望读者们不吝指正。也希望本书的出版不仅能够带来相关裁判规则的统一和推广,更能带来更多高质量的研究成果的出现。

**曹士兵**

**图书在版编目(CIP)数据**

互联网纠纷案件裁判规则. 一 / 曹士兵主编. -- 北京：法律出版社, 2019(2019.12 重印)
ISBN 978-7-5197-4061-0

Ⅰ. ①互… Ⅱ. ①曹… Ⅲ. ①审判-案例-中国 Ⅳ. ①D925.05

中国版本图书馆 CIP 数据核字(2019)第 253878 号

**互联网纠纷案件裁判规则(一)**
**HULIANWANG JIUFEN ANJIAN CAIPAN GUIZE (YI)**

曹士兵 主编

责任编辑 程 岳 朱轶佳
装帧设计 李 瞻

**出版** 法律出版社
**总发行** 中国法律图书有限公司
**经销** 新华书店
**印刷** 中煤(北京)印务有限公司
**责任校对** 郭艳萍
**责任印制** 胡晓雅
**编辑统筹** 司法实务出版分社
**开本** 710 毫米×1000 毫米 1/16
**印张** 20
**字数** 318 千
**版本** 2019 年 8 月第 1 版
**印次** 2019 年 12 月第 2 次印刷

法律出版社/北京市丰台区莲花池西里 7 号(100073)
网址/www.lawpress.com.cn
投稿邮箱/info@lawpress.com.cn
举报维权邮箱/jbwq@lawpress.com.cn
销售热线/400-660-8393
咨询电话/010-63939796

中国法律图书有限公司/北京市丰台区莲花池西里 7 号(100073)
全国各地中法图分、子公司销售电话：
统一销售客服/400-660-8393/6393
第一法律书店/010-83938432/8433 西安分公司/029-85330678 重庆分公司/023-67453036
上海分公司/021-62071639/1636 深圳分公司/0755-83072995

**书号**:ISBN 978-7-5197-4061-0 **定价**:55.00 元
(如有缺页或倒装,中国法律图书有限公司负责退换)